聊城大学出版基金资助项目
山东大学儒学高等研究院博士后资助项目

东传科学与
康有为今文经学的嬗变

刘星 著

中国社会科学出版社

图书在版编目(CIP)数据

东传科学与康有为今文经学的嬗变/刘星著. —北京：中国社会科学出版社，2018.12
ISBN 978-7-5203-3060-2

Ⅰ.①东⋯ Ⅱ.①刘⋯ Ⅲ.①康有为(1858-1927)—经学—思想评论 Ⅳ.①B258.5

中国版本图书馆 CIP 数据核字(2018)第 200369 号

出 版 人	赵剑英
责任编辑	张　湉
责任校对	王佳玉
责任印制	李寡寡

出　　版	中国社会科学出版社
社　　址	北京鼓楼西大街甲 158 号
邮　　编	100720
网　　址	http://www.csspw.cn
发 行 部	010-84083685
门 市 部	010-84029450
经　　销	新华书店及其他书店

印　　刷	北京明恒达印务有限公司
装　　订	廊坊市广阳区广增装订厂
版　　次	2018 年 12 月第 1 版
印　　次	2018 年 12 月第 1 次印刷

开　本	710×1000　1/16
印　张	24
插　页	2
字　数	331 千字
定　价	98.00 元

凡购买中国社会科学出版社图书，如有质量问题请与本社营销中心联系调换
电话：010-84083683
版权所有　侵权必究

目 录

前言 …………………………………………………………（1）

第一章 导论 ……………………………………………（1）
    第一节 研究的缘起与意义 …………………………（1）
    第二节 国内外研究现状及问题分析 ………………（5）
    第三节 本书的创新之处及未来努力的方向 ………（28）

第二章 东传科学与康有为今文经学的形成 …………（35）
    第一节 康有为今文经学形成的社会文化环境 ……（35）
    第二节 东传科学的发展及其对康有为的影响 ……（52）
    第三节 康有为今文经学的形成 ……………………（60）
    第四节 康有为"通经致用"为宗的核心思想 ……（72）

第三章 康有为今文经学的（东传）科学根基 ………（89）
    第一节 康有为进化论思想探析 ……………………（89）
    第二节 "星云假说"与康有为"以元统天"论的形成 …（103）
    第三节 康有为的科学方法论思想 …………………（118）

第四章　东传科学与康有为今文经学的嬗变（上） …………（126）
第一节　康有为"援西入儒"思想（1880—1894）…………（127）
第二节　康有为"以西化儒"思想（1894—1902）…………（135）
第三节　古经新解与康有为"以西化儒"思想 ……………（140）
第四节　康有为"以西化儒"思想阶段的科学内容 ………（154）
第五节　"实理公法"为宗的科学思想 ………………………（176）

第五章　东传科学与康有为今文经学的嬗变（下） …………（185）
第一节　康有为"儒西并尊"思想（1902—1913）…………（186）
第二节　《大同书》的人类理想 ………………………………（200）
第三节　《物质救国论》体现的物用科学观 …………………（210）
第四节　康有为"以儒化西"思想（1913—1927）…………（218）
第五节　康有为儒学宗教化的努力 …………………………（225）

第六章　东传科学与康有为今文经学若干问题的讨论 ………（240）
第一节　康有为今文经学的嬗变与维新思想的形成 ………（241）
第二节　东传科学与今文经学的整合与会通 ………………（257）
第三节　康有为今文经学与救亡图存的努力 ………………（271）
第四节　科学精神与康有为"六经注我"治经方式的偏离 …（292）
第五节　东传科学与康有为今文经学的式微 ………………（301）
第六节　康有为今文经学的瓦解与现代儒学的再出发 ……（313）
第七节　康有为今文经学与儒学的发展与未来 ……………（330）

结语 ………………………………………………………………（345）

参考文献 …………………………………………………………（349）

后记 ………………………………………………………………（372）

前　言

康有为（1858—1927），中国近代史上重要的经学家、思想家和改革家。在近百年的思想发展史中，康有为所建构的思想体系无疑最为宏大、对后世影响也最为深远。当然，康有为建构的理论体系也不是十全十美，不是铁板一块，无懈可击，其中有真知也有谬误，也一如中国人走过的近百年的风雨沧桑路。康有为作为清末民初今文经学的集大成者，他终其一生都对东传科学[①]保持着开放、吸纳的态度，并矢志不渝地将东传科学兼容、整合到他所建构的今文经学体系之中。从他一生的学术进路来看，康有为早年泛观博览，钟情西学，兼采汉宋、调停今古，略有古文学的倾向；与廖平"羊城之会"之后遂确立今文经学之立场，并成为其一生思想之基调。

深受恩师粤中大儒朱次琦的影响，康有为经学思想自产生之初便有着极强的"通经致用"特征：侧重"经世"、重视《周礼》、"民功"；转向今文经学之后，更加突出其"经世致用"倾向，关注的焦点从"民功""物用"层面提到经学理论、政治制度层面的高度。他以学术为本，后逐

[①] 注：东传科学是山东大学马来平教授提出的一个专有名词，主要是指第二次西学东渐过程中，传播到中国的西学、西政知识，这里主要侧重于从西方传播进来的自然科学知识。

步落实到制度层面之上，积极参加政治和社会活动以期推动政治和社会的变革与进步。康有为从早年崇尚古文经学的治学态度到今文经学立场的转向，从"托古改制"到维新变法，从"三世"进化到"大同"理想，从"物质"与"道德"的并重到以"儒学"为宗并将其奉为圭臬的"普世价值"，其学术思想随着时代形势和社会环境的变化而逐渐推进、转移和深化。概言之，康有为一以贯之的立场在于："通经致用"的入世精神；"尊儒""尊孔"及"尊中"的坚定立场；整合东传科学和今文经学以求中西会通的学术方向都和西方科学、西方社会政治学说密切相关。

清末民初是一个大动荡、大变革的时代。本书以科学与儒学的关系为视角，着重考察东传科学对康有为经学立场的转变，在东传科学影响下康有为今文经学体系的嬗变与重建，在这个过程中如何探寻科学与儒学的相容性问题以及东传科学影响下儒学对于当代社会以科学为先导的大科学时代儒学的社会功能等问题进行深入探讨。基于东传科学影响下康有为今文经学的建构，当以《实理公法全书》《康子内外篇》和《物质救国论》为主，以及对《中庸注》《论语注》《孟子微》《礼运注》《春秋笔削大义微言考》等诸经典的注解著作贯穿其思想的始终，至《大同书》达到其理论思想的臻美境界。具体内容亦延续至变法的具体措施、大同理想的设计以及物质救国的工业化道路的政治、文化、经济等诸方面。而这些重要思想的建构与对这种理论建构的落实与践行对处在内忧外患、风雨飘摇的中国寻求救亡图存的出路等都具有重要价值。

东传科学影响下康有为今文经学思想开启了清末民初思想启蒙运动的先声，是20世纪初新文化运动的发轫，对这个时期急剧变化的思想界产生了深远的影响。新文化运动一源开三流——自由主义、马克思主义和现代新儒家。就新儒家而言，它的启示在于：现代新儒家和晚年的康有为一样，在道德价值和科学理性之间力求平衡，经过几代人的努力，已蔚为大观。而康有为儒教问题研究也成为中国儒学研究的热点。新儒家以心性之

前 言

学为基本取向，向内凸显儒学的思辨性和超越性来安顿人们的心灵和生命，向外则主张返本开新，以内圣开出科学、民主为内容的"新"外王以实现儒家的现代化，所有这些方面都与康有为今文经学思想有着千丝万缕的联系。近年来，"新康有为主义"在中国兴起，蔚为大观，一批学者主张"回到康有为"，突出儒学社会性和政治性的内容，继续康有为孔教运动的思路，面向社会、建设宗教团体和社会建制以发挥效用，接续康有为的政治理念和孔教思想来回应现代性问题，实现儒学的现代化，而这两个方面都导源于康有为倡导的以儒学为"普世价值"的努力。因此，东传科学与康有为今文经学研究既是老生常谈又是历久弥新的课题。

康有为今文经学思想产生于中西文化激烈碰撞的近代中国，是传统中国向现代中国转向的拐点，也是康有为试图处理中国文化现代化问题的一个极具价值的思考。对这一问题的研究，不仅对我们如何面对当前的现代化和现代性问题具有重要意义，同时对我们处理科学与儒学关系亦有重要启示。探寻康有为今文经学关系问题，对于新儒家缘起、孔教运动的成败以及儒学是否可以成为 21 世纪"普世价值"等问题的探讨都具有重要意义。

第一章 导论

清末民初东传科学与康有为今文经学嬗变问题研究是探讨科学与儒学关系的重要课题之一。涉及东传科学与今文经学关系问题的主要人物是康有为,对清末民初东传科学影响下康有为今文经学的嬗变问题进行个案研究具有典型性。本书重在深度挖掘东传之西方科学视域下康有为今文经学体系的形成及其嬗变等问题,以此窥见康有为援东传科学改造今文经学以求"通经致用"的基本特质。

第一节 研究的缘起与意义

一 本研究的缘起

在西方科学东传过程中,康有为深知东传之西方科学在科学知识、科学思想、科学文化等诸领域的优越性,因此,他不断吸纳西方先进的自然科学以及人文科学知识以建构其独具特色的康有为今文经学体系。在坚守儒家传统思想体系的前提下,康有为踏上了向西方寻求救国救民真理的征程。在学术上,康有为鄙弃所谓汉学家烦琐考据的学风,力图开辟"通经致用"为价值指向的治学道路;在政治上,西方列强的船坚炮利加速了清朝上国美梦的破产。怀揣着救国救民、复兴中华民族的鸿鹄之志,为避免革命的流血斗争，康有为力主变法维新以改变清王朝的命运；在实践上，他看到西方的强盛并立志向西方学习，遍读西籍，探求新知，欲以东传之西方科学来挽救濒临危亡的中华民族。康有为深感根植在人们思想中的"理学"传统只重视"修己之学"却忽视"通经致用"的价值指向，而尊"德性"、轻"道问"之学也带来了一系列的严重弊端。于是，他一方面苦读中国儒学经典以求"经世致用"；另一方面遍读西学名篇，渐收东传科学之书，不断涉猎自然科学领域中物理、化学、生物，特别是数学、几何学以及进化论等东传科学知识，在此基础上进行不断地演绎发挥，试图借此重构今文经学，促进了"中学"与"西学"的会通。在康有为今文经学的嬗变过程中，考察科学（东传科学）与儒学的互动、揭示科学与儒学的关系是本书选题的目标所在。

纵观康有为的一生，有两点不曾改变，即坚持学习东传科学和坚定的"尊孔""尊中"立场，而康有为一生汲取西方自然科学知识养分、以东传科学为基础构建起来的今文经学体系是为了挽救国家危亡。本书旨在探讨清末民初东传科学影响下康有为今文经学产生的社会文化背景与思想根源、东传科学影响下康有为今文经学的特质与定位及其今文经学在东传科学洪流中的时代命运等问题，并试图探究清末民初中西文化激烈碰撞过程给予我们的启示等。康有为试图利用东传科学来重构今文经学，利用今文经学的"微言大义"阐发政论的解经方式，为达到自己的政治目的不惜曲解儒家经典。因此，康有为杂糅、牵强附会地利用东传科学来附和今文经学，最后的结局是导致今文经学的式微。康有为此番努力的客观结果虽未达到其主观预期，但是也洞开了思想解放的洪流、开创了新儒家的滥觞。该研究对于当下我国推进儒学现代化具有极其重要的现实意义，同时对于当代正确处理科学与儒学的关系亦有重要启示。

"东传科学"概念的范围和内容是指明末清初以来西方耶稣会士传播到中国的西方科学知识，既包括西方古代的科学知识又包括中世纪的科学知识等。① 既有亚里士多德的物理学，徐光启、利玛窦翻译的《几何原本》，托勒密的天文学，盖伦的血液循环理论等中世纪的科学知识，也有西方近现代诸如伽利略力学、哥白尼日心说、牛顿定律、爱因斯坦的相对论以及近代的数学、地理、物理、化学、生物等方面的东传科学知识。本书论及东传科学的范围，除了西方自然科学之外，还包括西学、西政等西学的知识内容。康有为解经方式为未来儒学与科学关系研究积累了可贵的经验和教训：不管是研究儒学还是研究科学，都必须在"不忘本来，吸收外来"、尊重客观事实、坚持实事求是的科学精神的基础上躬行实践、与时俱进，揭示康有为"尊儒"以及对儒学成为"普世价值"预设的重要性。儒家文化蕴含着解决当代人类所面临困境的重要力量。中国正处在社会的转型时期，传统文化正在遭遇着严重的流失，康有为今文经学研究是对儒家传统文化的创造性转化和创新性发展，康有为问题研究对重拾国民信心，构建国民信仰，发掘儒学文化精髓具有重要的积极意义。

二 本研究的价值与意义

本书选择清末民初"东传科学与康有为今文经学的嬗变"这一问题作为研究对象具有重要的理论价值与现实意义。通过对东传科学与康有为今文经学关系的个案研究与扎实的文本分析，展现了近代东传科学与儒学遭遇的多个侧面，揭示儒学与科学之间的互动机制以及儒学在接受东传科学过程中所呈现的合理因素及其固有缺陷等问题。对这一问题的研究，为我们在未来挖掘科学与儒学相协调的积极因子，在科学发展的大时代中弘扬儒学优秀传统文化，改造那些不利于现代科学发展的儒学固有的弊端以及促进儒学在现代潮流中朝着更为健康的方向发展等领域都具有重要的借鉴价值。以康有为为参照，避免我们未来研究科学与儒

---

① 杨爱东：《东传科学与明末清初实学思潮》，博士学位论文，山东大学，2014年，第8页。

学的关系等问题时走更多的弯路,从而把儒学与科学的研究议题推进到一个新的高度。

本书旨在探究科学与儒学的关系这一核心问题,研究的重点侧重于深度探究西方科学对康有为儒学体系的影响这一进路,着重考察东传之西方科学在康有为经学立场转变与确立中的积极作用。此一影响,促使康有为为复兴儒学,更加坚定自己利用"通经致用"思想与东传科学重构儒学的努力。纵观康有为的思想脉络,我们可以窥见他本然具有的"经世致用"的特质,康有为通过不断学习吸收、融合东传之西方科学,使他所构建的今文经学思想糅合了更多东传科学的内容,并以此理论支撑确立其今文经学思想体系,所有这些,实际都在他三十岁之前已经初露端倪。本书重点在于论证科学与儒学二者之间相互支撑的关系,探究科学与儒学之间可以并行不悖的发展依据。

康有为是一位儒家修正主义者,他对儒家思想内容的修正和补充有功于儒学,与董仲舒"公羊学"的理路相仿,且再次引领了儒学发展的新方向。康有为将东传科学引入其今文经学体系的意义在于:他的这一理路拓展了儒学"内圣""外王"之学,开启了康有为"援西入儒""以西化儒"的先河,更重要的是光大了"经史合一""经世致用"的传统。可以说康有为在儒学史上是一座绕不过的高峰。诚如董士伟在《康有为评传》中所指出的:康有为肩负着对专制制度的否定以及对于个人权利和实证精神肯定的三大使命。[①] 因此,康有为堪称中国近代启蒙运动的先锋人物。

作为"今文经学"大师的康有为沿着"董氏公羊学"的理路,勇敢地扛起孔学和经学的大旗并借用东传科学对其改铸,是近代以来将"今文经学"思想发挥到极致的第一人。他的《新学伪经考》《孔子改制考》《春秋董氏学》与《大同书》等经典之作,以及他对儒家诸经典的阐释标志着

---

① 董士伟:《康有为评传》序二,百花洲文艺出版社2010年版,第5页。

南海"康圣人"试图利用"通经致用"重构今文经学理想的可贵探索。尽管这些著作阐释之要义极少具有经学史的价值，但是他的《康子内外篇》《实理公法全书》《物质救国论》以及《日本变政考》等著作对东传科学与今文经学关系的阐释却极具"经世致用"的思想史价值。康有为心悦服膺的先辈，如孟子、荀子、董仲舒、何休等一批名贤大儒，无一例外都是儒家的修正主义者，而不是泥古者，只是他们对于儒家经典的解释都没有康有为来得如此大胆和彻底。因此，对这一问题的研究具有极为重要的思想史价值。

清末民初东传科学影响下康有为今文经学的嬗变问题研究具有极其重要的现实意义。当今社会，科学以一种不可阻挡之势成为人类社会的主流。而儒学作为根植在人们心中最核心的价值理念更是实现中华民族伟大复兴的精神源泉。在这样的现实面前，对于儒学如何吸纳其他文明成果尤其是西方先进的科学文化的菁华来充实和完善儒学自身，对于如何建构一种更为适合儒学与科学的对话机制，如何在科学与儒学研究过程中规避诸如康有为一些主观的做法以及违背科学精神的"六经注我"解经方式的错误做法，以实现二者以一种更恰当、更圆融的方式达到共存、共荣，无疑具有重要的现实意义。

第二节 国内外研究现状及问题分析

在清末民初东传科学与今文经学关系问题上，涉及的主要人物有廖平、康有为和梁启超等人，但贡献最大的是康有为。以康有为为例，对清末民初东传科学与今文经学关系进行个案研究具有典型性。东传科学与康有为今文经学的关系问题是研究科学与儒学关系的一个重要课题，具有重要的理论和现实意义。

国内有关康有为今文经学的研究可谓浩如烟海。陆宝千、顾颉刚、钱玄同、朱维铮、萧箑父、李泽厚、汪荣祖、朱义禄、樊洪业、汤志钧等知名学者或写专著或撰文从不同的视角评述康有为。另外，还有一批康有为问题专家诸如萧公权、马洪林、何金彝、董士伟、房德邻等也有不少专著问世，形成了一大批卓有成就的研究成果。康有为戊戌变法方面的研究书籍很多，但主要涉及对康有为经济思想、政治思想、大同思想以及他功过是非等问题的研究；站在东传科学的角度，审视东传科学与今文经学关系的研究却少人问津。有鉴于此，笔者认为对清末民初东传科学与今文经学之间的关系做一个纵深的研究非常必要。现把有关康有为今文经学、科学思想方向的研究情况梳理如下。

一 东传科学与康有为今文经学的估价问题研究

清末民初康有为把今文经学思想推向一个前所未有的高度，笔者以康有为为例进行个案研究。从20世纪50年代至今，康有为今文经学的相关研究成果蔚为大观、成绩斐然。学者们从不同的角度探讨了清末民初今文经学的诸多问题，此一问题研究持续向纵深方向发展。笔者通过比对整理，大致可以归纳为三类：一是较为肯定的积极评价论；二是近乎否定的消极评价论；三是二者兼有的适度评价论。现对清末民初今文经学的研究成果做如下综述。

（一）较为肯定的积极评价论

20世纪五六十年代，当时的思想较为保守，紧接着又出现了"文化大革命"，相关研究成果不是很多。一些学者诸如贵州师范大学原校长吴雁南教授以及旅居海外的留美学者萧公权先生、李泽厚教授等人对今文经学研究大多持肯定态度。周予同先生说，"康有为初从同县朱次琦。朱治经，杂糅汉、宋、古、今，不讲家法"。[①] 正是因为不讲家法，才形成了今文经

---

① 周予同：《经今古文学》，《周予同经学史论著选集》，上海人民出版社1983年版，第21页。

学的内在张力以及寻求出路的发展动力。他早年就是沿着朱次琦的治学理路建构其经学体系,后来随着时势变化并致力于经世之学,大购西书,大讲东传之西方科学,把中国传统学术纳入他的"经世致用"思想与变法维新的轨道。①

"公羊学"的两个明显特征在于借实际政治来解释儒学以及在学术上不甚求史实的确切来阐发微言大义。今文经学的这些特征就很容易被康有为自由地阐发和随意地利用,并开启了康有为自由解释儒学的大门,使其在对经学的解读上很少顾及历史和传统。萧公权先生评价康有为是儒家的修正主义者,康有为对儒家思想内容的修订和充实有功于儒学,他是继"董氏公羊学"之后,再次沿着此种研究路向发展经学并有功于儒学的人物之一。诚如康有为问题专家萧公权先生断言的:康有为在儒学发展史上占有举足轻重的地位。② 因此,诸如此类的学者对于康有为今文经学持肯定的态度。

李泽厚先生在《论康有为的哲学思想》一文中指出,康有为的哲学思想是中国哲学史上的关键环节,是近代中国新思潮的代表,深入研究这一哲学体系对于了解中国近代历史有着重要的现实意义。③ 李泽厚先生称他的哲学思想是一个近代思潮的代表,意义在于帮助我们更好地了解中国近代史,更为深入研究中国近代的空想社会主义思想,对于了解中国近代历史和思想史有重要意义。

进入20世纪80年代,相关论题研究开始增多,一批知名学者如顾颉刚、朱维铮、胡维革、汤志钧和房德邻等教授都给予了较为肯定的评价。顾颉刚先生在提到"经今古文"学的源流问题时详细讲到了

---

① 吴雁南:《"心学"、今文经学与康有为的变法维新》,《贵州师范大学学报》(哲学社会科学版)1989年第2期。
② [美]萧公权:《近代中国与新世界——康有为变法与大同思想研究》,汪荣祖译,凤凰出版传媒集团2007年版,第95页。
③ 李泽厚:《论康有为的哲学思想》,《哲学研究》1957年第1期。

"张三世""通三世"的概况，以及康有为一生四个阶段的学术流变。康有为撰写的《新学伪经考》和《孔子改制考》两书是很有价值的学术史著作。①

同一时期，朱维铮先生发表了《康有为和朱一新》一文，详细阐发了他们二人对于《新学伪经考》一书展开的论战并做了极具建设性的分析：对康有为而言，他一面发誓要忠于"宋学义理之体"，一面宣称"西学政艺之用"，我们倘若注意到他将西政和西艺混为一用，那么不难看出他的"微言大义"的实际意图。而朱维铮重现了康有为当时试图为自己辩护的所有努力。其实他们二位学者同样担忧提倡西学可能导致过度西化，从而丧失作为传统儒学的立国之体。朱维铮指出康、朱有关《新学伪经考》往返辩难的函件给我们留下了颇有价值的历史记录，也成了唯一留存下来的历史见证。② 同时，胡维革先生也指出，康有为在19世纪末到20世纪初期很长一段时间里，将儒家思想与西方文化相对接并进行调融、重塑和创造，使儒家思想实现现代化，是儒家思想发展史上的重要阶段。③

20世纪90年代，房德邻先生对于康有为利用西方科学改造儒学的评价也极为中肯。他指出，康有为解释儒学的诸多精华是可以为中国近代文化所吸收的，它的整个儒学体系是应该被打破的，而打破这个体系的武器也只有东传之西方科学才能担此重任。在西方科学与儒学的问题上，康有为把东传之西方科学吸纳到儒学体系之中，而实现这种方式的途径依然是在利用东传科学来发明儒学这一维度上做出努力。对于这种努力，其实并不是康有为真正的创造，它实际上只是传统的注经方法。但是，中国古代

---

① 顾颉刚：《清代"经今文学"与康有为的变法运动》，《中国文化》1990年第2期。此文系顾颉刚先生在中山大学的讲课稿。
② 朱维铮：《康有为和朱一新》，《中国文化》1991年第5期。
③ 胡维革：《康有为与儒家思想近代化》，《求是学刊》1992年第3期。

第一章 导论

文化中具有科学性和民主性的精华也一定不能仅仅用附会的方法来继承，而是要在立足现实、在批判传统文化的过程中来继承。① 这其实就是《论语》里讲的，"不患人之不己知，患不知人也"，② 不担心别人不了解自己，担心的是自己不了解别人。只有这样，才能做到"知己知彼，百战不殆"。③ 既能了解敌人又能了解自己，虽经百战也不会遇到危险；不了解敌人而只了解自己，只能打个平手；既不了解自己，又不了解敌人，每战必败。康有为能够认识到自己文化固有的弊病，又能积极学习东传之西方科学的精华，这样就做到了既能反省自己，又能发展自我，只有这样才是复兴儒学的必由之路。

进入 21 世纪，上海社科院汤志钧研究员指出，经学是中国旧文化的主体，是政府对百姓进行思想统治的手段。④ 在这种情况下，康有为要想推翻传统思想的藩篱，他只有写出一部《新学伪经考》来肃清维新变法道路上的障碍。因为对于当时的康有为而言，他深深地明白这样的一个道理：只有打破旧有观念，只有维新、变法才能救中国。他积极学习西方先进的科学知识和科学思想，试图通过讲"变"、讲"微言大义"的今文经学为变法理论寻找依据，制造舆论。所以，在今古文学的问题上，由此及彼，由古入今，都是和政治紧密地联系在一起。因此，"康有为不仅仅是单纯的经师，而且也是一个政治家、思想家"。⑤

近年来，有关康有为问题研究也取得了可喜的成就。郑州大学的李可亭、山东大学的张秀丽和南京大学的申屠炉明等学者都做了相当深入的研究工作，对康有为今文经学研究给予了充分的肯定。康有为是近代的今文

---

① 房德邻：《儒学的危机与嬗变——康有为与近代儒学》，台北文津出版社 1992 年版，第 269 页。
② 《论语·学而》。
③ 《孙子兵法·谋攻篇》。
④ 汤志钧：《再论康有为与今文经学》，《历史研究》1984 年第 6 期。
⑤ 同上。

经学大师，随着西方异质文化大规模的传入，他借用西方进化论阐发的今文经学思想打破了"天不变，道亦不变"的中国传统天命观，其今文经学思想的科学内核启迪着"五四"运动的后继者，并成为启蒙运动的先声。可以说，康有为是继刘逢禄、魏源之后，在近代今文经学史上最为耀眼的明星式人物。康有为今文经学体系拓宽了近代有识人士的视野，使他们能够另辟蹊径，站在一种更为崭新的视角重新认识事物其做法客观上促成了传统学术向现代的成功转型。①

（二）近乎否定的低度评价论

也有另外一批学者，诸如刘兴华、张锡勤、马永康、赵吉惠等对康氏今文经学持低度评价的立场。朱维铮、李泽厚两位教授站在一分为二的立场上，对于康有为今文经学褒贬参半。他们大致认为，康有为是在用西学附会中国的传统经典，为变法需要，为了一己的目的甚至不择手段、不惜曲解儒家经典和经学传统，反映了他急功近利的实用主义倾向，用西学的外衣来改造今文经学具有反动的性质。

朱维铮教授认为，清代今文经学以《春秋》"公羊学"为核心，在"学"的框架内重在发挥董仲舒、何休所谓的"微言大义"；特别强调孔子关于"术"的阐发，旨在论述"托古改制"，把"复古"当成"开新""图变"的手段，为达到目的不择手段。②李泽厚认为，康氏借着孔子改制的外衣兜售"公羊学"，在中国近代思想史上扮演着丑陋的一幕，具有反动的性质。③马永康认为康有为对"公理"的用法试图摆脱科学的束缚，盗用"公理"的普遍性法则抛弃"公理"名词本身具有的科学意义，从而使"公理"一词成为权威性的"象征"并为其政治理想服务，具有消极意

---

① 张秀丽：《近代自然科学与传统学术的现代转型——以章太炎、康有为、梁启超为例》，《山东社会科学》2009年第3期。
② 康有为著，楼宇烈整理：《春秋董氏学》，中华书局1990年版，第180—181页。
③ 李泽厚：《论康有为的"托古改制"思想》，《文史哲》1956年第5期。

义。① 张锡勤教授认为康有为借用儒学的外衣来包装西学，这种包装式的改造，其作用和影响只是借此来宣传"西学""西政"，他的改造对于儒学自身的更新、新生而言怕是没有什么实际意义的。②

最近几年有关康有为的相关研究成果也有不少，但是有些观点几乎否定了康有为利用西学改造儒学的可贵努力，此类观点甚至否定了康有为积极的一面。陈炎教授认为：儒学根本就缺乏科学的理性精神。今文经学不管如何使出浑身解数试图借用西方科学来为儒学借尸还魂，都无法实现"经世致用"的目的。③ 刘兴华教授提出，康有为在中西文化融合过程中曾反映了他急功近利的实用主义倾向，他对西学未经认真的琢磨和深入的消化理解，仅从当时的政治需要出发，去寻找中西会通的途径，是一种历史倒退的必然结果。④ 但是不可否认，西方科学对康有为今文经学思想产生了重要的影响，而今文经学本来就有这样一种倾向：为达到自己的政治目的，并不重视历史史实的确定性。而这种倾向，在"春秋董氏学"中发挥得淋漓尽致。

（三）适度评价论

刘学照、李可亭、刘春华、马金华等学者认为，清末民初今文经学思想作为经学的一种发展形态而言，虽然具有一定的"经世致用"性质，但是它必然有其发生、发展和灭亡的历史命运。东传科学与今文经学没有多少必然的联系，不可夸大它的作用，应该适度地进行评价。康有为的孔子观是他变法维新的重要依据，其所能给予的思想支柱是意志主义、宗教主义和现代主义。康有为根据"公羊学"阐发"微言大义"，把孔子打造为托古改制的素王，具有强烈的革新精神。康有为发扬今文经学以重塑孔子

---

① 马永康：《康有为与"公理"》，《中山大学学报》（哲学社会科学版）2009年第3期。
② 张锡勤：《儒学在中国近代的命运》，人民出版社2011年版，第133页。
③ 陈炎：《儒家和道家对中国古代科学的制约——兼答"李约瑟难题"》，《清华大学学报》2009年第1期。
④ 刘兴华：《论康有为的中西会通》，《近代史研究》1989年第6期。

观的努力既是今文经学的丰碑,又是今文经学的终结。①

康有为开创了一个中西融通的新学派,体现了他中西杂糅、不成熟性和拿来主义的特点。不仅如此,康有为的科学思想是对实证主义的继承以及对迷信、对经典权威的挑战。②总的来说,马金华对康有为科学思想的论证不够充分,从整篇论文来看,对康有为今文经学的论证显得很单薄。通篇文章有一种"战战兢兢,如履薄冰"之感。钱玄同先生洞悉今古文的精髓,他以偏向于今文经学的立场对康有为的《新学伪经考》多有褒扬,但钱玄同先生却是站在历史学家而非经学家的立场,用辨伪的眼光审视康有为且仅把经作为史料,这在经学史上具有重要的意义。③康有为开创了一种崭新的思想体系与通经致用的学风,既讲"经世致用",又强调"附会立说",强调只有站在思想史和历史发展的潮流中看待康有为,才会对康有为做出一个公允的评价。④

二 东传科学与康有为今文经学的影响问题研究

(一)影响性质的研究

东传科学对今文经学的改造是为了光显儒学,使儒学适应时代的需要,康有为在今文经学问题上自始至终都站在一己的政治立场上对相关问题进行考量。鸦片战争之后,中国开始沦为半殖民地半封建社会,社会形势发生了翻天覆地的变化,经学的发展虽上承庄存与、刘逢禄和魏源等人,但却并没有多大的改观。在这种社会背景之下,康有为认为只有维新、变法才能救中国,积极学习并接受西方自然科学、社会科学知识以及西方的政治新说成为他的当务之急。

---

① 刘学照:《康有为的孔子观与今文经学的终结》,《江苏社会科学》2000年第2期。
② 马金华:《论康有为的科学思想》,《福建论坛》(人文社会科学版)2004年第2期。
③ 李可亭:《从〈重论经今古文学问题〉看钱玄同与康有为经学思想之异同》,《云南大学学报》(哲学社会科学版)2009年第2期。
④ 刘春华:《康有为新学思想与学风述论》,《理论学刊》2008年第2期。

第一章 导论

20世纪90年代以来，相关的研究成果有很多。康有为是中国近代向西方寻求真理的先进人物，在当时列强竞争之世，中国处在"数千年未有之变局"中，必须引进先进的西方科学来改造它，这种忧患意识具有前瞻性。河南社科院申松欣指出康有为在传播西学，改造中学，改革教育和培养人才等方面都做出了突出的贡献，在当时起到了积极的作用。[1] 康有为少年之时就树立起"经营天下"之志，广泛吸收中西各家各派思想学说的精华，然后融会贯通，构筑自己的思想理论体系，在晚清思想界独树一帜。[2] 康有为勇敢地扛起孔子和经学的大旗，并借用西学对其改铸，是近代将今文经学发展到极致的第一人。他把今文经学与时俱进的特征和现实社会需要巧妙地糅合在一起，再加上其学贯中西的知识储备，开启了"援西入儒"的先河，拓展了儒家的"内圣""外王"之学。[3]

在儒学与东传科学关系问题上，康有为始终强调二者的相通和契合，他把孔子塑造成托古改制的祖师爷，通过孔子的权威推行维新变法活动。通过儒学和东传科学之比较，康有为指出西方自由、民主和平等理念也是孔学的应有之义，强调实现孔学与传统文化时代转换的重要性。西学除了自然科学之外，还有政治、经济、法律和宗教方面的内容被巧妙地吸收并运用到他所建构的今文经学体系之中。康有为对于孔学与西学的比较研究是在全球多元背景下，借助东传之西方自然科学与社会科学知识对中国传统文化的全面审视、整合和内容转换。因此，康有为儒学与东传科学关系问题研究对于我们实现儒学现代化、实现中华民族的伟大复兴具有积极意义。康有为的《物质救国论》一书系统地阐述了他的物质救国论思想，书中提出了一系列发展实业和发展科技的策略，体现了

---

[1] 申松欣：《康有为与西学》，《史学月刊》1990年第2期。
[2] 王钧林：《康有为对儒学的改造》，《中国哲学史》1996年第4期。
[3] 唐明贵：《康有为的古经新解与经学的近代转型》，《孔子研究》2003年第6期。

炽热的爱国情结、兼收并蓄的开放精神。康有为是对科学技术未来有着深邃见地的先进中国人，是对当今社会具有重要历史作用的杰出人物。①

进入21世纪，有关康有为科学与儒学的相关研究有所增加，吴雪玲指出康有为把教育视为拯救国家危亡的前提和途径，也是基于他对东传科学的顶礼膜拜得出的结论。要实现国家的独立富强，关键是要大力发展科学技术、提高全民素质，康有为的西学思想为新文化运动和"五四"运动的展开奠定了基础。②康有为自称"吾学三十岁已成"，笔者以为康氏自称其思想体系形成于三十岁之前的说法有待商榷。因为从他一生的思想轨迹来看，其"儒西并尊"与"以儒化西"的重要阶段显然不是在三十岁之前完成的。康有为的哲学思想，不管是从内容到形式，还是从思想到语言，无不彰显出新旧时代交替的特征。正如德国人鲍吾刚所指出的，"哲人康有为被称为'满清近代以来最重要的思想家'，而且他也无可争议地是中国复杂的'乌托邦'思想最具权威性的人物。如同聚光镜一般，古老中国光辉的政治宗教思想集中体现在他的人格当中，而且经过全新科学思想的折射后，其思想传播影响至今仍然不减。③"

（二）影响表现的研究

首先，多数学者肯定西方科学扩充了康有为今文经学的内容，改进了清初以来今文经学的研究方法。早在19世纪80年代，董士伟先生认为，康有为今文经学充分吸收西方思想的启发从而突破了封建思想的藩篱，形成了比较完整的近代启蒙思想体系，真正涉及了启蒙思想的核心和本质，因此，具有深刻的现实意义。④

20世纪90年代，宋德华先生大篇幅论证了康有为逐步深化的西学观，

---

① 张涛光：《论康有为的物质救国思想》，《华南师范大学学报》2005年第6期。
② 吴雪玲：《康有为师法西学的教育观》，《河北师范大学学报》2004年第4期。
③ ［德］鲍吾刚：《中国人的幸福观》，严蓓雯译，江苏人民出版社2004年版。
④ 董士伟：《康有为：近代中国启蒙的第一人》，《教学与研究》1989年第1期。

第一章 导论

通过中西之学的全面比较来论证康有为的西学观。作为岭南学派的领军人物,康有为的思想体系随着受西学影响程度的加深而不断深化;同时康有为今文经学的形成过程也是康有为对西学认识日益深化的过程。在当时接触西学十分有限的情况下,以康有为为首的岭南学派开始从西学中寻求救世济民、变法图强真理的努力具有重要的时代意义。他们从文化源流、今古嬗变的维度对中西思想进行了全面的比较,又和中国的现实需要相结合,因此,康有为对西学的认识成为其维新思想的重要组成部分。[①] 北京师范大学房德邻教授以为康有为"两考"体现的是康有为的疑古思想,"疑古"同时也是科学精神的一种体现。[②]

其次,另一部分学者否定东传之西方科学对今文经学的影响,甚至某些学者认为今文经学就是封建意识的残余,站在阶级的立场否定清末民初今文经学的成就。李泽厚先生站在阶级的立场上评价康有为,笔者以为这有待商榷。李泽厚对康有为的思想做过概括:"康的思想也是数千年来传统思想体系终于在最后一代士大夫知识分子身上分崩瓦解和向资产阶级思想方向蜕化的表现,作为一面镜子,它清晰地照出了晚清这一整代人新旧并陈青黄不接的思想面貌和阶级性格。"[③] 李先生认为,康有为的"托古改制"思想失去了它的本来意义,晚期的康有为连他自己也抛开这个问题不讲,在革命高潮不断前行的大势所趋之下,康有为为了守住自己的阵线,也就根本顾不上去反思、省察自己的这些变化。

赵吉惠教授著有《中国儒学史》一书,对于其中的一些观点诸如认为儒学必然走向衰落的看法笔者不敢苟同。赵教授在提到西学冲击下儒学困境的时候指出,两种文化一接触,就显现巨大的反差,儒学的落后明显地

[①] 宋德华:《岭南维新思想述论——以康有为、梁启超为中心》,中华书局2002年版,第420—508页。
[②] 房德邻:《康有为的疑古思想及其影响》,《北京师范大学学报》1994年第4期。
[③] 李泽厚:《康有为思想研究》,《中国近代思想史》,天津社会科学院出版社2007年版,第165—167页。

暴露出来,因而受到极大的冲击,加剧了儒学走向衰落的进程。经过"托古改制"对儒学的改造,儒学的外衣虽然保存着,但它的骨肉和灵魂都被蛀空,蜕变为改良资产阶级式的文化。"经过孙中山、章太炎等资产阶级革命派的批判,并随着封建王朝的覆灭,以纲常名教为支柱的儒学,便走向了最后的衰落。"①

最后,还有一部分学者认为,以康有为为代表的一代学者希望从儒家精神和文化中寻求中国通向现代化之路的初步尝试,这个尝试的落点主要在于社会政治改革,他们力图以儒家的社会理想来构筑社会历史深层价值系统并做出有益的努力。康有为是自觉利用西学对中国儒学改造的第一人。② 这一工作贯穿康有为学术生涯的始终,而且通篇对于康有为从事这项工作的宗旨、方法、背景和意义做了一些新的评析。文章指出,在康氏"孔教复原"的过程中,孔子的地位固然被神化,但是"后儒之学""流行儒学"即程朱理学遭到了前所未有的冲击,这对于观念革新、文化革新无疑产生了巨大而积极的影响。③ 从康有为新儒学的内容来看,西学和儒学在康氏思想里存在一种相互发明、交互阐释的复杂关系。他在今文经学体系所阐释的新儒学既有别于旧有的儒学又不同西方纯正的科学,康有为的新儒学是中国近代文化形态的呈现。④

(三)影响方式的研究

清末民初东传科学对康有为今文经学影响方式的研究主要集中在知识层面的会通、方法论层面的契合、认识论层面的衔接和价值观层面的呼应四个层面,先就这四个层面逐一阐发。

---

① 赵吉惠等主编:《中国儒学史》,中州古籍出版社1991年版,第829页。
② 喻大华:《晚清文化保守思想家与近代儒学的新陈代谢》,《烟台大学学报》(哲学社会科学版)2007年第3期。
③ 张锡勤:《论康有为对儒学的改造》,《哲学研究》2004年第5期。
④ 张绍军:《援西入儒——康有为对传统儒学的改造与重构》,《社会科学》辑刊2005年第1期。

第一章 导论

1. 知识层面的会通

"经世致用"思想是儒学悠久的传统,儒学更贴近于社会政治生活,贴近于社会实际,更体现了儒学积极入世的基本精神。晚清"经世致用"思潮在近代西方文化传入过程中注入了新的内容,它成为沟通"西学"与"中学""传统文化"与"近代文化"的纽带。康有为在这种思潮影响下,冲破羁绊,转向"西学"寻求"经世"的妙方,最后成为资产阶级维新派的领袖。[①]

在青岛召开的康有为学术研讨会中[②],有些学者就倡议建立一门"康梁学",把二者联系起来进行研究,并认为中国近代化的奥秘就隐藏在他们的思想之中,抓住"康梁"思想的灵魂就是抓住了中国近代化的关键所在。康有为的科技救国思想,早就体现在他于欧美游历期间著成的《物质救国论》等著作之中,大力呼吁中国改变数千年轻视物质的观念,提倡"物质救国""银行救国""生产力救国""科技救国"等策略,对我们的现代化建设大有裨益。[③] 康有为一再重申的"物质"概念其实就是"工业化"或者"现代化"的意思。康有为认为,中国必须由传统农业国向现代工业化社会的方向进行转变,并且倡导保持传统儒学作为中华民族的道德精神之根基,康有为对现代化的认识,至今仍然具有十分突显的现实意义。[④] 任银睦研究员通过考察得出结论,康有为在东西方文化冲突过程中,对中国现状及其未来的思考层面能够为后世揭示出基于中西问题的探讨中国现代化的未来选择方向问题。[⑤]

康有为重建儒学或者重新诠释儒学的努力带动了影响深远的思想维新

[①] 何志慧:《晚清经世致用思潮对康有为早期思想的影响》,《学术研究》1988年第5期。
[②] 参见1996年7月在青岛召开的"康有为与中国近代化学术研讨会"。
[③] 刘善章:《"康有为与中国近代化学术研讨会"在青岛召开》,《孔子研究》1996年第1期。
[④] 郭熹微:《从〈物质救国论〉看西方现代化对康有为的影响》,《韩山师范学院学报》2000年第4期。
[⑤] 任银睦:《康有为关于中国现代化的选择》,《青岛大学学报》1997年第1期。

运动。康有为在重建儒学的过程中形成的哲学立场使他深信：现有制度必须要大幅度进行革新。检视一下他重建儒学的内容和含义，不仅可使我们明了他的言行，而且更有助于判断他在中国思想传统中的地位。康有为像他许多前辈和同辈一样，是名正言顺的儒学大家。对于儒家学说有开创之功的孟子、荀子、董仲舒到宋明时期的朱熹、陆九渊和王守仁等大儒们其实都是修正派。所以，康有为同他们一样也确是修正主义者，而非泥古者。只是这些名贤大儒在解释经典时也许不及康有为之大胆，但是他们毕竟予儒家传统以新的内容。①

康有为在我国近代科学发展史上具有重要作用，他是科技事业倡导者以及科学思想的启蒙者。在维新变法运动期间，就系统地阐述了科学在社会发展中的作用。康有为明确提出过发展科学和技术的主张："兴学育人、开局译书、广派游学、奖励工艺创新、鼓励科学发明等引进和发展科学技术的主张。②"维新变法失败之后，他进一步提出物质救国论并号召社会有识之士开办实业，兴建学校，进行科学启蒙。青岛教育学院的刘春蕊认为，康有为不但学习和介绍西方的科学知识，而且还在实际生活中践行着这些理论，康有为是近代向西方寻求救国救民真理的代表人物。③

2. 方法论层面的契合

近代科学的诞生对于人们思想变化起着非常重要的作用。这与它们长期接受西方的自然科学知识有关。"科学精神""理性之光"在康有为著作里彰显着持久的魅力。东传科学影响下康有为今文经学思想为国人提供了一个崭新的世界观和方法论。因此，在研究维新派变革思想对中国现实问

---

① ［美］萧公权：《近代中国与新世界——康有为变法与大同思想研究》，汪荣祖译，凤凰出版传媒集团2007年版，第33页。
② 邱若宏：《论康有为的科技思想》，《中南工业大学学报》2002年第4期。
③ 刘春蕊：《康有为师法西学的历程及其实践》，《中州学刊》2003年第2期。

题影响的同时，不应忘记西方自然科学的作用。①"康有为还是近代史上最先介绍和运用西方近代科学方法的思想家。"②并且最早树立西方逻辑学为代表的科学实证精神，他引进西方的实验、逻辑和数学等方法，极大地提高了人的理性认识能力。

在康有为所著的《实理公法全书》一书中，他像西方的唯理论者一样坚定认为数学是严密的科学，数学方法是有效发现真理的方法。康有为最早尝试模仿欧几里得《几何原本》的几何学方法来构造自己的理论。欧几里得几何学是一个形式逻辑的公理系统，它从若干定义、公理出发，经过演绎推导和论证，确立一个个定理、公式，形成一个严密的系统。康有为用此方式构造自己的理论虽然有些牵强，但无疑具有反封建的进步意义。③康有为扬弃洋务派的器物科学观，对科学的本质特点进行了深入思考，对科学方法和科学精神都有更为深刻的认识。康有为提出的一系列政治改革主张为科学的发展提供了制度上的支持与保障，对民主和科学进行的积极探讨成为"五四"运动的先声，对科学的发展起到了巨大的推动作用。

3. 认识论层面的衔接

20世纪90年代，中国人民大学的桑咸之教授指出，康有为为适应变法和近代化的需要，以大胆的怀疑精神和对西学粗浅的理解作"援西入儒"的努力对传统儒学进行重新地整合和阐释具有积极意义。接着桑咸之先生指出，虽然康氏的理论难免牵强，以至于成为"不中不西，亦中亦西"的混合体，但是"他对儒学的改造是对正统儒学的第一次真正的冲

---

① 朱义禄：《西方自然科学与维新思潮——论康有为、严复、谭嗣同的变革思想》，《学习与探索》杂志1999年第2期。
② 岳清云：《实证的科学方法和科学精神——浅谈康有为科技思想》，《今日科苑》2008年第14期。
③ 朱义禄：《大家精要——康有为》，云南教育出版社2011年版，第7—13页。

击,其展现的启蒙思想的功绩功不可没"①。

对于东传科学与今文经学的关系问题研究,单纯从时间节点上认为康有为维新失败是二者关系由好转坏的分水岭存在简单化、片面化的倾向。国内康有为研究专家马洪林先生在《传统文化与现代化》一文中指出,从历史史实的角度进行考察,他认为戊戌之后康有为走出国门开始16年的欧美之旅,他以其亲身感受和独特的思维方式,直接对世界进行思考和观察,以西方富强为参照,提出了许多值得借鉴的经验和教训。马洪林教授认为康有为不失为一个伟大的探索者以及对于进步思想执着的追求者,康有为的思想对于儒学现代化具有借鉴意义。

1882年的康有为在上海大购西书,回乡后潜心研究,香港和上海的经验使他十分着迷,以至于逐渐萌生了一个古怪的念头,如果在中国学习西方不成的话,他便去南美洲开拓殖民地,实现他的理想。这个念头虽然荒诞,却正好表明他向往的不是复古而是西化,如果回避这个问题,就不能理解当时的康有为。儒学、佛学和西学多种文化成分共存于康有为今文经学思想之中是其最为突出的特点。康有为是近代中国主张实现国家工业化的第一人。康有为对有关实现工业化的依据、重要意义和实现的途径做了详细的阐述,虽然由于种种因素没有得到落实,但是他的所有努力对后世产生了深刻的影响。

4. 价值观层面的呼应

《新学伪经考》的出发点是"破",就是"破"除对正统思想的迷信,寻求学术和思想上的解放。《孔子改制考》在于"立",因为孔子一直被封建集团利用为合法的精神象征,在这里康有为把孔子当成"托古改制"的英雄,着重说明孔子并非"述而不作"。以公羊学为宗的今文经学成就了他的变法理论,从而将中国由"小康"推至"大同",最终中华民族以现

---

① 桑咸之:《论康有为的儒学与现代化》,《中国人民大学学报》1989年第6期。

代强国的身份跻身世界，这就是康有为的矢志不渝的理想构图。康有为的思想与实践体现了他远大的鸿鹄之志，这种诉求是康有为从儒家的精神和文化传统中寻求现代化之路的初步尝试。然而从范式转型的角度看，这个尝试的落脚点主要在于社会政治制度改革，这也是儒家传统与现代社会调适过程中的第一个落脚点，力图以儒家的社会理想来构筑社会历史的深层价值系统。①

三 东传科学与康有为今文经学的价值问题探析

马来平教授指出，东传科学中自然科学与中国传统文化的冲突具有暂时性。解决这些冲突的途径与方法不仅要根据自然科学本身的发展变化，更要依赖于中国传统文化适应科学发展的方向来改造、调整科学与儒学的关系。②"经世致用"的价值指向一直是儒家思想悠久的历史传统，体现了儒家积极入世的基本精神。晚清"经世致用"思潮在近代西方文化传入过程中发挥着非常重要的作用，为儒学的现代性转型注入了新的内容，它成为沟通"西学"与"中学"，"传统"与"近代"的纽带。在这种思潮的影响下，康有为冲破羁绊，转向"西学"以寻求"经世"的妙方，最后成为变革现实社会维新派的领袖。③

自东汉以降，沉寂了近千年之久、复苏于清中叶的"春秋公羊学"经过康有为的一番改造，成为其宣扬改良思想的思想武器，最终通达它历史上最辉煌灿烂的巅峰时刻，成为儒学近代化过程中不可或缺的一环。④康有为问题研究专家萧公权先生对康有为的全面研究旨在恢复康有为思想之全貌，就康有为驳杂的思想及其备受争议的矛盾的一生都做了更

---

① 参见王健《从康有为的变法思想看儒家在"范式"转型中的第一个落点》，原载任继愈主编《国际汉学》，大象出版社 2000 年版，第 400 页。
② 马来平：《科学文化与中国传统文化的冲突》，《山东社会科学》（双月刊）1989 年第 2 期。
③ 何志慧：《晚清经世致用思潮对康有为早期思想的影响》，《学术研究》1988 年第 5 期。
④ 梁宗华：《论康有为公羊学及对儒学发展的意义》，《宁夏党校学报》2001 年第 1 期。

为合理的解释。① 康有为发展儒家学说、参与政事的真正用意和现代价值在于凸显康有为是一个对儒家思想现代化做出了卓越贡献的儒家修正主义者，一个胸怀世界主义观念的理想主义者。

康有为是半个多世纪以来最先进的中国人不断向西方汲取智慧、不断追求文化革新中的集大成者，同时也代表了力图改变中国命运的一批士大夫阶层向西方学习新知的时代高度。② 康有为所开创的学术文化体系，与其说是对西方自然科学与社会科学的移植，不如说是中国传统文化的近代模式。康有为以及他所倡导的孔教会是儒家在失去了社会合法性地位之后寻求社会立足点的一种可贵努力，对于我们认识儒学现代化、认识儒家思想前景与未来都有直接的参考价值。③ 张耀南教授在《中国儒学史》（近代卷）中将康有为思想划分为四期的做法具有拓荒性，论证了康有为利用东传科学改造今文经学的努力，充分肯定了康有为对于儒学的贡献与价值。下面就康有为思想的四个时期作如下综述。

第一期的基本思想格局为"援西入儒"阶段，时间为甲午战败之前的这一时期。在这一重要时期，中华民族遭遇"千年未有之变局"，各民族以不同角度、不同层面解释世界，也形成了各自不同的释读框架，基本形成了以"中学"（儒学）为体，以东传科学之用的释读方式。这就是"援西入儒""援西入中"的释读框架，这种释读方式理应成为中国学者看待世界文明的最主流的方式。第二期的基本思想格局为"以西化儒"阶段，时间段为甲午战败至戊戌变法失败逃亡海外这一时期。这一时期，康有为的基本倾向是用西学来解构儒学。第三期的基本思想格局为"儒西并尊"时期，时间段为康有为逃亡海外后期。物质救国体现在器物层面就是试图

---

① 肖俊：《萧公权眼中的康有为》，《佛山科学技术学院学报》2002年第4期。
② 王先明：《康有为与戊戌"新学"的形成》，《山西大学学报》（哲学社会科学版）2002年第2期。
③ 干春松：《康有为与孔教会：民国初年儒家复兴努力及其挫折》，《求是学刊》2002年第3期。

以"自然科学"救国。这个时候的社会特征表现在:"自然科学"为本,"社会科学"为末。因此,康有为自然科学救国思想与当今社会近四十年如火如荼的改革开放政策具有惊人的相似性。第四期的基本思想格局为"以儒化西"阶段,时间段为民国二年归国直到康有为逝世这一重要时期。康有为曾说过,居西洋愈久,愈觉中土之可贵。吾人同样可以说,愈是了解"西学西理",愈是感觉"中学中理"之深邃博大。① 因此,"中学中理"的价值和意义不是靠自身获得的,而是在与"西学西理"相比较的过程中获得的。但是无一例外的是康有为四期思想变化贯穿着"尊儒"和吸收、容纳东传科学的两条主线。

四 东传科学与康有为今文经学关系的讨论

萧公权先生眼里的康有为一直敬仰孔子,是一直致力于儒学复兴的践行者,而且康有为复兴儒学的信念与时俱增。萧先生认为:"康氏一直敬仰孔子,他深信真正儒学的道德效力并未被几百年来的伪经损坏殆尽,仍然可以恢复,不仅可为中国人,而且可为整个人类服务。"② 他试图用西方科学之"纬线"与儒家经典之"经线"来编织这一宏大的哲学织品,但此一哲学指向的最终结果并未产生康有为所要达到的预期。因此,萧公权先生不无感慨地指出,如果说康有为仅以孔子作为掩饰来达到自己的政治目的则是过分低估了康有为的心智,类似于这样的看法对以实现儒学现代化为使命的康有为是不公平的。

(一) 对于儒学现代化意义的探讨

杨振宁在《近代科学进入中国的回顾与前瞻》一文中,采用比较中西

---

① 张耀南在《中国儒学史》中提到康有为有关"援西入儒""以西化儒""儒西并尊""以儒化西"四个阶段的划分。(参见张耀南《中国儒学史》,北京大学出版社2011年版,第219页。)
② [美]萧公权:《近代中国与新世界——康有为变法与大同思想研究》,汪荣祖译,凤凰出版传媒集团2007年版,第73页。

科学发展的观点并一针见血地指出：直到 1400 年前后中国科技仍优于欧洲，在之后的 200 年里中国科学大大落后于西方的原因在于西方自然科学的发展为近代科学的萌芽准备了肥沃的土壤。杨振宁认为"儒家文化的保守性是中国三个世纪抗拒吸取西方科学思想的最大原因"。① 所以说，康有为破除儒家思想的保守性是一种伟大的尝试。杨振宁有一个预言："到了 21 世纪中叶，中国最可能成为一个世界级的科技强国。"此篇文章再次谈及中国的七个时期问题。其中第四期"1840—1900 年——引进现代科学举步维艰"和第五期"1900—1950 年——急速引进现代科学"这两个时期是很至关重要的。② 诞生于 1858 年的康有为在中国引进西方自然科学与社会科学最艰难的困境中一定有着因中国没有科学而产生的切肤之痛，而康有为正处在这个引进西方科学最为重要的时期。

  在闭关锁国的清廷统治的困境之中，以康氏为首的有识之士开始从西学中寻求救世济民、变法图强的真理。他们从文化源流、今古嬗变的层次对中西方的方方面面都进行了全面比较，又和当时中国的现实需要相结合，因此，康有为对东传科学的认识成为其维新思想的重要组成部分。从发展现代科学或者立足儒学传统的角度来看，历史研究的角度或许能为我们提供新的研究进路。就积极和消极的两条进路来看：消极方面是历史证据似乎并不支持儒家阻碍了科学产生的说法。尽管如此，李约瑟本人却认为儒家对科学的贡献几乎是负面的。其中有两种矛盾的价值指向：一是重视理性而反对超自然的宗教，这一点有助于科学的产生；二是儒家只对人和事感兴趣，因此阻碍了科学的发展。宋明理学将自然与人都视为"格物"的对象，正是这种偏重于"人"和"事"的看法，在现实中阻碍了理学"格物"思想在自然科学方面的发展。梁启超认为，儒家哲学中有科学

---

① 杨振宁：《读书教学再十年》，台北时报文化出版公司 1995 年版，第 125 页。
② 沈良译自杨振宁教授 1993 年 4 月 27 日在香港大学演讲的讲稿。原载《明报周刊》1993 年 10 月号。

第一章 导论

精神，或者至少可以说它不与科学精神相违背。"儒家以人为本位，以自己环境作出发点，比较接近于科学精神，至少可以说不违反科学精神。"①根据以上研究，透过文本研究我们可以深入探讨清末民初东传科学与康有为今文经学之间的关系，探究东传科学对儒学现代化的现实意义。

（二）东传科学与今文经学何以能够协调发展

马来平教授指出，以科学为坐标对儒学改造的症结在于使儒学与科学的精神气质相融合、相一致。儒学作为一种文化，它只有和科学的精神气质相契合，才是最有前途的，也才能最有利于科学的发展。②王健指出，清末民初那个特殊时期要求那个时代的有识之士必须冲破统治意志强加给他们的思想桎梏，重新利用自己睿智的头脑来独立且更为深入地思考，向上下五千年的千古沉淀的经验启示，特别是向西方学习，重新考虑整个世界、整个人生问题，从而探寻一条通向恒久的真理之路。③徐光台教授在《儒学与科学：一个科学史观点的探讨》一文中指出，也许王学批判朱学并没有击中自然知识的要害，西学可能成为一面镜子，丰富并促进了明末清初科学的发展，为儒学发展科学知识开启了一条新的通道。④因此，从科学与儒学特定的发展环境来看，科学与儒学具有相互契合的基因。

正是在现实与理想的张力之间，康有为企图利用儒家思想资源来达到既能变法维新，又能确立人类公理，从而使现实社会不断趋向合理的目的。萧公权先生曾将康有为的理想概括为"一个现代化的中国和新的世

---

① 葛懋春、蒋俊编：《梁启超哲学思想文选》（上），华东师范大学出版社1981年版，第496页。
② 马来平：《儒学和科学具有广阔的协调发展前景》，《山西大学学报》（哲学社会科学版）2009年第2期。
③ 王健：《从康有为的变法思想看儒家在"范式"转型中的第一个落点》，任继愈主编《国际汉学》，大象出版社2000年版，第400页。
④ 徐光台：《儒学与科学：一个科学史观点的探讨》，台湾《清华大学学报》1996年第26卷第4期。

界"。依据这个角度,我们可以更准确地理解今文经学在康有为思想体系中的真正价值;并且通过康有为的这个落点,更深刻地去解释历史的多重性以及儒家文化在近代发展的命运,而不是单单的把中国的落后归罪于传统的儒家文化。①

基于以上研究,根据《康有为全集》第一手材料的深度挖掘,笔者力争得出有关清末民初东传科学与今文经学何以能够协调发展的较为中肯的结论。

(三)东传科学的重要性以及儒学与科学关系现实问题的探讨

康有为利用西学改造今文经学的努力引领时代潮流之先。19世纪60—90年代,是中国近代的改革时代。洋务派由于没有突破中国传统文化固有思想的束缚,很快出现了滞后的颓态。而康有为的维新思想在中国近代化改革亟须向纵深方向发展的大背景下应时而生,显示了其先进性是以西方进化论和民权论为核心创建的一种崭新的思想体系。这个新体系对中国传统纲常礼教和旧有的经典大义进行了最强有力的冲击,建立了西式的、日本式的现代化新国家的要求,符合时代潮流,起到了启蒙民众和推动社会改革的重大作用。

对维新派知识分子而言,以维新派为代表的中土儒士对西方文化的态度有所变化,甚至比顽固派和洋务派都更加进步和开放。但是,维新派对西方文化仍旧保持一种工具主义的心态。这是近代以来中土士人"师夷长技"心态的延续。康有为的这种工具主义思想路线,对此后近代中国文化发展乃至中西文化交流格局的走向都产生了极其深远的影响。② 他将西方新学新知作为救亡图存的手段是明确的。但是他作为儒家封建卫道者的意识也很强烈。康有为以"变器""变政""变学"为主张,以"西政""西

---

① 王健:《从康有为的变法思想看儒家在"范式"转型中的第一个落点》,任继愈主编《国际汉学》,大象出版社2000年版,第404页。
② 李安泽:《〈合作与对抗〉——康有为与传教士》,《文化中国》第75期。

第一章 导论

学""西艺"为手段,以"保国""保种""保教"为宗旨,所倡导的孔教运动,就是要避免儒教被基督教取代,以捍卫儒教的道统地位。通过类似问题的研究,笔者力争揭示东传科学在当时条件下传播和普及过程中以及东传科学对于儒学的影响的得失成败所能给我们带来的启示和教训等问题。马来平教授指出,儒学是中国传统文化的核心,该课题对于改造儒学,将科学文化进一步注入中国文化传统之中,为建设21世纪中国的新型文化,为中国科学技术跨越式发展营造良好的文化环境,也具有重要的现实意义。①

康有为的维新思想有两个价值指向:一是以西方政治体制和科学技术为模版的现实改革;二是以大同世界为最高发展目标的社会理想。在现实与理想的两个层面上,康有为借助儒家的思想观念来理解和表达其维新思想,并试图将儒家文化注入现代化社会体系之中,是近代先进中国人向西方国家寻求救国治世之真理最杰出的代表人物之一。康有为以及变法维新派的思想家们都抓住了历史的主题:改革君主专制制度,建立现代化的中央政权,推动自上而下的社会改革。②

钱穆先生认为康有为"以尊西俗者为尊孔""尊孔实为尊西洋"③ 的说法不能苟同。从康有为在民国二年归国之后的社会活动来看,16年亲历欧美31国的现实,促成了他"中学中理"有超越于"西学西理"价值的独特认识。康有为谓之"最高真理""最高学问"和"普世价值"之类只能在东方,到"中学中理"中去寻求。所以,"尊孔实为尊西洋"的论断是有失偏颇的。

萧公权先生指出,康有为一生不断呼吁政府和同时代的学者"尊孔"。

---

① 马来平:《西学东渐中的科学与儒学关系》,《贵州社会科学》2009年第1期。
② 王健:《从康有为的变法思想看儒家在"范式"转型中的第一个落点》,任继愈主编《国际汉学》,大象出版社2000年版,第402页。
③ 钱穆:《中国近三百年学术史》,九州出版社2011年版,第782页。

无论时代如何剧变,这种"知其不可而为之"的态度也正表明了他对儒学、对孔子思想坚守所呈现出的宗教般的庄严性。康有为始终坚持孔子是最伟大的圣人,他的学说应该是社会和道德生活的最佳指针。事实上,民国之后,他深感保存"国粹"是比社会和经济的现代化更为紧迫的事情,对于精神层面的重视显然超越了对于物质方面的追求。因此,对孔子也愈为景仰,这种真知灼见在现代社会依然具有现实意义:中华民族的伟大复兴不能依靠西方国家的所谓奇技淫巧,西方再先进的科学技术都不能解决我们国家最根本的问题,挽救国人道德人心的关键还是要我们到传承了五千年的传统文化中去找寻。提到"大同理想"的时候,萧先生指出,"康有为作为一乌托邦哲学家,他是超越儒家的;但作为一实际的改革家,他仍然在儒家的范围之内"[①]。

本书在东传科学影响下康有为今文经学嬗变过程的相关研究的基础上,试图厘清在中国三十多年改革开放的实践与康有为利用东传科学改造今文经学做出毕生努力之间去探寻科学与儒学所具有的必然联系及其现实意义。

第三节 本书的创新之处及未来努力的方向

一 本书的创新之处

20世纪的思想格局主要源于孔教运动和新文化运动。康有为今文经学思想处于传统向现代转型的重要节点,不管从终结传统的功用,还是对于开启现代性的价值指向而言都具有深远的时代价值。康有为在流亡海外后期,主张"物质救国""科学救国"与"道德保国""儒教救国"并行,

---

[①] [美]萧公权:《近代中国与新世界——康有为变法与大同思想研究》,汪荣祖译,凤凰出版传媒集团2007年版,第33—35页。

第一章 导论

此一价值指向与其后的鸿儒大家诸如梁启超的《欧游心影录》、梁漱溟的《东西方文化及其哲学》以及张君劢关于"科学人生观"的演讲相似。"物质技术"和"道德价值"之间总存在着某种程度的张力,最终酝酿出新文化运动这一重要事件。新文化运动中的新派站在西学的立场上,高举"科学""民主"两大旗帜,极力批判传统,其后遂分裂为自由主义和马克思主义两个分支。但是,从思想史的角度来看,面对"物质"和"道德"的张力,自由主义和马克思主义两者均采取抛弃儒学的做法,接受了西方文化中"科学""物质"的观念,而两者又分别继承了"自由""民主""进化"和"大同"思想,这都与康有为之思想有着极其深远的渊源。而现代新儒家和当时康有为本人的做法又不谋而合,分别开辟了内外两种理路的儒学现代化的道路。因此,深度挖掘东传科学与康有为今文经学的关系,具有重要的时代意义。

当前,对西方文化的盲目崇拜乃至全盘西化的思潮甚嚣尘上,实现中华民族的伟大复兴、守住中华民族文化之"魂"显得尤为迫切而必要。诚如中国思想史专家、东京大学教授丸山松幸先生说的:"变革的具体形态以各民族所承载的不同传统而各不相同。日本在近代虽然接受了大量西方的文化与思想,但从根本上说,日本的近代只能是日本式的近代。"[①] 所以,我们要实现民族的文化复兴只有依靠自己,任何西方国家都不能给我们提供一条"放之四海而皆准"的现成经验和道路,我们的出路只有靠我们在传承传统的基础上自己去摸索、去创造。对中国而言,我们的近代也必然是以传统为基础,将传统国粹与西方舶来的外来科学与文化等诸要素相融合才是我们的当务之急。"墨守祖法"不切实际,全盘西化也绝对不能成行。康有为的思想和行动,正是对"传统"和"现代"两者相结合的伟大尝试。

康有为晚年被冷落是时代所致,他的科学思想以及独具特色的"通经

---

① 董士伟:《康有为评传》序二,百花洲文艺出版社 2010 年版,第 5 页。

致用"思想被淹没在"保皇""保教"及其与革命派对垒的政治旋涡之中，但他的思想毕竟是对封建余孽和经典权威的挑战，具有思想启蒙的作用。纵然逃亡海外、颠沛流离，但他对于孔子、对于儒家思想始终是笃定的、是爱之深切的；同时又能坚持向西方学习，从未停止过思想探险的行动。康有为一直在不断地超越自己、超越时代，在儒学与东传科学的比较中重建传统的儒学体系是他一生矢志不渝的追求。康有为晚年境遇使他面对文化之复兴不得不承受两难的境地：一是如孔子一样坚守"知其不可而为之"的态度；二是背负"貌孔心夷"的不解和冷遇。然而，他的学说可以被冷落一时，但其伟大思想将永放异彩。我们在扬弃他因"六经注我""微言大义"的解经方式所导致的与科学精神背离的同时，更应看到他对于科学与儒学相容性的努力，我们要站在公正、辩证的客观立场还康有为一个真相。今天，当弘扬中国传统文化的课题再一次突出地摆在我们面前的时候，我们或许能从曾在中国近代史上独孤徘徊的先知——南海"康圣人"那里寻觅到一些有益的思想资源。

本书的创新之处在于：第一，站在科学的视角探究科学与儒学的关系，揭示清末民初东传科学影响下康有为今文经学的嬗变。第二，针对科学与儒学相容、相斥、抑或其他的争论的问题，[①] 揭示科学与儒学具有广泛的相容性，具有热情拥抱、亲密接触的一面，二者具有相互亲和的基因。第三，对康有为一生的四个时期："援西入儒""以西化儒""儒西并尊""以儒化西"重新划定时间节点。针对不同时期思想的特点和东传科学影响下康有为今文经学的嬗变进行梳理、归纳并得出结论：1880 年之后，康有为"尊儒"、积极吸纳东传科学知识的特点贯穿康有为生命的始终。第四，站在科学"求真""求是"的视角探讨康有为"六经注我"、以"微言大义"对儒家经典的恣意阐发是对科学基本精神的背离。康有为

[①] 刘星：《科学与儒学：相容、相斥抑或其他》，《齐鲁师范学院学报》2015 年第 3 期。

为达到一己之目的、一任主观的解经方式是造成今文经学式微最致命的动因。本书旨在通过探讨康有为今文经学产生的社会文化背景,今文经学产生的东传科学之根基,东传科学与今文经学嬗变的内容,康有为理论局限性、东传科学影响下康有为今文经学的特质、历史定位及其今文经学在东传科学洪流中的价值指向等问题得到这样的结论:儒学具有巨大的发展空间;儒学与科学可以并行不悖,协调发展;儒学"和而不同""仁者爱人"等核心价值有可能成为新世纪的普世价值;科学日新月异的发展需要一种普世价值来匡扶其正确的发展方向。

康有为在其《康南海自编年谱》中自称其哲学思想在30岁之前就已经成熟,以后的岁月不复有进。尽管他说的未必真实,可是有一点是肯定的:康有为在30岁之前,东传科学对他一生思想之基调起着决定性作用。围绕康有为问题研究,学术界的主要成果集中在戊戌变法、今文经学、孔教运动和晚年的复辟运动,有关东传科学与康有为今文经学思想互动问题之研究却少之又少,仅限于横向的研究。本书试图对科学与儒学相互关系问题做纵横交错的深度研究,颇具"经世致用"思想特点且自成体系的"今文经学""公羊学"何以可能发生交汇并产生影响?二者之间到底存在着哪些必然联系?对诸如此类问题的探究彰显了本书研究的创新之处与重要的时代价值。

二 本研究未来努力的方向

目前诸多问题还尚待进一步研究,特别是站在东传科学与康有为今文经学视角来探讨清末民初科学与儒学的关系,针对此一问题的研究,需要落实以下几方面的工作。

(一)对文本的分析要力争全面、充分

对于《康有为全集》要进行深入挖掘。康有为在1883—1885年大攻算学和声、光、化、电、重学,因此《康有为全集》都不同程度地受到科学思潮的影响。例如,《实理公法全书》根据几何公理来阐发人类社会的共同法则。科学思潮主要表现为崇尚理性，重视实证，尊重客观规律，且这些特点在《实理公法全书》中得到了淋漓尽致的体现。康有为认为"实理"实现有三种途径：一种是由科学家"实测"出来；二是经过人们社会实践证明了的、行之有效的"实论之法"；第三种是源自"几何公理之法"。

《康子内外篇》体现了康有为崇尚新知的哲理思想。这部著作在广泛研究哲理命题的同时，对西学新知识表现出高度的兴趣，并且或直接或间接地运用这些知识来阐述新的哲理，从而使中国传统哲学思想发生了重大变化。另外，康有为的一些哲理思想在其之后的论著中也不断地得到引用、扩充和发展，成为他新思想体系的理论支点。《康子内外篇》一书中在"内篇"部分谈天、地、人、物之理；"外篇"部分重在言政教、艺乐之事，全书共15篇。全书透显出科学之精神与理性之光辉，而所有这些问题的阐发都是通过对传统文化的反思表达出来。《康子内外篇》处处体现了他对理性之光的钦佩，这种理性之光是康有为接受西方近代科学的内驱力。理性思想与科学精神相生相伴，理性的目的是通过正常的思维途径，对客观对象获得真理性的认识，科学则只是这种认识的理论形态，所有这些思想都在《康子内外篇》里渗透着近代科学的荣光。另外，对诸如《实理公法全书》《日本书目志》等极具价值的一手资料也要进行深度挖掘以期寻到更有价值的东西。

（二）对一手文献做深度挖掘工作

樊洪业在《从"格致"到"科学"》一文中就"科学"一词是否是康有为最先引进的概念问题做了极具价值的探讨。虽然中日两国的"科学"一词在写法上没有差别，但中文中从前并无"科学"一词的表述，康有为在其编写的"书目志"中把日文的"科学"译为中文，使中文里第一次出现"科学"的字眼，这在中国近代科学史上有特殊意义。康有

第一章 导论

为在1898年6月进呈光绪帝废除八股制度的奏折中曾三次提到"科学"一词。所以说,康有为不仅是最早引入"科学"的人,也是最早使用"科学"一词的人。[①]

针对"科学"一词的来源问题,《康有为全集》对书目的编排有这样的记载,"《科学入门》一册,普及舍译。三角五分"和"《科学之原理》一册,本村骏吉著。五角五分",[②] 诸如此类的重要概念只能通过从原著里细细挖掘,才能取得更为崭新的突破。针对类似于"科学"这样重要的其他概念,则需要笔者做出深入的挖掘、研究工作。

对于康有为思想、观念及对其那个时代问题的把握上,还有些地方需要进一步的斟酌。诸如康有为的进化论思想、受西方星云假说影响形成的康有为元气论思想以及康有为科学方法论的应用等还有待思考、分析,需要再行提炼以求对问题进行更为详尽的探究。本书试图围绕东传科学与今文经学的互动关系进行系统的梳理,重在探究清末民初东传科学对康有为今文经学的影响。但对于这种影响的具体表现,影响的性质以及产生这些影响的原因等问题的研究有待深入。论证方面,引用稍多,注释有的欠规范,某些材料理解、分析得不够透彻等问题依然存在。本文初衷是以历史与逻辑的统一、宏观与微观结合、理论与实践兼顾和纵横交错的研究方法展开,但最后的结果并不尽如人意,这也是以后对于本研究努力的方向。

笔者以为,除去以科学史的形式对康有为知识内容的整理之外,更重要的是对科学与儒学的理解问题尚欠火候,这涉及清末民初科学在中国发展所处的政治与社会环境,以及儒学面对西方汹涌而来的科学所表现的亦步亦趋的困境。因此,对于科学与儒学的理解应该是多视角、多维度,更

[①] 樊洪业:《从"格致"到"科学"》,《自然辩证法通讯》1988年第10卷。
[②] 康有为:《日本书目志·卷二》,《康有为全集》(第3集),中国人民大学出版社2007年版,第279页。

为全面，更为立体的方式，而不能只是线性地、孤立地、横向地去展开研究。笔者以为，在清末民初这一宏大的历史背景之下，探究科学与儒学的关系具有很大探讨的空间，特别是围绕东传科学与康有为今文经学的视角展开具有很强的理论意义和现实意义。

但就这一时段的科学思想史或者单就儒学思想史做横向研究不免有失单薄。只有把二者有机地结合起来，才是解决问题的不二法门，才能为实现中华民族的伟大复兴做出更为有益的贡献。对于倡导儒学现代化的今天来说，客观而公正地看待康有为今文经学与东传科学的关系，形成对科学作为一种工具、一种文化现象以及儒学作为一种中华文化的本根所在予以一种正确的理解与把握，也才能更好地促进当下科学的发展与儒学现代化的实现。当然，这种理想在本书中只是一种愿望，或者说是下一步研究的更远大的目标。

第二章 东传科学与康有为今文经学的形成

"先天下之忧而忧,后天下之乐而乐",千古名臣范仲淹振聋发聩的呐喊激励着以天下为己任的有识之士为国捐躯、前仆后继,他们满腔热忱,立志报国,虽历经磨难,仍勇往直前。纵观近代的中国史,清末民初的康有为当属这类志士仁人中最杰出的代表。值历史巨变之际,康有为突破传统思想的藩篱,以东传科学为契机改造儒学,开创了独具特色的康有为今文经学体系。可以说,康有为的努力对中国近代历史进程,对中国思想启蒙运动以及儒学的现代转型都起到了巨大的推动作用。

第一节 康有为今文经学形成的社会文化环境

一 儒家传统价值指向的转变

在两千多年的发展演变过程中,儒学以其旺盛的生命力,虽历经磨难,仍踽踽前行,在不断吸收其他各家各派思想精髓以及西方先进文明中最终成为具有多元价值的思想体系,对中国以及东亚文明做出了巨大贡献。《大学》篇所谓"八目"中的后"四目"为"修身""齐家""治国""平天下"。从中可以看出"修身"在儒家思想体系中居于"中枢"地位,这是儒家"内圣"的价值指向,而"经世致用"的价值取向则凸显了"外王"的基本追求。"修身"源于孔孟的道德教化思想,至宋明理学的代表人物朱熹、程颢、程颐等大儒的推崇而发扬光大。而"经世"思想缘起于先秦的荀子,经过其学生韩非子的继承与发展,成为秦统一六国的理论基础。当然,其间也经过西汉贾谊到宋代王安石的推崇,从叶适和陈亮等浙东学派的功利主义的接力,再到明代顾炎武与黄宗羲等大儒皆反对空谈心性义理,注重"实学"和"经世致用"之学的发展。其中,王安石和张居正等大儒利用权倾朝野的宰相之位,凭借着掌握的国家机器大力推崇"经世致用"之学,注重富国强兵。与法家不同的是,他们认为国家富强本身只是实现天下大治的手段,而这种目标的实现最终还是要落实到民生层面。

清朝晚期,无论是主张今文经学的学者,还是古文经学专家,他们都不约而同地将"经世致用"主张作为自己学说的主导思想,这种与现实相结合的诉求变得越来越强烈。这是一种以功利主义为本位,以富国强兵为目的,最后落实到以客观制度安排与调适为途径的"经世"思想。这种以功利主义为本,以富国强兵为旨归的"经世"模式压倒了前一种以道德为主的"德性"诉求。"在晚清,国家富强逐渐成为中心,民生降到了第二位。"[1] 诚如李鸿章的幕僚马建忠所言,"治国以富强为本,而求强以致富为先"[2]。由此,我们可以上溯到19世纪中叶洋务派与清流派之争,他们之间争论的焦点也是集中体现在"富强"与"民生"这两个层面:洋务派追求国家富强,而清流派一直站在"民生"和"道义"的立场对洋务派口诛笔伐。因此,"自从清流衰落之后,经世和富强浪潮一浪高过一浪,爱国主义成为最高评价,爱民主义从此鲜有人提"[3]。在日益衰败的国势面前,儒家原有的功利主义倾向得以释放,这个时候,功利主义由边缘地位

---

[1] 许纪霖:《现代性的歧路:清末民初的社会达尔文主义思潮》,《史学月刊》2010年第2期。
[2] 马建忠:《富民说》,《洋务运动》(第1集),上海人民出版社1961年版,第403页,转引自许纪霖《现代性的歧路:清末民初的社会达尔文主义思潮》,《史学月刊》2010年第2期。
[3] [德]列奥·斯特劳恩:《现代性的三次浪潮》,丁耘译,《学术思想评论》(第6辑),吉林人民出版社2002年版,第92—93页。

第二章　东传科学与康有为今文经学的形成

逐渐走到台前，甚至成为社会的主流。在这个转变过程中"德性"价值经历了从品德政治向功利主义，从功利主义向国家主义两个阶段的转向。"德性是从品德政治转变为重视经济民生的功利主义，第二步便是从重视民生的功利主义发展为富国强兵的国家主义。"①

在中国历史上，儒家与法家争论的实质是政治正当性问题，即"民生"和"国富"究竟何为第一性问题的争论。当内外交困的晚清政府被功利主义潮流席卷一切的时候，儒家"经世致用"思想与法家"富国强兵"理念不谋而合，并且形成一种合力主宰着社会的基调。康有为所领导的维新变法派认为：国民的"权利"和国家的"富强"不仅不相冲突，二者反而可以走向融合并相得益彰。因此，在亡国灭种的危难时刻，儒家"经世致用"传统与法家"富国强兵"思想的合流便成为一种必然，迸发出一种势不可当的力量。

儒家传统除了从"经世"到"富强"之外，另一种价值指向是从"义理"到"时势"的转变。朱熹开启的宋明理学就是儒家的"义理"之学，而"义理"之学的精髓是被封建统治阶层奉为圭臬的"天不变道亦不变"这一万世不易的统摄性教条，它既是儒家之所以为王道的正当性的源头，又是天下士大夫"内圣""外王"诉求的共同的价值起点。然而到了晚清，这种价值观被"时势"所取代。当李鸿章感慨"数千年未有之变局"的时候，其实他所要呈现的价值指向已经充分表明中国要想生存和发展，顺应时势进而应变时局乃是一种明智之举。当时的士大夫认为，世道已经彻底地发生了变化，而这种变化不仅仅是外部的时势，还是天地自然的客观运转，是一种不可抗拒的客观规律。在传统的儒家义理之中，时势本来是以夏、商、周三个统一的朝代为终极理想——尊古抑今，是从现在向古代的

---

① 许纪霖：《近代中国政治正当性的价值冲突和内在紧张》，《华东师范大学学报》（哲学社会科学版）2008 年第 1 期。

回归,而到了清代特别是清末民初时势的巨变改变了这种发展的方向,晚清"公羊三世"说突破了历史循环论,成为未来社会发展的潮流。"世"不同,"道"便有了不同的价值指向。儒家的"义理"之学就不再是万古长青、亘古不变的真理,它必须要随着社会的变化而变化。面对传统价值体系崩溃所带来的社会危机与认同危机的现状,思想敏锐且勇于创新的康有为,为传统儒学的近代化发展与现代性转型做出了巨大的贡献。康有为一开始就试图利用传统经学"托古改制"的方式为其政治目的与制度改革寻找合法性依据,这也是他撰写《新学伪经考》和《孔子改制考》一"破"、一"立"两部书的原因所在。[①]

19世纪中叶以后,中国被西方的坚船利炮打开了国门,以华夏为中心的天下观发生了彻底改变。达尔文进化论传入中国乃是一场颠覆性的思想革命,而进化论的核心是生存竞争的学说,它以牛顿力学的世界观为核心,这种思想论调的新视角改变了中国人对于宇宙和历史的最基本的看法。中国人的世界观从有机的伦理世界转变为物理的机械世界,物理之"力"代替了伦理之"德",由是,物理之"力"成为宇宙与社会的主宰。在这个"力"的物理世界之中,物质和实力主宰一切,精神和伦理的世界丧失了其最本初的价值和意义,最后的结局演变为形而上的"道"被形而下的"器"所取代。戊戌变法失败之后,康有为流亡海外,他在《物质救国论》中感慨万千,在没有走出国门之前,他以为西方的强大是因为他们高深的哲学或者先进的精神文明,但是周游西方列国之后,他发现西方的道德风气远不如东方的中国和信奉佛教的印度,西方列强之所以强大,是因为他们"物质"的发达,是因为"力"的秩序所带来的强大的力量。当"礼"的秩序向"力"的秩序转向的时候,这个新世界最具诱惑力的地方

[①] 干春松:《近代中国人的认同危机及其重建:以康有为与孔教会为例》,载2004年10月9日中国孔子基金会主办的《纪念孔子诞生2555周年国际学术研讨会》会议论文。

便是进步的社会观念。因此,康有为"公羊三世"说突破了历史循环论的窠臼,这种进步的观念打破了原有思想的束缚,古代中国人向前看三代的复古主义理想被乐观的进步主义所取代,使得他们相信只有顺应时势,迎头赶上,才是唯一的出路,而未来的世界是一个物质高度发达的物质世界,而这样的一个世界不是在西方,而是在东方的神州大地。

二 "礼"的秩序向"力"的秩序的转变

清末民初是中国历史上的大变革时代,这就是被李鸿章誉为"数千年未有之变局"的根本原因。在这一时期,统治了中国几千年的儒学伦理纲常和封建制度遭到空前的挑战和破坏。数千年来中国士大夫的精英阶层对普通百姓起教化作用;国家统治者以仁政、民本思想治理天下;而普通民众各安其位,与世无争,普天之下一派欣欣向荣⋯⋯凡此种种,在清末民初这个特殊的时期顷刻间土崩瓦解。而就在这个关键的节点上,源自西方的达尔文进化论传到中国,在清末民初这个大巨变时代,产生了一个崇尚物质与强权的"力"的秩序。清朝的闭关锁国,腐败无能,从两次鸦片战争、甲午战争和紧随其后的八国联军的入侵,像噩梦一般涤荡着古老的神州大地,中国"礼"的秩序在内忧外患的动荡变局面前越发显得苍白无力。外敌大兵压境,列强环伺,在这样的形势下,中国出现了从以儒家为正统的"礼"的秩序向以国家为核心的"力"的秩序的转变。

一般而言,每一个新秩序的建立都要经历一个痛苦的蜕变过程。1840年西方的坚船利炮撞开了中国闭关锁国的大门,一些有识之士才如梦方醒,才真正尝到了切肤之痛。可惊骇之余,签下一系列不平等条约之后,中国并没有真正反省产生一系列溃败的根本原因,而是麻木到再次浑然入睡,真可谓"粪土之墙不可圬也"。这种得过且过的日子好景不长,时隔20年后的1860年,西方的炮火再次冲破国门,这次似乎让更多中国人看到了西洋人的威力,清廷的破铜烂铁怎能抵御西洋近代工业革命制造的坚船利炮？从一定意义上来说，这是历史借助英法联军之手再次向中国展示其工业革命的先进的文明成果。向来对西方不屑一顾的士大夫们终于见识了何谓西方国家的工业文明。正是从这个时候起，中国开始了自强运动，这场运动的初衷是在不改变传统纲常礼教的前提下，引进西方先进的富国强民之术，这就是张之洞所谓的"中体西用"。清朝苦心经营的北洋水师也被迫派上用场，而这次来犯的是只有弹丸之地的日本，正是这个岛国让清廷的北洋水师顷刻间灰飞烟灭，整个海军的所谓精锐部队几乎全军覆没。1895年《马关条约》的签订，使先进的中国人终于发现仅仅学习西方表面的东西完全解决不了中国的根本问题，由此引发了激进的制度变革和思想启蒙运动，而这种革新的理论基础就是斯宾塞的社会达尔文主义。从此"礼"的秩序失去了正当性基础，取而代之的是"力"的秩序。如果说"力"的秩序在清中期还是一种遥不可及的观念形态，那么在清末民初，以纲常礼教为旨归的"礼"的秩序即随着王权的倾覆而走向了全面的瓦解。正如1916年杜亚泉在《东方杂志》中所写到的：

> 今日之社会，几纯然为物质的势力，精神界中，殆无势力之可言……其弥漫于吾社会之间，物质之势力也。物质之种类甚多，而其代表之者则为金钱，今日之独占势力于吾社会者，金钱而已矣。[1]

在天下的礼治秩序中，物质之力并不具有道德的正当性。秩序的正当性的源头应该是具有超越性的人文精神，而在清末民初内忧外患的形势下，当时中国的社会现状已经失去了道德与精神的合法性基础，强权政

---

[1] 杜亚泉：《论社会变动之趋势与吾人处世之方针》，《杜亚泉文集》，第284—285页，转引自许纪霖《现代性的歧路：清末民初的社会达尔文主义思潮》，《史学月刊》2010年第2期。

治、军阀割据和金钱至上充斥其中,因此,"力"的强弱决定了权力的大小、金钱的多寡。

"力"的秩序的形成发端于1895年《马关条约》签订后中国试图改变落后现状的努力。但是"冰冻三尺,非一日之寒",早在洋务运动之时,自强与富强之"力"就已经深深镶嵌在传统"礼治"的秩序之中,并内化为旧秩序的一部分。"力"的秩序的构建是中国思想文化传统在面对外力冲击时所做出的自我调适与发展,是儒家的核心价值寻求自身生存与话语权的必然选择,是从"经世"到"富强",从"义理"到"时势"的转化。作为古代中国主流意识形态的儒家传统文化,儒学的"内圣外王"学说是每一个儒者的最终极的理想。《大学》有云:

> 古之欲明明德于天下者,先治其国;欲治其国者,先齐其家;欲齐其家者,先修其身;欲修其身者,先正其心;欲正其心者,先诚其意;欲诚其意者,先致其知。致知在格物。物格而后知至,知至而后意诚,意诚而后心正,心正而后身修,身修而后家齐,家齐而后国治,国治而后天下平。[①]

"修身养性"是治国平天下的必要前提,是人生最基本的价值追求。在以民本主义为主的儒家思想体系中,民生问题一直凌驾于国家富强之上。到了清末,风气大变,国家富强压倒了国计民生,功利主义压倒了公平和道义,这股潮流自洋务运动开始就席卷神州大地,成为一种无法遏制的社会变革力量。

三 东传科学与康有为思想历程的转向

康有为生活在清末民初那个社会大动荡的时代,为实现救国救民的远

[①] 《礼记·大学》。

大抱负，他勇敢地接过今文经学的大旗，试图以东传科学来改造并重构儒学，以此寻求救国图强的理论基础，正基于此，康有为整个人生经历都与东传科学息息相关。具体表现在以下几方面。

（一）儒家传统价值向"通经致用"指向的转变

清末民初时期中国社会所发生的变化可谓翻天覆地。在这个大变化的过程中，康有为作为一介书生，虽出生于儒学世家，但其视野宽广，是浸润在西方的思想世界中苦苦探索真理、寻求救国救民出路的最杰出的代表。1858年，康有为出生在曾经遭遇过欧风美雨的广东南海县的一个小乡镇——银塘乡；少年时代，康有为主要受其祖父——清道光年间举人康赞修以及具有"经世致用"思想的大儒朱次琦老师的儒学熏陶，在两位大儒潜移默化的熏陶中，少年康有为便沉淀了深厚的传统儒学的素养。

1874年，17岁的康有为在自家万卷藏书中初次阅读了《海国图志》《瀛寰志略》与《地球图》等书籍，又仔细研读了利玛窦、艾儒略和徐光启等人翻译的西学书籍，这些书籍极大地开拓了康有为的眼界，让他看到了世界各国的风土人情，明白了地球运转的规律。1878年前后，康有为又先后阅读《西国近事汇编》《环游地球新录》等介绍西学的书籍和游记，接着又游历了香港，与此同时，他看到了西方文化影响下的新世界：楼房鳞次栉比，道路宽敞整洁。从那时起，作为一个活体，他见证了上层士大夫对西方文明所固有的偏见开始动摇，并且对西方文化产生了浓厚的兴趣，所有这些，为他日后讲求西学打开了通道。

1882年，康有为去北京参加顺天乡试，南归途中看到了洋人在上海租界的所作所为，极为悲愤。于是，25岁的康有为怀着一颗强烈的挽救民族危亡的拳拳爱国之心，毅然购买了江南制造总局翻译的大量西学书籍，并订阅《万国公报》，回到家乡之后大讲西学，开始了试图利用西方理论和实践来探索救国救民真理的艰苦历程。正当康有为奋勇前进的时候，法国悍然侵略中国，他目睹了侵略者的强大实力和不可一世的嚣张气焰。作为

第二章 东传科学与康有为今文经学的形成

一个有鸿鹄之志的读书人,他闭门苦苦思索,残酷的现实使他开始把个人的前途、国家的命运和世界的风云变幻局势联系起来,这一阶段他的思想发生了巨大变化。此时的康有为开始"日日以救世为心,刻刻以救世为事,舍身命而为之"。[①]

康有为树立救民于水火的理想,决心也像魏源说的那样,"师夷长技以制夷",那就是要学习西方长处,实行维新变法以振兴中华。1891年,康有为在"万木草堂"招徒讲学,建立新型的教学团体,同时也为他日后维新变法的政治团体培养了一批维新变法的骨干力量。"万木草堂"成为他新思想的前沿阵地,特别是分别于1891年和1896年刊行的《新学伪经考》和《孔子改制考》,具有彻底颠覆性的"两考"在中国思想界掀起了一阵"飓风"。1898年的戊戌变法,是康有为维新思想积聚已久的结晶,它是近代史上重要的政治变革,更是一次重要的思想启蒙运动。

维新变法失败后,康有为为躲避清政府的追捕,开始了十几年的流亡生涯。他先后游历了日本、印度、法国和美国等国家,流亡生活让他对西方社会有了更加深切的体悟,西方社会并不是像他过去想象的那般美好,那里也有罪恶与黑暗。在流亡的日子里他的时间相对充裕,可以抽出更多时间来进行思想理论的建构。康有为流亡之前的工作重心主要集中在启蒙思想和政治改革上,在"过去"和"当前"的社会现实中;而流亡中他则把工作的重心放在了大同理想和孔教观的理论建构上,主要是对"未来"的憧憬和向往。流亡日本期间,康有为受到当时文部省大臣犬养毅的多次会见,但随着日本政局变动,新内阁对他态度趋冷,于是,康有为离开日本,依然怀着满腔热血继续着他对新世界的思考与探寻。

1900年8月,康有为历经磨难来到新加坡。在新加坡,英国驻新加坡代理总督将其总督府的一座房子给他居住,在这里康有为开始撰写《中庸

---

① 康有为:《康南海自编年谱》,《戊戌变法(四)》,上海人民出版社1957年版,第118页。

注》《春秋笔削大义微言考》两部书，这标志着他开始摆脱对戊戌变法具体得失的羁绊，转而重新思考中国文化改造等基本问题。也正是在这个时候，他构想多年的大同世界的蓝图在其脑海里逐渐清晰起来，于是他搬到印度大吉岭开始《大同书》的创作。在大吉岭一年半的时间里，除了写作《大同书》之外，他还完成了《论语注》《孟子微》和《官制议》等书。这些理论创作，使康有为宏大的理论思维一方面指向现世，另一方面则指向未来。《春秋笔削大义微言考》序言中就充分体现了康有为对西方进化论等西方文明的向往。他说："孔子之道，其本在仁……其用在与时进化，夫主乎太平，则人人有自主之权；……主乎与时进化，则变通尽利。"[①]

康有为在完成《大同书》一书之后，便开始了游历欧美的旅程。他在加拿大期间成立保皇会，制定了营救光绪皇帝使其重新上台执政的计划。此后，康有为在欧洲的第一站是意大利，游历完意大利之后，在中、意两国帝宫的比较中作了很有价值的总结：中国古代文化相比于意大利要先进得多，但比之意大利，中国辉煌的文化遗产却没有保存下来。接着康有为分析产生这种结果的原因：第一，战争的破坏；第二，中国传统上视工程技术为"末技"，发明家地位低下，不利于保存和发展工程技术，甚至古代的一些优秀的发明成果也被淹没；第三，中国木质结构的房屋易遭到火灾的破坏。据此，康有为得出结论：要向西方学习，保护好文物古迹，建筑方面等应用石料，改变木质结构的传统。游历罗马时，康有为看到罗马寺庙的光彩夺目，并和中国的寺庙进行比较，由此引出"孔教"问题，他认为孔子发明的"三世说"，即便用它来观照、解释当今的欧洲也依然合适：

---

① 康有为：《康南海自编年谱》，中华书局1992年版，第87页。

第二章　东传科学与康有为今文经学的形成

今观孔子三世之道,至今未能尽其升平之世,况天平世、大同世乎?今欧洲新理,多皆国争之具,其去孔子大道远矣。……窃观今者欧美风俗人心,与中国正相若,其去性善自由,皆甚远也。①

所以,他开始进行自我反思并认为过去他对欧洲的理解只是隔岸观火,认识得不够真切。然后康有为又从驳斥中国没有宗教入手,论述了孔教观的由来及其内容。康有为分析了中国不是没有宗教,而是宗教太驳杂,"民之信奉杂鬼神者太多"带来了一系列的负面问题。② 他同时指出,仅从《史记》《汉书》考之,杂鬼神多达上百种。正是因为信奉的鬼神太多,所以普通百姓就失去了安身立命的标准。另外,"神权太昌"反而压制了宗教本然应有的人道主义的内容,不适合现代社会。孔子"敬鬼神而远之"的目的不是要拒绝宗教,而是要创制出一种能够适合中国国情,兼容"神""人"二道并与时变通,规范久远的新宗教。康有为批判朱熹对孔子理解的偏差,意在祛除朱熹对孔子形象的包装,还孔子以最原初的面目。通过对朱熹的批判,实际上康有为是按照自己的理解,给孔子穿上了一件改革家的新外衣。康有为的用意是既要照顾到儒家的传统特色,又要体现自己人道主义的关怀,因此,他把中国人归入了"较智之民"的行列。康有为表达的是,传统的孔教思想是一种"微言大义",并未被详细明确地论述过,且没有在当今社会实行过,留待后世去发挥和实践。康有为的这种判断,为他批判专制和阐述自己的孔教思想留下了足够的空间。

康有为为了表达孔教的适用范围,采取了两种截然不同的看法:一是从保存和发扬民族精神、民族文化的角度出发,认为孔教是同基督教、伊斯兰教并立的宗教,三者各有特色;另一种是从"大同"的角度出发,认

---

① 康有为著,钟叔河主编:《欧洲十一国游记二种》,岳麓书社1985年版,第118—121页。
② 同上书,第126—127页。

为孔教普遍适用于各民族的宗教思想。"试读各国宪法及国际法,何一不同于《春秋》?如此粗浊乱世,乃正宜以《春秋》治之。又人智已渐开,神权亦渐失,孔子乃真适合于今之世者。"①康有为在意大利看到石刻、藏画等不同的景观,这些不同地域的文化引发了他对民主政治问题的思索与感慨。虽然康有为强调地理问题的重要性,但是他并不认为地理环境是唯一的决定因素,从而引出了他所谓的一个现代性的观点——民主政治可以在中国落户生根。关于民主政治问题,康有为也多有提及。他在《欧洲十一国游记二种》中说:"今大地既必行此政体矣。英得伏流之先,故在大地最先强。欧美得其播种之先,故次强。……及今移植而用之,人下种而我食之,岂不便易乎,何必怵他人之先我哉!……天道后起者胜也。"②康有为想要表达的是中国只要加快脚步,必可屹立于世界民族之林。康有为既是一个清醒的现实主义者,又是一个热情的民族主义者,他突破了带有宿命论色彩的地理环境决定论,对于中华民族的复兴充满着极大的热情和信心。

通过对意大利等国的考察,康有为反思了过去的中国把西方国家视之为"夷狄"的不屑一顾的看法,他认为,中国人应该积极学习西方先进的科学技术以振兴中华。康有为通过这次游历提出诸多理论思考,仅从这一点来说,他就可以称得上是中国全面研究西方社会现实的第一人。早在1886年,康有为在撰写《实理公法全书》的时候,他就非常注意收集和利用当时报刊上反映西方社会现实的有关统计数字和珍贵的佐证资料,后来修改书稿,又不断地补充新资料。③康有为对意大利社会的研究,有以下几个显著的特点:以统计数据及其数字资料为论据,每发

---

① 康有为著,钟叔河主编:《欧洲十一国游记二种》,岳麓书社1985年版,第128页。
② 同上书,第147页。
③ 《实理公法全书》注明是1886年写成的,但是其中引用了法国19世纪90年代离婚的统计资料,后人因此怀疑他写作时间乃是伪造的。

第二章 东传科学与康有为今文经学的形成

一议,都在统计资料末尾给出总结性的文字,比较全面地反映了社会各方面的指标,特别是重视社会物质生产方面的情况,如通过蒸汽机的进步来反映社会生产的例子等。康有为说:"意国二十年来,机器之进步亦大矣。同治十年时,其蒸汽力一百三十二万吨;至光绪二十年,已增五倍余,为五百五十二万吨。此则过于我国者矣。吾国所宜最急务。"① 另外,康有为发现西方也有贫困现象,因此,康有为认为西方并不是人人所"心向往之"的极乐世界。

综上所述,可以看出康有为关于人事看法的特点,无论在形式上还是在内容上都有异于前人的地方。从形式上说,传统学问路数,不管是"内圣"还是"外王"的学问,基本上是从经典或历史的得失成败中引发议论,而康有为能够根据实际资料立论,抛开权威之说复归现实,实际上是一种近代社会学研究的实证方法。在康有为之前虽然也有人介绍过西方的社会学理论,但是社会学的研究方法还少有人涉及。从这个意义上来说,康有为对意大利现实社会的剖析,实际上是开了中国社会学研究的先河。从内容上看,传统学问之对象为王朝更替、吏治得失、制度沿革或是人性义理等。康有为则将研究内容集中在人们生活和社会生产的大量问题上,并从中提出了对中国社会改革的诸多看法等。从这个路数看,他上承《实理公法全书》的逻辑,却不同于《康子内外篇》或者"两考"的逻辑理路。大概康有为已经认识到,不同的研究对象应该使用不同的研究方法。康有为的海外游历,特别是对欧美的考察,是他晚年思想学术体系趋向成熟至关重要的外部条件,康有为以此为契机,对西方文化的认识更独到而全面,在比较中,对于中国文化近代化道路的认识更为清晰而自觉。

---

① 康有为著,姜义华、张荣华编校:《实理公法全书》,《康有为全集》(第1集),中国人民大学出版社2007年版,第174页。

(二)古文经学向今文经学的转变

康有为自幼受过严格的正统教育，5岁时就师从番禺简凤仪学习《大学》《中庸》《论语》和《孝经》并接受传统的儒学教育；少年时代的康有为，对他影响最大的还有其祖父——一代儒学大家康赞修。18岁时，康有为拜粤中大儒朱次琦为师，由此正式踏上中国古典学问的殿堂。年轻时代的康有为研读的都是些古文经学，而且"酷好周礼"，在光绪六年还专门撰写过纠偏东汉何休的今文经学思想的著作《何氏纠谬》。但是康有为生在广东这块饱受"欧风美雨"吹拂的南海之滨，其性格中又充满了忧患意识，在学术上喜欢举一反三、追求"实用"之学，也深感"训诂""考据"之学对挽救民族危亡毫无用处。特别是于朱次琦门下，在其师倡导的"通经致用"思想影响下的康有为走向以改变现实命运为旨归的学术道路。朱次琦以儒家"修齐治平"为本义，主张读书的目的是明白事理，自我提升，随时应国家需要挺身而出。他不满汉学的琐屑考据和宋学末流空疏的学风以及门户之见，力倡经世致用，兼采汉学。

朱次琦批评后世"重君轻民"致使"民功"的歇绝，这反映了他的民本思想和对于物质生产的关注。其实民本思想本来就是儒家所固有的，而对于物质生产的关心，显然受了洋务运动的影响。朱次琦批评后世不知变法，反映了他要求变革社会现实的愿望。作为朱次琦的得意门生，康有为继承了其师的为学路向，正是由于他一直很崇拜自己的老师，因此，他给予其老师以最高的赞誉：硕德高行，博览群书，学风与顾炎武和王夫之相当，平实敦厚，济人经世。受其师的影响，康有为治学也是汉宋不分，广阅博览。以经世为目的汉宋兼采，经史并重，这是康有为青少年时期的治学之风。这种学风体现在他的早期著作诸如《民功篇》（1886）和《教学通义》（1886）上。特别是《民功篇》，尊崇黄帝、尧舜和周公，着重探讨华夏文明的起源和演变。这种古文经学的观点与后来康有为的托古改制的观点相去甚远。因此，它不是一部经学著作，而是一部联系现实的"通经

第二章 东传科学与康有为今文经学的形成

致用"之作,书中表达了康有为的社会历史观和变革现实的政治诉求。《民功篇》作为一部托古改制之作,它与康有为后来撰写的《孔子改制考》虽有相似之处,即都是假托古圣先贤来鼓吹变法,但不同之处在于《民功篇》假托黄帝、尧舜和周公,是站在古文经学的立场上,而《孔子改制考》则假托孔子,是站在今文经学的基础上。

《教学通义》和《民功篇》是姊妹篇,它们主要探讨周代的教育制度和周公的教育思想,康有为的目的就是要推进清代的教育改革。《民功篇》强调"民功",着重阐述物质生产的重要意义,《教学通义》强调"实学",着重阐述发展专门技术的重要意义,两本书在一定程度上摆脱了宋学和汉学脱离实际、无补于事的弊端,贯彻着强烈的"经世致用"精神。黄帝、尧舜本来是传说中的人物,但在康有为笔下,他对其进行了主观的改造,寄托了自己的社会理想和主张。他以理想中的尧舜时代与秦之后的封建朝代比对,通过二者之间重大的反差,揭露封建主义的反动和腐朽,引发变革现实的要求。变革的蓝图就是他所描绘的黄帝、尧舜和周公时代。所以,康有为的"复古"实际上却成为了其维新变法的工具。

朱次琦的"通经致用"思想客观上引导了康有为原来在经学方面的主张与观点,但是让他彻底改变立场的还是他和廖平的"羊城之会"。1889年年底和1890年年初,康有为在广州两次会晤廖平。此时廖平的学术思想已经发生了变化,从"平分今古"转向"尊今抑古",康有为受廖平思想影响,此后完全转向今文经学,并以今文经学的形式建立其不"拘常守旧"的新学说。不可否认的是,他在见廖平的10年前就已经拥有了从古文经学向今文经学转变的思想准备,"羊城之会"完成了康有为经学立场的转变。

尽管康有为不承认他的《新学伪经考》和《孔子改制考》受廖平的《知圣篇》和《辟刘篇》的影响,但不可否认,很多论点都有惊人的相似之处。黄开国教授曾经列出过康有为受廖平今文经学观影响的史证:廖平本人提供的证据;梁启超的证据;张之洞的证据;俞樾和章太炎的证据;

皮锡瑞的证据；顾颉刚的证据；其他人的证据。① 康有为无疑在很大程度上受到了廖平的影响。康有为和廖平的作品虽然在所代表的思想内涵以及学术理路和走向方面均有不同，但从经学内容的角度来看却是极其相似的。康有为在遇到廖平之前笃信古文经学，如果不是有"康廖之会"，如果没有受到廖平今文经学思想的影响和启发，就不会有《新学伪经考》与《孔子改制考》两部著作的问世。② 而对于《新学伪经考》一书，梁启超也曾指出其师为了达到自己的政治或者个人目的，不惜曲解证据甚至去抹杀证据，犯了科学之大忌。梁启超对康有为的治经方式也颇有微词，他在《清代学术概论》中就对其师康有为提出了批评：

> 乃至谓《史记》、《楚辞》经刘歆羼入者数十条，出土之钟鼎彝器，皆刘歆私铸埋藏以欺后世。此实为事理之万不可通者，而有为必力持之。实则其主张之要点，并不必借重于此等枝词强辩而始成立，而有为以好博好异之故，往往不惜抹杀证据或曲解证据，以犯科学家之大忌，此其所短也。③

（三）打掉圣贤光环的滥觞

康有为今文经学思想的本意并不在于对儒家经典的考证与辨伪，而在于推倒旧说，试图利用今文经学的重新诠释为其新思想的传播拓展空间，而琐碎的考证本身无助于阐发新思，还会淹没智慧的灵光。在具体的论证中，康有为的《新学伪经考》列出 14 篇，每一篇都旗帜鲜明，力避烦琐，他将复杂的考证问题简单化，而这正符合了康有为借训诂与考证达到阐发

---

① 黄开国：《廖康羊城之会与康有为经学思想的转变》，《社会科学研究》1986 年第 4 期。
② 黄开国：《廖平评传》，百花洲文艺出版社 1993 年版，第 239—243 页。
③ 梁启超：《清代学术概论》，《梁启超论清学史二种》，复旦大学出版社 1985 年版，第 64 页。

第二章 东传科学与康有为今文经学的形成

新思想的目的。

康有为利用其深湛的儒学功底,首篇就论述《秦焚六经未尝亡缺考》,根据《史记》《汉书》分析秦代不可能也不会将《六经》焚烧殆尽,开篇就质疑古文经存在的合法根基。史学界公认的一个观点是,这种做法绝对是康有为的一大发明,仅就学术价值而言,同时代廖平的著作根本无法同康有为的相媲美。在第二篇《史记经说足证伪经考》中,康有为通过对《史记》和《汉书》的比对研究,指出《汉书》已经被刘歆所窜伪,诗、书、礼、易、乐、春秋六经的顺序和内容都被修改,于是他得出结论:自从汉代之后占统治地位的古文经典都是伪经。康有为在《新学伪经考》中指出:"古学皆刘歆之窜乱伪撰也,凡今所争之汉学、宋学者,又皆歆之绪余支派也。经歆乱诸经、作《汉书》之后,凡后人所考证,无非歆说。"[1] 第四篇《汉书河间献王鲁共王传辨伪》则利用《史记》与《汉书》对河间献王与鲁共王事迹记载的出入,断言所谓"献王得书、共王坏壁"[2] 纯属子虚乌有,那么由此而来的古文经学也就失去其存在的合理性,后代经典的叠相传注也成了伪经的殉葬品。对于以经典安身立命,规范社会伦理的意识形态和治国平天下的不二法门的统治秩序来说无啻于是当头棒喝。因此,这几个部分共同构成了《新学伪经考》的主体。

《新学伪经考》从根本上动摇了绵延 2000 年的道统根基,既然经典本身的真伪都成了问题,那么圣经贤传还有何光彩可言?这样,人们不仅可以怀疑经典和道统的真实性,也对整个统治秩序的合法性投以怀疑的目光,这就是《新学伪经考》一书内在革命性的意义。不难设想,如果没有《新学伪经考》对旧秩序内部的这种破坏作用,新文化运动的呐喊也恐怕不会及时而迅速地得到回应。康有为之所以敢于打破理学传统和考据学传

---

[1] 康有为:《新学伪经考》,中华书局 1958 年版,第 16 页。
[2] 佟大群:《清代文献辨伪学研究》,博士学位论文,南开大学,2010 年。

统，是因为他不能接受当时将古文经学作为统治工具的官方思想，康有为认为应当回到原来的、真正的儒家框架中来重新阐释儒学。

康有为在《实理公法全书》与《康子内外篇》中都未用"公羊"和"礼运"等名词，直至光绪十四年的1888年，他才笃信今文经学，放弃旧说——古文经学。佛教和西方思想的影响使康有为超越了儒学的传统认知，让他以新的眼光来审视经学，但是他不愿意放弃原来的儒学信仰。1888年之后康有为受到今文经学"公羊学"的启发，再次对儒学重拾了信心。在康有为看来只要清除刘歆伪经，再与欧洲、印度之圣经贤传融会贯通，儒学才有出路。因此，康有为坚定地认为，儒学的复兴指日可待，它是中华文明的精髓，儒学仍然不失为一种最好的学说之一。

第二节 东传科学的发展及其对康有为的影响

一 西学东渐与东传科学的概况

（一）西学东渐的缘起

"西学东渐"是指明末以来，近代西方自然科学、社会科学以及相应的学术思想向中国传播的一个特定的历史过程。通常而言，"西学东渐"是指在明末清初以来，欧洲及美洲等地先进的学术思想向中国的传入，而这一过程对中国的社会现实产生了重大的影响，其中有两个重要的分期。

第一个时期主要集中在明末清初以利玛窦等为代表的耶稣会士的东来。明万历年间，耶稣会传教士的东来对中国的学术思想触动很大，也正是在这个时候，西方的科学技术得以迅猛的发展。而同时期的中国，特别是在科学技术领域基本上停滞不前，大大落后于同时期的欧洲。因此，传教士在传播基督教福音和教义的同时，为了能够让更多的中国人笃信天主教，也带来了大量的科学技术。这些科学技术对中国的影响主要集中在天文学、数学和地图学方面。这一时期传入的西方科学技术由于只集中在宫

第二章 东传科学与康有为今文经学的形成

廷内部极少数的士大夫阶层中流传,而且大部分深藏皇宫,所以影响范围较为有限。第二个时期是在鸦片战争前后直到"五四"运动前后,[①] 从19世纪中叶始,西方人再度大量涌入中国,这一时期中国出现又一个高潮,并以各种媒介带来了西方的自然科学、社会科学以及政治学说等新知识。

近现代儒学的一个最明显的特点便是向西方学习,由被动地学习,到后来吸收、升华、再创造,这是一个不断发展的过程。一些有识之士认为只有以儒学为主体来吸收、消化西方文化,儒学才能真正获得新生,西方科学和西方思想才能在中国土壤中生根发芽。而近现代西方文明以其强大的力量冲击了以儒学为核心的中国社会,引起了中国近代社会政治领域和思想文化领域的深刻变化,中国开始被动地进入现代化。这个过程给儒学带来了前所未有的危机,同时也注入了新的动力和养料。现实的困境告诉我们"海纳百川,有容乃大",儒学只有接受挑战,以儒为宗,同时把引进的西方科学、西方文化进行消化和吸收,才能重新塑造出崭新的、能够"经世致用"的儒家文化体系。

(二)"西学中源"说的成因与发展

1644年,清兵刚刚占领北京,汤若望就向新的王朝谏言依照西洋新法来推算日食和月食,然后又把徐光启等人参与制定的《崇祯历书》改为《西洋新法历书》献给朝廷。新的历法由睿亲王多尔衮命名为"时宪历"颁行全国,致使汤若望在当时声名显赫。因此,汤若望受到重用,促进了基督教在中国的传播。有关资料显示,"从顺治后期到康熙初年,十多年间,新受洗的基督教徒有十万多人"。[②] 基督教的迅猛发展引起了儒士的不安和恐慌。在这个时候,传教士开始沾沾自喜,失去了昔日谨小慎微的态度,在他们享受胜利喜悦的同时,灾难悄然而至。他们在《天学传概》中

---

① 康有为生平(1858—1927),因此这一时期正好是康有为活动的时期。
② 李申:《中国儒教史》,上海人民出版社2000年版,第924页。

公然宣称:"东西万国皆为基督的苗裔,中国从伏羲开始也是如此。"① 西方传教士的表现挫伤了儒家学者的情感,后者深感基督教在中国大肆传播给儒学带来灾难性的后果。因此,钦天监中回回历科的吴明炫和杨光先等人向传教士发难,致使传教士汤若望等人遭到了灭顶之灾。这场斗争,显然是因为他们冒犯了儒教,虽然汤若望被免于极刑,但是包括《天学传概》作者之一的李祖白在内的五个人被凌迟处决,此事件极大地打压了基督教传教士的嚣张气焰。这次打击传教士事件以及历法之争只是一个契机,而实质是由于宗教问题,部分士大夫认为传教士有图谋不轨的狼子野心。

反对西方传教士的一派认为,中国宁可不要好的历法,也不可使西洋人在中国恣意妄为。他们也承认西洋历法有其优越性,但是不会为了有一个好的历法而无视基督教所带来的祸患。当时的康熙帝清醒地认识到他要的只是准确的西洋历法,对于传教士们则保持着应有的警惕。因此,清朝政府禁止传教士干涉甚至危害儒学与大清王朝的利益。另外,直到雍正和乾隆时期仍然保留西方传教士在清廷里从事学术工作。可见,西洋历法明显地优于中国的传统历法是一个不争的事实。但是否要公开地承认这个问题,则是明清之际儒者面临的一大难题。

历史上,徐光启等人是公开承认西洋历法优越于中国传统历法的第一人。虽然徐光启等人的主观愿望是好的,其目的是以耶补儒,但是如果更多的儒家学者都皈依了基督教,那么儒学是得到了补益还是遭到了消解就不是一件能以人的意志为转移的事了。儒者们一方面不能不承认西方历法的优越性,另一方面又必须维护儒家的正统地位。在这样的形势下,他们提出了"西学中源"说。最早提出"西学中源"说的是黄宗羲和方以智,但是最有力而且影响最大的是清朝初年布衣科学家——梅文鼎。他著述丰

---

① 李申:《中国儒教史》,上海人民出版社2000年版,第924页。

第二章 东传科学与康有为今文经学的形成

富,曾经得到康熙帝的高度赞赏,参加过康熙帝御制的《数理精蕴》的编纂,是清朝初年最有成就的数学家,将西方天文学纳入中国天文历法体系是他一生矢志不渝的追求。他运用这种会通中西的实践得出一个结论,即西学最重要的成就是几何学,而几何学的全部原理就是勾股术。《几何通解》有云:"几何不言勾股,然其理并勾股也。"① 因此他的《几何通解》的副标题就是"以勾股解《几何原本》之根"。② 这样他不仅仅会通中西数学,更是把全部西学的几何术语都纳入了中国传统的勾股术里面。几何学和勾股术有相通之处,他发现中国古代在数学上有伟大创造是符合历史事实的,但是认为几何学是从中国传到西方的观点显然有些牵强。

"西学中源"说使那个时代的一批士人为了凸显中华文明的先进性进行著书立说,他们更可能是真诚地相信"西学中源"说,这种心态有其悠久而深厚的思想基础。③ 儒家传统两千多年培养起来的对圣人的无限崇拜,使儒者们很难相信还有什么知识是中国圣人所不能知晓的。儒者对圣人的崇拜对于统治阶层来说具有重要意义,因为它是民族自信心最为牢固的精神支柱,同时也是造成当时朝廷闭关锁国、自我封闭的思想根源,这和当时主流的思想要求回到"六经"、复兴"古道"的思想倾向有着异曲同工之处。这种倾向很容易使他们把自己编造的神话当成确凿无疑的事实。相信自己的古人有着伟大的创造,会促使人们下大力气去整理古代的科学成果,也很容易让人沉醉在古人的成就上而停止前进的步伐。

二 康有为接受东传科学的内容

康有为对于西方东传科学内容的吸收主要体现在自然科学知识和人文

---

① 李申:《中国儒教史》,上海人民出版社2000年版,第925页。
② 同上书,第927页。
③ 关于"西学中源"说刘溪的博士论文有详细的阐述。参见刘溪《西方科技与康熙帝"道治合一"圣王形象的塑造》,博士学位论文,山东大学,2017年。

科学知识及政治学说,具体表现在以下两个方面。

(一) 自然科学知识

康有为在接触东传科学的过程中,在自然科学方面主要涉及了地理学、天文历法、数学、几何学、物理学、化学、机械学、生物学等领域。

国家的内忧外患,使康有为对于个人的要求不再局限于读书人修身养性、独善其身,而是以关心国家民族兴亡为己任,立志救国救民、兼济天下。他从桂林讲学开始就继承并弘扬了今文经学家传统,专注"微言大义",追求"通经致用",他的讲学仍然以"公羊学"为主要内容,有运用今文经学议政的用意。

康有为在重点强调传统儒学的基础上,又力求会通中西,使西方先进的科学文化为我所用。从《桂学答问》中的《读书分月课程表》可以看出,除了西方资本主义世界的法律、政治知识之外,所列书目中数学方面的有《几何原本》《代数术》《微积分》《微机溯源》《代数积拾级》等;自然科学有《全体新论》《格致鉴源》《格致释器》《西学大成》《化学养生论》和《格致汇编》等;交通类的有《夷艘寇海记》《中西纪事》《中西关系略论》《各国合约》等。他带领学生向西方学习,强调读书要"讲求实用""先搜其经世有用者",从而把经世派的"通经致用"推上了一个新台阶。也一如康有为所说:"天下万国烛照数计,不至瞑若涂矣。若将制造局书全购尤佳。学至此,则圣道王制,中外古今,天文地理,皆已通矣。"①

康有为通过研读西方自然科学与社会科学方面的书籍,利用其中的新知识丰富了中国古代元气说,尤其是接受了德国康德(1724—1804)和法国拉普拉斯(1749—1827)的星云假说之后,对元气说进行了新的

---

① 康有为著,姜义华、吴根梁编校:《桂学答问》,《康有为全集》(第2集),上海古籍出版社1990年版,第63页。

第二章 东传科学与康有为今文经学的形成

界定。康有为把"元气"看成一种物质性的"星云"。他在《诸天讲》中谈道:

> 德国之韩图(康德)、法之里拉士(拉普拉斯)发星云之说,谓各天体创成以前是朦胧之瓦斯体,浮游于宇宙之间,其分子互相引集,是谓星云,实则瓦斯之大块也。①

康有为通过西方的星云假说,证明了天体形成前宇宙之间已经充满一种朦胧的瓦斯体——"星云"气体,并且认为地球起源于瓦斯体,他说:"吾地之生也,自日分形气而来也。……故凡诸星之成,始属瓦斯块,地球之始亦然。"②康有为想要表达的是地球与太阳系八大行星一样,都是起源于星云气体,星云在旋转过程中由于排斥力的作用而被迫分离出去,又在其他地方冷凝成地球、金、木、水、火、土等其他行星,因而形成完整的太阳系。这样,康有为把太阳系各个天体解释为弥漫在宇宙空间的"星云"物质体,以力学运动来阐述天体运动及其自然属性。康有为的这种把中西思想糅合在一起的阐述范式,打破了古代中国"天不变道亦不变"的传统思想。康有为显然试图用西方自然哲学来解释中国"天"的起源问题。康有为借用儒学的真谛,详细而全面地再一次介绍了儒学思想,客观上创造了使人们更加深入、更加全面认识孔子及其学说的良好契机,他想用这种做法来唤醒国民意识,这也在一定程度上促进了中国儒学的发展,③同时促进了中国直觉体验的哲学观点向西方逻辑思维观点的转变。在康有为的解释下,西方的星云假说被当成近代中国哲学的依据,成为重建中国哲学的标

---

① 康有为:《诸天讲》,中华书局1990年版,第14页。
② 同上书,第13—14页。
③ 崔宇:《近代孔教思潮研究——康有为孔教思想》,博士学位论文,河北大学,2011年。

杆。而这种以自然科学为基准的哲学思想，也成为中国社会变革的理论武器。

（二）社会科学知识与政治学说

在人文科学领域，康有为充分吸收了社会进化论以及以自由、平等、民主为核心价值的西方社会政治学说。康有为认为，孔子作《春秋》以"经世致用"为终极志向。所谓的"经世"之学，就是专门研究历代的损益得失，目的是通变宜民。因此，康有为设置的教学课程涉及政治学原理、中外政治发展史等内容，注重社会现实以及与时政密切相关的社会学领域。社会学在20世纪传入中国时还是一门比较崭新的学问，康有为把它作为一门科目进行研究和教学，适应了当时社会的需求，可以说："康有为是传入社会学学科最早的中国人"。[①]

康有为在处理今文经学与东传科学的关系时，肯定孔子本人的思想与西方科学不谋而合，并以"六经"作为佐证。他又把孔子弟子颜回和时代稍后一些的荀子纳入其中。不仅如此，康有为讲得最多、最为系统的还是孟子，他主要阐发孟子思想与西方民主思想的契合。在他看来，孟子在阐发孔子思想时，以《公羊学》的微言大义对《春秋》进行阐发，淋漓尽致地表达了孔子关于民主的思想。康有为有云："孟子言治天下，皆由与民同之。此真孟子非常异议，全与西人议院民主之制同。"[②]《孟子·尽心下》提道，"民为贵，社稷次之，君为轻"。康有为对此所做的注解是：

> 孟子立民主之制，天平法也。民聚则谋公共安全之事，故一切礼

[①] 参见马洪林《康有为评传》，引自孙本文《康有为和章太炎最早把资产阶级社会学传入中国》，《江海学刊》1962年4号。

[②] 康有为：《万木草堂口说》，《康有为全集》（第2集），中国人民大学出版社2007年版，第181页。

第二章　东传科学与康有为今文经学的形成

乐政法皆以为民也。……今法、美、瑞士及南美各国皆行之，近于大同之世，天下为公，选贤与能也。孟子早已发明之。①

康有为认为，他所强调的"自由""平等"思想并非始自西方，而是孔子思想中的应有之义，都是从孔子"仁"学中推导而来的，"自由""平等"是仁的基本内涵。他还指出，孔子最先倡导的是"自由"和"平等"的思想，他也正是据此来构建他的以"自由""平等"为特征的大同社会的。康有为说：

夫自由之义，孔门已先倡之矣。昔子贡曰：我不欲人之加之我也，吾亦欲无加之人。不欲人加，自由也；吾不加人，不侵犯人之自由也。人己之界，各完其分，语意周至。②

康有为指出，孔子给子贡一言定终生的一句话就是"推己及人"，而"推己及人"又是孔子立教的根本。而"与民同之"，所谓西方盛行的自主、平等之说，也是孔子儒学的应有之义，是治理国家实行仁政的根本。是谓"子思特揭之"的缘由。③ 康有为认为孟子为"平等大同之学，人己平等，各得其乐"。④ 康有为的今文经学思想与当时传播进来的西方政治思想相结合，他通过西学证明了孔学的价值，将自由、平等和民主等西方思想镶嵌在今文经学之中，这种做法虽显得杂糅、生硬，但也体现了从今文

---

① 康有为：《孟子微》，《康有为全集》（第5集），中国人民大学出版社2007年版，第421页。
② 康有为：《物质救国论》，《康有为全集》（第8集），中国人民大学出版社2007年版，第69页。
③ 康有为：《中庸注》，《康有为全集》（第5集），中国人民大学出版社2007年版，第374页。
④ 康有为：《孟子微》，《康有为全集》（第5集），中国人民大学出版社2007年版，第462页。

经学实现儒学现代化转型的努力。康有为不仅肯定了自然科学的重要作用，同样也肯定了诸如政治、经济和宗教等西方人文社会科学的重要性，并统统加以吸收和利用。

第三节 康有为今文经学的形成

一 清代今文经学的肇端

（一）清代今文经学的缘起

在中国古代学术中，对儒家经典的训诂诠释被称为经学。在经学大行其道的汉代逐渐形成了今文经学和古文经学，两派相争的局面贯穿汉代经学之始终。汉初儒家学者传述传统经典时，使用当时通用的隶书文字书写经典，如此形成的传述系统被称为今文经学。今文学注重阐发经文的"微言大义"，较为适合汉代大一统的局面，因此，汉武帝设五经博士，所立之显学均是今文经学。又有鲁共王强拆孔子故居，于孔壁中得大量先秦典籍以及民间所献古籍，均由六国大篆所写，部分儒者研习此类经典，如此形成的传述系统，即古文经学，故此，今古文之争也由此开启。今古文之争的焦点在《春秋》和天子之礼：今文学之《春秋》以《公羊》为主，古文学则以《左传》为准；而今文学推士礼以至于天子之礼，而古文学以《周官》为周公所作之周礼，以此为天子之礼。经几次争论，东汉时今文经学开始式微，古文经学渐占上风，同时今古文学也开始走向融合。东汉末年，郑玄以古文经学为主，兼采今文，遍注群经试图融合两派，今古文经学的交融遂成为当时经学的主流，于是今古文之争渐至偃旗息鼓。

在清代，宋学指宋代的学术，但从广义上说，则包括宋、元、明、清几个朝代理学的总和。所谓汉学，原指东汉儒家学者的训诂考据之学，清代儒者研治经史之时，宗奉东汉儒者训诂、考据的方法，他们的这套学问故被称为汉学。清代乾嘉时期考据学极其发达，重视名物训诂，出现一批

第二章　东传科学与康有为今文经学的形成

古文经学大家。清中叶以后,社会矛盾逐渐凸显,西方列强开始入侵中国,虽古文经学家在整理古文文献方面成绩卓著,但是这种脱离社会现实的学风对于挽救民族危亡无济于事。因此,一批具有开明远见的有识之士开始继承今文经学的"以经学作政论"的传统,复兴今文经学。正是在这样的社会背景和文化环境之下,康有为接过今文经学的大旗,反对乾嘉学派传统的训诂考据之学,把西方的社会契约论、民主议会思想、空想社会主义,以及西方的进化论和自然科学知识注入今文经学,推动维新变法。康有为思想贯通中西方文明之间,汪洋恣肆,把今文经学推到了一个新的高度,成为近代中国今文经学的集大成者。

(二) 今文经学与"常州学派"

清初,顾炎武、黄宗羲等明朝遗老一方面继承宋学经世明道的优良传统,另一方面又反对宋学末流束书高阁、空疏学风的流弊,继而提倡"朴学"和"经世"。他们的治学路向本来是无汉宋之分的,但既然是矫正宋学的空疏学风,也就自然表现出汉学的倾向,树立起汉学(朴学)的旗帜。尤其是顾炎武,他晚年治经侧重于考据,给予清代汉学的发展以深刻的影响。随后,阎若璩、胡渭等受顾炎武的影响,用汉儒训诂的方法治经也多有创获,然而这种方式已经失去了经世致用的学术精神。至乾嘉时期,戴震、惠栋等大力推崇汉学,使汉学达到鼎盛状态,遂有了"乾嘉朴学"之称。乾隆年间,汉学的兴起本来是对宋学的一种纠偏,以恢复孔学之真为己任,但随着社会问题的日益严峻,汉学不问世事,而宋学虽批评汉学无益于世,然自身也只是空谈心性,仅明学术、重教化而已,面对复杂的社会形势同样也无能为力。因此,儒者势必另寻出路。于是,以"经世致用"为基本精神的西汉今文经学自然而然在思想界重新流行起来,试图发挥儒学的社会政治功能,为儒学寻找新的出路。

乾隆末年,特别是嘉庆年间白莲教起义之后,清朝不可逆转地走向衰败,一方面社会政治问题突出,民不聊生,另一方面,统治阶级对社会的控制能力大大地削弱，客观上为学术研究留下了更大的自由空间，学术研究中表现了一种关心现实的倾向。还在乾嘉考据风行之时，社会就出现了挣脱汉学藩篱的学术倾向：第一，宋学家转向汉宋兼采的道路。他们不排斥考据，并且讲气节，重经世。至道咸年间，曾国藩成为集大成之人。第二，汉学家也趋向汉宋兼采，并且摆脱了烦琐考据，具有注意时政的特点。第三，"浙东学派"章学诚的经史实学发展起来。第四，边疆地理学的兴起。一些学士开始转向边疆地理的研究，恢复了清初经世致用的学风。第五，今文经学的兴起。今文经学活泼善变的风格适应了晚清危急的局势，于道咸同光年间已经蔚为可观。这就是关注现实倾向的五种表现。

清代今文经学的首先倡导者是庄存与，他汉宋兼采，不分古今，对于六经均有著述，并不专注于今文经学，但是他对后世的影响却集中在今文经学方面。庄存与只是一名经师，而不是董仲舒那样的经师兼政论家，他并没有对孔子的微言大义做出引人注目的新鲜的解释，但是他所彰显的公羊家法却深深地影响着后世对今文经学的理解，使得后来的今文经学家们根据自己所处的时代，对孔子"微言"探求出不同的"大义"，力求解决各自所面临的现实问题。庄存与的弟子孔广森以及侄子庄述祖均受其影响，庄述祖的外孙刘逢禄、宋翔凤在庄述祖的教授下转治公羊学，于是成果卓著的常州今文经学派由此形成。在常州学派中，影响最大的是刘逢禄，他已经不像庄存与那样不分今古，而是严格地划分今古文经的界限，坚守今文经的壁垒，继承汉代今文经的公羊家法，探求"公羊"真义。刘逢禄对于清代今文经学的另一个贡献是以经议政，他在为官时曾引儒家经典议礼、决狱，颇有汉人风范，他的政治主张和社会理想曲折地反映在他的经学著作中。

（三）龚自珍、魏源与今文经学的发展

龚自珍、魏源以今文经学为依托，"以经术作政论"，"以公羊义，讥切时政"，将经义运用于政治之中，他们的今文经学其实就是"应用经

第二章 东传科学与康有为今文经学的形成

学"。龚自珍是戴震弟子段玉裁的外孙，曾经跟随段学习训诂学，有着深厚的考据学根底。28岁时他师从刘逢禄学习"公羊学"，一生专治今文经学，但是他的解经方式有了很大的不同，他不再逐字逐句地注释经书，而是把解说经书中的微言大义作为自己的目标。他一生没有注经的著作，主要作品是《五经大义终始论》和《六经正名》，他的初衷都是摆脱训诂考据的束缚而专讲微言大义。他运用"穷变通久""三统""三世""五行"等今文经学理论结合社会现实，发表了大量惊世骇俗的议论，开一代政论之先河。龚自珍大胆而尖锐的政论文字和魏源力主变革、借经言政的理论震动了"万马齐喑"的思想界，起到了思想解放的作用。"九州生气恃风雷，万马齐喑究可哀。我劝天公重抖擞，不拘一格降人才。"[①] 这是他所写杂诗的第220首。梁启超虽在《清代学术概论》中认为龚自珍学术不但不深入还有些浅薄，但是他也不得不肯定龚自珍对晚清思想解放的功劳，及对于后来今文经学的影响。

龚自珍摆脱了对经书的注释，直接阐述儒经的大义；魏源则更近一步，他从现实需要出发，到五经中寻求自强之道。其一，魏源认为，以训诂考据为特征的汉学担不起自强的使命。其二，空谈心性不可治国，但并非要避谈心性。《海国图志》指出人心的觉悟才是根本，欲自强必须从治本开始。汉学、宋学不能治国，但是治国还需要儒学，只是通经一定要致用，不能空谈。鸦片战争中国战败，清朝政府签订了丧权辱国的《南京条约》。当战争进行得如火如荼的时候，林则徐曾上奏朝廷，认为增加武器装备可以制服强敌。此后林则徐又委托魏源编辑《海国图志》以了解外国的情况。在《海国图志》中魏源提出了"师夷长技以制夷"的思想，这也是林则徐编辑《四洲志》和魏源编辑《海国图志》的基本目的。其中林则

[①] 本句选自龚自珍的《己亥杂诗》中的第220首："九州生气恃风雷，万马齐喑究可哀。我劝天公重抖擞，不拘一格降人才。"道光十九年的1831年，岁次己亥，龚自珍辞官返乡途中，有感于清朝朝廷的压抑、束缚人才，作诗315首来表达自己强烈革新社会的愿望。

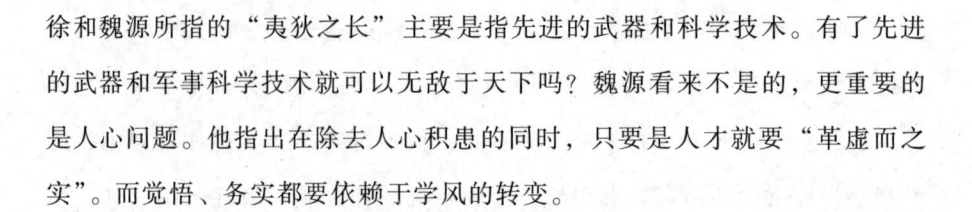

徐和魏源所指的"夷狄之长"主要是指先进的武器和科学技术。有了先进的武器和军事科学技术就可以无敌于天下吗？魏源看来不是的，更重要的是人心问题。他指出在除去人心积患的同时，只要是人才就要"革虚而之实"。而觉悟、务实都要依赖于学风的转变。

二 今文经学的崛起与东传科学的发展

清末民初东传科学与今文经学关系问题的研究涉及的人物有廖平、康有为和梁启超等人，其中贡献最大的当属康有为。东传科学与今文经学关系问题研究是科学与儒学关系的重要课题。笔者以为，首先要对清代今文经学的崛起和东传科学的发展两个核心问题予以交代。

（一）清代今文经学的崛起

对儒家经典进行训诂与诠释的学问在中国古代学术思想史上被冠以"经学"之名。经学大行其道的汉代，逐渐形成了"今文经学"和"古文经学"两个学派，并且形成了今古相争的局面，这场争论持续并延续了两千年之久。不管是哪个朝代，今、古文之争无一例外被深深地打上了中国政治发展史的烙印。

所谓的"汉学"原本是东汉儒家学者"训诂""考据"之学。清代儒者考据经史，都宗奉东汉儒者"训诂""考据"的宗旨和方法，故被称为"汉学"。乾隆年间，"汉学"的兴起本来是对宋学的一种纠偏，以恢复孔学之"真"，但在接踵而来的困局和日趋严峻的社会形势面前，"汉学"不问世事，宋学也只是空谈心性，它们都不能担当起挽救民族危亡的责任，这样，今文经学就顺理成章地走到了台前。

近代经学最为显著的特点是今文经学的崛起。究其原因在于固有历史环境的变迁：近代中国，内忧外患的时局引发了学者们"经世致用"的入世追求，对烦琐的考据之学渐生厌恶；加之政府无能，一些有识之士逐渐转向对公羊学"微言大义"的探究。面对复杂的社会形势，儒者势必另寻

第二章 东传科学与康有为今文经学的形成

出路以解救民族危亡。盛行于西汉时期的今文经学在思想界流行也就成了顺理成章的事情。于是,被冷落了一千多年的今文经学再次得到重视,这正反映了他们试图有效发挥儒学的社会功能,为儒学寻找新出路的愿望。

清代今文经学的发展有一个清晰的脉络:清代学者庄存与、孔广森开其端,而后由庄氏的外孙刘逢禄接过今文经学的大旗,其后是龚自珍、魏源、凌曙、陈立、包慎言和邵鼓辰等大儒张其军。魏源和龚自珍以今文经学为思想武器,以"经术作政论",以"公羊义,讥切时政"为手段,开始了复兴今文经学的努力。概言之,他们的今文经学的实质是"应用经学",既不固守门户也不拘泥今文,龚自珍也明确表示对董氏的"天人感应"和"灾异谴告"等理论深恶痛绝,后来的康有为也不是纯治今文,他只是把今文经学作为武器,为他们所要倡导的变法理论服务而已。特别是康有为利用今文经学中孔子"为万世制法"的大义,作为其变法维新的理论武器,本着为政治服务的宗旨,开创着今文经学的新时代。廖平的今文经学深刻地影响着康有为:

> 廖平的学问终前待后,启发来者必须运用科学方法,吸取人类心思养料,结合国情,阐发儒学的现实意义功能,寻求解决现实问题的时代理论。[①]

康有为的治经思路显然受到廖平的影响,利用西学重构和改造今文经学是康有为治经的一大特色,而康有为"两考"的撰写都在廖平的《辟刘篇》和《知圣篇》之后,他们二人还就这两部书进行过会晤和讨论,康有为的"两考"中多多少少都留下了廖氏的影子。康有为

---

① 黄诗玉、骆凤文:《辩说廖平在治学研经的理念宗旨和学问境界——兼论廖平与张之洞、王闿运、康有为治学之不同》,《中华文化论坛》2011年第5期。

利用东传科学改造今文经学,并以此作为他变法理论的灵魂。可以说,康有为能够把今文经学发展到极致,是因为他站在前人研究的基础上作出的精彩发挥。

(二) 东传科学的发展

山东大学马来平教授近年来着力于科学与儒学关系的研究,"东传科学"一词是对明末清初"格物穷理之学"对译的名词。"东传科学"一词本书特指利玛窦来华开其端,两次西学东渐以来,西方国家利用传教士为途径传播进来的自然科学以及科学方法和科学精神的总称(在本书中有时用西学、西方科学、西方自然科学等)。在明末清初时期,西学随着耶稣会传教士的东来而传到中国。在"适应策略"的指引下,利玛窦等首批入华的耶稣会传教士主动采用儒学之经典话语、知识系统译介西学,进而赢得了当时人们对西学的广泛接受。以"格物穷理之学""艺学"等儒学话语、知识系统对译的东传科学,更以其实证性、实用性、逻辑性和数理化赢得了明末以来世人的认同与接受。[1] "西学"的概念是历史的产物,它指在西方产生并传播到中国的学说,"'西学',确切地说,不是西方人的学说,而是中国人研究西方的学问,是中国人用汉语表达的西方学说。"[2] "西学"这个名称最早是从16世纪末开始出现,当时传教士来自西方,亦即"大西"和"泰西",利玛窦在《天主实义》中多有阐述。"利用儒家思想解释天主教教义,书中多次用'西儒'、'西士'、'西哲'等称呼来代表基督教神学家和西方哲学家。"[3] 可以说,西学包括数学、天文、地理等西方的自然科学领域的学说,同时也包括社会科学,如神学、哲学和其他的社会学说。

---

[1] 张庆伟:《东传科学与乾嘉考据学关系研究——以戴震为中心》,博士学位论文,山东大学,2003年,第199页。
[2] 王富:《后殖民翻译研究反思》,博士后出站报告,中山大学,2009年。
[3] 金刚:《关于"回儒"和"西儒"比较研究的思考》,《中央社会主义学院学报》2014年第5期。

第二章 东传科学与康有为今文经学的形成

明末清初的"西学"包括西方传教士传播进来的西方学说,主要是指徐光启和李之藻等上层士大夫译介的西学书籍,例如,徐光启译介的《几何原本》和李之藻译介的《名理探》等著作。徐光启译介的《几何原本》属于数学,它是自然科学的典范之作。而李之藻译介的《名理探》主要是介绍西方亚里士多德的哲学著作。"《名理探》是第一部中文逻辑学著作,所使用的底本是科因布拉大学使用的讲义——《亚里士多德辩证法概论》(Commentarii Collegii Conimbricensis Societatis Jesv, in *Universam Dialecticam Aristotelis Stagiritae*)。该讲义系傅泛际于科因布拉大学接受培训时所使用的,它讲述了亚里士多德论述逻辑学的所有著作,曾于1611年在德国科隆首次出版发行。1931年,徐宗泽先生在汇编《明清间耶稣会士译著提要》时,于北平北堂图书馆发现了李之藻和傅泛际二人翻译《名理探》所用的底本,后列为《北堂图书馆拉丁书书目》第1365号。"① 另外,洋务运动时期设立的两个翻译馆译介了西方几百种西学书籍,特别是《江南制造总局》翻译的有关西方自然科学知识的书籍,是康有为的西学知识的主要来源。清末甲午战争以来,中国面临国破家亡的悲惨命运,全方位向西方学习成为许多有识之士的积极选择。这一时期,康有为、梁启超、谭嗣同、章太炎等一大批思想家不断地向西方学习大量的自然科学、社会科学知识以及西方的政治学说。特别值得一提的是,康有为除吸纳西方的自然科学知识之外,也积极摄取西方社会政治学说、西方哲学和神学等方面的内容。"五四"运动之后,中国人开始主动引进西方学说,并全面研究、介绍和评价这些学说,涉及的范围广泛,几乎涵盖了从自然科学到社会科学、人文科学的每一个学科领域。

马来平教授曾提到西学东渐的分期问题,他指出"在终点的选择问题

---

① 刘星:《从名理探看西方科学理性思想与中国传统文化思想的初次会通》,硕士学位论文,西南大学,2010年。

上，学界的分歧不大，一般认为应该选择1928年《中央研究院》的成立作为终点。"① 而关于清末民初的时间节点划分问题，学界虽然没有严格的界限，但大致是从戊戌变法到"五四"运动时期，从1898年到1919年这二十年左右的时间。因此，清末民初发生的时间段也属于西学东渐的范围。近现代儒学一个很明显的特点便是向西方学习，由被动地接受到后来系统地吸收、升华、再创造是一个逻辑的发展过程。但也有一些学者认为只有以儒学为主体吸收和消化西方文化，才能使西方思想转化为中国生长的因素，儒学才能真正获得新生。近现代西方文明以其强大的力量冲击了以儒学为核心的中国传统社会，引起了中国近代社会变革和思想文化领域的深刻变化，"天朝上国"的清廷才被动进入现代化的发展历程。诚然，在这个过程中，东传科学给儒学带来了前所未有的危机，同时也为其注入了新的动力和养料，显然这个过程是艰难并且痛苦的。现实的困境告诉我们，儒学只有接受挑战，以儒为宗、海纳百川，不断地吸收和消化西方文化，对引进的西方科学、西方文化进行融合与创造，才能重新塑造出崭新的"经世致用"的新儒学。

儒学在晚清时期的历史轨迹，经历了解体与重构的急剧变化，在现代化转型之际，儒学在抵制西学冲击的过程中连连败北，教育、政治和伦理三大功能几乎全线失守。正如李喜所说的，儒学的包容性和嬗变性，配之以那些学贯中西的精英们的努力，借助民族危亡和文化民族主义兴盛的历史机缘，在融会西学和顺应现代化潮流中破茧成蝶，实现了儒学历史演进中的重大变革。② 而康有为无疑是这个历史演进过程中具有里程碑意义的重要人物。

---

① 马来平：《儒学与科学具有广阔的协调发展前景——从西学东渐的角度看》，《山西大学学报》2009年第3期。

② 李喜所：《儒学在近代的历史命运：败也西学，成也西学》，《学术月刊》2011年第2期。

三　东传科学影响下康有为今文经学的形成

正是在这样的文化环境之下，康有为接过今文经学的大旗，他反对乾嘉学派传统的训诂考据之学，把西方的社会契约论、民主思想和空想社会主义，以及西方的进化论和自然科学知识注入今文经学，推动维新变法。康有为思想贯通中西传统之间，汪洋恣肆，把今文经学推到了一个新的高度，是近代今文经学的集大成者。

康有为沿着龚自珍、魏源以经言政的道路继续前进，终于把今文经学推进至改革阶段并发展至高峰，从而使今文经学成为维新变法的理论武器。今文经学在近代之所以能够复活并能够风行一时，是因为它能够从孔子的"微言"中探究出具有时代精神的"大义"所在。"中国近代具有资产阶级性质的变法思想大约出现在十九世纪七十年代至九十年代后半期，进而发展成汹涌的社会思潮，并促成了1898年的戊戌变法。"[①] 康有为领导的戊戌变法运动是一场自上而下的改良运动。他采取以"传统反传统"的方式来表达其变法的意愿。1888年之前，康有为倾向于古文经学立场，后来受到廖平今文经学思想的影响，转向今文经学并以此来建构他的变法理论。房德邻先生曾经对康有为有过系统的阐述：从崇尚古文经到崇尚今文经、从古代儒学到近代儒学、从《人类公理》到《大同书》，内容详尽，阐述透彻，对康有为给予了较为肯定的评价：

> 在漫长的儒学发展史上，康有为的中西合璧的新儒学占有特殊而重要的一页，它包含着深广的社会内容和文化内容。……康有为，这个学贯中西的学者、思想家，认识到儒学已不能完全适应近代的社会

---
① 房德邻：《儒学的危机与嬗变——康有为与近代儒学》，台北文津出版社1992年版，第43页。

生活，便利用他所掌握的西学来发明儒学，力图创造出一种中西合璧的新儒学，以适应近代社会需要以推动中国社会的前进。他为此花费了大量的精力和心血。[①]

康有为出身于教育世家，一生从未停止过对教育改革的思索和努力，他在广州的万木草堂、桂林的广仁学堂和上海的天游学院都亲执教鞭，并撰写了《教学通义》《长兴学记》《桂林答问》等阐发其教学思想的著作，体现了一个教育思想家与教育实践家的完美结合。他通过多种渠道来宣传他的教育改革主张，致力于废止八股取士，改革科举制度，创办新式学堂、学会和报刊，倡导翻译西书等活动。儒学的许多思想的精华是可以为中国近代文化所吸收的，但就儒学的整个体系而言，又是必须要被打破的。而打破这个体系的武器，应该也必须依靠西学才能完成。在西学和儒学的关系问题上，康有为把东传科学吸纳儒学中来的主要方法是利用东传科学来改造儒学，这实际上是一种新的注经方法。对于所谓考据学，即经学、史学和掌故之学，他讲求无征不信，则当有据；不知无作，则当有考，百学皆然。

康有为与东传科学的结缘有着不可分割的时代背景，两次鸦片战争和太平天国运动使清朝政府内外交困，更多的知识分子感到中国的传统文化，特别是清代盛行的考据学无力解决中国所面临的严峻的社会现实问题，这些知识分子困惑的实质是对当时汉学乃至全部传统文化价值产生了怀疑，而康有为就是其中最有代表性的一个。他们迫切地需要寻找一种新的思想武器，然而，他当时并未接触到东传之西方科学，因此陷入能够在精神上解脱自我的佛学之中。但是由于念念不忘困苦的苍生，他又陷入一

[①] 房德邻：《儒学的危机与嬗变——康有为与近代儒学》，台北文津出版社1992年版，第269页。

第二章　东传科学与康有为今文经学的形成

种空怀报国之心而又苦于找不到解决方案的两难境地。

在1888年之前，康有为都是在广泛地学习以古文经为主的中国传统文化的同时，积极地研究佛学与东传科学。但是佛学接触时间不长，不久就"以事出城，遂断此学"，①康有为放弃佛学看似偶然，实际上却是必然的，他深受儒家经世致用思想的影响，时时以民生、国事为念，而佛学乃"出世之学"，这就决定了他不可能长久地沉醉其中。他的古诗曾写道"忧患百经未闻道"，"偶有遁逃聊佛学"，其实这种情况是符合他的思想实际的。但是值得一说的是，虽然康有为接触佛学的时间并不是很长，但是佛学对他的思想产生了深远的影响，严格地说他的一生从未停止过对佛学的追问，并且在他的思想体系中多有对佛学的吸纳，这也成为他思想的有机组成部分。

谈到东传科学，康有为少年期间就对之有所接触。少年的康有为曾读过《海国图志》《瀛环志略》等西方书籍，但是这些书籍在他脑海里的影响并不是很深，直到遇到张鼎华之后他才茅塞顿开，开始积极地留意东传科学，治学方向才发生了明显的变化。从此，康有为几乎完全"舍弃考据帖括之学"，更加专注于经世之学，并且尽力搜读西书。就这样，在1888年之前首次赴京上书之前，他已经广泛地研究了以儒学为核心的中国传统文化、佛学和东传科学。他"合经子之奥言，探儒佛之微言，参中西之新理，穷天人之绩变，搜合诸教，披析大地，剖析古今，穷察后来……"②这个时期他的著作主要有《民功篇》《教学通义》《康子内外篇》，以及以几何学和以西方的政治理论写成的《人类公理》等，因此，这些驳杂的著作所表现出的思想也是驳杂的。这一时期，传统的儒学已经不能束缚他的思想，他将儒、道、佛三家融会在一起，对传统儒学进行系统改

---

① 梁启超：《康有为传》，附录《康南海自编年谱》，团结出版社2004年版，第94页。
② 同上书，第99—100页。

造，由此构成了他新的世界观和人生观。

第四节 康有为"通经致用"为宗的核心思想

康有为作为近代学贯中西的今文经学大师，他不仅善于从传统文化养料中寻找思想资源，而且能积极地将西方的自然科学和社会科学知识熔为一炉，运用西方自然科学知识来改造儒学，创立自己独特的思想学说——康氏今文经学。康有为的经学思想打上了深深的时代烙印，既有中国古代经学深厚的底蕴，又附丽着非常鲜明的西方文化色彩，这体现了经学在从传统社会走向现代社会的过程中自觉或不自觉的裂变和异化。应该说，康有为的今文经学，突破了传统儒学的藩篱，颠破了传统思维的禁锢。更难能可贵的是，它构建了援西入儒的桥梁，打通了通经致用的通道。

康有为继承了龚自珍、魏源的"通经致用"思想——用经学阐释现实政治，用实证科学方法突破了笺注经书的思维模式，开创了一个新的学派。魏源和龚自珍倡导"经世致用"，使经学成了针砭时弊的思想资源，后来在康有为这里得到了最为有效的传承。今文经学在晚清时代已经突破通经解义的学术范畴，构建出一套庞大的能够囊括各种政治理论和知识体系的基本框架。[①] 因此，康有为顺着前人的道路前行，其今文经学成为"通经致用"思想的典范。

一 "通经致用"思想的产生背景

清末民初是一个文化大巨变的时代，旧有的学问在这一特定时期开始出现困局，而外来的西方科学大量渗入。这一时段的思想家们在古今相接中承受着思想上的巨大冲击，涤荡着他们脆弱的神经。有些学者墨守成

[①] 汪晖：《现代中国思想的兴起》，生活·读书·新知三联书店2008年版，第782页。

第二章　东传科学与康有为今文经学的形成

规；有些学者专注于西方；更有些学者在古籍与新知中摇摆；当然也有的学者秉持着博古通今，统摄中西的多元多变的学术风格。康有为就是站在传统与现代中诠释经学的最为杰出的代表，他开启了今文经学的新纪元。

（一）晚清变局中传统经学的困境

鸦片战争以来，传统儒学面临前所未有的挑战。清朝末年，清王朝强敌压境、列强环伺，古老的中国到了存亡绝续的关键时刻，传统儒学却不能解释西方列强的船坚炮利，时代赋予它一个全新的课题。被封建统治者视为亘古不变的"祖宗之法"面临严峻挑战，传统儒学的解释范围捉襟见肘，面对清廷积贫积弱、内外交困的社会危机，如何重建儒家正统，是摆在世人面前亟待解决的问题。"为易于援救，故日日以救世为心，刻刻以救世为事，舍身命而为之。"① 偌大的帝国屡屡遭受外夷入侵，先进知识分子把目光投向了西方先进的科学和文化。"师夷长技以制夷"，他们首先向传统发难，坚不可摧的封建堡垒开始出现裂痕。

清末民初，是一个政治空前动荡的年代。早些时候，龚自珍对现行政治进行过无情的鞭挞："富而无耻者，辱其家而已；士无耻，则名之曰辱国；卿大夫无耻，名之曰辱社稷。"② 闭关锁国的清政府在对待与西方社会的交往问题上一直持压制态势，西方的思想文化对中国思想界影响甚微。然而西方工业革命迫于市场需要急剧扩张，于是，他们的目光瞄向了这片古老的神州大地。面对西方排山倒海、气势汹汹的攻势，行将就木的清朝统治者亦步亦趋，被动接受着外来文化思想的洗礼。"任何思想的形成，总受到某一思想形成时所凭借的历史条件之影响，历史的特殊性即成为某一思想的特殊性，没有此种特殊性，便没有诱发某一思想的动因，而某一

---

① 康有为著，马洪林等编注：《康南海自编年谱》，《康有为集·年谱卷》，珠海出版社 2006 年版，第 13 页。

② 龚自珍：《龚自珍全集》，上海人民出版社 1975 年版，第 36 页。

思想也将失掉其担当某一时代任务的意义。"① 这样,中西方的差距被迅速拉大,此消彼长,古老的中国越发艰难,陷入阴云密布之中。

(二) 今文经学"经世致用"思想的旨归

顽固势力依托着经学与"祖宗之法不能变""天不变,道亦不变"等教条遮蔽着人们的双眼,经学在时局动荡中踽踽前行。今文经学家在"通经致用"的标杆下,向西方自然科学和社会科学寻求思想依据和理论来源,拓展出一套试图应对王朝内忧外患等棘手问题的法宝,以迎接新的挑战。

> 孔子大义之学,全在今学。每经数十条,学者聪俊勤敏者,半年可通之矣。诸经皆无疑义,则贵在力行,养心养气,以底光大。于是,求义理于宋、明之儒,以得其流别;求治乱兴衰、制度沿革于史学,以得其贯通;兼涉外国政俗教治,讲求时务,以待措施,而一皆本之孔子之大义以为断。②

在这样的条件下,康有为把今文经学发展到了极致:他一改训诂考据学闭塞自满的风气,较之乾嘉学派诸老,他更关注社会现实。就学术思想史而言,康有为今文经学是对清末民初主流思想的悖逆,但是从社会发展史的角度来看,显然它又是顺应时代发展潮流的。他深谙西方自然科学和社会科学知识,在利用诸经来阐发自己思想的过程中,不断利用西方新思想试图重新解读传统的儒家经典,将异质的自然科学和社会科学知识纳入今文经学体系之中,把儒学作为"通经致用"的理论工具。③ 对此,他的

---

① 徐复观:《学术与政治之间》,华东师范大学出版社2009年版,第7页。
② 康有为著,姜义华、吴根梁编校:《与朱一新论学书牍》,《康有为全集》(第1集),上海古籍出版社1987年版,第1024页。
③ 康有为著,姜义华、吴根梁编校:《实理公法全书》,《康有为全集》(第1集),上海古籍出版社1987年版,第306页。

第二章 东传科学与康有为今文经学的形成

高足梁启超有过一个中肯的评价,"学界活力之中枢,已经移到外来思想之吸收",针对此一问题的评价,梁启超有自己独特的见解:

> 专门之学,如词章学、乐学、魂学、数学、化学、医学、天文学、地学、格致学以及诸凡艺学之书皆是也。所谓推定者,每五年于推定圣经之后,则于各种专门之书,每门取其至精者举出表章之,以为天下法式焉。庶习专门之学者,亦不至迷于所往也。①

今文经学家至康有为时期"多狂热不可压制",看似欣欣向荣之势,实存两大毛病"一是混杂,二是肤浅",②但是康有为的指向始终明确,那就是通过他重构的今文经学来改造濒临危亡的清王朝,达到经世致用的目的。

在康有为之前,一部分知识分子就已经开始向传统思想提出质疑,要么是畅言改革,要么坚持全盘西化,少有人触及传统文化的主脉,无人挑战儒学正统兼具道德评判功能的经学。而康氏对西学无所不窥,又深谙儒学的真谛,因此,他能娴熟而自由地游走在两者之间。他是从中国传统文化营垒中走来,却又是从根本上挑战传统的悖逆者。李泽厚认为康有为、鲁迅和毛泽东三个人是在近百年的知识分子中产生了最深远影响的三位人物:"在这个近百年六代知识分子者的思想旅程中,康有为(第一代)、鲁迅(第二代)、毛泽东(第三代),大概是最重要的三位,无论是在历史上所起的作用说,或者就思想自身的敏锐、广阔、原创性和复杂度说,或者就思想与个性合为一体从而具有独特的人格特征说,都如此,也正是这三点的综合,使他们成为中国近代思想史上的最大人物。"③

---

① 梁启超:《中国近三百年学术史》,《梁启超论清学史二种》,复旦大学出版社1985年版,第125页。
② 梁启超:《饮冰室合集》(第十册),中华书局2003年版,第31页。
③ 李泽厚:《中国现代思想史论》,天津社会科学院出版社2003年版,第340页。

楼宇烈先生对康有为有较为中肯的评价："康有为也许可以说是近代中国尝试着使传统文化，特别是儒家孔孟学说，向近代转化、为近代社会服务的第一位探路人。"① 清末民初的几十年，中国社会从传统走向现代，这个转向促使经学经历着痛苦的蜕变。康有为一方面打破传统的壁垒，另一方面又独辟蹊径试图从西方科学中汲取养料来重构今文经学。因此，康有为经学思想的影响是巨大的，他对学界打破旧秩序功不可没，在解放传统思想束缚的作用上不可低估，更难能可贵的是，康有为打开了通经致用的通道。

二 "通经致用"思想的理论依据

《新学伪经考》开宗明义阐述他的观点，康有为直指刘歆是经学作伪的始作俑者，而郑玄则是"布行伪经"和"篡孔统者"。将几千年来被封建正统奉为"礼乐圣制"的真理视为"伪经"。康有为在《孔子改制考》中明确指出，孔子是一个倡导变法的改革家，而不是历史文献的整理者，康氏借此来为自己的维新变法提供合法的依据，用经学为自己的政治目的服务，此书在1891年一经出版即引起全社会的轰动。内容主要是力攻刘歆，谓"六经"皆其伪造。"两考"巧用了古人"经学"的酒杯，浇开了现实社会人们试图寻求"救国良策"的块垒，构成了康有为维新变法的两大理论支柱，在当时知识界和士大夫阶层达到了共鸣。

康有为认为"六经"是孔子为"托古改制"而著成的作品，他指出孔子反对因循守旧，主张革新和进步，把孔子打扮成"托古改制"的素王。"圣人之为治法也，随时而立义，时移而法亦移矣。孔子作'六经'，而归于《易》、《春秋》。易者，随时变易。穷则变，变则通。孔子虑人之守旧

---

① 楼宇烈：《康有为与儒学的现代化》，《孔子诞辰2540周年纪念与学术讨论会论文集》（下），生活·读书·新知三联书店1992年版，第2149页。

第二章 东传科学与康有为今文经学的形成

方而医变症也,其害将至于死亡也。《春秋》发三世之义,有拨乱之世,有升平之世,有太平之世,道各不同。一世之中,又有天地文质焉,条理循详,以待世变之穷而采用之。"[1] 他肯定《春秋》为孔子改制创作之书,孔子之所以被尊为教主,是因为他写成了不朽的"六经",康有为批评前人有关"删述六经""述而不作"的说法都是错误的,因为他要把孔子塑造成托古改制的创始人、改革家。他还指出维新变法是对孔子"托古改制"思想的继承和发扬,增强了维新变法理论在清末民初士大夫阶层中的渗透力和号召力。

康有为运用公羊家"通三统"的学说,论证夏、商、周是因时改革的典范,阐明了历史是沿着据乱世、升平世和太平世的递嬗发展,用进化论历史观作为推进维新变法的思想武器。康有为利用今文经学"变易"思想糅合"三统""三世"说,用历史进化论的观点附会公羊学说:历史的发展就是这样沿着"据乱世(君主专制时代)、升平世(君主立宪时代)和太平世(民主共和时代)"这样的发展阶段,从低级向高级不断发展,强调从据乱世向升平世发展的必然性,要救国就要太平,要太平就要改制,只有改革才能到达太平世的盛世局面,从而论证了维新变法的必然性。

分析康有为的哲学思想,虽然其体系庞杂,思想深湛,但其思想脉络清晰可辨,其中从《新学伪经考》《孔子改制考》和《大同书》这三部代表作中可管窥一二。《新学伪经考》重在破除根基,辨伪古经;《孔子改制考》却是托古改制,开辟新径;而《大同书》则重在对未来社会的设计和重构。康有为这些庞杂的理论不外乎是要表达这样三种态度:对传统封建枷锁的挣脱,对消失已久的古典经学的重塑以及对于未来乌托邦世界的设计。康有为的"两考"铺陈的都是其今文经学的观点,这一破一立的两部

---

[1] 康有为著,姜义华等编校:《日本书目志自序》,《康有为全集》(第3集),上海古籍出版社1992年版,第583页。

书的核心是对儒家经典的重释和解读,它们奠定了康有为哲学体系的基础。他的观点虽然备受学界争议,但仍不失为一种严密而系统的理论。

因此,"两考"是康有为经学研究的学术基础和理论总结,是康有为"今文经学"思想的集中体现,也是康有为维新变法的灵魂所在。从这三部作品可以看出,康氏对他所构建的儒学大厦的设计和建设方向是有着强烈自信的;换言之,他对儒学的坚持一以贯之,并有着宗教般的庄严性。当然,在论证过程中,其目的主要导向的是变法理论,因而在很多论证过程中也不免陷入难以自圆其说、前后矛盾的尴尬境地,致使他的思想体系呈现出更多的复杂性和矛盾性。但是"任何新的学说必须首先从已有的思想材料出发",① 因此,通过康有为今文经学研究寻求维新变法的理论基础和思想主脉就显得尤为重要。"儒家的经学思想及经世趋向既包括哲学与学术思想,又包括政治思想、社会思想、礼俗思想、教育思想等与现实息息相关的思想因素。"② 康有为的经学思想具有鲜明的时代性和自身复杂性。

康有为把儒家今文经学发展到前所未有的高度,其终极目的是适应社会需要以求"通经致用"。康有为涉猎群经但苦于"忧患百经未闻道",康有为认为只有借今文经学的"微言大义"来"言古切今",以充满道德色彩的经学为工具,才能触及儒家思想的主脉,这对传统思想产生极大的影响。看一个思想是否具有活力在于"端视它是否有效地关联呼应当代的境况",③ 一门学问若只是自说自话,不能和现实相结合,未免陷入狭窄的局面。康有为的今文经学思想对清末民初学术转变以及思想解放的推动力是不言而喻的。然而,在传统思想悠久的历史长河里,今文经学在"通经致用"的目标下,往往寻求将经典理论与时代境遇相联系,从而造成对经学

---

① [德]马克思、恩格斯:《马克思恩格斯全集》(第三卷),人民出版社1975年版,第56页。
② 郭汉民:《晚清社会思潮研究》,中国社会科学出版社2003年版,第7页。
③ 王汎森:《中国近代思想与学术的系谱》,吉林出版集团2011年版,第112页。

第二章　东传科学与康有为今文经学的形成

的过度解读，他以"六经皆我注脚"的解经方式不免会歪曲历史，违背客观求真、求实的科学精神。为了将经典的启示和对经典中的感悟与现实社会或者政治需要相结合，他不惜随意阐释儒家经典，并以此作为宣扬自己理论学说的工具。应该说，今文经学只是康有为变法理论的躯壳，"通经致用"、倡导进化与竞争才是其主宰一切的活灵魂。康有为指出：

> 盖太平世无所竞争，其争也必于创新乎，其竞也必在奖智乎！智愈竞而愈出，新愈争而愈上，则全地人道日见进化，而不患退化矣。①

在康有为那里让人看到的是充满惊世骇俗的新颖理论，促进了学术界思想解放的潮流，因此也引起了顽固派的仇视，在处于封建桎梏和学问饥渴中的知识界、思想界引起轩然大波也就成为一种必然。试想奉行了两千年，"无一人敢违""无一人敢疑"的神圣不可侵犯的封建经典，忽然一朝在康有为那里被当作一堆伪造的废纸时，这本身就是维新思潮的胜利。康有为通过新学伪经的考辨推翻了古文经学在清代的统治地位，树立起今文经学的学术权威。② 他用"援西入儒"的方式，引入西方价值观念重新诠释儒家传统概念与价值取向，利用西方理念和制度整合出一种具有鲜明的近代中国文化形态的新儒学，意图为其变法创造合法的理论基础。③ 康有为试图通过变法来改变社会现实，以达到富强中国，通经致用的目的。

三　"通经致用"思想的主要内容

康有为冲破传统思想的束缚，从西学中寻求经世致用的良方。他的通

---

① 康有为著，章锡琛、周振甫校点：《大同书》，北京古籍出版社1956年版，第274页。
② 马洪林：《康有为评传》（上），南京大学出版社2011年版，第12页。
③ 江轶：《"我注六经"与"援西入儒"——康有为〈论语注〉思想辨析》，《长江论坛》2011年第2期。

经致用思想，受朱次琦的影响甚大：强调经世致用，反对脱离现实的考据学。具体表现在讲求功利，重视国计民生以发展物质经济等。他遍读一切通经致用的书籍，在群书中寻找治世救国、通经致用的途径。而传统的通经致用思想和封建思想有着千丝万缕的联系，也深感此种思想不能从根本上解决当前的社会问题，不能解决现存的诸多矛盾，但却引导康有为冲破传统儒学的藩篱而转向西学，从而使其经学思想有了质的变化，为其通经致用思想增添了崭新的内容。

（一）常州学派"经世致用"之遗风

梁启超在谈到其学术渊源的时候提道："那时候新思想的急先锋，是我亲授业的先生康有为。他是从'常州派经学'出身，而以经世致用为标帜。"[①]所谓"盛世"背后的乾嘉考据学派潜伏着严重的社会危机，"与世无竞"的"朴学"日益脱离了社会现实。于是出现了一批经学家重拾通经致用之学，以西汉今文经学家通经议政为依傍，开始从公羊学中寻找挽救民族危亡的经典根据，以医治行将就木的清王朝。这样，今文经学的"通经致用"思想在康有为这里发挥到了极致。

康有为依循常州学派今文经学家们寄希望出现一个明主来维持"大一统"的社会局面，因此，他把希望寄托在光绪皇帝身上。康有为明确提出将西方的新观念和自然科学知识注入今文经学，以求经世致用。另外康有为还接过常州今文经学"张三世"的大旗，结合《礼运》的"大同"和"小康"学说，对今文经学进行综合改造，把常州学派的三世循环论发展为维新派的三世进化论。康有为以西方新知来附丽传统文化，使古老的今文经学吸收了西方自然科学和社会科学等内容而越发具有旺盛的生命力。康有为的经世致用思想与旧式的公羊学者企图运用自己的

---

① 梁启超：《中国近三百年学术史》，《梁启超论清学史二种》，商务印书馆2011年版，第123页。

药方来医治社会弊病的方式有所不同,引进西方先进的东西来改造传统今文经学,援西入儒是其今文经学的一大特色,从而使晚清今文经学焕发出勃勃的生机。

(二)以"智"为重

中国几千年儒家文化哲学的主体是以仁为本、以智为辅的仁本主义哲学体系。孔子云:"知者不惑,仁者不忧,勇者无惧。"[①] 在《论语》中"知"同"智",指的就是智慧。那就是"知""勇""仁"三者是君子之道的一个侧面。孔子又云:"仁者安仁,知者利仁。"[②] 这里的后半句指的是智者能知人,也能知言,因而可以通权达变。在近代中国,最早注意区别中西文化特征的思想家就是康有为,他在向西方寻求真理的道路上充分认识到西方的理智型社会是以智为中心的,而中国的伦理型社会是以仁为中心的。西方国家大开民智而国富民强,中国统治者以"仁""义"为本,却导致了近代外国列强屡屡入侵。康有为为了挽救民族危亡,对"智"的概念进行了重新诠释:"夫治一统之世以静,镇止民心,使少知寡欲而不乱;治竞长之世以动,务使民心发扬,争新竞智,而后百事皆举,故国强。"[③]

康有为一改儒家历来"以仁为本"的路向,把"智"上升到与"仁"同等重要的高度。他认为孔子思想有"仁"和"智"两个基本点:"孔子之仁,专以爱人类为主;其智,专以除人害为先,此孔子大道之筦辖也。"[④] 他还认为要振兴民族,让国家富强,在这个竞新争智的社会必须作开发民智的努力,强调对"智"的重视。"上古之时,智为重;三代之世,礼为重;秦汉至今,义为重;后此之世,智为重。所重孰是?

---

① 《论语·子罕》。
② 《论语·里仁》。
③ 康有为:《请开制度局以统筹大局革旧图新以救时艰折》,《故宫博物院藏内府抄本·杰士上书汇录》卷二,转引自马洪林《康有为评传》,南京大学出版社2011年版,第234页。
④ 康有为著,楼宇烈整理:《春秋董氏学》,中华书局1990年版,第161—162页。

曰：智为上，礼次之，义为下。何也？曰：仁者，爱之，智也，爱之斯安之矣。"① 因此，康有为的重智论，无论是从内涵还是从外延上看，都超越了孔子"智者不惑"的范围，因此康有为把智看成改造人类自身和征服自然的利器。"智"是人类聪明才智的积累，善于学习的人才能学到更多的知识，形成智慧，从而能够掌握客观世界规律促进人类社会的进步。

（三）物质救国

康有为长期蛰居海外，对西方各国进行实地考察之后写成《物质救国论》和《理财救国论》等著作。康有为主张向西方学习，反对封建守旧的陈腐观念，也不主张照搬西方的价值取向，仍坚持发扬中国优秀的价值传统。戊戌时期，康有为就对西方近代化思潮的结构进行比对研究，高度赞扬西方国家以机械化、电气化为标志的工业化治国理念，工业近代化是西方列强侵略别国的物质基础，决定着国家的前途命运。在西方发达国家，以牛顿为代表的物理时代，重视技术开发和物质力量是其最大的特点。"其在欧洲，英汽机力最先最大，故最先强。法、德迟变，力亦稍薄，故次之。西班牙小变，而美国变尤速尤盛，故西班牙遂东、西被割于美。故觇国力者，量其蒸汽力与人力之多寡为反正比例，而可定其国势焉。"② 指出中国数千年来形成了重视形而上的道德哲学传统，却忽视形而下的"奇技淫巧"（物质工艺）。并多次指出，西方国家强大的主要原因是对物质之学的重视。

因此，在康有为看来，中国必须以工业和商业为立国之本，鼓励建工厂、做实业等。康有为说："今为物质竞争，机器繁兴之世，若物质不

---

① 康有为著，姜义华、吴根梁编校：《康子内外篇》，《康有为全集》（第1集），上海古籍出版社1987年版，第192页。
② 康有为著，马洪林、卢正言编注：《物质救国论》，《康有为集》（第8卷），珠海出版社2006年版，第55页。

讲，工业不起，机器不盛，永无与各国竞争之时，则暗为各工商国所奴灭矣。"①

康有为这个时候已经突破旧式传统思维的藩篱，显露一个天才的构想：憧憬着只有中国放弃落后的手工业方式，走向工业化的道路，那么，中国在可预见的未来才会成为一个物质生产极大富足的现代化国家。康氏的意思很明显，19世纪的改革者无一例外地都没有达到通往新世界的道路，究其原因是他们并不了解科学乃物质文明的本根所在。康有为说，"自光绪二十年以前中外大臣之奏牍，及一切档案之在总署者，吾皆遍览之，皆知讲军、兵、炮、舰而已，惜乎未及物质之学，一切工艺、化、电、汽机之事也。"②

（四）科学第一

近代工业化的主要标志是机器大生产的出现，而机器大生产最大的助推力是科学技术的发展。谈到西方科学技术的时候，康有为有自己独到的见解：

> 泰西所以富强，所以智慧，所以通大地而测诸天、致精极奇惊犹鬼神者，无它，倍根立专卖特许之法而已。国有专卖特许，则其人民竭其心思耳目以著书制器，而致富养生在是焉。故举国走趋，人智所开，无不发舒。吾无此法，故著新书制新器者竭其毕生之心思财力，不旋踵而为人所摹，重刻再制，杳杳溜溜，权利不专，谁则竭诸？③

---

① 参见康有为《理财救国论》，《不忍》杂志第1册，1911年2月，转引自马洪林《康有为评传》，南京大学出版社2011年版，第253页。
② 参见康有为著，马洪林、卢正言编注《物质救国论》，《康有为集》（第8卷），珠海出版社2006年版，第19—20页。
③ 康有为著，姜义华编校：《日本书目志自序》，《康有为全集》（第3集），上海古籍出版社1992年版，第774页。

东传科学与康有为今文经学的嬗变

西方经过近代的工业革命已经使千年一统的旧世界一跃成为物质极大富有的新世界:蒸汽机、轮船、铁路、电线等震惊万国。康有为还说:"尝考欧洲所以强者,为其开智学而穷物理也,穷物理而知化也。夫造化所以为尊者,为其擅造化耳。今穷物理之本,制电、制雨、制冰、制水、制火,皆可以人代天工,是操造化之权也。操造化之权者,宜其无与敌也。昔吾中人之至德国也,必问甲兵炮械,曰人之至德国也,必问格致。夫今天下之战,斗智而不斗力,亡羊补牢,及今或犹可也。"[①] 康有为强调西方各国科学家发明创造对于本国工业化发展的贡献,号召国人学习西方先进的科技知识:"地载神气,神气风霆,风霆流行,庶物露生。中土之称电生庶物也。新学既兴,物理益辟,数十年来,渐知电气干湿之力,乃配阴阳,电灯、电车、传声、传信,其用日大,电乃始萌芽哉!神气风霆,无所不布濩,将发大力、立大声于人间世矣。"[②]

康有为当时就首肯科学技术的作用,他指出科学是近代物质文明的基础:"固今日者无论为强兵,为富强,无在不籍物质之学。固以其通贯言之,则数学及博物学也;以其实物言之,则机器工程学及土木工学也。由此者为新世界,则日升强;无此者为旧世界,则日渐灭。"[③] 在康有为的建议下,光绪帝下诏明谕,鼓励私人发明创造、著书立说,确有实用效果者予以奖赏。1898年戊戌变法期间清政府颁布了《振兴工艺给奖章程》十二款,这样,清朝政府第一次从法律上承认了中国私营资本主义发明创造的合法性和进步性。他一再强调中国的物质文明要同世界强国的文明相匹配,不再提及人类的基本价值没有国界的结论。他充分认识到中国与西方国家的差距,而消除这种差距的办法就是学习西方的科学技术,发展中国

[①] 康有为著,姜义华编校:《日本书目志自序》,《康有为全集》(第3集),上海古籍出版社1992年版,第626页。
[②] 同上书,第872页。
[③] 康有为著,马洪林、卢正言编注:《物质救国论》,《康有为集》(第8卷),珠海出版社2006年版,第41—42页。

的物质文明。

他列举了一个极富代表性的例子："英国打败法国，夺取印度、加拿大和澳洲，皆由于无敌的海军和商业，归功于英国的大力发展科学。"① 德国从前致力于哲学，一直积弱不振，但自打败法国之后，集中精力发展物质之学，在20年的时间里，几乎超越了强大的英国。美国几乎没有诞生过真正伟大的哲学家，但在科学技术方面取得了举世瞩目的伟大成就。反观意大利和西班牙诸国被宗教所支配，沉迷于哲学与神学的幻想，致使其国家积贫积弱，民生凋敝。② 康有为最后得出结论，即使是最为伟大的先知，如果漠视科学的发展，也抵挡不了民族灭亡的命运。

四 "通经致用"思想的努力与突破

早在龚、魏时代，他们就坚信只有改革才能改变国家的命运。龚自珍认为，由地狱般的现实通往其翘首以盼的光明未来之路径就是历尽煎熬的改革之路。③ 从龚、魏开始，他们援经议政之举使得今文经学蜕变成政治新说，走出门户之见成为一种时代潮流。他们认为其中"非常异义可怪之论"正是其寻求改革的理论工具，可以作为针砭时弊的凭据，但是他们的救世良方没有离开儒家之本初的状态，仍然是"药方只贩古时丹"，依靠祖宗的东西医治奄奄一息的清王朝。相较于康有为而言，不论是从形式到内核，都是以传统为依托，以传统文化为根基，注入的却是西方的异质学说，这是康有为对龚、魏有选择的继承，也正是他对前人思想路向的改造和发展。龚、魏等今文经学家的努力是对古老训诂考据之说的扬弃以及对现实社会的关注。而康有为的使命却是在"公羊学"的框

---

① 康有为著，马洪林、卢正言编注：《物质救国论》，《康有为集》（第8卷），珠海出版社2006年版，第23—24页。
② 同上书，第44页。
③ 龚自珍：《龚自珍全集》（乙丙之际著译第七），上海人民出版社1972年版，第6页。

架下吸收、容纳西方自然科学知识和社会科学知识，并使西学与中学熔为一炉。康有为指出：

> 欧洲之富强，在其物质，近世科学日精，文明日胜，机器之用，三十倍于手工，近发明电化倍数，更不可思议。吾国长于形上之学，而缺形下之学，科学不讲，物质不修，故至贫弱不能富强。今应采欧美之物质，讲求科学，以补我国之短；若夫道德教化，乃吾所固有，宜力保之，万不可自弃之。①

在康有为看来，基于器物层面对西方科学技术的临摹，只能济一时之困，难于挽救清王朝衰亡的命运，他敏锐地觉察到要想挽救腐朽的专制制度需彻底推翻几千年封建文化的根基，进行传统文化的转型和重塑才是当务之急。所以，康有为吸收今文经学的精髓，重塑儒学的价值取向便有了"破长操，坏方隅"的功效。因此，梁启超就曾经把《新学伪经考》比作"飓风"，把《孔子改制考》和《大同书》比作"火山大喷火"和"大地震"。②另外，麻天祥在《中国近代学术史》中就对康有为的"两考"给予了极高的评价：

> 如果胶执于从学术的层面来衡量，康的"两考"并不值得后人肯定，然而，从思想史的角度来看，其意义不仅极其巨大，而且极其深远。③

可以说，康有为学术方面的改革没有成功，但却大大促进了清末思想

---

① 邓毅、张鹏一：《康南海先生长安演说集》，陕西人民出版社1990年版，第202页。
② 梁启超：《清代学术概论》，广西师范大学出版社2010年版，第94页。
③ 麻天祥：《中国近代学术史》，武汉大学出版社2007年版，第144页。

第二章 东传科学与康有为今文经学的形成

界的巨变,间接促成了社会的转型,正可谓"失之东隅,收之桑榆"。康有为的贡献在于利用西方科学知识来改造今文经学,力求重塑儒学以适应儒学的发展,这是传统儒学发展的新方向。康有为晚年,历经15年的亡命海外生涯,他的儒学思想发生了根本性变化,儒学已经不再是医治中国的药方,而是扩大为"平天下"的药方;已不再是治理一个国家的药方,而是可以治理万国的药方。这时候康氏从更为积极的立场肯定"中学中理"可以单独成为"普世价值"。他曾说过,居西洋愈久,愈觉中土之可贵,吾人同样可以说,愈是了解"西学西理"愈是感觉"中学中理"之深邃博大。因此,"中学中理"的价值和意义不仅是靠自身获得的,更多的是在与"西学西理"的比较中获得的。康有为指出:

> 故以欧美人与中国比较,风俗之美恶,吾未知其孰优也。推其孰为冲击简僻乎,则道德、俗尚之醇美浇漓可推也。如以物质论文明,则诚胜中国矣。若以道德论之,则中国人数千年来受圣经之训,承宋学之俗,以仁让为贵,以孝弟为尚,以忠敬为美,以气节、名、义相砥,而不以奢靡、淫佚、争竞为尚,则谓中国胜于欧美人可也。[1]

毛泽东在《论人民民主专政》一文中指出:"自从一八四零鸦片战争失败那时起,先进的中国人,经过千辛万苦,向西方国家寻求真理。洪秀全、康有为、严复和孙中山,代表了在中国共产党出世以前向西方寻求真理的一派人物。"[2] 康有为学贯中西,他不仅具有深厚的国学素养,更为难能可贵的是善于从传统文化中寻找思想养料来会通中西,运用"西学

---

[1] 康有为著,马洪林、卢正言编注:《物质救国论》,《康有为集·政论卷》(下),珠海出版社2006年版,第515页。
[2] 毛泽东:《论人民民主专政》,《毛泽东选集》(第4卷),人民出版社1960年版,第1474页。

西理"来改造中学,创立了自己独特的思想学说,因此具有重要的时代意义。

康有为继承了龚自珍、魏源的"通经致用"思想,用经学阐释政治的遗风,用实证科学方法突破了笺注经书的思维模式。康有为开创了一个新的学派。魏源和龚自珍倡导"经世致用",使经学成了针砭时弊的思想资源。康有为的经学思想被打上了深深的时代烙印,既有中国古代经学的深厚底蕴,又附丽着非常鲜明的西方科学和文化的色彩。这体现了经学在传统社会走向现代社会的过程中自觉或不自觉的裂变和异化。他用极不成熟的进化理论来改造其维新理论,并急切地用初学的西方近代自然科学知识说明变化是宇宙的普遍法则。他利用东传科学改造今文经学有一个十分重要的价值指向——以西方的政治体制和科学技术为模本的现实改革,以"大同"世界为最高终极目标的社会理想。"在现实与理想的两个层面上,康有为借助儒家的思想观念来理解和表达他的维新思想,并试图为儒家文化注入近代社会的新意义。"[①]

康有为不仅是近代今文经学的集大成者,而且他致力于并付诸行动地把儒学引入现代,推动了儒学的现代化,无愧为定于一尊的现代新儒学的鼻祖。[②] 近百年来,面对列强的坚船利炮,道德说教软弱无力。中国人要想迈入近代世界,就必须充分利用儒家经典,并贯之以西方先进的科学与文化,进行"通经致用"的有益尝试;不能一味固守着心灵之家,要保留心灵之家,便无法真正迈入现代社会。如何使中国现代化,又不至于丧失心灵之家而成为异乡人是中国学人在下一个百年或者两个百年里必须完成的使命。

[①] 王健:《从康有为的变法思想看儒家在"范式"转型中的第一个落点》,任继愈主编《国际汉学》,大象出版社2000年版,第402页。

[②] 马洪林:《康有为评传》(上),南京大学出版社2011年版,第12页。

第三章　康有为今文经学的(东传)科学根基

康有为今文经学的理论根源主要是春秋的"公羊三世说"理论，除此之外，其理论具有东传之西方科学性质的含有西方达尔文进化论思想、星云假说等西方科学思想的影响，由此形成了具有东传科学性质的康有为元气论思想、"以元统天"论思想以及东传科学影响下康有为对几何学等自然科学吸收、升华所形成的科学方法论体系等。东传之西方科学尤其是西方自然科学知识深深地影响了康有为的一生，由此，也形成了独具特色的康有为今文经学思想体系。

第一节　康有为进化论思想探析

东传科学的过程就是西方科学传入中国的过程。汉娜·阿伦特在《论革命》中指出："对一个新纪元的巨大感伤，只有在达到一个无路可退的境地之后，才会涌现出来。"[①] 进化论表明，对旧时代的憎恶源于对新纪元的渴望。进化论作为一种全新的世界观和方法论不仅在神州大地上生根发

---

① 转引自高力克《革命进化论与陈独秀的启蒙激进主义》，《华东师范大学学报》（哲学社会科学版）2010年第3期。

芽,而且成长为社会变革的理论武器。他用进化论来阐释"公羊三世"说,那么从这个意义上来说,康有为是问鼎今文经学领域的最后一人。

一 清末民初西方进化论思想的传播

西方进化论思想的传入正值中国甲午战争失利之时,当时的中国国势衰微、万马齐喑。在中华民族面临亡国灭种的危难时刻,康有为、梁启超、孙中山和章太炎等仁人志士无一例外地接受了西方进化论的思想。

(一)清末民初西方进化论在中国的传播

达尔文的进化论利用翔实的资料突出了以下三点:第一,一切生物都起源于单一的生物,相似的生物起源于共同的祖先;第二,物竞天择,适者生存;第三,物种进化的过程不是突变的、间断的,而是一个渐进的过程。

进化论思想的诞生具有时代的颠覆性,它对近代西方资本主义社会产生了重大而深远的影响。进化论思想不仅阐明了物种是可变的,而且对物种的适应性做了极具特色的解说,从而推翻了当时占统治地位的各种神造论和物种不变论的旧有观点。达尔文进化论为人类发展观念的确立提供了科学依据和理论支撑。具体表现在:为发展观念提供了科学的支撑;坚定了人们对进步发展观的信念;纠正了进步发展观念的主观主义倾向。[1] 提到19世纪之前达尔文进化论的现状的时候美国学者维纳指出:

> 达尔文的进步观念所产生的影响就不仅局限于生物学领域了。所有的哲学家和社会学家都是从他们那个时代的种种富有价值的源泉中来汲取他们的科学思想的。[2]

---

[1] 麻海山:《达尔文进化论对人类发展观念的深刻影响》,《自然辩证法研究》2014年第1期。
[2] [美]维纳:《人有人的用处——控制论和社会》,陈步译,商务印书馆1978年版,第27页。

第三章 康有为今文经学的(东传)科学根基

达尔文进化论思想如火如荼地发展和传播的时候,出现了一些很重要的观点,譬如,虽然具有合理因素但又有失公允的柏格森的创造进化论。英国人斯宾塞却将其发展成为一种错误的庸俗进化论,也就是机械进化论。更为可怕的是由达尔文的进化理论衍生出来的一种后患无穷的进化论的误区,即英国的斯宾塞和美国的萨姆纳等人把这一理论利用到社会领域,其后来成为帝国主义和种族主义政策的理论基础,这就是被时人称为"社会达尔文主义"的观点。

(二) 进化论思想对中国传统思维模式的颠覆

康有为在《意大利游记》中大谈进化论:"欲知大地进化者,不可不考西欧之进化。欲知西欧进化者,不可不考罗马之旧迹。欲考罗马之旧迹,则莫精详于邦滩矣。在昔沉灭,则为奇灾大祸;在今发现,则为考古巨观。微火山,吾安得见罗马古民?微秦政,吾安得有万里长城?天下之得失,固有反正两例而各相成者。"[1]

进化论的传播适应了时人试图挽救民族危亡的心理诉求,诸如"适者生存""优胜劣败"和"自然选择"等危机思想风靡一时,在中国五千年来从未有过的"变局"中,也许只有进化论才能促使中国人内求图强,外抗凌辱,激发危机意识。进化论与中国优秀传统文化的结合从客观上增强了中国人对传统文化的自信。孔子说过,"笃信好学,守死善道。"[2] 近百年以来,中国能从一个"恪守祖宗之法,笃古不变"的古老民族转变成一个"求变"和"维新"的现代民族,应该说都是进化论作用的结果。"盖太平世无所竞争,其争也必于创新乎,其竞也必在奖智乎!智愈竞而愈出,新愈争而愈上,则全地人道日见进化,而不患退化矣。"[3]

---

[1] 康有为著,马洪林、卢正言编注:《意大利游记》,《康有为集》(第8卷),珠海出版社2006年版,第133页。
[2] 《论语·泰伯》。
[3] 康有为著,章锡琛、周振甫校点:《大同书》,北京古籍出版社1956年版,第274页。

1896年，严复翻译赫胥黎的《进化论和伦理学》一书，充分反映了达尔文的进化思想。先进的中国人运用从西方舶来的进化论重建自己的世界观和宇宙观，开出救国救民的良方。严复在翻译过程中加入了按语，阐明了自己的见解，取名为《天演论》。从此，"适者生存""优胜劣汰"等核心词语深入人心，开辟了中国人世界观的新纪元，唤醒了中国人救亡图存的改革意识，继而形成了晚清影响深远的启蒙思潮。"今者，中国已小康矣，而不求进化，泥守旧方，是失孔子之意，而大悖其道也，甚非所以安天下乐群生也，甚非所以崇孔子同大地也。且孔子之神圣，为人道之进化，岂止大同而已哉！"①

无论是严复译介的《天演论》还是马君武翻译出版的《物种起源》，它们无疑都让处在民族危亡时刻的国人看到了曙光，振奋了精神，成为救亡图存的制胜武器。进化论改变了中国人传统的思维模式。西方进化论衍生出进步的历史观念，它以社会的不断进步为导向，为传统的社会结构和社会心理变革提供了价值依据，强化了进取自强的精神和中华民族的自我体认，是增强国人民族自尊心、自信心和奋发向外部学习的一种有益的尝试。严复宣扬的是自强而不是天命；强调的是人为而不是定数。② 可以说，进化论的传入是对古代中国"天不变，道亦不变"世界观的一种颠覆和重构。进化论不仅奠定了中国近代自由主义的理论基石，而且是当时自由主义代表人物接受西方启蒙思想的第一堂课。它是中国近代思想史上极具价值的观念更新，是中华民族奋起外御列强、内求生存的思想武器。

（三）进化论思想与中国传统文化的暗合

康有为在《大同书》中屡次提及进化论："故据乱、升平之制，明知

---

① 康有为著，楼宇烈整理：《孟子微·礼运注·中庸注》，中华书局1987年版，第237页。
② 王晓明：《西方进化论与近代中国社会》，《教学与研究》2005年第10期。

第三章　康有为今文经学的(东传)科学根基

其有害而有不得已者。故古俗抑女而不平等,固出于强凌弱之余风,重子而待其尊养,固出于亲所生之顺势,然各国据乱之制皆因之;义虽不公不乐,然实人类所由繁华,以胜于禽兽而立于天地之故,亦文明所由兴起,以胜于野蛮而成为大国之故,乃进化必经之道而不可已者也。"[①]

西方进化论传入中国,先后经历了三个时期:一是甲午战争之前,洋务运动的全面展开,中西方的社会和文化向着纵深方向发展,西方的自然科学诸如生物学等伴随着传教士潜入中国。二是戊戌变法前后,西方列强疯狂地瓜分中国,中华民族面临着生死存亡的紧要关头,一些有识之士选择性把进化论作为他们救亡图存的武器。以康有为为首的维新派积极传播进化论,使之在当时形成了蔚为大观的局面。三是辛亥革命时期,以马君武翻译《物种起源》和李郁翻译的《达尔文传》为代表,掀起了又一次传播进化论的高潮。康有为在《孔子改制考》中说:

> 凡物,积粗而后精生焉,积贱而后贵生焉,积愚而后智生焉。积土石而草木生,积虫介而禽兽生,人为万物之灵,其生尤后者也。洪水者,大地所共也,人类之生,皆在洪水之后。故大地民众皆萌芽于夏禹之时。积人、积智,二千年而事理咸备。于是才智之尤秀杰者,蜂出挺立,不可遏靡。各因其受天之质,生人之遇,树论语,聚徒众,改制立度,思易天下。[②]

在这里康有为提出了他初步的进化论思想。无论康有为还是严复,基本出发点都是基于广大国民对灾难深重的社会现实的无限忧虑。危机意识迫使其必须寻找一条行之有效的出路,最终他们选择了将进化论和中国优

[①] 康有为著,章锡琛、周振甫校点:《大同书》,北京古籍出版社1956年版,第204—205页。
[②] 康有为著,姜义华编校:《孔子改制考》,《康有为全集》(第3集),上海古籍出版社1992年版,第11页。

秀的传统文化相结合，借助西方的进化论深入挖掘中国传统文化，以此来彻底改变中国人的传统思维。严复敏锐地意识到达尔文的生物进化论是对传统观念的重大挑战，正可以作为中国人启蒙的科学化理论。① 对中国思想界影响最大的两种理论是：进化论和民约论。而这两种理论在形态上是区分先前与近代中国人的重要标志。② 因此，西方进化论的传入，振奋了当时死气沉沉的知识界，刺激了中国人救亡图存的危机意识，在相当长的一段时间里，对中国当时的现实起到了全方位、立体式的改造作用。

二　自成体系的康有为进化论理论

儒家的自然观在古代又称为天道观。这里的"天"是代表着自然界这一总范畴，其中包括道器、有无、阴阳、动静、一多、色空、理气和太极等范畴。康有为把西方近代实验科学称为"实测"之学。根据他所谓的实测之学来建立其进化的自然观。早在1886年，他就在《康子内外篇·理气篇》中说道："积气而成天，磨砺之久，热重之力生矣，光电生矣，原质变化而成焉，于是生日，日生地，地生万物。"那时的康有为就试图说明宇宙是由物质构成的，而物质都是在不停地运动着的。物质变化生成了太阳，太阳生出了地球，地球生出了万物。康有为的自然进化观与古代朴素的天道观是有一定渊源的。

（一）对中国古代"变易"理论的继承和发展

儒学经典《易经》对于后世的影响很大，它是一部专门讨论"变易"思想的经典之作。因此，易经在经过了历代儒者的阐发和研究后，它的变易思想更为丰富和饱满，因而形成了一种高深的学问——易学。康氏进化论思想显然得益于他汲取了中国儒家经典《易经》的最高深的智慧。康有

---

① 王民：《严复"天演"进化论对近代西学的选择与汇释》，《东南学术》2004年第3期。
② 陈旭麓：《陈旭麓文集》（第四卷），华东师范大学出版社1997年版，参见王晓明《西方进化论与近代中国社会》，《教学与研究》2005年第10期。

第三章 康有为今文经学的(东传)科学根基

为在《民功篇》中指出:"人为万物之灵,其生也必迟,俟百物俱繁,然后毓焉。地之始凝也,外质为石,石质生水,湿气相蒸而苔生焉。苔生百草,百草生百木,百木生百虫,百虫生百兽。当伏羲之先,其为百兽之天下也。人独云清阳之质,既出生矣,聪明即耸于万物。盖伏羲时,去民之初生无几时耳。夫人之聪明,不能自禁塞,既生百兽之间,即有以制百兽,制器利用、自繁其类,以为人之天下。"①

严格地说,康有为最早高举变易思想大旗的初衷是为了推动他的变法理论。早在1888年,康有为第一次上书光绪帝时就征引《吕览》《易》来阐述他的观点:"《吕览》曰:治国无法则乱,守而弗变则悖。《易》曰:穷则变,变则通。"② 1896年,在读完严复所翻译的《天演论》之后,康有为终于形成了他完整的进化自然观和宇宙观。不过在此之前,他已经从中国古代"变易"思想和近代地质学、古生物学和天体演化学知识中获得了一些进化论知识。早在康有为遍读西学书籍之前的1874年,《万国公报》上就连载过《格物探原》,那里就介绍过有关生物进化学说的知识。所以,1882年康有为在《苏村卧病书怀》一诗中写出的"世界开新逢进化",也就绝非无源之水了。

康有为的历史观的形成与《易经》《春秋》和《礼运》三部儒家经典有直接关系,《易经》提供了变易思想,《春秋》提供了"三世"说,《礼运》提供了"大同""小康"说。③ 因此,他把"三世"说与"大同"和"小康"说糅合在一起,使社会历史内容更为丰富,使"三世"说获得了井然有序的进化阶梯。"盖孔子为制作之圣,大教之主,人道文明,进化

---

① 康有为著,姜义华编校:《民功篇》,《康有为全集》(第1集),上海古籍出版社1987年版,第13页。
② 康有为著,姜义华编校:《上清帝第一书》,《康有为全集》(第1集),中国人民大学出版社2007年版,第183页。
③ 房德邻:《儒学的危机与嬗变——康有为与近代儒学》,台北文津出版社1992年版,第95页。

之始,太平大同之理,皆孔子制之以垂法后世,后世皆当从之,故谓百王莫违也。"① 正是康有为对这三者的糅合,才把"礼运"这个复古主义的历史观改造为进步的进化历史观,把何休阐述的"据乱世""升平世"和"太平世"统一起来,这样一来,康有为所建构的理论就和复古主义和循环论彻底划清了界限。

(二) 对"公羊三世"说的创造和发展

康有为"公羊三世"的历史进化论,是中国化的历史进化论。它是西方的进化论思想与中国古代"变易"思想的有机结合。康有为在其游记中大谈进化论:"盖人道之始,穴居于地下,中世进化,以木为堂构,居于地面;渐进,则去木构而制砖石之崇楼矣。近美国复讲堂构以铁为之筑,累至三十层,侵云摩霄,侵寻若居天上矣。"②

康有为不仅明确地认识到人类在不同的历史发展阶段上有着不同的文明表现,而且还用人类社会进步的程度来阐发他的"张三世"进化理论。"盖人道进化以文明为率,而孔子之道尤尚文明。《公羊》先师口说,与《论语》合符,既皆为今文家之传,又为孔子亲言,至可信也。"③

在这里康有为已经初步认识到生产方式的变化是人类文明进步的内在原因,但是这一说法显然有牵强附会之嫌。他的"三世"说也可以作如下表述:据乱世相当于农业文明,升平世相当于工业文明,而太平世则相当于高度发达的工业文明。④ 他用政体的变化来说明"张三世"的进化过程。他认为西方社会从君主专制制度到君主立宪制度的过渡是一次根本性的变化,而从君主立宪制度到民主共和制度的过渡也是一样的,他认为这种政

---

① 康有为著,楼宇烈整理:《孟子微·礼运注·中庸注》,中华书局 1987 年版,第 27 页。
② 上海文物保管委员会编:《康有为遗稿·列国游记》,上海人民出版社 1995 年版,第 116 页。
③ 康有为著,楼宇烈整理:《论语注》卷九,中华书局 1984 年版,第 127 页。
④ 房德邻:《儒学的危机与嬗变——康有为与近代儒学》,台北文津出版社 1992 年版,第 98 页。

第三章 康有为今文经学的(东传)科学根基

体的变化是必然的选择。对此，康有为有过详尽的阐发：

> 孔子之为《春秋》，张为三世：据乱世则内其国而外诸夏，升平世则内诸夏而外夷狄，太平世则远近大小若一，盖推进化之理而为之。然世有三重：有乱世中之升平、太平，有太平中之升平、据乱。故美国之进化，有红皮土番；中国之文明，亦有苗、徭、獞、黎。一世之中可分三世，三世可推为九世，九世可推为八十一世，八十一世可推为千万世，为无量世。太平大同之后，其进化尚多，其分等亦繁，岂止百世哉？①

康有为用三世说与政体的配合形成了这样的一种对应关系：据乱世相当于君主专制制度，升平世相当于君主立宪制度，而太平世则相当于民主共和制度。康有为在解释《论语》中"天下有道，则礼乐征伐自天子出""天下有道，则政不在大夫""天下有道，则庶人不议"三句话时，将"政不在大夫"和"庶人不议"中的"不"字略掉，而牵强附会地改成"政在大夫"和"庶人议"，他这样删改的目的就是阐发例证立宪制度和共和制度的吻合。显然，这一做法是有失公允的。另外，他这样做还有一个目的就是试图说明几千年前孔子就已经反复阐述过从君主专制制度到君主立宪制度，再到民主共和制度的转变，认为这个过程是一个不变的历史规律，然而这样的结论显然是荒唐可笑的。

此外，他还提到民族的融合问题，指出民族的融合问题和文明的发展、政体的进步相辅相成，它们是相互联系、不可分割的统一体，共同构成了"三世"说的进化论。"《春秋》要旨分三科：据乱世，升平世，太

---

① 康有为著，楼宇烈整理：《论语注》卷二，中华书局1984年版，第28页。

平世，以为进化，《公羊》最明。"①

因此，康有为的"三世"说已经不同于《公羊传》里的"三世"说。在康有为这里，他赋予了古老、简单而又抽象的"三世"说以崭新、丰满而又具体的内容，旨在证明人类社会从君主专制到君主立宪，再到民主共和三种政体有规律地不断向前发展是必然趋势。因此，康有为的进化论表象是披着儒学的外衣，实质上是在兜售西方的政体制度。他所阐发的微言大义具有很大的随意性，或者说一切做法都是服务于他的政治理想。康有为把西方的进化论引入儒学，建立他的进化自然观、社会历史进化史观和进化的道德观。在他的阐发下，儒学成了一种充满进化思想的新儒学。

(三) 自成体系的康有为进化论理论

早在1897年严复翻译的《天演论》出版之前，康有为有关生物进化的思想就已经形成。他在《万木草堂》里已经讲到地有八层的理论，尽管那时他对生物进化过程的描述有失偏颇，但是多少也说明了他对于进化论有着自己非常清晰的认识，有着自己非常明确的见解。"盖全地之大，自生物院而外，无复有猛兽者矣，只有驯兽耳，盖至是全地皆为人治之地矣。夫兽与人同宗，而才智稍下，遂至全绝，此则天演优胜劣败之极至矣夫。"②

1884年出版的《西学考略》在介绍法国的拉马克时谈道，"又创新说，谓动、植物均出于一脉，并非亘古不易"。③想必康有为看过此书，但是他可能没有过多地注意到这个观点，或者他无法接受这个观点。然而他认识到生物从低级到高级进化的总方向是不变的，"人是从动物进化而

---

① 康有为著，楼宇烈整理：《孟子微·礼运注·中庸注》，中华书局1987年版，第21页。
② 康有为著，章锡琛、周振甫校点：《大同书》，北京古籍出版社1956年版，第290页。
③ 房德邻：《儒学的危机与嬗变——康有为与近代儒学》，台北文津出版社1992年版，第89页。

来",这个观点大致是正确的。

　　康有为是中国近代历史进化论的初创者。他利用今文经学核心理论"公羊三世"说解读西方的生物进化论的观点,创造性地发展出近代历史进化论理论。因此他得出结论:人类社会的发展是从"专制"的据乱世发展到"君主立宪"的升平世,继而发展到"民主共和"的太平世。显然,康有为的历史进化论观点受到早期维新派变易进化史观的影响,其思想根源仍然在于传统经学的影响。

　　康有为用近代历史进化论取代传统的变易观,是个革命性的事件,是中国近代哲学革命的重要内容。康有为没有完全用达尔文的进化论说明社会进化的动力问题,而是用传统哲学中"仁"的观点来达到他的目的,认为社会的发展要依靠仁爱的力量来扩充。再者,康有为没有像严复那样公开声明自己的历史进化论是依靠斯宾塞和达尔文的学说发展而来,而是托名孔子,构造"三世"进化的公式,显然有生搬硬套之嫌,更有着宿命论的倾向。早期维新派的变易进化历史观是从古代传统的变易史观向近代历史进化论转变的一个中间环节。到了近代,由于社会历史发生了巨大变动,又受到西方进化论思潮的影响,古代传统的变易史观转变为近代历史进化论。[①]

三　康有为进化论的特点及归宿

　　康有为的进化思想来源于中国古代的变易思想和西方的进化论。《易经》是一部专门讨论"变易"思想的哲学著作,对后世影响很大,它阐明了阴阳两种势力在万事万物中的发展和变化。"儒家的经世思想传统,在晚清日趋严峻的内忧外患逼迫之下,无论在今文经学还是古文经学内部都

---

① 邝柏林:《从古代传统的变易史观到近代历史进化论》,《孔子研究》1988年第9期。

强劲崛起。"[1] 在西方的进化论进入中国思想界之前,儒家的主流价值已经悄然地发生了一场变化:那就是从"经世"到"富强",从"义理"到"时势"的变化。这个转变深深地影响了那个变局中的中国人。

(一)西方自然科学知识背景的支撑

让西方传教士和江南制造局的才子们意想不到的是,他们翻译的西方自然科学著作也连带着把西方进化论思想带给中国这个古老的国度,对中国思想界转变发挥了推波助澜的作用,更引起了一个不懂西方语言却嗜书如命的中国读书人——康有为的密切关注,正是他对西方进化论的灵活运用深深地影响了中国的历史进程。"近者欧美铁路既通,运输较捷,水利渐启,树木既多,雨泽渐匀,泛滥渐少。就有水旱,而以铁道移粟以饲之,民命尚易保全,此进化之功也。"[2]

西方传播进来的著作如《谈天》《地学浅说》和《格致汇编》等,康有为均有涉及,他在《桂林答问》中所列的阅读书目就是明证。对于这些书籍,他不仅有所涉猎,并做了仔细的研读,所以在他的著作中才有进化论理论的灵活运用。特别是在《诸天讲》中,这种灵活运用得到了最淋漓尽致的体现。"学界活力之中枢,已经移到'外来思想之吸受'。"[3]

对于进化论传入中国的贡献,严复和康有为都是功绩卓著。严复将表达进化论主旨的关键词诸如"天演""保种""物竞"和"天择"等流播全国,使之风靡中国的思想界,并且成为几代民族精英用以警示世人、抵御外辱的精神武器。

   用器进故人之明智亦日以进焉,交相为用,其益莫大。用器精可

---

[1] 许纪霖:《现代性的歧路:清末民初的社会达尔文主义思潮》,《史学月刊》2010年第2期。
[2] 康有为著,章锡琛、周振甫校点:《大同书》,北京古籍出版社1956年版,第18页。
[3] 梁启超:《中国近三百年学术史》,《梁启超论清学史二种》,复旦大学出版社1985年版,第125页。

第三章 康有为今文经学的(东传)科学根基

以调察人之行事,令人难惰、难偷、难诡,令人惊犹鬼神之在左右,使人不敢为恶,则善行自进。盖观于铁路所通,即文明骤进,用器之关于进化如此。①

康有为是最早引进和运用进化论思想,并将进化论思想楔入自己所建构的社会改革理论体系中,将自然进化观应用到社会领域中的第一人。他用进化论拓展了中国传统的变易循环观,并以此来"解读"经书。康有为就是走在时代前沿向西方学习的领头人。尽管康有为在向西方学习的过程中有些肤浅、混乱,科学与猜测甚至迷信相并存,但他毕竟是第一个试图用进化论的思想解释世界和历史,并以之作为改造中国、救亡图存的思想武器的人,此举也成为近代中国思想界真正变革之滥觞。②

(二) 创造进化论与庸俗进化论的倾向

柏格森坚持认为"精神性的生命冲动派生一切",他还说,"生命是心理的东西","意识,或毋宁说超意识是生命之流"。③ 因此,柏格森认为整个世界应归结为生命不断冲动地"创造性进化"的过程。显然,柏格森歪曲了生物进化论,他将物种的变异和进化都归结为精神性的冲动是缺乏内在合理性的,这种非理性主义的唯意志论显然也是不合理的。在《诸天讲》中,康有为说:"吾人所用泛神论之义,与斯宾挪、歌德辈稍异。彼辈之意,以为神无往而不在,故谓泛神;吾人之意,重在其无本体而日在变迁,是为柏格森之言。"④

达尔文的进化论思想由严复等人译介到中国以来,立即引起了进步人士的关注和接受,成为他们救亡图存、振兴民族的精神支柱,对中国

---

① 康有为著,章锡琛、周振甫校点:《大同书》,北京古籍出版社1956年版,第298页。
② 马洪林:《康有为评传》(上),南京大学出版社2011年版,第181页。
③ 参见马洪林《康有为评传》,原载[法]柏格森《创造进化论》,1928年纽约英文版,第261页。
④ 康有为著,楼宇烈整理:《诸天讲》,中华书局1990年版,第169页。

的政治、经济、文化和哲学等诸多领域产生了深远的影响。进化论帮助人们以客观的立场看待社会的发展,确立了人们的竞争理念,激励人们去认识和改造世界。

但是达尔文的进化论也有着诸多缺陷,诸如重量变轻质变的倾向,因此无法解释生物进化当中所出现的飞跃和突变等问题;还有就是简单地把动植物的发展规律应用于人类社会,而且在发展过程中产生了社会达尔文主义等错误的理论观点,一度成为别有用心的人用来发动战争和侵略别国的理论根据。但是不管怎样,进化论的诞生无疑对科学、宗教甚至对文化都产生着深远的影响,而且这种影响还在继续。严复是卓越的达尔文进化论引介者;康有为既是近代中国首位关于进步的先知,又是中国首位出色的达尔文主义者。①

我国学界几乎异口同声地把康有为的进化论思想称为"庸俗进化论"。② 因此,柏格森批判机械进化论根本不适用于生命有机体,它不是单纯的量的积累。"进化是一种不停顿的崭新创造。"③ 康氏初步接触柏格森的创造进化论,就想利用它来认识历史和改造社会,来重新阐释"公羊三世"说,可以说康有为是中华民族极富创造力和想象力的思想家。他把"据乱世""升平世"和"太平世"进行了创造性的发挥:人类社会是以一种有序的过渡进行发展,通过不断的进化,每一阶段都发生着质变进而演变成一种更高级的社会形态。

总之,康有为进化论理论是在东传科学背景下,一批先进的中国人为挽救民族危亡向西方探求自然科学和社会科学知识时所做出的最有价值的选择。康有为是中国近代历史进化论的开创者,他的理论是在近代自然进化论的基础上发展而来。对于当时的清末民初而言,这是一种进步的历史

---

① [美]浦嘉珉:《中国与达尔文》,钱永强译,江苏人民出版社2008年版,第7页。
② 任继愈主编:《中国哲学史》(第四册),人民出版社1979年版,第232页。
③ [法]柏格森:《创造进化论》,肖聿译,华夏出版社2003年版,第103页。

观。这种理论固有的缺陷在于：坚持线性进化、机械的因果观和社会达尔文主义，因此不能完全正确地阐明社会发展的方向。但是，它却是一定时期中华民族救亡图存的工具，因此具有进步意义。

康有为进化论思想的理论基础主要源于中国古代的"变易"思想和西方的进化论思想。康有为对《易经》非常重视，认为它与《春秋》都是孔子所著"六经"中最重要的两部著作。[①] 康氏进化论理论是康有为维新变法理论的基础，是对今文经学核心思想"公羊三世"说的发挥与升华，进而改变了中国人传统的思维模式。它以社会的不断进步为导向，用由西方传播进来的进化论来取代传统的天道观和体用论，为传统的社会结构和社会心理的变革提供了价值根据，促使中国传统的儒学发生裂变并强化了国人的民族认同感，是中国人向外部学习的一种有益尝试，成为清末民初中华民族救亡图存的思想武器。

第二节 "星云假说"与康有为"以元统天"论的形成

西方的"星云假说"对康有为"以元统天"论的形成发挥着重要的作用。在中国哲学传统中，"天"与"地"相当于西方哲学中"宇宙"和"自然界"的概念。所谓"天地之理"便相当于西方所谓"宇宙""自然界"的本质规律。而"以元统天"论的元气说是对中国古代元气论、无限宇宙论以及康德"星云假说"的继承与发展。西方自然科学影响下康有为的元气论思想又是其论述人性理论、价值观念以及政治思想的哲学支撑和重要基础。

康有为学贯中西，对西方自然科学及其社会科学知识做了较为深入的

[①] 房德邻：《儒学的危机与嬗变——康有为与近代儒学》，台北文津出版社1992年版，第84页。

阐发，并且把西方"星云假说"理论建构在其元气论思想体系之中，进而把西学改铸下的"以元统天"论思想作为其元气说的理论基础与哲学支撑。学界关于康有为"元""气"问题的研究较为充分。李泽厚先生认为康有为在自然观上，基本上是继承了中国古代气一元论的哲学传统。① 蒋国保教授等专家共同编著的《晚清哲学》一书中对康有为"元者，气也"的观点给予充分的肯定。② 张立文教授站在康有为仁心元一体论的角度予以阐发："从物理世界的自然性、宇宙世界的运动性、社会世界的进化性阐明以元统天的体用意义与仁的主导价值。"③ 西方科学影响下康有为元气论思想又是其论述人性理论、价值观念以及政治思想的哲学支撑和重要基础，并且对康有为的哲学思想产生了重要影响。康有为"以元统天"论的元气说是对中国古代元气论、无限宇宙论以及康德"星云假说"的继承与发展。

一 康有为对古代元气论的继承与发展

西方"星云假说"影响下康有为的元气论思想是对中国古代元气说的继承与发展。东汉哲学家王充提出了"元气自然"学说，肯定了天和地都是由物质性的"元气"构成的，自然界万事万物生灭变化都是由"元气"的聚散来决定，这是古代哲学家对自然界生命现象做出的唯物主义解释。到了唐代，著名文学家、哲学家柳宗元继承了王充"元气自然"的观点，认为"天地"和"阴阳"都统一于"元气"的聚合，把"阴""阳"二气看作元气内部相反相成的两个方面，而"阴""阳"二气的交错对立再经过不断运动便形成了千变万化的物质世界。到了宋代，宋明理学集大成者"气"学代表人物张载把"气"的概念抽象为"太虚"，提出"太虚即气"

---

① 李泽厚：《中国思想史论》（中），安徽文艺出版社1999年版，第251页。
② 蒋国保等：《晚清哲学》，安徽人民出版社2002年版，第253页。
③ 张立文：《康有为仁心元一体论》，《齐鲁学刊》2014年第1期。

第三章 康有为今文经学的(东传)科学根基

的命题,并且将"气"视为一种运动的物质。清初的王船山继承和发展了张载的元气本体论,认为宇宙间没有脱离"元气"所谓真空的存在,为其"理在气中"的哲学思辨奠定了基石。

中国古代哲学家对于"元气"的解释,为近代中国哲学的重构提供了本土化的依据和理论支撑。但是古代哲学对于"元气"的解释还是处在十分朦胧且相对感性的阶段,仍然具有猜测或者想象的性质。造成这种后果的原因在于他们缺乏近代自然科学知识的支撑。而康有为对于近代自然科学知识无所不窥,这种"援西入儒"的努力极大地拓宽了康有为的视野。关于"元气"问题,康有为在《康子内外篇》中有详细的界定:"于无极无无极之始,有湿热之气,郁蒸而为天。诸天皆得此湿热之气,辗转而相生焉。近天得湿热之气,乃生诸日,日得湿热之气,乃生诸地,地得湿热之气,蒸郁而草木生焉,而禽兽生焉,已而人类生焉。"[1] 康有为认为"元"是一种物质性的"气",即"元气",是天体运行的动力,是产生万物的本原。

康有为认为"元气"的运动是万事万物变化发展的根本动因。他举例说:"譬如梨果之本于一核,萌芽未启;如群鸡之本于一卵,元黄已具。而果核与鸡卵之本,就是缔造世界万物的'元气'。"[2] 因此,他并不赞成把"元"比喻为精神的范畴,更不赞成"人元在天前"的说法。他认为,老子的"道"、婆罗门的"大梵天王"和耶稣教里的"耶和华"都是精神的象征。康有为继承了中国古代哲学中《易》的辩证法思想,肯定天地间阴阳对立的统一关系,自然界的万事万物是处在不断运动、变化的动态过程之中,于是,康有为得出结论:"天地之理,阴阳而已。其发于气,阳为湿热,阴为干冷。湿热则生发,干冷则枯槁,二者循环相乘,

---

[1] 康有为:《康子内外篇》,《康有为全集》(第1集),中国人民大学出版社2007年版,第105页。
[2] 马洪林:《康有为评传》,南京大学出版社2011年版,第192页。

无有终极也。"①

宋志明先生指出："康有为的元学是接着中国古代哲学的元气论讲的，但不是照着讲的，因为他讲出了新意，实现了本体论的转型。……他的理论特色在于凸显一个'元'字，而不是'气'字，称他为'元学本体论者'，符合他的思想实际。"② 因此，宋志明先生把康有为"元"的概念上升到哲学的本体论高度，并力图将康有为的"元"放置在万物生成的本源、本体以及价值的形而上的基础上。最难能可贵的地方在于：康有为元气论思想吸收了西方的近代天文学、地质古生物学等自然科学中物质演化思想并做了极有价值的阐发。康有为认为，湿热之气孕育了太阳、大地以及天地间人类、草木、禽兽等生物；湿热之气就是"元气"，即万物的本原。李泽厚先生指出："在自然观上，康有为基本上是继承了中国古代气一元论的哲学传统。"③

二 康有为对无限宇宙论的拓展

鉴于清末民初所处的特殊时代背景，加之没有系统的自然科学体系，康有为对宇宙起源问题的论说尚显粗疏，但这却是中国自古以来天道观的第一次根本性变化。康有为是推动中国传统宇宙观向西方科学宇宙观过渡的肇始性的人物，对于拓宽中国传统宇宙观的视野具有不可磨灭的贡献。我国先民在上古之时对天象进行认识和探索并进行相关的思辨活动，力求协调人与自然，使之达到和谐统一。中国古代哲学的宇宙观有其固有的局限性，其理论来源主要是基于盖天说、浑天说等古老学说基础上进行的思辨活动，由于缺乏近代天文学方面的科学知识，错误地把天地视为相互

---

① 康有为：《康子内外篇》，《康有为全集》（第1集），中国人民大学出版社2007年版，第105页。
② 宋志明：《中国近现代哲学四论》，中国社会科学出版社2012年版，第67页。
③ 李泽厚：《中国思想史论》（中），安徽文艺出版社1999年版，第251页。

第三章 康有为今文经学的(东传)科学根基

对立的两部分，并且认为天地永恒不灭。

"盖天说"理论认为浩渺无垠的宇宙就像是大如圆盘的盖子一样，横亘在大地之上就像一盘棋局。"我国最早的宇宙论盖天说至迟在新石器时代就已出现，并逐渐发展为一种最有影响的宇宙学说。盖天说的基本描述是天圆地方，其对宇宙的地方形貌是天圆如张盖，地位如棋局，覆盖居住的大地被看作一个被天空覆盖的平面，天空象一顶斗笠笼盖在地上，日月星辰附着在天空中"。① 因此，我们的先人只看到天地的表象，受制于"天尊地卑"的影响，他们只看到天上日月星辰的变化以及世间沧海桑田的变迁，基于万事万物变化的主观性理解仍然没有脱离以生灭、聚散和重复为特征的循环论的模式。但不管是"浑天说"还是"盖天说"，他们都无法走出"天不变，道亦不变"的窠臼。

明末清初，意大利传教士利玛窦是西学东渐的关键人物，他对于西方科学的传播具有选择性，他在把欧洲的天文、历法传入中国的同时却忽略了最重要的哥白尼"日心说"，这是其有意而为之的，基于传播上帝的"福音"考量，利玛窦显然有避重就轻之嫌。因此，康有为指出：

> 崇祯时，徐光启以改定中国之历，中国自古测天术遂革，然尚未知哥白尼地绕日说、奈端吸拒力说。在欧人天学，以今比之，犹是大辂椎轮也。②

哥白尼在 1543 年提出的"日心说"及牛顿在 1687 年提出的"万有引力学说"都在近代天文学史上占有重要地位，具有划时代的意义。而中国人知道哥白尼"日心说"的时候已经是乾隆年间的事情，中国人对于天体

---

① 李虹：《死与重生：汉代墓葬信仰研究》，博士学位论文，山东大学，2011 年。
② 康有为：《诸天讲》，《康有为全集》（第 12 集），中国人民大学出版社 2007 年版，第 18 页。

的认识远远落后于同时代的欧洲。正基于此，康有为特别强调哥白尼、牛顿对人类认识自然的伟大贡献。他说："发明地绕日为哥白尼，发明吸拒力为奈端，功最大，宜祝享。"① 他认为破除人们自古以来根深蒂固的宇宙观很难，但是随着现代科学仪器的出现，依靠精密的天文望远镜并辅之以科学的天文观测手段，哥白尼日心说终将会被中国人认识并接受。

康有为不仅宣传日心说关于各大行星围绕太阳运转的思想，而且还把1781年新发现的天王星和1846年发现的海王星一并补充进去，"此星即日之黑子离日而成游星者"②，他积极吸收西方最新的天文学研究成果并针对地心说展开了他的批评："不知地之至小，天之大而无穷也，故谬谬然以地配天也，又谬谬然以日与星皆绕吾地也。开口即曰天地，其谬惑甚矣。"③

众所周知，托勒密的"地心说"曾是欧洲神学的魔杖，长期统治着欧洲思想界，康有为对此展开了无情的鞭挞："中世纪千年皆从托尔美说，在今日视之多可笑也。"④ 康有为基于西方自然科学研究成果，把中国朴素的天文学说向前推进了一大步。"夫星必在天上者也，吾人真天上人也。人不知天，故不自知为天人。故人人皆当知天，然后能为天人，人人皆当知地为天上一星，然后知吾为天上人。"⑤

康有为的这段话代表了三个层次：第一，他从现代天体学的角度得出"天中亦有地"的结论，天与地是不可割裂的统一体，二者的统一构成了浩瀚无垠的宇宙。第二，他从中国传统思想"天人合一"的角度出发，认为住在地球村的人与天外之人都是一样的"天上人"，人类社会与自然界

---

① 康有为：《诸天讲》，《康有为全集》（第12集），中国人民大学出版社2007年版，第19页。
② 同上。
③ 同上。
④ 同上书，第92页。
⑤ 同上书，第11页。

第三章 康有为今文经学的(东传)科学根基

是对立的统一并构成统一的物质世界。第三,他站在人类认识自然、征服自然的立场上,认为人应该积极探索世界的奥秘并按照自然规律适应自然、保护自然并改造自然。在中国哲学史上,康有为运用西方最为前沿的天文知识,并在传统天文学和外来更现代、更科学的天文学研究成果中寻求最佳的契合点。康有为第一次把天、人、自然和社会四者联结为统一的物质世界,这也是康有为对中国古代"天人合一""民胞物与"等传统思想皈依于人与自然和谐相处观念的继承和发展。西方宗教神学家一向宣称天是有限的,而康有为对于宇宙做出了大胆的判断:"吾日亦在银河界中,故名曰银河天也。或言有星三十万万。"① 康有为晚年在《诸天讲》中也用大量篇幅宣讲其所谓"有星三十万万"的宇宙无限论的观点,认为苍茫宇宙中有无数个像太阳一样的恒星组成的银河系,而光热无穷的太阳只是浩瀚银河系中一颗普通的恒星而已。

1754年,康德也曾提及潮汐能摩擦致使地球自转变慢的假说,这种假说不同于形而上学的自然观,因而渗透了天体运行、发展变化的观点。康德的"星云假说"否定了牛顿关于"神的第一次推动",② 康有为借助科学的天文学知识论述宇宙的无限性,与康德的天体理论有异曲同工之妙。1775年,康德出版的《自然通史和天体论》提出了关于太阳系起源的"星云假说",在书中猛烈批评牛顿所谓的宇宙不变论并直陈自己的观点:康有为认为宇宙是一个无限发展的过程,宇宙的空间也是无限的。当然在我们今天看来,康德的天体理论是吸收了笛卡尔的研究成果并对牛顿的科学成果批判地继承,用辩证的宇宙发展论取代形而上学的机械论,打破了宇宙不变论。康有为在《诸天讲》里把宇宙描绘成一个无限发展往复的物质世界,从而形成了其独特的、辩证的自然观。另外,康有为在1890年教

---
① 康有为:《诸天讲》,《康有为全集》(第12集),中国人民大学出版社2007年版,第55页。
② 张红卫:《从牛顿、康德到爱因斯坦——谈近代自然观的发展》,《河南教育学院学报》(自然科学版)2002年第4期。

授学生时也曾提及"人从猿猴变化而来"之说,大谈进化论理论,对西方现代科学理论宠爱有加。①

康有为认为人与天同本于"元气",精神的象征都是虚幻的,不如"以元统天"来得精当。"天者,统摄之谓,非苍苍之谓。"又说:"凡天地自然之理,皆不能磨灭。"② 因此,康有为的"元"不同于"道""大梵天王"以及"耶和华"等概念的内涵,也不是宗教信仰的天条,而是对物质世界的一种中国式的表述,已经进入无限宇宙论的境界。

三 康有为对康德"星云假说"的继承和发展

康有为将康德—拉普拉斯的"星云假说"与中国的"元气说"相结合,把天地的相因相成解释为星云宇宙的生灭演化,这样他就有力回击了中国古代根深蒂固的"天不变,道亦不变"的形而上学的观点。康有为元气说的哲学基石是"元"的概念。他心目中的"元"的概念基本上等同于理学中的"太极"的概念。这一观点的理论来源是儒家经典中的《易经》和董仲舒的《春秋繁露》一书,康有为在他的《诸天讲》中也一再提及这两部书。譬如,康有为研究董氏之书时有一处就提道,"元乃万象之本"。③ 唯一的缺憾在于康有为未能对"气"作出明确的界定。在论证过程中康有为又陷入了两难的境地:康有为以"元"为"气",基本上接近于理学之说;但有时干脆认为"气"指的就是物质主义。

在中国哲学史上,中国古代哲学家对"元""气"的解释仅限于直觉和体验的层面。康有为通过对西方自然科学与西方哲学典籍的研读,丰富

---

① [美]萧公权:《近代中国与新世界——康有为变法与大同思想研究》,汪荣祖译,凤凰出版传媒集团2007年版,第5—6页。
② 康有为:《万木草堂口说》,《康有为全集》(第2集),中国人民大学出版社2007年版,第137页。
③ [美]萧公权:《近代中国与新世界——康有为变法与大同思想研究》,汪荣祖译,凤凰出版传媒集团2007年版,第109页。

第三章 康有为今文经学的(东传)科学根基

了对于西方宇宙学理论的理解进而形成自己独特的"元气说"。尤其是接受了德国康德(1724—1804)和法国拉普拉斯(1749—1827)的"星云假说"之后,对"元""气"进行了新的界定。康有为指出:"德国之韩图(康德)、法之立拉士(拉普拉斯)发星云之说,谓各天体创成以前是朦胧之瓦斯体,浮游于宇宙之间,其分子互相引集,是谓星云,实则瓦斯之一大块也。"① 在这里,康有为把"元""气"看成一种物质性的"星云"。基于此,康有为在《诸天讲》中对"星云假说"的阐发形成了自己独到的见解。

康有为借康德"星云假说"来说明天体形成前宇宙之间已经充满一种朦胧的瓦斯体——星云气体。其元气说在一定程度上促进了中国从依赖直觉体验的哲学观向西方科学逻辑理性观的发展。在康有为的解释下,康德的"星云假说"被作为其论证近代中国哲学应该开显逻辑理性的依据,他以西方自然科学为武器在中国哲学思想层面奠定了清末民初社会变革的理论基础。康有为认为地球起源于瓦斯体,他说:"吾地之生也,自日分形气而来也……故凡诸星之成,始属瓦斯块,地球之始亦然。"② 康有为想要表达的是地球与太阳系八大行星一样都起源于星云气体,"诸星"在旋转过程中由于排斥力的作用而被迫分离出去,进而冷凝成地球、金、木、水、火、土等其他"诸星",因而形成完整的太阳系。康有为把太阳和地球解释为星云聚散的产物,在本质上显然是承认了宇宙变动的无限性,带有自然辩证法的因素。

康有为可以看作是达尔文的生物进化论的忠实信徒,他在《诸天讲》里说:"人之遗骸,亦自水成石之地层始见之,不知经几百万年也。盖自大木为煤,大鸟兽之后,几经进化,而后见之,其与狐猴之骨别异,已在

---

① 康有为:《诸天讲》,《康有为全集》(第12集),中国人民大学出版社2007年版,第20页。
② 同上。

三十万年矣。"① 他用粗浅的进化论知识试图证明人类是由鸟、兽、猿猴进化而来并用地球生成理论、达尔文的进化论理论和已有的考古资料研究成果为其理论寻求佐证。康有为认为，万事万物的演变都是从低级到高级不断发展的过程，历经几百万年的进化发展，最终演化成人类。在这里，康有为突破了所谓物质运动是重复循环的传统观念，把近代自然科学关于物质演化的学说与社会进化思想有机结合起来。

康有为把"气"看成天地、万物和人类的共同起源，可以看出他对于地球上生物起源问题的认识有自己独到的见解。"物我一体，无彼此之界；天人同气，无内外之分。"② 他指出，人处在自然界的万物之中，只是自然界的一分子，所以，天地万物皆同出于"气"。他解释说，星云旋转产生太阳，太阳发出光和热引发风雨雷电，哺育万物生长。"吾地上风云雨雪雷电之变化，蒸汽水源之腾发，石炭之火力，植物之茂育，动物之生活，何自来哉？皆非地所能为，由受日之热力为之也。"③

地球上风雨雷电、潮起潮落皆源于太阳的引力，地球的旋转和地球上的万物都源自太阳的光和热。康有为试图证明这样一个观点：太阳是"植物之茂育，动物之生活"的源泉，如果没有太阳就没有地球上的一切，人类的生存问题就无以为继。西方的哲学狂人尼采就自许是太阳，光热无穷，只是给予和奉献，而康有为也极力赞美太阳，"假无日乎，吾人何以为生？故日之功德大矣哉！"④ 阳光雨露，水和空气共同哺育了天地万物，而这一切均源自太阳，而太阳的形成又源自星云气体。天与人共同处在一个物质世界，从而打破了神学家所谓天堂和人间，隶属于两个世界的说法。因此，康有为构建的元气说是对当时西方所流行的"星云假说"的继

---

① 康有为：《诸天讲》，《康有为全集》（第12集），中国人民大学出版社2007年版，第23页。
② 同上书，第384页。
③ 同上书，第40页。
④ 同上。

承和发展。

四 康有为"以元统天"论思想的形成

"理在气先"是宋明理学代表人物朱熹所提出的观点。康有为通过对中国古代气本论的继承和发展，加之对康德"星云假说"的运用更有力地回应了程朱理学"理在气先"的命题，也是对程朱理学的反动。朱熹对"理"的界定是在理论的逻辑次序上强调"理""气"关系，在这里的"理"蕴含着更为超越的价值追求："气"是依傍"理"运行的，而"理"却不依傍着"气"而存在。①

依循朱熹的逻辑，事物在尚未存在之前，事物之"理"就已经存在且凭借着"理"决定着事物的发展方向，相反，"物"与"气"却必然依"理"而存在，因为具体的每一事物都是以特殊的"气"表现出来。因此，朱熹一方面说"气以成形，而理亦赋焉"，② 另一方面又说，"有此理后，方有此气"。③ 可见在朱熹那里，在产生天地万物之前，已经有了天地万物之"理"，"理"先于事物而独立存在，天地万物的生成都是"理"作用的结果。所以"理"是天地万物生灭的绝对精神。

所以，康有为在批评程朱理学"好为高论之说"时指出，"理"是人之所立的根本，并不是先天存在的。"有人形而后有智，有智而后有理。理者，人之所立。"④ 康有为根据已有的西方自然科学知识对理气关系作了明确的界定，抛弃了朱熹"理在气先"的结论。他指出："天地之理，阴阳而已。其发于气，阳为湿热，阴为干冷。湿热则生发，干冷则枯槁，二

---

① 复旦大学哲学系中国哲学教研室：《中国古代哲学史》，上海古籍出版社 2006 年版，第 554 页。
② 朱熹：《四书章句集注》，中华书局 1983 年版，第 17 页。
③ 朱熹：《朱熹集·答杨志仁》，四川教育出版社 1996 年版，第 2958 页。
④ 康有为：《康子内外篇》，《康有为全集》（第 1 集），中国人民大学出版社 2007 年版，第 110 页。

者循环相乘，无有终极也。无以名之，名之阴阳也。于无极、无无极之始，有湿热之气郁蒸而为天。诸天皆得此湿热之气，展转而相生焉。近天得湿热之气，乃生诸日，日得湿热之气，乃生诸地，地得湿热之气，蒸郁而草木生焉，而禽兽生焉，已而人类生焉。"① 康有为科学地说明了理气、阴阳、湿热之间相辅相成的关系以及人类与生物的发展过程。

康有为又较为客观地阐述了气、人、智和理的发展过程："物质有相生之性，在于人则曰仁；充其力所能至，有限制矣，在于人则曰义。人道争，则不能相处，于是有礼；欺，则不能相行，于是有信。形为仁之后，有礼与信矣。而所以有此四者，皆由于智。人之有大脑、小脑也，脑气筋之有灵也，盖不知其然也。……合万亿人之脑，而智日生；合亿万世之人之脑，而智益生；于是理出焉。"② 康有为旨在表明，天地之气哺育着人类的大脑神经，人们通过学习、使用大脑才能产生智慧，人类的智慧源自亿万民众个体有差异的脑力劳动。随着人类的智慧日臻成熟，事物发展规律的"理"将得到升华并形成一种系统的理论体系。康有为又分析了朱熹走进"理在气先"思想误区的原因。康有为指出，朱熹主张"理在气先"是在为"灭人欲，存天理""尊君卑臣，重男轻女"等理学信条提供理论支撑。他指责这种观念造成了臣子跪拜在君主的膝下，慑于君主的绝对权威，不敢表明自己观点的局面，并谴责这种理论是造成男人可以妻妾成群，妇女则必须安心守家并恪守"妇道"等诸多现象的根源，并认为这种封建义理扼杀了人的本性。君臣不平等、男女不平等严重压抑了人类正当的欲望。"存天理，灭人欲"的思想和佛教禁欲主义相表里，从根本上违背了人性和人道。康有为在《论语注》中指出："孔子虽重教化，而以富民为先。管子所谓治国之道，必先富民。此与宋儒徒陈高义，但言饿死事

---

① 康有为：《康子内外篇》，《康有为全集》（第1集），中国人民大学出版社2007年版，第105页。
② 同上书，第111页。

第三章 康有为今文经学的(东传)科学根基

小,失节事大者,亦异矣。"① 因此,康有为得出结论:孔子之道更接近于人类本真的生活。孔子虽然重视教化,但是以富国裕民为宗,以满足人的物质欲望为前提,讲究的是富民治国之道。

在康有为看来,天地、生物和人类都离不开太阳的无穷光热和无量功德,而太阳又是星云气体聚合的结晶,因此他概括为"以元统天"亦即肯定"星云"为万物生成的本原。元气不仅造就天体,而且生成万物,生化人类。康有为有云:"天本元气而成,人得元气而生。"② 康有为把天上世界和人间世界都看作一个物质世界的整体。康有为的这种哲学思辨显然具有思想的独创性,其特点就是通过对西方自然科学的吸纳和对西方哲学体系的改造,使自然科学与社会改革熔为一炉,把中国哲学推上一个新的高度。

由于近代西方自然科学的发展,人们获得了更多的认识世界和改造世界的工具,康有为不仅阅读大量有关西方天文、地理等自然科学的书籍,而且购买望远镜、显微镜等先进的现代观测工具,既方便对大自然进行直观的观察,又从中获得了更多的新知,对许多陈旧观念予以纠偏。朱熹指出:"未有天地之先,毕竟也只是理,有此理便有此天地,若无此理,便亦无天地……有理便有气,流行发育万物。"③ 可以说,康有为已有的自然科学知识水平高于18世纪西欧法国机械唯物主义而又未能达到19世纪西方哲学成熟阶段的理论思维水平,它既具有世界哲学发展规律的一般特点,又具有我国本土民族哲学形成的个性,标志着中国古典哲学的终结,这是康有为创造性哲学思辨的创新和发展。康有为坚信人是来自于宇宙中的生物,根据康德的"星云假说"得出了这样一个结论:星云到太阳,太

---

① 康有为著,楼宇烈整理:《论语注》,中华书局1984年版,第194页。
② 康有为:《万木草堂口说》,《康有为全集》(第2集),中国人民大学出版社2007年版,第205页。
③ 吴熙钊:《论近代中国资产阶级哲学的变革》,《中山大学学报》1983年第3期。

阳到地球，地球到生物，进而推演到全人类，所有这些都有其内在的发展规律和必然联系。

李泽厚先生指出，康有为对于"元"概念的使用主要受董仲舒哲学的影响，进而把"元"用来表示世界或者是自然界的"本质""根本"或者"属性"。因此，在很多地方都指出天地万物源自"元"的概念。康有为继承了《公羊传注》"元者，气也"的观点，蒋国保教授在《晚清哲学》一书中对何休、康有为"元者，气也"的观点给予了充分肯定。① 文中对康有为的元气说作了进一步的阐述：康有为强调"'天本元气而成，人得元气而生'，天与人皆生成于'元气'，也就是'万物之生皆本于元气'的意思，重在强调世界以'元气'为本体。"② 康有为将中国古代的"元气说"和西方"星云假说"相结合，用尚不成熟的西方自然科学的世界观向宋明理学的"理在气先"发起挑战，康有为推导出"气在理先"是对朱熹"理在气先"的最有力驳斥。

五 "以元统天"论的价值和意义

康有为将"元"视为自身思想中的本体论依据，非常明确地界定了"元""气"的概念。他在《万木草堂口说》中就曾提到"元者，气也"的说法，在《春秋董氏学》中又提出以"气"作为万物之本的立场。可以说，康有为始终坚持以"元""气"的万物之本为旨归。在《礼运注》中提出："《易》所谓'乾元统天'者也。天地阴阳，四时鬼神，皆元之分转变化，万物资始也。"③ 康有为又云："万物一体，天下一家，太平之世，远近大小若一。"④ 因此，康有为认为，"元""气"从无形中生发，继而

---

① 蒋国保等：《晚清哲学》，安徽人民出版社2002年版，第253页。
② 同上书，第254页。
③ 康有为：《礼运注》，《康有为全集》（第5集），中国人民大学出版社2007年版，第565页。
④ 康有为著，楼宇烈整理：《论语注》，中华书局1984年版，第448页。

第三章 康有为今文经学的(东传)科学根基

流转变化创生天地，最后才有阴阳之气和四时鬼神之变化。"元""气"构成的天地万物是一切有生命与无生命的众生、万物共同的生之本体，又是宇宙万物的本根。因此，康有为认为"元""气"是天地万物为一体的本体论根据。

康有为的元气论为其"以元统天"论提供了至关重要的理论依据，康有为宇宙论与本体论上的一体性为他的人格诉求提供了哲学上的支撑。康有为所提倡的"远近大小若一"的太平、大同社会人格诉求以及康有为所推崇的儒家"博爱之为仁"的理想人格均构成了他一以贯之的内圣、外王之学，他的元气论则又从本体论的维度对其理想人格和社会人格给予哲学上的支撑。

"孔子之道，推本于元，显于仁智，而后发育万物，峻极于天，四通六辟，相反相成，无所不在，所谓一以贯之。"[1] 孔子之道既"推本于元"，又"发育万物"。在康有为那里，孔子所谓天地万物为一个具体而富足的整体是"推本于元"的结果。要理解万物，就要广泛学习不同种类、不同方面知识且穷究其变化，从整体上把握而不是割裂具体事物的方式去获得。

因此，孔子的大道首先确立了天地万物一统的"元"，揭示"元"的存在，然后是"元"统一下万物生长的过程。因此，康有为的元气说是对中国古代元气论、无限宇宙论以及康德"星云假说"的继承和发展，最终形成了其独具特色的"以元统天"论的理论构架。康有为明确否定朱熹的"理在气先"的气本论而非理本论思想，"星云假说"影响下康有为"以元统天"论的元气论思想又是其论述气人性理论、价值观念以及政治思想的重要基础与哲学支撑。

---

[1] 康有为著，楼宇烈整理：《论语注》，中华书局1984年版，第501页。

第三节 康有为的科学方法论思想

康有为从认识事物相对性出发，进而认识到宇宙时空存在的无限性。他求得"以元为体，以阴阳为用"之道，把握元气是宇宙的本体，阴阳对立的统一发展是万物生灭聚散的根源所在。康有为还以"三统""三世"为自己创立的科学实证的研究方法进行论证。最具代表性的是康有为利用"三统"说对先秦诸子的学说进行评判，以"三世"说对他的大同理想进行构建。他按照几何学原理以及西方的"自然法则"①来构想人类未来，探求人类社会的发展规律。而《实理公法全书》是康有为依照自己新的世界观和方法论所撰写的一部哲学理论著作。②

一 康有为对西方实证方法的应用

对于西方之自然科学知识，康有为表达了自己最由衷的敬佩之情，特别是对于西方自然科学仪器的发展，他在《康南海自编年谱》里赞叹道："因显微镜之万数千倍者，视虱如轮，见蚁如象，而悟大小齐同之理。"③对于西方"电机光学"的发展问题，康有为同样也洋溢着心悦诚服的赞美："因电机光线一秒数十万里，而悟久速齐同之理。"④ 这里康有为认为显微镜能"悟大小齐同之理"和电机光学的"悟久速齐同之理"都表明了

---

① 1776年美国《独立宣言》开篇就有"按照自然法则和上帝的意旨在世界列强中取得独立和平等的地位"，因此，康有为也利用自然法则、人类公理以及几何学原理对大同学说和先秦诸子进行论证。

② 1885年之后，康有为运用西方自然科学知识进行活学活用，以几何公理为工具推演体系，模仿西方实证主义的研究方法著成《实理公法全书》。实证主义哲学在19世纪60年代欧洲的思想界兴起，学者们纷纷以来指导社会和历史研究，抵制形而上学的思想，它的创始人是孔德。孔德认为哲学不应该以抽象推理而应该以"实证的""确实的"事物为根据，其实证方法具体为观察、实验、比较和历史研究等方法的结合。

③ 梁启超：《康有为传》，附录《康南海自编年谱》，团结出版社2004年版，第92页。

④ 同上。

第三章 康有为今文经学的(东传)科学根基

康有为对西方自然科学的崇拜。所有这些又说明了西方科学技术的发达,而这些在当时之中国依然阙如。

在《实理公法全书》中康有为强调理论研究应该用"实测"的方法,而不是"理涉渺茫,无从实测者",他在书中所采用的基本观点是"实测之实"即"格致家所考明之实理",① 康有为指出,"实测"的目的就是反对"虚测",在万木草堂讲学时他就对中西两种不同研究方法进行了比较:"中国人向来穷理俱虚测,今西人实测。"② 他教导学生要吸取西方实证主义"实测"的科学方法,不能重走儒学长期以来形成的"中国人向来穷理俱虚测"的治学之道。康有为指出:

> 有实测之实,格致家所考明之实理是也。有实论之实,如古时某教如何教人,则人之受教者如何?某国如何立法,则人之受治者如何?虽其他所谓实论者尚多,然总不能虚论空论。有虚实之实,如出自几何公理之法,则其理较实;出自人立之法,则其理较虚。又几何公理所出之法,称为必然之实,亦称为永远之实。人立之法,称为两可之实。③

在《实理公法全书》中,康有为用"实理"与"公法"作为武器来否定封建王权的"私理"和"私法"。因此,康有为说:"凡天下之大,不外义理、制度两端。义理者何?曰实理,曰公理,曰私理是也。制度者何?曰公法,曰比例之公法、私法是也。"④ 在这里康有为把"实理"和

---

① 康有为著,姜义华、吴根梁编校:《实理公法全书》,《康有为全集》(第1集),上海古籍出版社1987年版,第278页。
② 吴熙钊:《南海康先生口说》,中山大学出版社1985年版,第278页。
③ 康有为著,姜义华、吴根梁编校:《实理公法全书》,《康有为全集》(第1集),上海古籍出版社1987年版,第277—278页。
④ 同上书,第278页。

"公法"凌驾于"私理"和"私法"之上,反映了他在思想观念上的更新和进步。康有为的思想和宋代理学家所倡导的"理在气先"的先验论观点相悖,他把物质性的气作为万事万物的本原。康有为认为,有气才有理,气在理先,理是客观世界发展的规律性。康有为说:"盖既有气质,即有纹理。人有灵魂,知识生焉,于是能将理之所在而发明之,其发明者日增一日,人立之制度亦因而日美一日。"① 康有为的《实理公法全书》一书,是其利用西方先进的实证主义研究方法实现的一次突破,是中国近代启蒙主义思想的先声。与过去今文经学家采取"注释群经"充分发挥"微言大义"的方法不同的是,康有为在撰写《新学伪经考》和《孔子改制考》的时候就采取西方的演绎方法,虽然是在整理旧作,但是在当时沉闷的思想界就像是掀起了一阵"飓风"。

《实理公法全书》中所运用的西方实证主义的方法,是康有为思维方法和理论方法的一次创新和发展。他模拟古希腊数学家欧几里得的"几何公理",把所要研究的各种实际问题都用三段论来演绎,② 虽有牵强附会之嫌,但却是对东传科学的应用和发展。在他的三段论的推演中,康有为设立一个按语,是他利用实例对公法和比例做出的评论。这种做法的目的是让人感觉他对自然问题和社会问题推演的逻辑性强,推论严密。《实理公法全书》有云:

> 凡天下之大,不外义理、制度两端。义理者何?曰公法,曰比例
> 之公法、私法是也。实理明则公法定,间有不能定者,则以有益于人

---

① 康有为著,姜义华、吴根梁编校:《实理公法全书》,《康有为全集》(第1集),上海古籍出版社1987年版,第286页。
② 实理、公法和比例:实理,类似于几何定义,这是康有为所认为的不可违背的自然定理,是论证问题的前提;公法,类似于几何公式,这是康有为依据实理演绎出来的各类具体问题所要遵守的社会规范;比例,类似几何证明,这是康有为用来和公法比较关于社会问题的假设。

第三章 康有为今文经学的(东传)科学根基

道者为断,然二者均合众人之见定之。①

康有为提倡实证主义的新方法,在《实理公法全书》中得到了体现。他在研究天文现象时,自觉地运用自然科学手段,借助先进的器具进行天象观测研究,以验证其天文知识的真伪。康有为发现,通过现代仪器的实测观察,太阳系里只有8个游星,银河系中有二万万个像太阳一样的恒星,因此通过实证研究得出,佛教的"三千世界"是错误的。

不过康有为的一些认识论也是有问题的,诸如"心物分开",心智应该从体魄中分离出来,相信鬼神的存在;物质的匮乏,可以用精神的方法来弥补;以及过分强调儒家的仁爱思想超越现实主义的博爱思想等,都是值得商榷的。但总的说来,康有为继承了中国古典哲学的优秀成分,吸取了西方哲学的进步成果,反对宋儒"理在气先"的思想,继承并发扬了王充和王船山的"元气"说,并赋予"元气"以崭新的内容,而且第一次借"康德—拉普拉斯"星云说等近代自然科学成果为其变法作理论上的支撑。康有为运用哥白尼"日心说"确立了对立统一的崭新的天道观,又模仿康德的"天体理论"描绘了一个无限发展的物质世界;从康德纯粹理性角度出发,认为西方关于上帝存在的观点是荒谬的;利用欧几里得的《几何原本》进行推理;模仿实证方法解剖现实社会,对中国人逻辑思维能力的提升具有重要作用。因此,可以说康有为利用东传科学建立起自己宏大的认识论思维体系。

二 东传科学影响下康有为逻辑方法的运用

在方法论问题上,康有为认为"经典"知识不是知识的全部,而在这

---

① 康有为著,姜义华、吴根梁编校:《实理公法全书》,《康有为全集》(第1集),上海古籍出版社1987年版,第276页。

个体系之外的知识更具认知的价值。人类需要去认识未知的世界，而这种认识不能单单依靠经典的解释或者解释经典，重要的是要依靠人的经验知识和抽象思维能力，人同样可以脱离经典独立走向知识的海洋。要拓宽认识对象，就需要扬弃传统的实用理性，使传统认识得到极大的发展。反过来，人的认识能力的新发展，又使认识对象从一个狭隘的人伦关系转向广阔的未知世界。与此同时，人的认识也就走向了自我，而这些都是中国千百年来从未有过的真正的理性精神。

在康有为看来，归纳演绎得来的方法是形成认识论的重要组成部分。中国传统的古老文化不重视形式逻辑，他所谓的方法无非是近似于演绎的解释经典的那些学术方法。这种方法很难训练人的逻辑思维，而没有逻辑思维作为武器就很难产生近代科学。因此，康有为在《实理公法全书》开篇的"实字解"部分曾进行专门的讨论。他认为科学方法能够让人认识真理。换言之，就是能够使人认识真理的方法都是科学的求知方法。首先是"实测"之法，就是格致家证明实理的方法，相当于现代科学的试验方法。其次是"实论"之法，相当于我们现代科学的归纳法。再次是"虚实"之法，就是公理法，相当于现代的演绎法。接着康有为进行大量大胆的实验，用当时中国人比较陌生的"公理法"和"归纳"的方法来阐述自己的主张。"公理法"是古希腊大哲学家亚里士多德创立的逻辑体系，他的基本思想是想利用三段论，证明所有全数定理。对于《实理公法全书》的结构布局康有为也有详细的说明。康有为以公理法编排的《实理公法全书》的结构布局为：全书分若干门，每门先引若干条"实理"作为前提，然后从实理中推出人们的认识或可能的结论作为"公法"，最后对"公法"作进一步解释名曰"比例"。[①]

---

① 张红涛：《中西科学传统及中国近代科学方法论的形成》，《中共乐山市委党校学报》1999年第3期。

第三章 康有为今文经学的(东传)科学根基

这种做法显然是很粗浅的,现在在我们看来甚至有些是荒谬的。但是它的意义在于,康有为的这种努力,标志着中国传统解经的方式被打破,掀起了一股思想解放的潮流。我们现在看得十分清楚,康有为"公理法"的直接来源就是欧几里得的《几何原本》,康有为也广泛应用归纳的科学方法。归纳法是培根所建立起来的近代的科学方法,它的推理方法是通过从特殊事物中归纳出一般规律的方法,从一些个案中寻找共性,找出规律性的东西来。康有为指出,"又作《公理书》,依几何为之者"。[1] 关于归纳法的例证康有为也有很详尽的描述。康有为所谓归纳法的来源有两条:一是1877年《格致汇编》和1898年《万国公报》上刊登的《格致新法》一文,比较详细、准确地介绍了培根归纳法的内容。[2] 还有一篇是英籍科学家和哲学家赫歇尔的《谈天》,该书也用了归纳法。

康有为逻辑学方法的思维模式显然受西学,主要受西方自然科学的影响。而这种影响的例证比比皆是,无须再进一步地论证。康有为在1886年前后,就非常敏锐地觉察到方法、方式与近代思想之间的深刻联系,康有为大胆的尝试和努力,在中国近代思想发展中占有特殊的地位。引进西方科学方法意味着康有为开始怀疑中国固有的思维传统,这种怀疑精神是对中国千百年来形成的认识模式的一种挑战,无疑在中国大地上洒下了理性的光辉。当然,这种怀疑精神也体现在康有为后来对传统思维的重释和发现中。

三 几何推演方法的应用

接触西学使得康有为的思想发生了本质的变化。康有为初识西学就意识到,那是本质上有别于中国旧学的更为先进的学问,因此,才有他的

---

[1] 梁启超:《康有为传》,附录《康南海自编年谱》,团结出版社2004年版,第101页。
[2] 张红涛:《中西科学传统及中国近代科学方法论的形成》,《中共乐山市委党校学报》1999年第3期。

"自是大讲西学,尽释故见"①之说。那个时期的康有为刚刚结束一场在旧学内部四处碰壁的探索,犹如漫漫长夜中看到了一丝光明,沉迷西学而不能自拔。他不但汲取西学的精神,更渴望模仿西学的表达形式。简洁明了的几何学和完备缜密的公理系统成为他的第一选择,在这样的背景下康有为著成《实理公法全书》。

在这期间,《万国公报》刊登过载有培根生平学说的若干资料,他大概是受了培根思想的影响。他需要甩掉传统的包袱,冲破解经说古的烦琐论证方式,从简单的公理出发,经过逻辑推理得出具有普遍性的结论。可以说在当时的社会情况之下,康有为确实开了用这种方式来论说人文社科理论的先河。在《实理公法全书》中,笔者想康有为还不能,大概也不愿意弄明白:几何与人类公理之间存在着什么样的必然联系?他首创的用几何学论证的人类公理是否符合人们的认识规律?笔者想对于这两个问题,他没有做好回答的准备。当然,他写的这部著作如同其他的著作一样,当时都没有公之于众,因此没有引起社会反响。但是无论如何,这本书在康有为的思想发展轨迹和中国近代思想发展史上都具有极其重要的象征意义。《实理公法全书》的写作是康有为表达自己思想的一次极有价值的尝试,也是他努力寻找表达自己理论主张的最有效的途径。当然,这种方式与他借助传统学术形式表达自己思想的道路并行不悖。

康有为在"自编年谱"中说,他于1885—1887年曾经以"几何公理"写过一部名曰《人类公理》的书,但是我们从未与此书谋面,应该是他早年作品《实理公法全书》的翻版,因为它的内容也是用几何学原理来推演人类社会"公理"的典范。《实理公法全书》是康有为计划编纂的《万身公法书籍》中的一种。不管是从写作风格和思想内容上均不同于康有为在1897年之前的所有著作。康有为19世纪80年代的代表作有《民功篇》《教学通义》

---

① 梁启超:《康有为传》,附录《康南海自编年谱》,团结出版社2004年版,第97页。

第三章　康有为今文经学的(东传)科学根基

和《康子内外篇》等，而 19 世纪 90 年代写的《长兴学记》《新学伪经考》和《孔子改制考》等，无论是吸收佛学还是西学，康有为都没有脱离儒学的传统，写作方法上不外乎是考据和探求义理；在思想内容上，都是孜孜以求地在阐发儒学。而《实理公法全书》则完全不同，无论在写作方法上还是思想内容上都属于西学的范畴而不是属于儒学，它的儒学的因素很淡薄，几乎找不到儒学的影子。美国仿照《几何原本》写成了不朽之作《独立宣言》，可是康有为也试图依照《几何原本》的体例来著《实理公法全书》。它的每一章都是按着"实理""公法""比例"的三段式的结构并加以按语来行文的。这里的"实理"相当于几何学上的"公理"和"定理"，在康有为看来，这些都是被科学家或者人类社会证明了的真理。"公法"是根据"实理"和"几何"公理推导出来的法则，相当于几何学中的"公式"，"比例"也是几何学中的专业用语，而"按语"相当于几何学上的证明，是对"公法"和"比例"所做出的最简要的说明和评语。

自 19 世纪下半叶以来，随着洋务运动的兴起与开展，国内译介了大量的西方科学技术书籍，这在一定程度上改变了中国知识分子轻视技艺之学的传统，在那个时代，研究西方科学已然成了一种时尚，所以那时不但涌现了一大批自然科学家，诸如李善兰、华蘅芳和徐寿等人，甚至当时的一些传统知识分子也大谈科学，例如康有为就是如此。康有为依照"几何公理"来推演"人类"的公理，说明他相信人类社会像自然科学一样存在不以人的意志为转移的客观规律，这种规律性被康有为称为"实理"。

康有为论及的这些方法看起来很科学，实则在具体的阐述上为了寻求"实理"，他主观臆想了很多东西，一方面处处标榜其方法是"确实的""正确的"，另一方面康有为某些现实的做法却又常常导向了其反面。但我们必须承认，他同实证主义者一样，他的"实理"也是科学思潮下的产物，具有反迷信反权威的积极意义。在康有为看来，彻底实现"实理""公法"就必须有一个更加美好的社会。

第四章　东传科学与康有为今文经学的嬗变(上)

　　康有为今文经学思想是在清末民初这一特定的时代，在时局剧烈动荡的大背景下逐渐衍生出来的一种文化现象。任何思想和学说都不是包治百病的灵丹妙药，任何一种学说都不能完全解决人类社会的一切问题，传承两千多年的儒家学说当然也不例外。儒学既然是在一定的历史条件下形成的，那么在不同的时代必然有不同的诠释与解读。张耀南指出："在人类社会进入全球化的时代，不断反思儒学的真精神中所具有的普遍性意义和特有的理论价值，循序我们老祖宗的古训'日日新，又日新'，自觉地适时发展和更新其自身，才是儒学得以复兴的生命线。"①

　　康有为怀揣着复兴儒学的梦想，像孔子一样怀着"知其不可而为之"的态度，一生矢志不渝地对儒学进行改造和阐发，先后经历了"援西入儒"（1880—1894）、"以西化儒"（1894—1902）、"儒西并尊"（1902—1913）、"以儒化西"（1913—1927）四个阶段。本章先就康有为前两个阶段，重点探讨康有为对待科学与儒学作为两种异质的文化如何进行调适、会通，并对在调适会通过程中对待科学与儒学的态度问题进行详细阐述，以期对此问题作出更为客观、中肯的结论。

---

① 张耀南：《中国儒学史》，北京大学出版社2011年版，总序第9页。

第四章 东传科学与康有为今文经学的嬗变(上)

第一节 康有为"援西入儒"思想(1880—1894)

康有为从青年时代就对西方先进的科学技术特别是自然科学知识产生了浓厚的兴趣,因此,东传之西方科学对其今文经学思想产生深远的影响也就成为一种必然。1877年,二十岁的康有为在南海大儒朱次琦先生的门下受学,深受儒学的滋养。诚如康有为在其"自编年谱"中说到的:"大肆力于群书,攻《周礼》《仪礼》《尔雅》《说文》《水经》之学,《楚辞》《汉书》《文选》《杜诗》徐庾文皆能背诵。"①

儒家"内圣外王"的理想深深地影响着康有为。特别是其师朱次琦屡屡提及《后汉书》之风俗气节,康有为初为人徒,和朱先生有着无比的亲近感,在很多观点上,特别是在儒学的"通经致用"思想的路向上,与其师之间总是有英雄所见略同之感。康有为认为"宋明理学"的文章大都空疏无物,考据家著书虽不胜枚举,其结局皆无一用。其时的康有为日益感到传统旧学难以解决日益紧迫的现实问题,在思想上抵牾且苦闷。此时的康有为在其"自编年谱"中明确指出:"至秋冬时,四库要书大义,略知其概,以日埋故纸堆中,汨其灵明渐厌之。"②

随着康有为与朱次琦先生交流的深入,他们的见解开始出现分歧。受学第二年,也就是1878年的冬天,康有为终因与其师在韩愈文章上的意见相左,遂决定辞别授业恩师返回老家银塘乡。尽管师徒之间两年的砥砺研学暂告一段落,但不可否认,"经世致用"思想不仅影响了大儒朱次琦,更对康有为日后思想的发展产生了决定性的影响。可以说,康有为"援西

---

① 梁启超:《康有为传》,附录《康南海自编年谱》,团结出版社2004年版,第93页。《康南海自编年谱》系根据赵丰田所藏抄本录下,后经与康同壁所藏抄本对校。原文至光绪二十四年为止。

② 梁启超:《康有为传》,附录《康南海自编年谱》,团结出版社2004年版,第94页。

入儒""以西化儒"思想的发展轨迹既是对其师一种决裂的体现,又是对朱次琦先生注重经世之学的继承与发展。

1879 年,告别朱次琦先生的康有为开始入住家乡附近西樵山白云洞的高士祠,专修玄门及佛教经典。康有为说:"在西樵山时,尝注《老子》,后大恶之,弃去。"① 后来结识了翰林院张鼎华编修,从他那里又接触到了京城和朝廷的一些风情、见识以及与东传科学之自然科学相关的各种新书。此次与张编修的会面,可以说对康有为的改变是颠覆性的。受其影响,康有为尽弃"考据帖括"之学,开始学习并吸纳东传科学之"经世之学",并立下救民于水火的鸿鹄之志,"既念民生艰难,天与我聪明才力拯救之,乃哀物吊世,以经营天下为志"。② 为中华民族的复兴遍求治国之良方。"取《周礼》、《王制》、《天平经国书》、《文献通考》、《经世文编》、《天下郡国利病全书》、《读史方舆纪要》,纬划之。"③ 后来又得以遍览《西国近事汇编》《环游地球新录》等西学书籍。是年 12 月,康有为游历香港,领略了西人所建宫室之壮丽雄伟,交通之井然有序以及道路之严整等之后,开始深感西人之治国有方,故抛弃旧见,不再按着古人之"夷狄"之见对待西方的先进的文明成果。"乃复阅《海国图志》、《瀛环志略》等书,购《地球图》渐收西学之书,为讲西学之基矣。"④ 于是,康有为开始大量阅读东传西方科学之相关书籍,援西方之自然科学与社会科学知识来重构儒学,会通中西,以达到治世救国的"通经致用"之目的。儒学所谓"士不可不弘毅,任重而道远"⑤ 的崇高理想在康有为内心深沉而笃定地存在着,践行儒家的"内圣外王"之道成了他努力与前进的方向。

---

① 梁启超:《康有为传》,附录《康南海自编年谱》,团结出版社 2004 年版,第 95 页。
② 同上书,第 96 页。
③ 同上。
④ 同上。
⑤ 《论语·泰伯》。

第四章 东传科学与康有为今文经学的嬗变(上)

甲午国耻之前，也就是1894年这一内忧外患的重要时期，康有为的思想格局是"援西入儒"，试图把西方的自然科学与社会政治学说引入儒学，以整合出具有中国特征、中国现代化形态的新的儒学体系。而这套体系就是康有为的今文经学思想体系。两千多年来形成的中国根深蒂固的传统文化积淀，催生的是以儒家思想为核心，道家、墨家和法家等其他学派为补充的多元的文化模式。历代知识分子都试图从不同角度、不同层面解释世界，诠释自我，于是形成各自不同的释读框架。而康有为以中式的、儒学的框架接纳东传科学的内容不啻为一种更好的释读模式。所以，"援西入儒""援西入中"的努力，能够且理应成为中国学者看待和接受世界文明的最主流的诠释方式。在国难当头的危急时刻，康有为有很多儒学思想的作品相继问世。其中最具代表性的作品有1886年著成的《康子内外篇》，此书主要论及"儒西关系"或者"中西关系"。[①]

在义理方面，康有为主张中学与东传科学是一种相依相因的关系。他在1885撰写《万身公法书籍目录提要》《实理公法全书》等著作的同时，还把精力放在算学方面的研究上，以"几何公理"著《人类公理》一书。康有为也试图利用东传之自然科学来重构儒学，但终因几何学的深奥难懂，致使其所说的"头痛大作，几死"。康有为把东传之西方科学作为其释读儒学的重要媒介，试图用西方的理性思维、逻辑学思辨为核心的数学原理来著书立说。康有为有云：

> 数月不出，检视书记遗稿，从容待死，乃手定大同之制，名曰《人类公理》。以为吾既闻道，既定大同，可以死矣。既而得西医书读之，以信西学之故，创试西药，如方为之。[②]

[①] 康有为著，姜义华等校：《康有为全集》（第1集），中国人民大学出版社2007年版，第100页。

[②] 梁启超：《康有为传》，附录《康南海自编年谱》，团结出版社2004年版，第100页。

生病期间，康有为依然博览西方自然科学书籍，身体力行地去创制西药为己所用，积极地为"援西入儒"做出努力。康有为在"性学篇"中又有云："天地之理，惟有阴阳之义无不尽也，治教亦然。今天下之教多矣：于中国有孔教，二帝、三皇所传之教也；于印度有佛教，自创之教也；于欧洲有耶教；于回部有马哈麻。"① 康有为又指出："内外有定而无定，方圆、阴阳、有无、虚实、消长、相依者也，犹圣之人与佛也。义理有定而无定，经权、仁义、公私、人我、礼智，相倚者也，犹中国之与泰西也。"②

康有为在此篇中谓之以"孔子之教"属"阳"，而谓之以"佛教"属"阴"，两者合而"阴""阳"具备。这是康有为援西方社会科学宗教之学会通中国之孔子之学。在这里康有为把"耶稣之教"也列入杂教，为日后倡导儒教埋下伏笔。在康有为看来，佛教禅宗虽源于印度，却得益于中土的发展，是具有实在论的中国人将佛教禅宗思想发扬光大的。于是康有为在"肇域篇"中说：

就西人所引，文学、政教多得于印度者。以算法言，得于印度，然则其以借根为东来法，所谓东，即印度也。印度有塔，经文多称楼阁，西人之室，多为楼塔，然则楼塔出在印度也。欧人文学左行，以音成字，与印度同。……达摩挟衣钵而东来，利玛窦挟国器而西至，隋通日本，唐使新罗，咸赖僧人以通国事，其效固然矣。③

康有为在这个时期执迷于佛教，他认为不仅"文学"和"政教"多得

---

① 康有为著，姜义华等校：《康有为全集》（第1集），中国人民大学出版社2007年版，第103页。
② 同上。
③ 同上书，第112页。

第四章 东传科学与康有为今文经学的嬗变（上）

于印度，就连"算法"也是源自印度的传播，因此，他的初衷依然是"援西入儒"。康有为深知西方科学的重要性，便着意于阐述东传之西方科学的作用。因此，康有为积极学习四方的科学知识，尤其注重自然科学中天象和历法等领域的研究。在《康子内外篇》中说："内篇言天地人物之理，外篇言政教艺乐之事。"① 他又以几何学原理著《公理书》。这一时期康有为撰写以自然科学知识为旨归的《教学通义》一书，在此书中康有为指出"今天下治之不举，由教学之不修也"，然后进行了详细的阐发：

  自余旁通异教，不可悉数。然余谓教有二而已：其立国家、治人民，皆有君臣、父子、夫妇、兄弟之伦，士、农、工、商之业，鬼、神、巫、祝之俗，诗、书、礼、乐之教，蔬、果、鱼、肉之食，皆孔氏之教也，伏羲、神农、黄帝、尧、舜所传也，凡地球内之国，靡能外之；其戒肉不食，戒妻不娶，朝夕膜拜其教祖，绝四民之业，拒四术之学，去鬼神之治，出乎人情者，皆佛氏之教也。耶稣、马哈麻、一切杂教皆从此出也。圣人之教，顺人之情，阳教也；佛氏之教，逆人之情，阴教也。故曰：理惟有阴阳而已。②

他认为西学多"新理"，这是中国最为缺乏的，"西学甚多新理，皆中国所无，宜开局译之，为要事。"③ 于是，康有为号召时局之"要事"在于多译西方科学书籍，让更多人通过更广泛的途径来学习、吸纳东传之西方科学文化知识。

1888 年撰写的《实理公法全书》就吸纳了诸多的东传科学知识，当然

---

① 梁启超：《康有为传》，附录《康南海自编年谱》，团结出版社 2004 年版，第 101 页。
② 康有为著，姜义华等校：《康有为全集》（第 1 集），中国人民大学出版社 2007 年版，第 112 页。
③ 梁启超：《康有为传》，附录《康南海自编年谱》，团结出版社 2004 年版，第 101 页。

康有为的释读框架仍然是中式的。有很多这样的论述，其中对"门"的划分，基本上是按照"五伦"的框架展开，但是各"门"的内容却有东传科学的成分。例如他对"夫妇门"所列的"公法"也是遵循着几何原理的法则，康有为认为，生儿育女这种天经地义之事，是男女两相爱慕的结果。"理宜任其有自主之权，几何公理至此而止。"①

1888年10月，康有为撰写《论时务》，在此文章中，他阐释了先"中学"后"西学"的论断，这也是"援西入儒"的一种尝试。康有为激烈反对执政当局派遣没有接受过系统"中学"教育的青年一代出国留学。"今遣学童，彼年既少，性质见识未定，易为西学所染，学即有成，徒为袭人添奴隶耳。"② 其实这种思想在当今社会也极具积极意义，很多优秀留学生走出国门后成为别国栋梁之材，这种人才流失的现象是让人痛心的。如果我们大力普及爱国主义教育，以复兴中华民族为己任，并让其系统地接受儒学知识，或许送出国门的这些孩子无论走到哪里都会把国家利益放在首位，随时都会听从国家的召唤。所以，康有为的这种论述也是带有"援西入儒"的倾向，对当今社会仍具有现实意义。通过对比康有为1888年前后的著作和论述，我们不难看出康有为强调先"中学"后"东传科学"的次第。其中有云：

> 其游历人改作游学人，准其向该国使臣呈改。若用此策，十年之内使才辈出，杂学之才盖亦不胜用矣。其游历人至总署注册者，先觅同乡官出保"身家精白，文字清通，品德不劣"字样呈递，然后面试注册。③

---

① 康有为著，姜义华等校：《康有为全集》（第1集），上海古籍出版社1987年版，第149页。
② 同上书，第166页。
③ 同上书，第206页。

第四章　东传科学与康有为今文经学的嬗变(上)

康有为发出号召，要以"四书""五经"之三礼、三传，宋儒五子书为义，授之以"义理"之学，激励忠孝之道、发挥孔子的"圣贤"之道。康有为在这里强调弘扬传统文化的积极作用，诸如传承"四书""五经"等儒家经典的重要性。

1891年康有为撰写的《与朱一新论学书牍》中澄清自己"阴祖耶苏"的问题，要求自己所教授的课程添加东传科学的内容，要求弟子们一改"宋学"之流弊而大兴西方自然科学之"经世致用"的学风，借助经典中的微言大义，"谓仆取释氏之权实互用，……窃以足下不独不知仆，且不知西人，并未尝精意穷经，于孔子之道之大，未能知之也。"[①] 康有为不承认自己"阳尊孔子，阴祖耶苏"，在这里主要是要表明自己的儒家立场。康有为又倡导"儒西不相碍"之说。因此，康有为有云："故知西人学艺，与其教绝不相蒙也。以西人之学艺政制，衡以孔子之说，非徒绝不相碍，而且国势既强，教籍以昌也。"[②]

康有为认为，如果做学问而不懂西方科学知识，那就是流于死板而不达时变；若是仅仅只知东传科学知识之皮毛而又尊奉太过，则会沦为西人奴隶之流弊。因此，康有为的原则是保留宋学之以"义理"为体，辅之以"西学""政艺"为用的做法。依循此原则然后探索西方之自然科学的奥秘。此处不仅谈及"儒西不相碍"之说，还重申了"中学"的重要性。康有为认为必先有"中学"，然后才能有纳入"西学"，之后再"收其用也"。同年，康有为在《与洪右臣给谏论中西异学书》书中态度十分明确，他先论"中西异学"，后转而"抑西尊中"。"所以至此者，盖由所积之势然，各有本末，中国、泰西，异地皆然，然不可一二言断是非也。"[③]

[①] 康有为著，姜义华等校：《康有为全集》(第1集)，上海古籍出版社1987年版，第323页。
[②] 同上书，第324—325页。
[③] 同上书，第336页。

康有为认为中国人的聪明程度为全人类之最,连欧美等西方人都不得不为之叹服。我们自古代的墨子就已经开始把光学、重学等自然科学纳入其研究领域,并取得长足的发展;张衡发明了地动仪,祖冲之以几何之法制造了机船,顺席之为自鸣钟,如此等等。如此西方人所谓的奇技之发明创造,皆吾先人千数百年已有之。而西方人所谓先进的科学技术都是近百年才拥有的,因此,"泰西各艺皆起百余年来,其不及我中人明矣"。① 康有为在这里重申了他复兴儒学宗教般的庄严性,对中国学人喊出了"泰西各艺"皆"不及我中人明矣"的倡议,要我们中国人充满自信地昂首挺胸地奋勇前行。在康有为看来,"我中人聪明为地球之冠"这样的结论也许是个事实判断,不能因为西方人三百年的"优秀"全盘否定了我们的聪明才智。但不可否认的一点就是,康有为的做法很显然有步洋务派"西学中源说"后尘之嫌。但这却是中华民族屹立于世界民族之林的永不言败的脊梁。1891 年前后,康有为石破天惊的《新学伪经考》一书,基本上没有涉及儒学与东传科学的关系问题。1893 年康有为撰写的《倡办南海同人局学堂条议》倡导"中西学并教"。康有为指出:

  设立学堂,中西学并教,中学课经、史、词、章延一学问博雅者为院长,延一深通英文、数学者为西学教习……②

康有为这里指的主修"中学",兼及"西学",也就是"先中后西""中主西兼",这也是康有为"援西入中"的一种方式。1894 年的《桂学答问》,康有为同样坚持"先中后西"的立场。康有为指出:"圣道既明,

---

① 康有为著,姜义华等校:《康有为全集》(第 1 集),中国人民大学出版社 2007 年版,第 337 页。
② 康有为著,姜义华等校:《康有为全集》(第 2 集),中国人民大学出版社 2007 年版,第 8 页。

中国古今既通，则外国亦宜通知。……尤其立国练才之道，今为学者略举其一二。若仅通外学而不知圣学，则多添一外国人而已，何取焉！"①康有为一针见血地指出，不通"西学"是不足，不通"圣学"则是丧本。他坚持中西兼修，中西合而为一的看法。康氏所列西学书籍，涉及地理、律法、政俗、科学和数学等很多方面。地志类的如《瀛环志略》《万国通鉴》等，科学类如《谈天》《地理浅识》《天文图说》《动物学》《植物学》《光学》《声学》《电学》《重学》《化学》《西学大成》《化学养生论》《格致释器》《格致新解》；数学类的有《几何原本》《代数术》《微积分》《微积溯源》《代微积拾级》《数学启蒙》等。②针对如此众多的书目，康有为强调读书的次第当然是以经义、史学、子学以及宋学为主，以天文、地理及外国书紧随其后。③然后康有为又谈及孔学之重要性，"为学之始"要先以孔子的"微言大义"为主，以五经、四书为宗旨，西方的重要书籍如天文、地理之书亦讲贯毕。根据康有为的这些论说不难得出这样的结论：排在第一位的仍然是"孔子大义"，排在最后的才是"外国要书及天文、地理"。可以看出，康有为在这一时期"先中后西""以中为主""以西为辅"的立场是明确而坚定的。

第二节 康有为"以西化儒"思想(1894—1902)

康有为坚持"以西化儒"的立场是在甲午战败至海外逃亡前期形成的。甲午中日战争的失败，偌大的中国被一个弹丸之地的日本打得落花流水还要接受巨额的割地赔款，这让康有为确确实实感受到了科学技术的强

---

① 康有为著，姜义华等校：《康有为全集》（第 2 集），中国人民大学出版社 2007 年版，第 23 页。
② 同上。
③ 同上书，第 24 页。

大，闭关锁国对一个国家的戕害。康有为认为要彻底改变贫穷、羸弱和落后的状况，就必须痛改前非、重振中华，而重整旗鼓的源泉是"以西化儒"，拿来东传之西方科学为我所用以纠正中国传统儒学之流弊。

一 戊戌变法时期的"以西化儒"思想

1895年4月，清王朝与日本签订丧权辱国的《马关条约》，康有为在北京领导了驰名中外的"公车上书"，即康有为的《上清帝第二书》。对政府的战败康有为将其归咎于文化的落后，他对本国文化的态度开始动摇，遂转向"以西化儒"的解经方式。"尝闻泰西之所富强，不在炮械军兵，而在穷理劝学。"[①] 这是他对"中学"和"东传科学"的重新定位，也是影响后人踏上全盘西化之路的一个关键判定。

康有为接连几次上书光绪皇帝，1895年6月30日，康有为在《上清帝第四书》中提到"立科以励智学"，对本国文化提出批评："中国自古一统，环列皆小蛮夷，故于外无争雄竞长之心。"[②] 1896—1897年，康氏在广州的万木草堂讲学，其门人张伯桢将此辑为《南海师承记》，书中依然坚持"以西化中"的立场。"泰西教童子，自五岁至八岁，即以器学示之，如抛地球之类……"[③]

1898年春，康有为撰写《日本书目志》，基本立场还是坚持"中不如西"，旨在达到"以西化中"的目的。"吾中国，大地之名国也，今则耗矣，哀哉！……亦终必亡而已矣。"[④] 因此，康有为在这里对本土文化提出最严厉的批评，他认为，西方富强的源头不在于"军兵炮械"的先进，而

[①] 康有为著，姜义华等校：《康有为全集》（第2集），中国人民大学出版社2007年版，第42页。
[②] 同上书，第82页。
[③] 同上书，第230页。
[④] 康有为著，姜义华等校：《康有为全集》（第3集），中国人民大学出版社2007年版，第263页。

第四章 东传科学与康有为今文经学的嬗变（上）

在于人们是否以"新法之书"为根本。康有为指出："凡一名一器，莫不有学；理则心伦生物，气则化光电重，蒙则农工商矿，皆以专门之士为之。此其所以开辟地球，横绝宇内也……"①

康有为同时对西洋文化给予最佳的褒奖。《日本书目志》又以为"西洋史学"优于"中国史学"，甚至主张"以日为师"。② 这一时段，康有为的精力基本上都集中于对政治制度的认识上。康有为出亡海外前期，一直没有放弃以"以西化中"的立场来弱化中国政治制度和传统文化的地位，并高扬东传之西方科学。

二 逃亡海外前期的"以西化儒"思想

1898年12月，康有为撰写了《论中国变政并无过激》，驳斥海外所谓"变法过激论"，在谈到"变科举"问题时，康氏的立场依然是坚持以西方学校为之法，只有废除科举才能得到可用之才。"是故以西人学校取士之法而论，则科举在所必废，而后始可以得人才。"③ 在谈到"变学校"的问题上，康的立场依然泾渭分明："大学专门学，以四年为率，学二十年而才成，循序而升，维日维岁，盖育才若斯之难也。"④ 在这里，康有为一直强调西方的优越性，发出倡议向西方学习，为维新变法埋下伏笔。1899年撰写的《致及门诸子书》还是坚持"西化"的立场。其中有云："方今中国之危，实在学术与人才两乏之故。地球万国，日日维新，科学新理，层出不穷。而我则仍守其旧，又何可长也。……惟有激厉志气，讲求新学，或大祸可免，而中国可强。"⑤

---

① 康有为著，姜义华等校：《康有为全集》（第3集），中国人民大学出版社2007年版，第263页。
② 同上书，第317—318页。
③ 康有为著，姜义华等校：《康有为全集》（第5集），中国人民大学出版社2007年版，第48页。
④ 同上。
⑤ 同上书，第131页。

东传科学与康有为今文经学的嬗变

1900年7月，康有为撰成《拳匪之乱天为复圣主而存中国说》，依然确信"泰西之理"乃是"人类公理"的观点。康有为认为，近百年来西方国家之所以屹立于世界之林是因为其"新政、新学、新法"的推动作用，皆源于西方的"进化自然之数"①。然而对于各国革命的变法，康有为有这样的论断："历观各国之变法，皆流血成河，牵动大局，何况危弱如中国之地位者乎？"②

同年7月，康有为在《答某国大员问新党执政之外交政策》一书中坚持"西化"之必要性，指出西人之学是"日新日精"，在各门科学皆开之际，须请西人来做教师，等等。"西人各学，实为日新日精，将来中国各种科学皆开，必当请西人为之教习。"③1900年12月7日撰写的《代上海国会及出洋学生复湖广总督张之洞书》一文更是极言"泰西之理"为"地球之公理"：虽没有精通西方之科学知识的全部，但是已然觉得深通西学乃是人类"文明之学术，世界之公理"。这里谈到的主要是政治上的，认为西洋的"自由""平等""民权"为"地球之公理"。④

康有为认为与地球上的公理为敌，是没有出路的。对此，康有为有如下的观点："今日地球通矣，公理愈发明矣。以公之学问见识，而欲与地球上之公理为敌，多见其不知量也。"⑤康有为还特别提出："勿谓天下可欺，勿谓公理可诬，自今以往，毋再饶舌，言尽于此，惟公自思。"⑥这是20世纪开局之年康有为撰写的《普世价值宣言》。能普世者，康有为以为是"西学西理"，而"中学中理"则是被普世的对象。张耀南指出：吸收"西理"不是为了把"中理"变成"西理"，而是以"西理"为

---

① 康有为著，姜义华等校：《康有为全集》（第5集），中国人民大学出版社2007年版，第235页。
② 同上。
③ 同上书，第239页。
④ 同上书，第328页。
⑤ 同上书，第331页。
⑥ 同上书，第334页。

第四章 东传科学与康有为今文经学的嬗变（上）

"原料"，食物"食品"，强我"中理"。"全盘"就是"中学中理"为口腔胃肠，全方位吃掉、消化"西学西理"。① 康有为的这些观点既是"五四"之后"西化"的源头所在，又是"中学中理"在近代全线崩溃的肇端。1900年12月康有为所撰的《驳之洞劝戒文》，又有"以西化儒"之言论："若夫人人有自主之权，此又孔、孟之义也。"《论语注》曰：我不欲人之加诸我也，吾亦欲无加诸人。言己有主权，又不侵人之主权也。孔子曰：匹夫不可夺志也。又曰：

> 己欲立而立人，己欲达而达人。己有立达之权，又使人人有之也。……《易》曰：确乎不拔。《礼》曰：强立不反。贵自主也。故《春秋》书晋侯杀其世子申生，明父不得杀子；书天王杀其弟妄夫，明兄不得杀弟；书卫刺其大夫买，明君不得杀臣。以人皆天生，虽君、父不能专杀之也，无不死败。此又揽近百年事而可见。②

这样康有为将《论语》《孟子》《易经》《礼记》和《春秋》的"孔、孟之义""中学中理"作为例子来会通西学"人人有自主之权""西学西理"之义。以其"孔、孟之义"迎合"人人有自主之权"，以"中学中理"迎合"西学西理"，这样康有为以"西学西理"来强行解释"中学中理"，这一阶段康有为依然坚持着"援儒入西""以西化儒"的立场。

---

① 张耀南：《我们现在需要的是"全盘化西"——论"中西哲学比较研究"之"拐点"》，《北京行政学院学报》2009年第2期。
② 康有为著，姜义华等校：《康有为全集》（第5集），中国人民大学出版社2007年版，第337页。

第三节　古经新解与康有为"以西化儒"思想

一　"以西化儒"经典之作——《论语注》

《论语注》是戊戌变法失败后，康有为避难印度大吉岭时所作，完成于1902年。他认为《论语》一书是"曾子后学辑之"，因为曾子资质有限，他的学术专主守约，发明不足，"不足以尽孔子之学也"①。因此，康有为认为《论语》一书的价值一直隐而未发。唐明贵教授对《论语》进行了系统的研究并得出结论：

> 从经典诠释的角度，考察、探索儒学在不同时代得以传承与创新的内在机制。这不仅有助于深化对儒学的认识，还有助于在当今时代更全面地思考儒学如何发展的问题，从而为当代中国民族精神的弘扬与中华优秀传统文化的传承与创新提供启迪。②

而反观康有为，我们可以看到他撰写《论语注》的目的十分明确，那就是"正伪古之谬，发大同之渐。"③ 康有为写作《论语注》一书的时候，已经深谙传统思想的精华，同时受到《天演论》进化论的影响，再加上对东传科学的探索研究，因此康有为将这些观点融合到他的《论语注》之中，贯索着微言大义，是一部贯通古今，以今文经学为主体，西学为辅助，寄托了个人政治理想的著作，变现了他斥古文，倡今文，通西学的特点，有着鲜明的近代学术风格。《论语注》一书主要有两个特征：一是继承晚清以降的"今文经学"传统，旨在阐发不同阶段实行不同管理模式的

---

① 康有为著，楼宇烈整理：《论语注·序》，中华书局1984年版，第134页。
② 唐明贵：《宋代〈论语〉诠释研究》，中国社会科学出版社2018年版，第5页。
③ 康有为著，楼宇烈整理：《论语注·序》，中华书局1984年版，第134页。

第四章 东传科学与康有为今文经学的嬗变（上）

变革社会思想；二是用"援西入儒"的方式，引入西方之东传科学诠释儒家的价值取向，利用西方理念、制度整合出一套具有中国近代文化形态特点的新儒学。①

康有为在避难印度大吉岭的时候撰写《论语注》，继续其以西化儒之旅，现就《论语注》为例做详细阐述。在这里康有为除了继续沿用他《春秋笔削大义微言考》中以西洋进化、平等等学说释读儒学之外，又增加了"博爱"的部分，也就是以孔子的"仁"的学说来比附西洋的"博爱"的内容。康有为依然是以"西学西理"为框架，以"中学中理"为材料统摄全文。《论语·学而》有云：子贡曰："贫而无谄，富而无骄何如？"② 其意为，子贡问及有这样一种人，就是虽然自己贫穷却不逢迎巴结，虽然富有却并不骄傲自大，如何？③ 康有为对这段话仍然沿用其以往的框架来释读：

> 谄，佞谀也，卑媚之容。马六尺曰骄，喻高倨之态，此人处贫富所不能免者。若不以贫屈于人，不以富加于人，完人道自立之界，而不侵犯人界。④

子贛既不强加于别人，也不让别人的意愿强加在自己身上，这是平等自由的观点。康有为这里以西洋之"自由""平等"之说来释读儒学。《论语》有云："子曰：为政以德，譬如北辰，居其所而众星共（拱）之。"（《论语·为政》）杨伯峻今译为，一个国家用道德为纲来治理，那么这个

---

① 江轶、胡悦晗：《"我注六经"与"援西入儒"——康有为〈论语注〉思想辨析》，《长江论坛》2011 年第 2 期。
② 《论语·学而》。
③ 杨伯峻：《论语译注》，中华书局 2006 年版，第 10 页。
④ 康有为著，姜义华等校：《康有为全集》（第 6 集），中国人民大学出版社 2007 年版，第 386 页。

国家便会像北极星一般，别的星辰都是以你为中心。① 康有为的释读是，利用《易经》所谓乾元用九，群龙无首之时则天下太平。行大同、仁义之政，人人都会去遵守，万物也莫不如此，自立自由，各有其正其性命的道理。若是人人都以大同理想为中心，则终至太平之境。就如同北极一样，虽不动，而众星绕其而行。"无他，惟天下为公，故无为而治也。"② 康有为此处也是以西洋之"自由""共和""立宪"之说来释读儒学的案例，而且把儒学圣贤之学再次进行强化。《论语》有云："子曰：人而不仁，如礼何？人而不仁，如乐何？"（《论语·八佾》）康有为在《论语注》中释读为：

> 盖人者，仁也，取仁于天，而仁也以博爱为本，故为善之长。有仁而后人道立，有仁而后文为生。苟人而不仁，则非人道。盖礼者仁之节，乐者仁之和。不仁则无其本，和节皆无所施。③

《论语》有云："林放问礼之本……"（《论语·八佾》），康有为在《论语注》中释读为，人类文明不断发展，则会滋生乱世之奢，文明就会遇到困境。文明化程度愈高，则社会奢靡之风愈甚，相应地也会导致人道的退化，如果不加以节制，孔子之道就会丧失，就会"天未丧斯，文不在兹"。最后康有为得出结论："盖孔子为文明进化之王，非尚质退化者也。"④ 此处康有为以西洋之进化说来释读儒学。

《论语》云："子见南子，子路不说。夫子矢之曰：'予所否者，天厌之！天厌之！'"（《论语·雍也》）杨伯峻先生给出的注释是："孔子去和

---

① 杨伯峻：《论语译注》，中华书局2006年版，第84页。
② 康有为著，姜义华等校：《康有为全集》（第6集），中国人民大学出版社2007年版，第387页。
③ 同上书，第394页。
④ 同上书，第395页。

第四章 东传科学与康有为今文经学的嬗变(上)

南子相见,子路不高兴。孔子发誓道:'我假若不对的话,天厌弃我吧!天厌弃我吧!'"① 《论语》通篇就这么一句是唯一有关女人的着笔之处,引后人无限的遐想与猜测。但是康有为的释读却有另外的一层境界。"旧俗男女相见,君夫人礼宾,如今泰西仪。……大同固可相见,盖特行之,故见南子。……盖圣人踪迹兼于三世,故上下无常非为邪,进退无恒非离群,故曰圣而不可测之谓神。"② 这么极具遐想意味的一句话,到了康有为这里却成了他利用西洋之"进化""人权"之说释读儒学的工具。

《论语》有云:"子钓而不纲,弋不射宿。"(《论语·述而》)康有为的释义为,孔子垂钓,从来不用大绳或者大网横断流水竭泽而渔,用箭射鸟亦是如此,归巢的鸟是不能捕捉的。③ 到了康有为这里的解释就又有了一番天地,他说,天地是生命的存在的本原,众生皆为同气,原出于天。因此,万物都是一个整体,无贵贱之分,"以公理论之,原当戒杀"。然后康有为在提及进化之道时断言:概言之,进化、仁民、爱物等皆有渐进。于是康有为指出:

> 今已数千年,尚未戒杀,非徒不能不杀物,人道尚相争相杀,其去众生平等之世甚远也。……化学日精,别制新品以代肉食,既存仁爱之心,又除血气之惨。斯时人物并育而不害,众生熙熙以登春台,乃为太平之太平、大同之大同。孔子生非其时,虽有是心,而未能行。佛氏大慈,早行戒杀,然发之过早,未能行也。印人染其风,至不践蚁,而岁为虎狼食者万数。④

---

① 杨伯峻:《论语译注》,中华书局2006年版,第72页。
② 康有为著,姜义华等校:《康有为全集》(第6集),中国人民大学出版社2007年版,第423页。
③ 杨伯峻:《论语译注》,中华书局2006年版,第84页。
④ 康有为著,姜义华等校:《康有为全集》(第6集),中国人民大学出版社2007年版,第293页。

此处康有为也是用西洋之"公理""进化""平等"之说来释读儒学。另外,康有为指出印度的佛教"戒杀生"教规也是源于孔子之教。"佛氏大慈,早行戒杀,然发之过早,未能行也。"皆"印人染其风"而已。《论语》有云:"子曰:夷狄之有君,不如诸夏之亡也。"(《论语·八佾》)康有为还是以西洋之"进化""文明""君主""民主"之说来释读儒学。康有为在《论语注》中释读为:"此论君主、民主进化之理。……文明世人权昌明,同受治于公法之下,但有公议民主,而无君主。二者之治,皆世界所不可少,互有得失。"①

类似的例子还有很多,《论语》有云:"君子无所争,必也射乎!揖让而升,下而饮。其争也君子。"(《论语·八佾》)杨伯峻先生对此句的解释为,君子没有东西是必要与之相争的。如果有所争,一定是比箭这件赛事吧!即便如此,两强相争,双方还是相互作揖然后进行比试;走下堂来又成了一起喝酒作乐的朋友。那一种竞赛是很有礼貌的。②康有为在《论语注》中说,进化的症结在于人的争竞之心,也是文明发展之必需的;抵御外辱之道,也是要靠人的争竞之心,只有争竞之心才是图存自强的驱动力。③康有为在这里以西洋之"进化""议院"以及"两党制"之说来释读儒学。《论语》有云:"子赣曰:我不欲人之加诸我也,吾亦欲无加诸人……"(《论语·公冶长》)康有为在其《论语注》中以"天演"等进化论的概念来释读为"自由"与天之"公理"。"子赣不欲人之加诸我,自立自由也;无加诸人,不侵犯人之自立自由也。"以及"天演听之,人理则不可也。人各有界,若侵犯人之界,是压人之自立自由,悖天定之公理,尤不可也。子赣尝闻天道自立自由之学,以完人道之公理,急欲推行

----

① 康有为著,姜义华等校:《康有为全集》(第6集),中国人民大学出版社2007年版,第395页。
② 杨伯峻:《论语译注》,中华书局2006年版,第27页。
③ 康有为著,姜义华等校:《康有为全集》(第6集),中国人民大学出版社2007年版,第396页。

第四章　东传科学与康有为今文经学的嬗变(上)

于天下"等等。①

康有为在这里以西洋之"自主""自由"之学,"天演""进化"之说来释读儒学。《论语》中有云"颜渊、季路侍,子曰:盍各言志……"(《论语·公冶长》)康有为对此释读云:"盖孔子之志,在大同之道,不能行于时,欲与二三子行之。……无由成功德,合天亲,致平等,共进化,故有一夫不得所,伤圣人之心,害大众之化。"以及"大同者,孔门之归宿,虽小康之世未可尽行,而孔门远志则时时行之,故往往于微言见之。……故大同必老安、少怀、友信,绝去仅私其家之事,乃可成大同之道也。"②谓之孔子之大同之志存在于生活的处处点点,故大同谓之"老安、少怀、友信",才乃大同之大道。这里康有为同样是以西洋之"进化""平等"之说来释读儒学,以达到"以西化儒"的目的。《论语》中"樊迟问仁"一段,康有为以西洋公理之说释读儒学。因此,他在《论语注》中释读为:

此行己接物之公理。公理既备,则不徒在礼义文明之邦皆尊信,即在夷狄野蛮之国,而公理不可废,亦必不见弃也。仁本为公理,人能尽公理者,无在而不可行焉矣。③

《论语》有云:"子夏曰:虽小道,必有可观者焉;致远恐泥,是以君子不为也。"(《论语·子张》)《论语》里的意思是,"子夏说到,'就是小技艺,一定有可取的地方;恐怕它妨碍远大事业,所以君子不从事于它'。"④康有为在其《论语注》中释为,百家之众技,都可学之以致

---

① 康有为著,姜义华等校:《康有为全集》(第6集),中国人民大学出版社2007年版,第411页。
② 同上书,第415页。
③ 同上书,第484页。
④ 杨伯峻:《论语译注》,中华书局2006年版,第225页。

用，如果都能以"经世之学"立教，则"致之远大"。康有为说：

> 此子夏专为学孔子大道发之，乃为传教之高言。而天下之人甚多，安得尽为传教者？但各执一技，求精致用。近世若哥白尼之天文学、斯密亚丹之资生学，奈端之重学，富兰克令之电学，华忒之机器，皆转移世宙，利物前民，致远甚矣。言各有为，学者勿泥于言，而不通其意也。①

此处是康有为正面推崇东传科学之重学、电学及机器之学，用现代科学知识来释读儒学，把"科学"视为"小道"。《论语》有云："子夏曰：博学而笃志，切问而近思，仁在其中矣。"（《论语·子张》）此句的意思是善于博览群书，坚守自己的兴趣志向，虚心好学，不耻下问，多观照当前的现实问题，仁德就在其中了。② 而康有为在《论语注》里释读为："孔门教人，以求仁为事。但空言博爱无私，从何下手？故必自道问学、尊德行先之。此皆学问、思辨之事，未及乎力行而为仁。"③ 此处康有为以西洋之"博爱"来释读儒学，似乎有些牵强附会，但他的目的是想为自己阐释"博爱"的精神。

二 《中庸注》《孟子微》体现的"以西化儒"思想

逃亡海外前期，康有为于1901年撰写了《中庸注》，此书着力阐述西方进化论思想对其经学的影响。可以说，这是康有为以西方进化论思想解构儒学的代表性作品。《中庸》中说："忠恕违道不远，施诸己而不愿，亦

---

① 康有为著，姜义华等校：《康有为全集》（第6集），中国人民大学出版社2007年版，第531页。
② 杨伯峻：《论语译注》，中华书局2006年版，第226页。
③ 康有为著，姜义华等校：《康有为全集》（第6集），中国人民大学出版社2007年版，第531页。

第四章 东传科学与康有为今文经学的嬗变(上)

勿施于人。"(《中庸》)康有为在《中庸注》中解释道:"推己及人是孔子的立教之本;国家昌盛的宗旨是与民同之,自主平等,是孔子的应有之义。故子思特揭之。"[①]

康有为在这里强调的是以西洋之"平等""自由"之说来释读儒学,是"以西化儒"的重要标志。针对《中庸》中关于"尊德性"与"道问学"的问题,《中庸》原典中有云:"故君子尊德行而道问学,致广大而尽精微,极高明而道中庸,温故而知新,敦厚以崇礼。"康有为解释道,社会人类的进化之道,是没有穷尽的,要善于变通,不可守旧以求安保。对于西方书籍中的新知、新理,要身体力行、深思熟虑,以求变通。"大地千万年之陈迹"皆源自进化的道理。然后他还提到变法维新的重要性。[②]康有为以西洋之"达尔文进化论"来释读《中庸》,是"以西化儒"的典型表现。《中庸》有云:"万物并育而不相害,道并行不相悖。小德川流,大德敦化。此天地之所以为大也。"(《礼记·中庸》)康有为在谈及印度、土耳其和波斯等国家的时候,谓之"据乱之生平";而谓之美国为"据乱之太平"。康有为在《中庸注》作注为:

> 印度、土耳其、波斯颇有礼教政治,可谓据乱之升平矣;若美国之人人自主,可谓据乱之太平矣。……待进化至于印度、波斯,乃可进变于美国也。太平与据乱相近而实远,据乱与升平相反而实近。……此孔子所以与天地同大也。[③]

康有为这里依然是以西方的进化论理论来释读《中庸》,仍把孔子摆

[①] 康有为著,姜义华等校:《康有为全集》(第5集),中国人民大学出版社2007年版,第374页。
[②] 同上书,第386页。
[③] 同上书,第390页。

在了不可替代的地位，是谓孔子之所以能"与天地同大也"的原因。康有为出亡海外前期，曾在1901年前后撰写《孟子微》，继续他的"以西化儒"的治经路向，继续以西洋的"民主""平等""进化"之说释读儒学。

《孟子·公孙丑上》有云："孟子曰：人皆有不忍人之心"一段，康有为又开始了他招牌式的释读，以"电""以太"概念来说明"人性皆善"的道理。康有为有云："不忍人之心，仁也，电也，以太也，人人皆有之，故谓人性皆善。"① 康有为认为，"人道"的仁爱、文明、进化之理，在人类进化之大同之世之前都是依此为据。孟子所谓"性善"者是平天下之宗旨所在。康有为在这里以西洋"电""以太""进化""平等"之说来释读儒学，也是康有为"以西化儒"的典型案例。

《孟子·尽心上》在"孟子曰：万物皆备于我矣，反身而诚，乐莫大焉"一段，康有为将其释读为，若推行太平之道，应依循推己及人的原则，莫可强求。求"仁"的近路在于要有悲天悯人之心，但求万物一体之诉求。曾子就言其师孔子奉行的就是忠恕之道。对于弟子的"问仁"，孔子告以仲弓己所不欲，勿施于人。孔子告以子贡为一个"恕"字。然后康有为谓之独立、平等、自主等原则践行的结果是："人人相亲相爱"乃人类之公理。康有为说："人人不相侵犯，人人交相亲爱，此为人类之公理，而进化之至平者乎！"② 此处以西洋"独立""平等"以及"进化"之说来释读儒学，是为"以西化儒"的立场的体现。《孟子·公孙丑下》中有"彼一时，此一时也。五百年必有王者兴，其间必有名世者"（《孟子·公孙丑下》）一段，康有为将其解释为，天下太平之时讲求"平"，而社会秩序混乱之时讲"治"。这个时候康有为依然以西洋的"进化"之说来释读儒学。康有为解读道：

---

① 康有为著，姜义华等校：《康有为全集》（第5集），中国人民大学出版社2007年版，第414页。

② 同上书，第422—423页。

第四章 东传科学与康有为今文经学的嬗变（上）

此进化之差也。不忍之心，圣贤至盛，安民之志，朝夕系怀。不获乎上，无以治民，既遇英主，更思藉手。此三章见孟子忠厚之心，爱恋之意，拳拳知遇，感人至怀。及其是书也，孔子之微言真传，万国之无上宝典，而天下群生之起死神方哉！①

总之，康有为的《孟子微》是"以西化儒"的典范之作。东传科学指的是"西学西理"，就是指西洋之"进化""公理"之说，"平等""民权""民主"之说等，这些都是康有为"以西化儒"的典型案例。

三 《礼记注》和《春秋》注解体现的"以西化儒"思想

1.《礼运注》

出逃海外前期，康有为避难新加坡、印度等地，他开始遍注四书，并兼注《礼记·礼运》，继续他的"援西化儒"之旅。全书主旨在于以西洋"进化"之说融合今文《春秋》之公羊三世说对《礼记·礼运》进行分条注解，来阐发孔子之"微言大义"，这就是康有为的《礼运注》。康有为在《礼运注》的"序"中解释道，研读《礼运》之大道会有这样一种惊叹：孔子所谓的"三世"大道之真就在这里了。"大同""小康"之道，说到底就是社会不断进化的结果。孔子之悯世济民之深意也俱应在此，仁德之道、四时之序皆并行不悖。② 康有为认为，今世之中国已达小康，若不求进化，泥古守旧，则不是孔子的本意。"且孔子之神圣，为人道之进化，岂止大同而已哉！"③ 此两处均是以东传科学的"进化"之说来释读儒学。

---

① 康有为著，姜义华等校：《康有为全集》（第5集），中国人民大学出版社2007年版，第502页。
② 同上书，第553页。
③ 同上书，第553—554页。

对于《礼记·礼运》中的"昔者,仲尼与于蜡宾"一段,康有为的理解是:孔子之大道皆源于天,达到民胞物与,物我两忘的境地,倡导一切平等。"常怀大同之志,制太平之法,而生非其时,不能遽行其大道。"①此处依然以西方的"平等"之说来释读儒学,予以借东传科学做重构儒学的努力。《礼记·礼运》中"孔子曰:呜呼哀哉!我观周道,幽、厉伤之,吾舍鲁何适矣"一段,康有为依然作出以西洋之"民主"思想来释读儒学的努力。康有为释读曰:

> 孔子以大同之道不行,乃至夏、殷、周三代之道皆无征而可伤。小康亦不可得,生民不被其泽。久积于心,乃触绪大发,而生哀也。孔子于民主之治,祖述尧舜;君主之治,宪章文武。然周亡于幽、厉,平王夷为列国,王迹已熄,天下不康,遂为乱世。茫茫天地,浮海居夷,亦无所就。既生于鲁,舍之何适?况鲁犹秉礼,犹可一变至道也。②

《礼记·礼运》中"五行之动,迭相竭也"一段,康有为作如下释读:"五行之名,不过化物明理,不必泥金、木、水、火、土也。印度以地、水、火、风为四行,希腊亦同,加以气为一行,此求之实义者。要大地前圣之制,若行其意,犹同近言六十四原质,恐将来亦可破,但在前民用而已。"在这里,康有为以西洋之"希腊哲学"以及科学中的"元素"说来释读儒学。

2.《春秋笔削大义微言考》

康有为于1901年撰写了《春秋笔削大义微言考》一书,以"稽考"的形式阐发了孔子笔削《春秋》的微言大义。以西洋之"政体"来释读

---

① 康有为著,姜义华等校:《康有为全集》(第5集),中国人民大学出版社2007年版,第553—554页。
② 同上书,第557页。

第四章　东传科学与康有为今文经学的嬗变(上)

"公羊三世"。康有为释读为:"《春秋》始于据乱,立君主;终于升平,为立宪,君民共主;终于太平,为民主。"① 他主要以西洋之"政体学"来释读儒学"公羊三世"之说。康有为在《春秋笔削大义微言考》的"自序"中释读为,孔子之大道之本在于"仁",孔子之理在于"公",孔子之法在于"平",孔子之制在于"文",孔子之体在于"各明名分",而孔子之用在于"与时进化"。因此,康有为旨在说明进化之重要性。"主乎与时进化,则变通尽利。"② 为使孔子太平之理不坠于地,只有以进化来增加其文明的程度。康有为又云:"亦庶几孔子太平之仁术、大同之公理不坠于地,中国得奉以进化,大地得增其文明。"③ 在这里,康有为用西洋"进化"之自然科学之说和"平等"之政治新说来释读儒学。

在《春秋》卷八"襄公"部分时,康有为则释读云:"从夷狄而灭人,则中国不复存矣。按孔子所以重中国者,谓先王礼乐、文章、政治之所存,人道之文明也。文明国当崇礼义,不当不仁而自翦伐。然以文明灭文明国,虽无道而文明无损也;若文明国从野蛮以灭文明国,则胥天下而为野蛮,而文明扫地、人道退化矣。此生民非常之大忧也。故孔子不与之。"④

康有为此处以西洋之"进化"学说来释读儒学。《春秋》全书分十二公,凡十一卷,全部皆用"进化""平等""民权"和"民主"等学说的框架来释读儒学。在《春秋笔削大义微言考》文章的结尾部分解释为:人间之正道在于文明、平等、自立、仁心、公理,都是拨乱反正之法。"所谓'溥博渊泉而时出之'也。孔子有此文明正道,托之鲁《春秋》隐元年至哀十四年的史文之中,各寓其义,分张为据乱世、升平世、太平世。于是人事浃,王道备。其有同在一时而治化迥异者,如今美国之自由,当进

---

① 康有为著,姜义华等校:《康有为全集》(第6集),中国人民大学出版社2007年版,第2页。
② 同上书,第3页。
③ 同上。
④ 同上书,第221页。

以太平；欧洲之政治，当进以升平；非洲之野蛮，当进以据乱。且据乱之中，又有升平、太平。"① 此处康有为也是以西洋之"进化"学说来释解儒学。总之，康有为的《春秋笔削大义微言考》是用西洋之"平等""民主""进化"等学说来释读儒学的一个典范之作。

四 本节结语

康有为研究专家萧公权指出，"康氏可能还在另一事上不利于儒学，他在怀疑古文经非真之余，无意间洞开了怀疑整个儒学传统的大门。"② 楼宇烈先生也认为过分地抨击传统会造成现时与传统出现断裂，只有正视传统才有出路。楼宇烈先生指出："激烈地抨击传统，只能逞一时之快，并不能使现时真正与传统割断，甚至可能会产生一种反弹力，导致盲目颂扬传统的逆反现象。相反，只有正视传统，促使其自我更新，使其在现时代发挥其应有的作用，这样才有可能真正摆脱传统的束缚，而变包袱为财富，变阻力为动力。"③

康有为宣扬社会进化的理论依据，主要来自《公羊春秋》的三世说。他认为，孔子之道在"六经"，"六经"统一于"春秋"，"春秋"之传在"公羊"。而董仲舒的《春秋繁露》则是学习春秋"公羊学"的最重要著作。1896 年他在弟子们的协助下编著《春秋董氏学》，此书将《春秋繁露》中的主要内容，按题摘录汇编，时下按语，指点孔子改制"微言奥义"之所在。如果此书与他的专著《孔子改制考》相配合阅读，则更容易理解他改良主义理论的原始依据。

---

① 康有为著，姜义华等校：《康有为全集》（第 6 集），中国人民大学出版社 2007 年版，第 310 页。
② ［美］萧公权：《近代中国与新世界——康有为变法与大同思想研究》，汪荣祖译，凤凰出版传媒集团 2007 年版，第 97 页。
③ 楼宇烈：《借古为今乎？恋古非今乎？——〈康有为学术著作选〉编后》，原载于《书品》1989 年第 2 期。

第四章　东传科学与康有为今文经学的嬗变（上）

康有为通过校勘、训诂，借古谈今，充分论述其三世进化的改良主义理论显然是一种"六经注我"的方法，他借用孟子关于"仁政""井田制"以及"正经界"等核心观念来发挥其进化论思想，康有为有言："孔子道主进化，不主泥古，道主维新，不主守旧，时时进化，故时时维新。"[①]又如，他在《礼运注》中借"天下为公，选贤与能"大加发挥利用。康有为说："夫天下国家者，为天下国家之人公共同有之器，非一人一家所得私有，当合大众公选贤能以任其职，不得世传其子孙兄弟也，此君臣之公理也。"[②] 诸如此类的论述，在康有为的《孟子微》《中庸注》《论语注》等经典著作解注中俯拾皆是。

康有为采取传统的"六经注我"的解经方式，而"六经注我"是南宋陆九渊所提出的解经方式，他认为学问的根本意义在于是否能够"发明本心"，而不是仅仅沉溺于经书里的"典章训诂"。对于这一解经方式，后人多有实践和发展，而康有为是运用这种解经方式最为突出的代表。他在经书原文的基础上，借用经书上的文字，加以引申发挥，进而提出自己较具创新性的观点。"六经注我"的前提是以文本为基础并有其思想根据可循，而不是随意阐发的。但是，这种解经方式具有极大的发挥余地，不再拘泥于经文的本意，因而也容易流于崇尚议论，穿凿附会的弊病。因此，在儒学发展史上，古文经较为注重"求实"，而今文经则偏重于"议论"，宋明理学多有"六经注我"，而乾嘉汉学则偏向于"我注六经"。毫无疑问，康有为的解经方式是"六经注我"，他的基本内容是今文经的"微言大义"，具体的就是"三世说""进化说"和"孔子改制说"等，其中进化思想是贯穿康有为解经的一条主线。康有为认为，进化是万国公有的规律，因此不排除他对此有任意阐发之嫌。

---

① 康有为著，楼宇烈整理：《孟子微·礼运注·中庸注》，中华书局1987年版，第86页。
② 楼宇烈：《借古为今乎？恋古非今乎？——〈康有为学术著作选〉编后》，原载于《书品》1989年第2期。

康有为在《论语注》中主今文经学以解经是其突出的特点，也是他的经学立场和治经原则。康有为认为只要剔除刘歆伪篡的古文《论语》，还原今文《论语》的本来面目，就能使《论语》一书发挥其功能并彰显其价值。因此不管是《论语》的篇次、还是经文的文句，甚或是经义的解释方面他都是斥古文、尊今文。突出的表现是，康有为的书中多处阐发春秋公羊学的三世说，孔子改制等微言大义。

康有为承袭了春秋公羊学的孔子改制说，征引《公羊传》的相关学说，并结合《论语》中的经文加以发挥，力图确证孔子改制的事实，这种方式虽然不能让人完全信服，但是他宗主"公羊"学的治经立场是很明确的。康氏对于《论语》的注解，与以往学人解经不同之处在于他还引借西方自由、民主、平等的思想观念来阐释《论语》，使得《论语注》有着近代化的色彩。康有为开创了以进化论、自由、平等、博爱等西方的自然科学和社会科学知识为解经倾向的新模式。

康有为流亡海外前期，他从理论上对维新变法进行了反思和总结，著有《中庸注》《孟子微》《礼运注》《大学注》（已佚，存《大学注序》）《论语注》《春秋笔削微言大义考》等经学著作，他以西方"自由""平等""民主""进化"等社会政治理念和学说来扩展"公羊学"，极大地丰富了传统儒学的内涵。并且，康有为在《中庸注》《孟子微》《礼运注》《春秋笔削大义微言考》《论语注》等作品中一以贯之的立场依然是"以西化儒"。

第四节　康有为"以西化儒"思想阶段的科学内容

前面我们重点阐述了康有为科学方法论、进化论思想以及受西方"星云假说"影响所形成的元气论等思想，本节试就康有为今文经学中涉及自然科学的具体内容做详细阐述。

第四章 东传科学与康有为今文经学的嬗变(上)

一 自然科学知识的阐发

康有为十分向往西方的自然科学知识,试图援西方的自然科学知识为我所用,康有为在《上清帝第四书》中请求国家鼓励学者创新立说。发古人之所未发,赏以"清秩高第";鼓励工人发明创造,制造新器,有新式机器出现,予以资金奖励,国家要保护发明人的专利,明确专利的年限。①这里康有为援引西方权威自然科学家培根的例子以说明东传之西方科学的重要性。他相信,只要国人意识到东传科学的优越性后便会踊跃学习新知,殚精竭虑,争求新法,以求国家繁荣昌盛。"哥白尼发现地之绕日,于是利玛窦、熊三拔、艾儒略、南怀仁、汤若望挟技来游,其入贡有浑天地球之仪,量天缩地之尺,而改中国历宪矣。"②

这里康有为又提到哥白尼发现的地心说、西方先进的测量仪器诸如浑天地球仪等对中国地球图和天文历法等方面所产生的深远的影响。接着,康有为大谈近代西方自然科学的发展:"近世若哥白尼之天文学,斯密亚丹之资生学,奈端之重学,富兰克令之电学,华忒之机器,皆转移世宙,利物前民,致远甚矣。"③凡此种种都旨在说明东传科学强大的社会功用。在谈到天文历法时,康有为认为以地球之日为纪元的方式是"最精""最公"之历法。康有为说:

> 以地球开辟之日纪元,合地球诸博学之士者,考明古籍所载最可信征之时用之。而递纪其以后之年历学,则随时取历学家最精之法用

---

① 康有为著,姜义华、吴根梁编校:《上清帝第四书》,《康有为全集》(第 2 集),上海古籍出版社 1990 年版,第 169 页。
② 同上书,第 169—170 页。
③ 康有为著,姜义华、吴根梁编校:《论语注·卷之十九》,《康有为全集》(第 1 集),上海古籍出版社 1987 年版,第 287 页。

之。此为最公之法。①

康有为在此大赞西方天文历法之精确，并被他誉为"最公之法"。康有为在《实理公法全书》中强调西方自然科学为"专门之学"，大赞东传科学的优越性。康有为指出，专业专门之学，诸如词章之学、音乐之学以及其他诸学：

> 数学、化学、医学、天文学、地学、格致学以及诸凡艺学之书皆是也。所谓推定者，每五年于推定圣经之后，则于各种专门之书，每门取其至精者举出表章之，以为天下法式焉。庶习专门之学者，亦不至迷于所往也。②

周游列国期间，康有为联想到中国地域的特殊性，他对工学、药学、煤油学、商学和航海学等学科适宜的地域提出了一些很有价值的看法。在《德国游记》中康有为就指出，当今世界之争的焦点已经不在哲学等人文科学领域，而是物质强弱之争。物质的强弱决定国家的强弱程度。因此，康有为有云：

> 故我国之专门工学尤要矣。譬若苏、杭、南海、顺德、潞州、泽州、潍县、光州等产丝之地，宜设织染学；山西宜多设煤铁学；景德镇宜设瓷学；张家口、宁夏、固原宜设毛革学；蒙古、新疆设马学；四川宜设药学、煤油学；云南宜设玉石学；上海、广东宜设商学、航海学。始虽疏略，渐就精备，或延外国专门家教之，或开会讲之，日

---

① 康有为著，姜义华、吴根梁编校：《实理公法全书》，《康有为全集》（第1集），上海古籍出版社1987年版，第292页。
② 同上书，第306页。

第四章 东传科学与康有为今文经学的嬗变(上)

起有功,十年之后必可与各国争胜也。①

康有为指出当老百姓富足的时候,他们的民风民俗应该是非常厚重的,这样国内便可以达到"修齐治平"的目的。"于以雪祖宗之愤耻,恢华夏之声教,存圣伦于将泯,继王教于渐坠,威乎威乎,千载一时也。"②康有为认为只要向西方学习,坚持不懈,三年时间就能有一定的规模,十年就会有一个质的变化,二十年则为世界之先,三十年则"道化成"。在这里,康有为开始了其大胆的设想,他认为只要虚心吸收东传科学之精华的部分,那么中国国富民强的将来指日可待。他所谈及的自然科学知识门类众多,现分别就地质学、电学、地理学、医学、化学、数学以及机械学力学等门类作如下阐述。

(一) 地质学、地理学、物理学领域

康有为对地质学做了很精辟的解读:亿万年之前,地球大爆炸之时产生高温高热的"金汁","金汁"冷却之后便形成了岩石。"介虫苔生",经过岁月的沉积遂形成岩石层。康有为指出:

> 积数万年而地质厚数十里也。积介层、虫层、大草大木层、大鸟大兽层而后至于人层也。积火成石,虫成石,沙成石,泥成石,而地质之学出焉。③

很显然这是康有为吸收了达尔文的进化论知识,并结合东传科学中诸

---

① 康有为著,上海文物保管委员会编:《德国游记(二)》,《康有为遗稿·列国游记》,上海人民出版社1995年版,第152—153页。
② 康有为著,姜义华、吴根梁编校:《康子内外篇·阖辟篇》,《康有为全集》(第1集),上海古籍出版社1987年版,第170页。
③ 康有为著,姜义华编校:《日本书目志》卷二,《康有为全集》(第3集),上海古籍出版社1992年版,第638页。

如地质学、生物学知识所做出的最有价值的阐发。在物理学领域,康有为对西方的电学、声学也是大加赞叹:"中土之称电生庶物也。新学既兴,物理益辟,数十年来,渐知电气干湿之力,乃配阴阳,电灯、电车、传声、传信,其用日大,电乃始萌芽哉!神气风霆,无所不布濩,将发大力、立大声于人间世矣。"然后,康有为又说:"地载神气,神气风霆,风霆流行,庶物露生。"①

不仅如此,康有为还说,"风霆流形,近乃知凡物之动皆由于电。夫治人物者,皆有所受于天,不得其本始肯綮,岂能用之哉?"②康有为根据他自身的理解对电学大加阐述。他认为,现今世界的文明成果全在于"物质"的发展,而物质之本则在于"电""化"二学两方面的发展程度。"吾国人欲从事于强国而不事物质,从事物质而不推本电化原理,学电化而不以学校与工场合证,以学士为工人,必不致精新而亦无以强国也。"③在地理学领域,康有为指出,朝廷内的有学之臣总是愿意谈论地理之学,甚至以此来彰显自己的才华。然后他做了一些罗列:

> 自徐乾学、黄子鸿修《一统志》,顾栋高《读史方舆纪要》谈内地之志,然道路未通,图测未精,但烈供考古而已。何秋涛、张石洲、祁韵士作《朔方备乘》、《蒙古游牧记》、《西域释地》,述外藩之服,皆行踪未到,但以首辟蚕丛,推为绝作而已。若夫《禹贡》、《班志》、《郦经》之外,至于地球剖辟,五洲大通,万国旁薄,近日《小方壶斋舆地丛书》,亦遍辑輶轩之言矣。④

---

① 康有为著,姜义华等编校:《日本书目志》卷二,《康有为全集》(第3集),上海古籍出版社1992年版,第872页。
② 同上书,第648页。
③ 康有为著,上海文物保管委员会编:《德记稿》,《康有为遗稿·列国游记》,上海人民出版社1995年版,第176页。
④ 康有为著,姜义华等编校:《日本书目志》卷四,《康有为全集》(第3集),上海古籍出版社1992年版,第682页。

第四章　东传科学与康有为今文经学的嬗变（上）

康有为接着指出，清朝政府被俄国侵占了大量的山川、河流、土地的原因在于"学校之教未闻传授。……推原其由，皆学校仅课举业不讲地理之故。"① 在这里康有为谈及"地理之学"的重要性，认为只有学习地理学、地球学知识，才能更有效地保家卫国。康有为引经据典，指出当时萧何欲入关，就是先得到关内的地图，然后研究秦国的山川、要塞等详细的地形情况，才得以称霸天下。目的就是论证："图之为用大哉！闻日兵之攻我者，其怀皆有吾地图，自村店道路之曲皆绘之，而吾大帅拥十余万大军，幕下仅得吾乡一画山水者任图绘之役，故于吾地亦茫然不识。"②

（二）医学、生物、进化之学

康有为在医学方面也多有阐述，诸如他在《日本书目志》中指出西方国家自康熙之时，西人之哈芬对于人体之血管之学大加赞赏，"人体血脉皆血管，专主治血，乃尽变泰西四千年医学之旧。"③ 康有为虽然对西方医学的解读流于疏浅，但是也表达了他独特的见解。

在生物学领域，康有为试图用达尔文的进化论来论证生物之学。康有为指出，泰西之达尔文是创生生物学的先驱，他的阐发对"道德""人群"的含义皆有所创新。谈到欧洲人之新说，他认为能够去除千年黑暗至人类光明之境的当属科学家培根，并大谈西方物质之学的重要性。"而自洛克、霍布士、弥儿以至于斯宾塞，凡英国之学派皆偏重物质，故能致此大效焉。"④ 康有为一再谈及达尔文进化论的研究成果是"积人""积智"使两千年以来"事理咸备"，致使才智之人毕现，从而"改制立度，思易天下"。康有为说：

---

① 康有为著，姜义华等编校：《日本书目志》卷四，《康有为全集》（第3集），上海古籍出版社1992年版，第682页。
② 同上书，第696—697页。
③ 同上书，第620页。
④ 康有为著，马洪林、卢正言编注：《物质救国论》，《康有为集》政论卷（下），珠海出版社2006年版，第528—529页。

凡物，积粗而后精生焉，积贱而后贵生焉，积愚而后智生焉。积土石而草木生，积虫介而禽兽生，人为万物之灵，其生尤后者也。洪水者，大地所共也，人类之生，皆在洪水之后。故大地民众皆蓝萌于夏禹之时。积人、积智，二千年而事理咸备。于是才智之尤秀杰者，蜂出挺立，不可遏靡。各因其受天之质，生人之遇，树论语，聚徒众，改制立度，思易天下。①

康有为通过对东传科学的阐发，把西方的生物之学与儒家经典《论语》联系起来，这是利用西方生物学重构儒学的一种可贵的努力。对于自然科学知识，特别是地质学知识，康有为有很详细的阐述："积介层、虫层、大草大木层、大鸟大兽层而后至于人层也。积火成石，虫成石，沙成石，泥成石，而地质之学出焉。万物之资生也，人之仆缘八十万里之地，所托莫大焉，岂不宜知耶？"②诸如此类的论述康有为旨在对于生物之学的阐发。"人为万物之灵，其生也必迟，俟百物俱繁，然后毓焉。地之始凝也，外质为石，石质生水，湿气相蒸而苔生焉。苔生百草，百草生百木，百木生百虫，百虫生百兽。当伏羲之先，其为百兽之天下也。人独云清阳之质，既出生矣，聪明即耸于万物。盖伏羲时，去民之初生无几时耳。夫人之聪明，不能自禁塞，既生百兽之间，即有以制百兽，制器利用、自繁其类，以为人之天下。"③康有为这里用达尔文进化论阐发人类社会从据乱世到升平世，再从升平世到太平世的不断由低级向高级发展的过程。最后得出一个规律："验之万国，莫不同风。"因此，康有为指出：

---

① 康有为著，姜义华等整理：《孔子改制考》卷二，《康有为全集》（第3集），上海古籍出版社1992年版，第11页。
② 同上书，第638页。
③ 康有为著，姜义华等整理：《民功篇》，《康有为全集》（第1集），上海古籍出版社1987年版，第13页。

第四章 东传科学与康有为今文经学的嬗变(上)

  欲知大地进化者，不可不考西欧之进化。欲知西欧进化者，不可不考罗马之旧迹。欲考罗马之旧迹，则莫精详于邦淠矣。在昔沉灭，则为奇灾大祸；在今发现，则为考古巨观。微火山，吾安得见罗马古民？微秦政，吾安得有万里长城？天下之得失，固有反正两例而各相成者。①

康有为运用进化论对古罗马帝国的兴衰荣辱做了详细的释读，由此又辩证地谈到了万里长城，没有秦之苛政，安有今日之万里长城哉！这里康有为重在阐述进化论之人与兽的区别与联系，阐发进化论之核心概念"优胜劣汰"的道理。对此，康有为有详细的阐述：

  盖全地之大，自生物院而外，无复有猛兽者矣，只有驯兽耳，盖至是全地皆为人治之地矣。夫兽与人同宗，而才智稍下，遂至全绝，此则天演优胜劣败之极至矣夫。②

同样是阐发达尔文的进化论，康有为认为，进化之论乃"千年用之，称以文明，无有议其变古者而废之"。③ 在这里康有为又用自由、民主、平等以及人类之公理的概念来阐发其进化理论，由此他又引申到人类的社会生活。他站在公众的角度看进化论学说，大同之世的未来在于：房屋、农场、田园工厂商业，电力铁路航运等若不进入竞争机制，何谈改良，又有谁愿意去力求上进？"必将坐听其弊，其害又甚大，此不可无以鼓舞之

---

  ① 康有为著，马洪林、卢正言编注：《意大利游记》，《康有为集》八卷十册之游记卷，珠海出版社2006年版，第133页。
  ② 康有为著，章锡琛、周振甫校点：《大同书》，北京古籍出版社1956年版，第290页。
  ③ 康有为著，楼宇烈整理：《孟子微·礼运注·中庸注》，中华书局1987年版，第263—264页。

也。"① 康有为还基于进化论做出了自己极具特色的阐发，认为美国雄踞世界之首的原因在于引入进化论的"适者生存""优胜劣汰"的竞争理念，所有这些都是美国取得巨大成就的源泉。"今美之铁路，每小时行七十英里，一日可一千六百八十英里，如此过百年，当大同之世，人智大增，其进化之速率，岂今日所能思议，不止十数倍抑百千倍也。"② 康有为指出"三重者"指的是"三世之统"，就是指三世之拨乱世、升平世与太平世。拨乱世指的是内其国而外诸夏；升平世是指内诸夏而外夷狄；而太平世则指的是内外远近大小若一。康有为说：

> 每世之中，又有三世焉。则据乱亦有乱。世之升平、太平焉，太平世之始亦有其据乱、升平之别。每小三世中，又有三世焉，于大三世中，又有三世焉。故三世而三重之，为九世，九世而三重之，为八十一世。展转三重，可至无量数，以待世运之变，而为进化之法。③

最后康有为还是复归于达尔文进化论的核心理论"优胜劣汰"，倡言商业生计之中要以竞争为重。对于商业中的竞争问题，康有为认为："近自天演之说鸣，竞争之义视为至理，故国与国陈兵相视，以吞灭为固然，人与人机诈相陷，以欺凌为得计。百事万业，皆祖竞争，以才智由竞争而后进，器艺由竞争而后精，以为优胜劣败乃天则之自然，而生计商业之中尤以竞争为大义。"④ 康有为用天演论、竞争及优胜劣汰等进化论的核心词汇来阐述器艺之粗精，以及商业中的竞争道理。

---

① 康有为著，章锡琛、周振甫校点：《大同书》，北京古籍出版社1956年版，第271页。
② 同上书，第257页。
③ 康有为著，楼宇烈整理：《孟子微·礼运注·中庸注》，中华书局1987年版，第222—223页。
④ 康有为著，章锡琛、周振甫校点：《大同书》，北京古籍出版社1956年版，第236页。

第四章 东传科学与康有为今文经学的嬗变(上)

(三) 化学知识领域

康有为对西方自然科学之化学也推崇备至:"造化、神化、变化,道莫尊于化矣。凡百学皆由化学也。"① 康有为认为,凡是器用之种种的制作之精良皆由于化学为之,化学具有分析的功能、化合的功能、分离之功能,凡此种种都是化学的重要作用。"吾制造局亦译化学书,但不如日本之详,且施之学校也。观其问题试验普通分析之学,骎骎乎逼泰西矣。"② 在此康有为强调化学的作用以及在学校设置化学学科的重要性。

(四) 数学、几何学机械学知识

在数学几何学领域,康有为有云:"韩信将兵,多多益善,朱子谓其善用分数。一尺之棰,削之而无尽,点线之体,析之而无穷,分析是为治之要道哉!"③ 另外还有利用数学原理著成的《实理公法全书》等书籍。对于机械学方面,康有为指出:"方今新世界之变异于旧世界者何在乎?欧美人之吞吐八表者何在乎?自华忒创机汽后,机汽之用增于人力三十余倍,于是欧美新世界之宫室服用器械精奇华妙过于旧世界者亦三十余倍,有机汽之国与无机汽之国其力之比较亦三十余倍。"④ 欧洲近者室屋宏丽,皆在百年中。康有为再次提到在嘉庆年间,英国发明家华特就已经创造机器用来织布。有关机器的重要性,康有为也多有论述:

> 机器之制,精速皆过于人制之器也远矣。而华忒于乾隆三十四年

---

① 康有为著,姜义华等编校:《日本书目志》卷二,《康有为全集》(第3集),上海古籍出版社1992年版,第634页。
② 同上。
③ 同上书,第284页。
④ 康有为著,上海文物保管委员会编:《德记稿》,《康有为遗稿·列国游记》,上海人民出版社1995年版,第236页。

— 163 —

正月五日创织布新机,又推行于他事,英国尽效而用之,机器大行,英遂大富。英人以正月五日为重生日也。①

康有为强调西方强盛之本在于机械之先进,机器之大行。"其在欧洲,英汽机力最先最大,故最先强。法、德迟变,力亦稍薄,故次之。西班牙小变,而美国变尤速尤盛,故西班牙遂东、西被割于美。"② 所以,康有为得出结论:一个国家的盛衰以及它的文明程度主要取决于这个国家蒸汽力与人力是否成正比,而这两者又决定着这个国家的发展程度。康有为认为:

观国之强弱盛衰,以汽机为觇乎?在道光二十年,德之汽机马力仅二万匹,铁道汽机马力亦二万匹,汽船且无之,曾几何时而勃兴至百余万倍。③

康有为以德国为例,指出其国力仅仅与我们两个省的实力相当,但数十年来德国能够得以迅猛地发展,都是其注重"治机汽"的缘故,德国通过变法致强,短期之内就能够无敌于天下。

二 广开民智,提倡科学教育

康有为强调,欧洲国势如此兴盛的原因在于他们注重对国民的广开民智之举,注重科学研究、穷究事物的道理。他指出,造化所以为

---

① 康有为著,姜义华等编校:《日本书目志》卷二,《康有为全集》(第3集),上海古籍出版社1992年版,第870页。
② 康有为著,马洪林、卢正言编注:《物质救国论》,《康有为集》政论卷(下),珠海出版社2006年版,第558页。
③ 康有为著,上海文物保管委员会编:《德国游记(二)》,《康有为遗稿·列国游记》,上海人民出版社1995年版,第143页。

第四章 东传科学与康有为今文经学的嬗变(上)

尊者,皆源于其创造能力。"今穷物理之本,制电、制雨、制冰、制水、制火,皆可以人代天工,是操造化之权也。操造化之权者,宜其无与敌也。"①

康有为所倡导的广开民智最开始的做法到底如何呢?最后的答案主要是基于学校。民智之成何验乎?答之曰,"验于议会"。学校既成,智识既开,而犹禁议会者,害治之势也。"夫议会之终不能禁,犹学校之必不能废也。"② 我们一般认为西方国家富强主要的原因在于泰西之船械之精以及军兵之精良、训练之有素,然康有为认为,事实并非如此,他们强盛的原因在于学校教育的有条不紊。因此,康有为指出:

> 日人之变法也,先变学校,尽译泰西教育之书,学校之章程。倍根氏之《教育学》,为泰西新变第一书,鲁氏、如氏、麟氏条理尤详矣。若《教育学新论》、《原论》、《普通学》诸书备哉粲烂,无微不入矣。③

康有为以为,西方取得如此巨大的成就的原因在于他们对于教育投入大量的精力。而中国则正好相反。因此康有为有云:"其每岁著书,美国乃至万余种。其属郡县,各有书藏,英国乃至百余万册。所以开民之智者亦广矣。"④ 反观当时之中国,虽然我们中国是礼仪之邦、文物之邦,而民众中真正能够识字的比例还不足两成,学费只占军费

---

① 康有为著,姜义华等编校:《日本书目志》卷二,《康有为全集》(第3集),上海古籍出版社1992年版,第626页。
② 康有为著,姜义华、张荣华编校:《日本变政考》卷七,《康有为全集》(第4集),中国人民大学出版社2007年版,第203页。
③ 康有为著,姜义华等编校:《日本书目志》卷十,《康有为全集》(第3集),上海古籍出版社1992年版,第935页。
④ 康有为著,姜义华、吴根梁编校:《上清帝第二书》,《康有为全集》(第2集),上海古籍出版社1990年版,第95页。

比例一成。康有为通过分析得出他自己的结论，这是中国落后于西方最根本的原因。"泰西之于民教养甚至，无育乞丐，无不识字知算之人，鳏寡孤独废疾皆有养，士农工商各有专门之学，所由以寡民而横行大地也。"[①]

康有为指出，西方国家富强的根本在于人才，而人才的培养要靠学校的教化。"今万国之势，竞智而不竞力，竞生徒而不竞兵伍。美国兵虽最少，而学生冠万国，民仅三千万，而学生千四百万，著书每岁二万余种，新器岁出三千余事，取材运智，无所不备，故举而用之于兵，无以御之。人知德人陆兵冠大地，而不知学校之精，生徒之众，亦自美外无其伦焉。"[②] 接着康有为又以德国为例做了分析："德国学之尤有实效者，尤在实业职工学也。其政府专奖励工商，凡有一工业，即设此业之专门学校，使学问之理论与实业之练习合同而化，工人皆有新学之知识而创新改良，学人皆有实测之试验而不蹈空泛论。专门则以熟习而愈精，应用则务改良而不泥，二者融化，日异月新也。"[③] 日本之所以能够突然变强主要是由于学校之教育，其学制、书器、译书、游学以及学会等五者都是以智其民的具体表现。康有为认为：

> 五者缺一不可。无学校无以教士，有学校而不译书，则不知泰西新政、新学、新法，无以为教之之地；有译书而无博物藏书，各书器则无以为教之实验；有书器而不游学泰西，未能见其政体学术之精奥，及其国民器制之新奇；然游学之人有限，出学之人亦不多，非开

---

① 康有为：《各国比较民数表》，北京故宫博物院藏内府抄本《光绪二十三年列国政要比较表》。
② 康有为：《各国比较学校生徒人数表》，北京故宫博物院藏内府抄本《光绪二十三年列国政要比较表》。
③ 康有为著，上海文物保管委员会编：《德国游记》（二），《康有为遗稿·列国游记》，上海人民出版社1995年版，第151页。

第四章 东传科学与康有为今文经学的嬗变(上)

学会，无以合群而智其民众也。五者相需而成者也。若其学制之美，皆斟酌欧美。①

康有为针对学校教育存在的问题，发表了他特别的见解，西方国家称为"泰西之辟地"，但是他们讲求地理位置的重要性，绘图工作者不畏艰险，跋山涉水，力求测绘之精确。在教育方面，西方人从小就教授孩童地理学知识，甚至达到临摹地图的程度，因此康有为有云："有文书可诵，远近南北，指画如流。日人效之，皆有小学、中等地理之书，以遍智其国民。"② 提到日本一区区弹丸之地为什么能够迅速崛起时，康有为分析道：

> 日人用泰西教育法，自学校之详，教员学室之制，下及女子商贾士卒，科级之详，解题读本之精，备哉粲烂。尚虑中文深奥，杂以伊吕波之片假名，以达其意。不求古雅，但思逮下，于是举国皆识字知学。日之骤兴，良由此敌。吾开国数千载，周世文义名物与今隔绝，几同外国。即汉、唐，亦复迥异。而又公私所用语言文字皆绝殊，故为学极难。此亦宜多制小学书，多采俗字以便民。变法自治，此为第一事矣。③

然后康有为笔锋一转，论及中国落后的原因。他指出，自秦汉之后，经学多以虚名相传，少有经世致用之诉求。至于《易经》之学，却深藏于占卜之路向为多，尽管如此，直到"韩宣子至于鲁"乃被世人所窥见其真面目：

> 当时士夫殆寡见，而今童子莫不诵读。学非所用，用非所学，舍

---

① 康有为著，姜义华、张荣华编校：《日本变政考》卷五，《康有为全集》（第4集），中国人民大学出版社2007年版，第169页。
② 康有为著，姜义华等编校：《日本书目志》卷四，《康有为全集》（第3集），上海古籍出版社1992年版，第682页。
③ 同上书，第961页。

宜学之幼仪，而教以阴阳之秘籍，享爱居以钟鼓，被牺牲以文绣，责其有效，岂不慎乎？①

而纵观西人之学校，"一切科学皆为专门，惟诗、礼、乐为普通之学，无人不习。"②康有为指出，孔子之学在欧美能够畅行无阻，在自己的国土上却不能得到长足的发展，这是很可悲的。他继续分析道："今天下治之不举，由教学之不修也。"③另外，"国之文明，全视教化。无教之国，即为野蛮；无教之人，近于禽兽。故先圣尤重教焉。"④因此，康有为极其重视广开民智，提倡科学教育的重要性。"故尧、舜之智不能遍物，但当择要而知之，是即为有知之人。惟学而后知不足。"⑤康有为指出，人生而有涯，而知无涯，勉励自己，勤奋好学。

三 对科学技术应用的重视

康有为极为重视科学技术的应用。以日本为例，康有为指出，日本明治维新之初，也是举步维艰。落后的原因在于其国道路不通，后来政府看到问题的症结，于是大修公共交通事业。这让康有为意识到，道路不通带来的后果是商货不能正常运行。然后康有为论证道：

> 图书器艺皆难至。士不出乡，民颛颛益愚，逾府越县，动须旬

---

① 康有为著，马洪林、卢正言编注：《论幼学》，《康有为集》政论卷（上），珠海出版社2006年版，第14—15页。
② 康有为著，楼宇烈整理：《论语注》，中华书局1984年版，第113页。
③ 康有为著，姜义华、吴根梁编校：《教学通义》，《康有为全集》（第3集），上海古籍出版社1992年版，第80页。
④ 康有为著，姜义华等编校：《孟子微》卷八，《康有为全集》（第3集），上海古籍出版社1992年版，第167页。
⑤ 康有为著，姜义华等编校：《论语注》卷二，《康有为全集》（第1集），上海古籍出版社1987年版，第24页。

第四章 东传科学与康有为今文经学的嬗变（上）

日。若桂林至龙州西隆，非四十日不能达，远于欧美矣，何以为治？铁路缩万里为咫尺，今人皆知其利矣。而泰西铁路之先，皆筑马路以为之基。道广数丈，隐以金椎，鳞以碎石，夹以长松，载骤駸駸，日可数百里焉。若夫沟洫堤防，宫室桥梁，前民之用，卫生之方，奇丽瑰诡，皆有程量，海邦大风，已渐泱泱。①

康有为建议国家大力发展交通事业，只有交通便利，出游者的人数才会增加，邮政事业也是如此。若国家无暇顾及，康有为建议号召民间投资设立邮局取代之。"顷邮局既设，民间邮费减十之九，而官尚可收其利，岂非上下交便之图哉？"②然后又言曰："人不能不与人交通，商者，交通之义也。通其身体者，铁路也。通其声音者，电与信也。通其事为者，工也。"③这里可以看出康有为对交通事业的重视，他大赞西人哥伦布之丰功伟业。因此，康有为有云：

科伦布本聪颖，有妙想，然鲁无君子，斯焉取斯，其久于海舶，员有传闻，殆必然之事。但无人能如科伦布之定识毅力，信为必然而力行之耳。盖近海之人，既有海外神仙之异说种于耳根，偶尔探奇，拔钗一试，以冀或有天幸之一遇，此亦风俗之常情也。从来非常之原，黎民所惧，冒险之举，守正所讶，而天下奇事则多自冒险中得之，事成则为非常之功，事不成则受荒谬之诮，此固然矣。④

---

① 康有为著，姜义华等编校：《日本书目志》卷八，《康有为全集》（第3集），上海古籍出版社1992年版，第379页。
② 康有为：《各国比较邮政进款表》，北京故宫博物院藏内府抄本《光绪二十三年列国政要比较表》，第53页。
③ 康有为著，姜义华等编校：《日本书目志》卷九，《康有为全集》（第3集），上海古籍出版社1992年版，第896页。
④ 康有为著，上海文物保管委员会编：《西班牙游记》，《康有为遗稿·列国游记》，上海人民出版社1995年版，第486页。

康有为又展开了他天才的设想,他认为,诸如发现新大陆的能事必在西方的欧美之人,则万不能出现在中国或者是东方之国。因此,他做了如下分析:

> 其在欧土必起于南欧,而必不起于北欧。何谓必属于欧人也?盖欧洲南有地中海,北环波罗的海,……郅那华计之,地既边海,以商市船舶为国,居人习于驾驶,视海如地,视船为家,日涉波涛,易生异想。而地中海地如环玦,处处皆得近陆,处处皆得见岛,人性多因近而推远,以所见而测所不见。然则意人之以地中海而推大西洋,乃为正比例,事至寻常,此等异论,计意人必多发之。①

在论及英国之强盛、工艺之精美时,康有为指出问题的症结在于,"盖英所以为立宪制先河,为工艺之发达,实以岛国不连于大陆故也。"② 康有为指出,西方诸国之中,以荷兰为例,它作为滨海之国,以船为生,是继西班牙、葡萄牙之后,最早开辟南洋的国家之一。康有为指出,我们首先要大力发展船舶航运事业,而后才能发展壮大自己。"我国以大陆自足,享用不穷,无意营外,不注意船学"③ 诸如此类,是导致中国落后的原因所在。因此,康有为得出结论:

> 吾国滨于太平洋而无海军,何异万宝储藏,海盗环集,而孤岛无舟,坐待贼至耶?且吾国民遍于大地,凡七八百万,与英旗随日月相出入,其为财富不可究诘,以无保护故,听人之驱逐侮辱践踏,而财

---

① 康有为著,上海文物保管委员会编:《西班牙游记》,《康有为遗稿·列国游记》,上海人民出版社 1995 年版,第 484—485 页。
② 同上书,第 582 页。
③ 康有为著,上海文物保管委员会编:《荷兰游记》,《康有为遗稿·列国游记》,上海人民出版社 1995 年版,第 290 页。

第四章 东传科学与康有为今文经学的嬗变（上）

源与生计皆屈。假有兵舰保护，则旅民之增多生计，商业之发达，日月滋长，不可算数。①

四 发展物质、商业、财经之学

康有为大力倡导物质、商业、财经之学，并且在这几个领域做了详细的阐述。

（一）物质学

康有为特别重视物质之学的重要性："欧人之强也，数百年来，学校之间，说三变矣。自古文学复倡后，始则为人道学，近数十年来则为国民学，终则为物质学。"② 接着康有为继续阐发："以旧世界之物当之，何异大风之震落叶，怒潮之卷昆虫，莫不摧破毁灭矣。"③

德人康德之学说既无有出其范围者，若雅得、黑智尔皆为大家。而百年之哲理大家若福禄特尔、孟德斯鸠、卢骚、智德路、勃封、陀林比、刊特尔舍等出，以哲学理施之实行，与夫以一切平等自由之说，革除前古之专制及一切旧俗，宜无若法国者。革命之喋血数百万，前后垂八十年，尊行道理而以为教，乃至欲实行公产之义，宜无若法国者。然胜法而据印度，得亚丁、抚有加拿大，于是收澳洲，以海军、商业冠大地，而声威之赫奕，语言文字之通达，欧洲列强无及之者，即强霸之法亦退缩而远让之，则以英国最讲物质之学、殖产之义故也。④

---

① 康有为著，马洪林、卢正言编注：《物资救国论》，《康有为集》政论卷（下），珠海出版社 2006 年版，第 534 页。
② 同上书，第 527 页。
③ 同上书，第 542 页。
④ 同上书，第 528 页。

康有为指出，物质之学关乎一个国家的兴衰。接着他开始阐述美国之所以富强的原因：

> 美国之富强也，非其民国得之，而物质为之也。盖自六七（十）年以前，自新藟三藩息士高（旧金山）之大铁道未辟，美西万里皆草莽也。美东工艺未兴，商旅不盛，纽约未有街车，以马车运载，家燃油灯，而地开粪厕，未法煤电之光，未设排泄之法也。儿童就学，数人同骑一马背，朴陋无比也。……徒赖林肯统一之，铁道贯通之，百工发达之，科学修明之，农商扶植之，遂以五十年中而富甲大地，物质遂盛焉，此与民主无与也。盖机器之捷，过于人工三十倍，化电声光之学日精，则新制日出。美国界于两海，四五强邻，不蓄一兵，惟通商、惠工、募材、训农、敬教、劝学，借其太平之境，新地之沃，选民之众，遂以骤盛。视欧人之诸国日竞，劳逸相去甚远，故成功捷骤，为今古所无。[1]

康有为以为，一个国家国势之高下全依赖于国力的强弱，而国力强弱的关键在"物质"之多寡。这就是康有为的重要论断："故方今竞新之世，有物质学者生，无物质学者死。"[2] 康有为指出，"物质之学"是形下之学。而我们国人最擅长形上之学，如今国家处在危难之中，康有为号召国人"欲救国乎，专从事于物质足矣。"[3]

（二）财经之学

康有为不仅著有《金主币救国论》《财经救国论》等著作，对于财经

---

[1] 康有为著，马洪林、卢正言编注：《共和平议》第二卷，《康有为集》政论卷（下），珠海出版社2006年版，第1032—1033页。
[2] 康有为著，马洪林、卢正言编注：《物质救国论序》，《康有为集》序跋卷，珠海出版社2006年版，第253页。
[3] 康有为著，马洪林、卢正言编注：《物质救国论》，《康有为集》政论卷（下），珠海出版社2006年版，第516页。

第四章　东传科学与康有为今文经学的嬗变(上)

之学更有自己独到的见解,康有为认为发"六经"皆与经济有关,他在《日本书目志》中指出:"《春秋》经世,先王之志,凡'六经',皆经济书也。后之'九通',掌故详矣。"① 康有为对于银行之学也有自己全新的看法,他认为,人的生命以血为脉,血脉通则身体强劲。对于一个国家也是如此,国家以财为脉,财通则国富。康有为认为银行是国家的命脉,它能使国家财经畅通,商业得以正常运转。"塞则精气痿弱,通则精神王长,义之至也。故先王命名为泉,贵流通也。"② 这不仅对银行的功能、作用做了一个很精辟的论断,于当今社会也极具现实意义:

> 以吾此说行也,先定国民银行,以集中央银行之资本公债,而发行纸币于上;各省县乡有组合银行,以交通国民于中;有劝业兴业银行、股票交易所,以裕民于下;有正金银行以平通汇兑,借贷外债于外;有特权银行以辟富源、佐边用于边。数者并举,而中国犹患贫者,未之有也。③

康有为认为,中国的现状是"今四海困穷",应该"重以偿币"。在谈及中国财富的时候,他认为中国矿产丰富,富甲一方。就山西煤铁资源来说,它足可与英伦相媲美;漠河之"五金",溢于美国。中国西北有良田、荒地可垦,东南沿海可以渔猎,而内地物产更是数不胜数。"若劝农以土化,考工以机器,讲求商学,募兴新艺,通达道路,精治畜牧,官天府地,财富可冠五洲。家有重宝,而终日嗟贫,无策甚矣!"④

---

① 康有为著,姜义华等编校:《日本书目志》卷五,《康有为全集》(第3集),上海古籍出版社1992年版,第771页。
② 同上书,第893页。
③ 康有为著,马洪林、卢正言编注:《理财救国论》,《康有为集》政论卷(下),珠海出版社2006年版,第839页。
④ 康有为著,姜义华等编校:《殿试策》,《康有为全集》(第3集),上海古籍出版社1992年版,第129—130页。

（三）商业之学

康有为也极为重视商业之学，他认为中国在"一统之世"的时候，必以农业立国，也只有农业更能取之于民心；而处于争竞之世的时候，必以商业立国，这样才能战胜敌人。"故管仲以轻重强齐国，马希范以工商立湖南。……以兵灭人，国亡而民犹存；以商贾灭人，民亡而国随之。中国之受毙，盖在此也。"① 在谈及中国过去的千年历史时康有为指出，有的朝代虽然一时重视交通道路的发展，但是从未有银行之创设，因此他不无遗憾地指出"以唐太宗、宋艺祖、明太祖及燕王棣之雄武硕画，才臣如鲫，而思不及此，岂不易哉？"②

康有为在谈及商业贸易的时候指出，"贸易者，互市也。"③ 诸国并立，根本没有闭关锁国的道理。如果我们不能取别人的东西，那么自己的东西也必被对方尽取之。"尚欲守一统之旧，坐视人之剥割而自以为至富，此亦不解者也。故内地商务，向所谓取东室而并之西室也，无贷以易外国之财，不得谓之富国也。"④ 然后拿美国的纽约为例，"纽约市易，固日日有此，则一市而当吾全国三百六十倍之交易也。"⑤ 因此，康有为特别重视商业之学。

五 学习西方科学、树立世界意识

康有为流亡 16 年的经历使他有了更为清醒的世界意识，他指出，我们

---

① 康有为著，姜义华等编校：《上清帝第二书》，《康有为全集》（第 1 集），上海古籍出版社 1990 年版，第 91 页。
② 康有为著，马洪林、卢正言编注：《意大利游记》，《康有为集》游记卷，珠海出版社 2006 年版，第 203 页。
③ 康有为著，姜义华等编校：《日本书目志》卷九，《康有为全集》（第 3 集），上海古籍出版社 1992 年版，第 894—895 页。
④ 同上。
⑤ 康有为著，马洪林、卢正言编注：《理财救国论》，《康有为集》政论卷（下），珠海出版社 2006 年版，第 836 页。

第四章 东传科学与康有为今文经学的嬗变(上)

中国虽然地大物博,但是充其量仅为六十国中的一个国家而已。"以地论仅居第三,非复一统之世,为列国并立矣。"① 我们现实的处境是,既不能独立于地球之外,更不能闭关锁国,"亦置于列国中互为比较,如两军相当,兵械士马,有一不足,败绩立见矣。"② 中国过去是舟车不通,交通不便。很多时候信息闭塞,各不相知,自以为在大地之内唯我独尊,宇内只有此数而已。因此,康有为说,"若印度、波斯、非洲闭关各国,咸自以为一统自尊,其学其政以为古今天下以加焉"③。

康有为大力提倡诸如科学专利的奖励措施等。"游于华盛顿乎,观其创新专利院,自彼1795年始以至于今,凡十九万五千具,则新世界之制作无不完备。百年之间所以转旧世界为新世界者,皆在此十九万五千具矣。"④ 于是,康有为把西方先进的科学和思想与中国过去的状况相比照:"自康德出后,普国之学者始有名于时,近世奖导有加,于是学术之精深骤冠万国。吾华数千年,兴学之风乃竟不明不备而远逊之,真可愧也。"⑤当今之世,国与国的竞争,我们的劣势在于"物质"之力的逊色。如今的儒生只知道高谈阔论,崇尚清谈,拒绝做一般的技术性工作,以工匠之事为耻。对于"科学第一"的论断,康有为在《列国游记》中也有详细的阐释:

> 岂知今日物质竞争,虽至浅之薄物末技,皆经化、光、电、重、图、算诸学而来,非不学之人所能预;而乃一切薄之不为,故全国皆无制作之精品,何况有创出之新奇哉?夫自华弑既出,世界大变,今世之汽舟电线,所以通大海合大陆,而为新世者,非有他也,物质工

---

① 北京故宫博物院藏内府抄本:《光绪二十三年列国政要比较表》,第14页。
② 同上书,第3页。
③ 同上书,第14页。
④ 康有为著,马洪林、卢正言编注:《物质救国论》,《康有为集》政论卷(下),珠海出版社2006年版,第549页。
⑤ 康有为著,上海文物保管委员会编:《德国游记(二)》,《康有为遗稿·列国游记》,上海人民出版社1995年版,第150页。

艺为之，我人无一能是用，全国致败。昔诸葛之治蜀也，史称其工艺技巧物究其极，故能以小拒大，力支累年，从可推强国之赖工艺矣。我国古者非无神奇之艺，其在周末，宋偃师之胶漆为优，墨翟、公输之斫鸢天上，始黄骊山陵墓之机，张衡之地动仪，武侯之木牛流马，南齐祖暅之实先制轮船，宇文恺之行城及图书馆开合门帐之金人，元顺帝之自鸣钟，凡此不胜数，而皆不传于后，则不尚工之所致也。①

因此，康有为通过中外、古今之别，不断地阐释一个道理："科学实为救国之第一事，宁百事不办，此必不可缺者也。"② 康有为发出了科学是国家第一要事的倡议。

第五节 "实理公法"为宗的科学思想

本章的开篇已经论及康有为"以西化儒"的时间节点是1894年到1902年这一时期。而这一时期康有为的代表作充分体现了他"实理公法"为宗的科学思想。康有为的著作突出地集中在1886年和1888年这两年里：1886年著成了《民功篇》《康子内外篇》《教学通义》以及利用"几何公理"编著的《人类公理》，这是康有为作品极大丰收的一年。而1888年前后，他著成了《实理公法全书》，这一论著更集中地代表了康有为"实理公法"为宗的科学思想。

一 理性思辨与科学的求是思想

《康子内外篇》具有注重思辨的倾向，然而与《实理公法全书》《教学

---

① 康有为著，上海文物保管委员会编：《瑞典游记》，《康有为遗稿·列国游记》，上海人民出版社1995年版，第264—265页。
② 康有为著，马洪林、卢正言编注：《物质救国论》，《康有为集》政论卷（下），珠海出版社2006年版，第573页。

第四章 东传科学与康有为今文经学的嬗变(上)

通义》两部作品比较,仍有较多呼应。有学者认为康有为所有的努力都旨在维护专制政体,其实,在康有为那里,他的尊君之词并非尊君,而是陈述了二千年来"君主专制"的这一基本史实。在《教学通义》中他明确提出,自秦汉以来"君日尊,臣民日鄙",至朱明以后尤甚。他所倡导的自上而下的改革就是要改变二千年的"尊君"之制。

康有为利用撰写《实理公法全书》的手法著成《康子内外篇》,阐述了关于宇宙人生的看法。康有为虽然没有解释《康子内外篇》与《实理公法全书》的关系,但就内容分析,如果说后者表达了他的政治学理念,那么前者更接近于其处事为人的哲学系统。也许他不自觉地意识到,以传统概念术语和学术框架来表达"义理之学"更为合适。

《康子内外篇》的基本框架构成了康有为基本的思想理论体系。[①] 这样的研究路数,比起他的老师朱次琦先生,无疑大大拓宽了他的学术视野。东传科学知识的吸收自不待言,单就"中学中理"而论,其师朱次琦扫去汉宋门户归宗孔子的做法,扩展为对包括孔子在内的先秦诸子学说兼收并蓄的学术路向,以更为宽广的胸怀把握中国传统学术思想以推陈出新,这种拓展无疑具有深远的意义。

按照晚清知识分子对西方文明的态度来划分,他们大致有三种:一种是保守派,保守派不认为中国传统的东西有丝毫的问题,拒绝效法西方文明甚至对西方文明达到厌恶的程度。另一种极端态度是认为中国传统的东西一无是处,要求无条件的西化。再一种是介于这两者之间的一群人,他们有的认为"中国之学"多少有些问题,建议部分西化;但是最重要的一群人认为中西之别是表面上的,变革中国过时的政治、经济、文化和教育等领域不是去中国化,而是世界化,是把中国的文化提升到世界共同的水

[①] 从《康子内外篇》的学术渊源来看,内篇多从先秦诸子的立论入手,借鉴了明末清初的学术成果。外篇吸收了《易经》《庄子》、西方的进化论学说以及地理学的观念。

平而已。所以，不管这部分人主张世界化的动机和理念如何，他们无一例外地在中国思想史上占有极为重要的地位，他们有意或者无意间洞开了传统思想领域封闭的大门，在思想领域方面做了最有价值的综合。康有为一生的活动不同程度地被归纳到这样一些特别的群体之中，而且他毫无疑问地成为了这些群体中的翘楚。当然，他也可以被归入"半西化派"的队列。也正是因为康有为有着作为"综合者"的素养，才得以名垂青史。

《康子内外篇》和《实理公法全书》两部作品代表了康有为对西方文明的具体反应，他自诩西方之东传科学以及西方的社会政治学说对其思想有着决定性的影响。他从《万国公报》以及其他一些著述当中获得了诸如数学、天文、地理、物理、化学以及西方的社会科学知识。趣味的几何学为他研究人和社会问题提供了一种新的方法和途径。[1] 可以说，"显微镜和望远镜向他展示了崭新的思想观念"。[2] 东传之自然科学知识导致了他的诸多思想转变，促使他摆脱传统观念的束缚，转向了综合中西之学的一面，这些都成为他日后社会思想的一部分。这一时期他似乎找到了研究哲学的崭新的科学方法，特别是他还用"物质"之学来解释人生的问题。西方之东传科学对康有为思想上的冲击客观上决定了他的社会思想的形态，进而激发了他援东传科学重估本土文化的热情。康有为的思想历程由此开启了一个历史趋势，产生了20世纪前半叶一连串思想变迁的先声。[3]

在1879年前，他的思想领域并未超越儒学、佛学和道家之学。但是此后他开始涉猎"西学"。1882年他大购西书，尽改之前陈旧的观念。最后的结果是他放弃应试，目的是探求东传之西方科学知识。他抛弃古文经学

---

[1] 《康子内外篇》中"肇域篇"提到了欧几里得的《几何原本》。
[2] 《康子内外篇》中的"觉识篇"提到望远镜和显微镜，康有为在这里试图表达的是天文学领域的知识。
[3] [美]萧公权：《近代中国与新世界——康有为变法与大同思想研究》，汪荣祖译，凤凰出版传媒集团2007年版，第312页。

第四章 东传科学与康有为今文经学的嬗变(上)

而热衷今文经学是受到东传科学的影响之结果。

从19世纪80年年初期到20世纪初,康有为对西方文明的态度有诸多的转变。他因为惊艳于西方的自然科学成就和社会制度而倾向西化派,他虽然没有提倡过要抛弃中国传统,但是事实上却在力求改变它。《实理公法》和《康子内外篇》就显露出诸多西化的倾向。萧公权援引钱穆的话就是,"康氏重诂儒学实际上是'用夷变夏'。"[①] 也许这是对康有为前期思想的一种很中肯的看法。

不过康有为含蓄地附和西方思想并非要全盘西化,他认为西方和中方都有着共同之处,儒家也赞成这种说法。天下的观念就是有普及的意思,这种看法其实就是理学家所谓的天理相通。康氏深谙宋儒之学和儒家经典,所以很容易体悟到儒家所谓体认真理即内外相通的道理。康有为作为一名社会活动家,只讲究制度和价值是否符合共同的标准。从这一思想路向出发,他自然而然地会排拒中国不宜的或者是他认为过时的东西,而将西方的思想纳入到他会通中西的思想架构中来。

康有为开了20世纪二三十年代思想解放的先声,特别是社会主义思想和科学、民主的思想。他显然又不同于"打倒孔家店"全盘西化的那群狂人。康有为要用慢慢普及的方式来会通中西,而此一方法正是根植于儒家传统。因此康有为是世界主义者,而非西化者。就康有为而论,此一世界化的阶段不仅批判中国传统,同时也批判西方之所谓的更高阶段的文明。1898年之后他流亡海外,对西方的现状有着更为清醒的认识,增长了对西方物质文明的钦羡,同时也消除了他对西方国家的顶礼膜拜。1905年,他在《物质救国论》中大篇幅论述西方物质文明的强大,而中国的疲弱则是因为中国缺少现代科技,缺少能够转化成社会生产力的自然科学知识。

---

① [美] 萧公权:《近代中国与新世界——康有为变法与大同思想研究》,汪荣祖译,凤凰出版传媒集团2007年版,第313页。

"中国要生存，就要采取西方技巧，以及保存自己的精神文化"。① 这一时期的康有为不再像戊戌变法时期那样试图进行制度与思想的改革，而是积极学习东传之西方的科学技术知识，倡导中国工业化发展的道路。

另外，康有为将现有的世界走向完美世界的三个发展阶段比作是"公羊学"的"据乱世""升平世"和"太平世"，此为全书中唯一显示他与今文经学关系的一点。这一点虽然或许是他无意而为之，但是却有着极为重要的现实意义。

二 数学知识在《实理公法全书》中的应用

通过对东传科学的接触，康有为的思想发生了本质的变化，他在初识西方科学之时就意识到，那是本质上有别于中国旧学的、更为先进的一门学问，这才有其"自是大讲西学，尽释故见"② 之说。那个时期的康有为刚刚结束一场在旧学内部四处碰壁的探索，犹如漫漫长夜看到的一丝曙光，沉迷在东传之西方科学中不能自拔。他不但汲取西方科学的科学理性精神，更渴望模仿其解决问题的表达方式。几何学的简洁明了和公理系统的完备与缜密，几乎让他即刻做出选择。在这样的背景下康有为著成《实理公法全书》。

在这期间，《万国公报》刊登过有关培根生平学说的若干资料，康有为深受培根思想的影响，并发生了脱胎换骨的改变。他需要甩掉传统思想的包袱，冲破解经说古的烦琐的论证方式，从简单的公理出发，经过逻辑推理得出具有普遍性的结论。在《实理公法全书》中，康有为还不能、大概也不愿意弄明白：几何与人类公理之间存在着怎样的必然联系，他用几何学论证人类公理的尝试是否符合人们的认识规律。对于这两个问题，他

---

① 康有为在其《欧洲十一国游记》一书中对于此问题多有强调。
② 梁启超：《康有为传》，附录《康南海自编年谱》，团结出版社2004年版，第97页。

第四章 东传科学与康有为今文经学的嬗变（上）

尚没有做好回答的准备。他写的这部书也如同其他著作一样，并没有在当时就公之于众，至于社会的反响我们也不得而知。但无论如何，这本书在康有为思想发展轨迹和中国近代思想发展史上都具有极其重要的象征意义。《实理公法全书》的写作是康有为表达自己思想的一次极有价值的尝试，也是他表达自己理论主张的最为有效的途径。当然，这种方式与他借助传统学术形式以表达自己思想的道路并行不悖。

康有为在《康南海自编年谱》中说，他于1885年到1887年曾经以"几何公理"写过一部名曰《人类公理》的著作，但是我们从未与此书谋面，此书应该是他的早年作品《实理公法全书》的蓝本。因为它的内容也是用几何学原理来推演人类社会"公理"的尝试。《实理公法全书》是康有为计划编纂《万身公法书籍》中的一种。写作风格和思想内容均不同于康有为在1897年之前所有的著作。康有为19世纪80年代的代表作有《民功篇》《教学通义》和《康子内外篇》等，而19世纪90年代写的《长兴学记》《新学伪经考》和《孔子改制考》等，无论是吸收佛学还是西学，都没有脱离儒学的传统，写作方法上不外乎是考据和探求义理；在思想内容上，都是孜孜以求地阐发儒学。而《实理公法全书》则完全不同，无论在写作方法上还是思想内容上都属于东传科学的范畴而不是属于儒学，著作中儒学的因素很淡薄，甚至找不到儒学的影子。

美国仿照《几何原本》写成了不朽之作《独立宣言》，可是康有为也仿照欧几里得《几何原本》的体例来著《实理公法全书》。它的每一章都是按照"实理""公法""比例"三段式的结构并加之按语来行文的。这里的实理相当于几何学上的"公理"和"定理"，在康有为看来，这些都是被科学家或者人类社会证明了的真理。"公法"是根据"实理"和"几何"公理推导出来的法则，相当于几何学中的"公式"。"比例"也是几何学中的专业用语，而"按语"相当于几何学上的证明，是对公法和比例做出的最简要的说明和评语。同时房德邻先生指出，用这种三段式结构模仿几何学的做法虽然不是很中肯，但是却反映出"康有为积极吸收西方自然科学成果和尽力摆脱儒学桎梏的可贵努力"。①

自19世纪下半叶以来，随着洋务运动的兴起与展开，我国开始译介大量的西方科学书籍，这在一定程度上改变了中国知识分子"重文轻理"的传统。清朝中晚期，对自然科学进行研究已然成了一种风尚，大批自然科学家的诞生就是明证，诸如李善兰、华蘅芳和徐寿等人，他们大谈科学（当时称为格致中学），就连一些相对顽固的知识分子也开始研究东传之西方科学，当然康有为更不例外。康有为依照"几何公理"推演"人类社会"公理的做法，足以说明有这样一种信念：人类社会像自然科学一样存在不以人的意志为转移的客观规律。而这种规律性的东西，被康有为称为"实理"。

《实理公法全书》是康有为根据"几何公理"阐发人类社会共同法则的最有价值的案例。他在1883—1885年大攻算学和声、光、化、电、重学，都不同程度地受到东传之科学思潮的影响。科学思潮主要表现为崇尚理性，重视实证，尊重客观规律。康有为提到"实理"实现的三种途径：一是由科学家"实测"出来；二是经过社会实践证明了的行之有效的"实论之法"；三是出自"几何公理之法"。

然而康有为所谓的这些方法看起来虽是科学的，但是他在具体阐述上为了寻求"实理"却主观臆想了很多东西，处处标榜是"确实的""正确的"，却无意间走到它的反面。但我们必须承认，同实证主义者一样，他的"实理"也是科学思潮下的产物，具有反迷信、反信仰的积极意义。在康有为看来，要彻底实现"实理公法"就必须有一个更加美好的社会，而这样的一种美好的社会就是他所谓"大同理想"的雏形。

---

① 房德邻：《儒学的危机与嬗变——康有为与近代儒学》，台北文津出版社1992年版，第229页。

三 《教学通义》蕴含的科学思想

《教学通义》的内容比较庞杂，除了总结周代教育制度以及周公的教育思想之外，还探讨了"经"的得失和"经学"的流变，特别是强调"六经"之功。在论述过程中，康有为显然抱有"尊今抑古"的倾向，在对周公和孔子的评价上，康有为甚至更为推崇周公。康有为说：

> 孔子以布衣之贱，不得位而但行教事，所教皆英才之士，故皆授以王、公、卿、士之学，而未尝为农、工、商、贾、畜牧、百业之民计，以百业之学有周公之制在也。孔子未尝不欲如周公之为万民百业计也。①

康有为认为，"惟《春秋》独为孔子之作"，其他诸经都是孔子四处周游之际，勤恳收集整理的。康有为认为，周公和孔子都有功于中国学术文化的继承和发展，他们的思想至今仍为士大夫立身处世的不二法门。对于"今古文"之争，康有为似乎不以为意，他没有将自己划到"今古文"之学的哪个派别的营垒之中。他重点关注的周公"农、工、商、贾、畜牧"等百业之学就是所谓的"经世致用"之学，这些与其师朱次琦的经学、史学、掌故之学、性理之学、词章之学已不能同日而语。其师之学充其量只是"士人之学"，而康有为阐发的"通经致用"之学就是真正的"社会之学"。

康有为的《民功篇》代表了这一时期他从传统思想中寻求学术变革的努力。他从《绎史》中不厌其烦地引述了大量的历史资料，论证黄帝、尧、舜三世因时变革创制，以推动中国历史从野蛮走向文明的进程。但是

---

① 康有为著，姜义华等编：《康有为全集》（第 1 集），上海古籍出版社 1987 年版，第 118 页。

有两点很明确：一是康有为特别强调黄帝等人"民功"之德，强调他们促进古代物质生产发展为社会进步等方面所做出的贡献；二是美化和赞颂三代变政以利民，也就是改革不适应社会发展的旧制度的勇气。

　　从常人的逻辑来看，康有为几乎同时写作《实理公法全书》《教学通义》和《民功篇》这些隶属不同范畴的著作，不管是从表述手法还是从取材来源来看都相去甚远。因此，同时撰写这三部书简直是不可思议的，其实这也恰恰反映了他痛苦的探索历程和急于找到表达其思想理论的迫切心境。写完《实理公法全书》，他被此书在有关数学演算方面的问题弄得头疼欲裂，从此不敢涉足几何学。他写作的目的似乎清楚明了，他所追求的并不是要发现真理，更重要的是动员舆论的力量。从《教学通义》到《民功篇》，为了批判现实，他变革的标签从孔子、周公一直贴到了黄帝和尧、舜那里，以获得改革在法理上和学术文化上的根据。这些无疑给后人留下了宝贵的思想财富，这些著作本身都具有独立的思想启蒙价值。康有为以东传科学的视角重新发现今文经学和大同思想的尝试，具有革命性的意义，他为中国传统文化走向近代指明了一条切实可行的道路。

第五章　东传科学与康有为今文经学的嬗变(下)

戊戌变法失败之后，康有为周游列国，亲历西方国家繁荣发达的同时，也逐渐意识到西方国家同样存在着一些难以解决的致命缺陷。康有为将这些弊病归咎于他们的制度体系的问题，而回国后目睹军阀混战给国民带来的空前灾难，再次引发了他对政体与制度的思考。从1898年戊戌变法失败流亡海外到1927年病逝于青岛，在康有为生命的最后时光里，他对于西方文明有了更为清醒的认识。

他深刻认识到西方所谓的民主、自由、平等的政治理念并非人民所期盼的"普世价值"，只有充分吸纳东传科学中诸如"物质救国""科学救国"等最有价值的内容，并辅之以儒家的"通经致用"思想，将儒学与东传科学有机结合才能实现古今、中西的完美贯通。只有这样，才是人类生存的王道，也才最有可能成为全人类的"普世价值"。《大同书》是康有为向西方寻求真理的思想结晶，其写作目的从来都不是炫耀才华和反对所谓的"共和"，而是想唤醒人们去为实现这样一个美好的社会理想而努力。即便是《新学伪经考》和《孔子改制考》等具有浓厚的世界主义和近代色彩的早期代表性作品，也体现了康有为追求大同社会的崇高理想，这些都是早期先进的中国人向西方寻求治国良方的智慧结晶。下面就康有为后期"儒西并尊"和"以儒化西"的嬗变过程作如下论述。

第一节 康有为"儒西并尊"思想(1902—1913)

一 "儒西并尊"思想格局的形成

海外逃亡的16年,康有为完成了从"以西化儒"到"儒西并尊"阶段的转变。逃亡前期,康有为蛰居印度大吉岭,在那里完成了《大同书》初稿,结束了"以西化儒"的旅程。"儒西并尊"则是康有为逃亡海外的后期思想。这一思想转变在《大同书》中得到了淋漓尽致的体现。

(一)《大同书》诠释"普世价值"的愿景

《大同书》初成于1901年到1902年,此后历经多次修改,直到康有为晚年定居上海时才最终定稿。《大同书》被今之学者视为康有为诠释"普世价值"的代表性作品。张耀南指出:"设若地球上现有之文明全是'旧楼',如中华文明为'旧东楼',伊斯兰文明为'旧中楼',西洋文明为'旧西楼',其他文明为'旧配楼';又设若我们要重建的人类文明是'新楼',我们要构建的'普世文明'为'新楼'。"[1] 康有为的《大同书》,就是推倒全部"旧楼"重砌"新楼"的一部书,这"新楼"的名字叫"太平"或"大同",其中的价值观就是所谓"普世价值"。康有为在《大同书》的结尾说道:

> 耶教以尊天爱人为诲善,以诲罪末断为悚恶,太平之世,自能爱人,自能无罪;知天演之自然,则天不尊,知无量重魂之难立待于空虚,则不信末日之断,耶稣之教,至大同则灭矣。回教言国,言君臣、夫妇之纲统,一入大同即灭,虽有魂学,皆称天而行,粗浅不足征信,其灭更先,大同太平则孔子之志也,至于是时,孔子之三世之

---

[1] 张耀南:《中国儒学史》,北京大学出版社2011年版,第268页。

第五章　东传科学与康有为今文经学的嬗变(下)

说已尽行,惟《易》之阴阳消息,可传而不显矣,盖病已除矣,无所用药,岸已登矣,筏亦当舍。故大同之世,惟神仙与佛学二者大行。盖大同者,世间法之极;而仙学者长生不死,尤世间法之极也;佛学者不生不灭,不离乎世而出乎世间,尤出乎大同之外也。①

在康有为心目中"普世价值"的主体是"中学中理",而不是"西学西理",他显然是在凸显"中学"的价值。康有为著《大同书》的目的就是要建立以儒学为"普世价值"的大同社会。在康有为心目中,"西学西理"就是耶教、伊斯兰教和西方的自然科学,一如进化论、星云假说等学说。他认为,所有这些"西学西理"都只代表"升平世"的价值,到"大同世"阶段所有的"西学西理"都将走向灭亡的命运。而"中学中理",如孔子之学,则代表的是"太平世"的价值,为"世间法"之极致。但是康有为也认为"孔子之学"不适合于"出世间",更高的层次应是"仙学"或"佛学",以至于"天游之学"。在康有为那里,他心中的"普世价值"的主体是"孔子之学",而不是"西学西理"。因此,康有为曾经在《大同书》里描绘过大同之世的美景就是一个无限祥和臻美的社会。康有为曾有过精彩的描述:"太平之世,人人皆色相端好,洁白如玉,秀妙如兰,红润如桃,华美如花,光泽如镜,今世之美人尚不及太平世之丑人也。"② 所以,康有为心目中的"普世价值"与当今学界大多以"西学西理"为"普世价值"的看法正好相反,这也是儒学的内在张力与未来发展的动力所在。

(二)"中学中理"优于"西学西理"

可以说,康有为的《大同书》正是他对以"孔子之学"所构建的人类

---

① 康有为著,章锡琛、周振甫校点:《大同书》,北京古籍出版社1956年版,第301页。
② 康有为著,马洪林、卢正言编注:《大同书》,《康有为集》政论卷(上),珠海出版社2006年版,第504页。

"大同之世"的描绘和向往,也是他贬抑"西学西理",光大"中学中理"的典范之作。康有为在论及"老寿之苦"的时候说道:"欧美人人自立,然老而贫者,子更不养,穷独无告;老而富者,亲戚毒之以分其产,寡得保首领以没者。是故贫贱而寿,则有沟壑断弃之忧;富贵而寿,则有死丧疾病之苦。"① 康有为认为中华民族古已有之的"父慈子孝"的价值观是优于西洋人所谓的"人人自立"的价值观。康有为所谈及到的"有国之害"的预言对于今天的西方国家也极具现实意义,他指出西方国家一直承载兵祸之灾,埃及、巴比伦、西里亚、腓尼基和希腊等国一直在相互争斗,时战时和,从未停息过,与春秋战国之乱有很大的相似之处。康有为在《大同书》中写道:

> 及拿破仑起,三年见破意大利,并伦巴国,侵奥而再破之,俘教王,平埃及,攻西里亚。虽海军为英将军鼐利孙所破,又与英、奥、俄、突、奈波里五联军战。大破奥而割其地,且并荷兰。后以五十五万人攻俄,死者三十万……故夫亚历山大、嬴政、摩诃末、成吉斯、拿破仑者,皆古今命世之雄,而杀人如麻,实莫大之民贼也。……统欧洲自罗马以还,大战八百余,小战勿论,其膏涂原野,惨状何可言耶!②

因此西方世界所盛赞的国家主义,是打打杀杀、尸横遍野的蛮夷世界,远远落后于我们中土所秉持的"天下主义"的价值观。康有为在论及"去种界同人类"时指出,美洲之烟剪土著居民,如今皆被白人所驱赶,所剩者还也不过百万;澳洲之土著居民,百年之前还有百万之巨的,

---

① 康有为著,章锡琛、周振甫校点:《大同书》,北京古籍出版社1956年版,第49页。
② 同上书,第65—67页。

第五章 东传科学与康有为今文经学的嬗变(下)

如今也只剩寥寥数万;檀香山之土著岛人也面临这种境地,今亦零落为数万人;而印度数千年之前的土著居民亦为亚利安族所灭。诸如此类的佐证还有:"以此而推,今若非洲之黑人虽有万万,千数百年后皆为白人所夷灭,否则白黑交种,同化于白人,此天演之天可逃者也。"①

所以,根据康有为的论断,西洋人高举"人权""平等"的价值观,其实不过是为他们的种族灭绝、种族歧视作掩护,都是表里不一的表现。在论及"欧美人子之薄报"时,康有为指出,今日欧美之人号称自己是文明国度之公民,然而他们在教育子女方面,也是锻炼子女勤劳能干,无异于中国父母的教育方式。接着,康有为开始直陈欧美之人的问题所在:

> 欧美人营业逐利,无远弗届,既少子孙常住,又多岁月即迁,无宗族之同居,无祠庙之追远,盖视墓亦不数十年而置之,仅悬遗像以寄相思,亦不过与良朋等耳。此后无春秋之祭,无忌日之思,无孙、曾、云、来之贻,以视中国世传数十,祠墓常修,祭祀常洁,思慕常感者,其去极远矣,其报太薄矣。②

因此,康有为指出,西洋人"薄报"不及中土的"厚报",旨在说明西洋文明实不如东方之文明进步。康有为论及"全地大同公政府政体"时说,各国政党唯竞争才能进化。这样就进入一个两难的境地:不竞争则没有发展,但是竞争之心却坏人心术。一切乱象诸如"大昏博夜、喧走道途、号召徒党、密谋相攻"之乱象,皆源自竞争。康有为认为,政党政治只适宜于"据乱世",绝不是人类政治之终极诉求,人类的大同之世不需要这样尔虞我诈的政治斗争。康有为在《大同书》中写道:"若议举之先,

---

① 康有为著,章锡琛、周振甫校点:《大同书》,北京古籍出版社1956年版,第117页。
② 同上书,第175—177页。

兆人万众旁皇奔走,大罗酒食以媚庶人。所取既未必公,即公亦出大争,坏人心术,侵人根种,此大不可。"① 在论及"人有不忍之心"的时候,康有为认为欧美近"升平",距公理之甚远,而孔子立"三统三世"之法,是大同之正道。康有为指出:

> 欧美略近升平,而妇女为人私属,其去公理远矣,其于求乐之道亦未至焉。神明圣王孔子早虑之,忧之,故立三统三世之法,据乱之后,易以升平,太平,小康之后,进以大同。曰'穷则变',曰'观其会通以行其典礼',盖深虑守道者不知变而永从苦道也。②

最终康有为还是回到原来的话题,他认为"西学西理"的最高境界只是服务于"升平世"而已,而"中学中理"能够立足于"太平""小康"之上,达到"大同"的境界。两相比较,自然是"中学中理"优越于"西学西理"。在论及"孝报欧美不如中国,耶教不如孔教"时,康有为想要说明的是何为文明? 文明是要用事实说话的,西方标榜的所谓文明都是站不住脚的。能够遵守"孝道"是文明之始,而欧美等国的"孝道"是没法与中国相比拟的,他们所谓耶稣之虔诚的信徒,正是世界动乱的症结,即造成西方宗教信仰的是非纷争的主导因素。从这个意义上来讲,康有为认为耶教也没法与孔教相提并论。

(三)《大同书》的旨归

就《大同书》的"普世价值"而言,不管是"西学西理"还是"中学中理",康有为的处理原则是合则尊之,违则抑之。因此,康有为的立场是"儒西并尊"。

---

① 康有为著,章锡琛、周振甫校点:《大同书》,北京古籍出版社1956年版,第260页。
② 同上书,第8页。

第五章　东传科学与康有为今文经学的嬗变（下）

康有为大篇幅论及"欲去国害必自弭兵破国界始"，他认为孔子之太平世，佛之"莲花世界"，列子之"甀瓶山"都是可以实现的。"孔子之太平世，佛之莲花世界，列子之甀瓶山，达尔文之乌托邦，实境而非空想焉。"① 在这里，"孔子之太平世"是"中学中理"，而"达尔文之乌托邦"指的则是"西学西理"，在这里，康有为对待中、西学的态度是"儒西并尊"。在论及"中西有无族制之得失"时，认为中国乃是世界各国族制的楷模。中国的祭祀之制是西方国家所不能比拟的，但我们却是自亲其亲，在"行仁狭"，不如欧美之广大，因此中西两相比较，各有所长。康有为在《大同书》中说：

> 夫中国祠墓之重，尊祖追远之义至美矣，其不祭祠墓者，是为忘本，至不教矣，而大地各文明国咸无之。印度则焚其先骸而无墓焉，欧人之于墓，于子礼，于孙止，子他徙则亦止，若祠庙则万国所无也。②

康有为在这里一方面讲"西不如中"，一方面又论及"中不如西"，是典型的"中西并尊"的思想格局。在论及"奖仁"的时候，康有为在《大同书》里讲道："亦有限制焉，凡其有功于人类、波及人世大群者乃得列。若其仅有功于一国者，则虽若管仲、诸葛亮之才，摈而不得与也；若乐毅、王猛、耶律楚材、俾士麦者，则在民贼之列，当刻名而攻之，抑不足算矣。"③ 这里康有为谈到的马丁·路德、培根和拿破仑等都是西方的有功之士，而程颢程颐二兄弟、朱熹王阳明等又是中国在哲学领域极具贡献之人。因此，在这里康有为所要阐发的是"儒西并尊"的架构。

---

① 康有为著，章锡琛、周振甫校点：《大同书》，北京古籍出版社1956年版，第69页。
② 同上书，第172—173页。
③ 同上书，第277页。

总之，康有为《大同书》中"以西化儒"的立场犹在，但已经不再是主体的框架。《大同书》之主体框架，已经转向"儒西并尊"或者说是"中西并尊"的格局。因此，康有为的《大同书》既是康有为"以西化儒"的终结，又是"儒西并尊"的肇始。康有为亲历欧美之后，他心目中的西方社会已非当初想象中的那么美好，他不再坚持"以西化儒"的立场。因此，"以西化儒"的立场掺杂其中，但已经不再是他学说的主体架构。

二 "儒西并尊"思想的实证分析

康有为在逃亡海外后期，也就是1903年到1913年的近十年间，康有为亲历西方现代文明，开始由"以西化儒"与"儒西并尊"杂陈发展定格为"儒西并尊"的思想框架。康有为认为，中国相较于西方，仍然十分落后，需要引进西方先进的科学技术，以完成工业化，才能实现国家的富强与进步，故主张"物质救国"；但另一方面，由于康有为一战前夕在西方游历的所见、所闻使他发现西方并非想象中的完美，他眼中的西方只讲物质之学，竞逐利益，世风浇漓，从而导致社会问题日趋严峻，故康有为仍着意于儒家的道德价值，希望以此挽救世道人心，故此，他也同时主张"道德保国"，这与后来梁启超在《欧游心影录》中所述相似，可以说，康有为实际上是开了现代新儒家思潮的先声。从康有为在1904年撰写的《意大利游记》中，我们透过其言论，基本可以判断他的立场还是"尊西"和"尊中"并重的。康有为有云：

> 今者重都府、通道路、速邮递、立银行四大政，与其法律大行于欧洲，为盛强之一大原因焉。我国地土广大逾罗马，而不知大治道路以速通之；以金银贮库，而不知立国家银行以操纵财权焉。于以文明不兴，盗乱难平，财货绌滞，甚非统驭大国之道，则愧于罗

第五章 东传科学与康有为今文经学的嬗变(下)

马矣。而数千年无一作者,道路间有开辟,而银行未识创设。以唐太宗、宋艺祖、明太祖及燕王棣之雄武硕画,才臣如鲫,而思不及此,岂不异哉!①

康有为此时的言论显然有责怪唐太宗、宋太祖和明太祖之嫌,但他主要还是想说明西方兴建都市、建造道路、设立银行和开通邮政等是西方富强的根本原因,他的言论主要还是基于"尊西"的论述。对于"尊西"的描述,康有为认为:"今欧洲新理,多皆国争之具,其去孔子大道远矣。一二妄人,好持新说,以炫其博。迷于一时之权利,而妄攻道德。乃辄敢攻及孔子,以为媚外之倡。必欲使己国数千年文明尽倒,国教俱无。而后快其猖狂纵欲之私,以助其成名之具,无论其力未能也。……吾昔者视欧美过高,以为可渐至大同,由今按之,则升平尚未至也。孔子于今日,犹为大医王,无有能易之者。"② 康有为在这里显然是在"尊中""尊儒",所谓的"欧洲新理"与孔子的"大道"相比,相去甚远。康有为之前对于欧美诸国估计过高,此时看来,欧美的"新理"连"升平世"都不一定能够实现,更不用说是达到"大同世"的目的。因此,康有为断言,欧美诸国的雕虫小技是无法与孔子之大道相提并论的。康有为说:

佛兼爱众生,而耶氏以鸟兽为天之生以供人食,其道狭小,不如佛矣,他日必以此见攻。……耶教以天为父,令人人有四海兄弟之爱心,此其于欧美及非亚之间,其补益于人心不鲜。但施之中国,则一切之说,皆我旧教之所有。③

---

① 康有为著,姜义华等校:《康有为全集》(第7集),中国人民大学出版社2007年版,第388页。
② 同上书,第374页。
③ 同上书,第375页。

康有为的这段话表象是在赞美西方的佛教和耶教的高明之处，但是话锋一转，他又直陈佛教与耶教之缺点，"借我旧教之所有"。康有为"尊西"的同时是在"尊儒"。1904年康有为又撰写《德国游记》，同样是采取"儒西并尊"的立场。"尝论德近世人才，以路德、康德、俾士麦为三杰。路德创新教而拨旧教，为欧土教门之杰第一；康德兼综心、物二理，集欧土哲理之大成，为哲理之杰第一；俾士麦合日耳曼数十邦为一统，文治武功俱冠欧土，为功业之杰第一。三杰俱生于德，教宗、哲理、功业三者俱占第一，亦足见日耳曼人才之盛矣。"[①] 在这里他力陈德国人的"文治武功"，接着他又开始大加赞赏"中学中理"：

> 观此乃叹孔子之粹美也。即佛、梵尚不至酿大争乱焉，胜于耶、回矣。盖立教太强，强则必争，种祸之因在此。孔子之道宽柔以教，故失之弱，然因乎人情，而又为三统三世以待其变，其兹可久乎![②]

所以，纵观世界各国，康有为认为还是孔子之道"三统三世"来得更为久远。康有为在《会见记》中反对以"媚外自轻""媚外自弃""媚外忘耻"的方式处理儒学和西学的关系。康有为指出：

> 吾观夫欧人之变法也，利用其新，而不必尽弃其旧。英尤有焉！双轮并驰，徐以俟其得失耳。……斟之酌之，损之益之，断之续之，务得起宜，则变通尽利矣。[③]

[①] 康有为著，姜义华等校：《康有为全集》（第7集），中国人民大学出版社2007年版，第411页。
[②] 同上。
[③] 康有为著，姜义华等校：《康有为全集》（第8集），中国人民大学出版社2007年版，第38页。

第五章　东传科学与康有为今文经学的嬗变(下)

康有为论说欧人之"用新留旧""双轮并驰"的变法模式来体现他们的高明之处,而所有这些也是我们应该学习的变法模式。

(一)"物质救国"

康有为在《日本书目志》中反复强调物质之学、自然科学的重要性。天下之争战乃科学技术之战,"亡羊补牢,犹未为晚"。对于科学技术的重要性,康有为指出:

> 尝考欧洲所以强者,为其开智学而穷物理也,穷物理而知化也。夫造化所以为尊者,为其擅造化耳。今穷物理之本,制电、制雨、制冰、制水、制火,皆可以人代天工,是操造化之权也。操造化之权者,宜其无与敌也。昔吾中人之至德国也,必问甲兵炮械,日人之至德国也,必问格致。夫今天下之战,斗智而不斗力,亡羊补牢,及今或犹可也。[1]

康有为指出,我们在物质上不如欧美是因为我们的自然科学不如人家。在这里,"物质救国"基本上指以工艺、兵炮救国,意在器物层面上。在康有为那里,所谓"物质"者,"夫工艺、兵炮者物质也,即其政律之周备,及科学中之化、光、电、重、天文、地理、算数、动植、生物、亦不出于力数、形器之物质。然则吾国人之所以逊于欧人者,只在物质而已。"[2] 他基本上秉持"自然科学"为本,"社会科学"为末的观点。这个时候,西方的科学思想对康有为影响很大,他认为西洋之科学比中土发达,这是中国在物质上落后的原因。康有为提到:鸟柯连大学和卜忌利学校,其教物质有六科,率四年卒业。机器、工程、化学,分为三科,其他

---

[1] 康有为著,姜义华编校:《日本书目志》卷二,《康有为全集》(第3集),上海古籍出版社1992年版,第626页。

[2] 康有为著,姜义华等校:《康有为全集》(第8集),中国人民大学出版社2007年版,第91页。

三科则农、商、矿也。① 物质学即自然科学。所以康有为的物质救国思想与近四十年来我们如火如荼的改革开放政策具有惊人的相似性。另外,康有为在《会见记》中也提及"物质救国"的主张。康有为说:

> 吾昔者未出游,因就欧美百年来之表面观之,惊惧颇甚,以为其教化之至极盛矣。今既久进其国,乃觉彼之俗化尚远不若我东汉及宋明之世,不过道路、宫室、器用、兵械之精良,乃因新学之汽电发明而遂超我,与教化都不相关也。吾国苟稍能致力物质,自强之后,通译诸经之精义微言,则最切于人道,而为彼土所未能至者。……而尽欧美则犹在据乱之时期,欲升平而未之至也。②

另外,康有为在《会见记》中坦陈他几年前领导的戊戌变法运动,这也是康有为对自己变法所做出的最直接的回应。在这里康有为一方面抛弃"千年朽弊之旧法"的同时又要"温故存旧",为自己的戊戌变法代言;另一方面又要"师法欧美",合二为一就是要"温故知新",二者并举方为正途。

(二)"道德保国"

"物质救国"的对立面就是"道德保国",康有为一方面大讲"物质之学",另一方面又大讲他的"道德之学"。讲物质之学就是"尊西",讲道德哲学就是"尊儒"。1904年,康有为著成《物质救国论》,在这部巨著里,康有为在重视西洋之"物质"的同时,更重视对"中土"的"道德"践履。康有为曾经把欧美与中国作过比较:

---

① 康有为著,姜义华等校:《康有为全集》(第8集),中国人民大学出版社2007年版,第91—92页。
② 同上书,第27页。

第五章　东传科学与康有为今文经学的嬗变(下)

故以欧美人与中国比较，风俗之善恶，吾未知其孰优也。推其孰为冲简僻乎，则道德俗尚之醇美浇漓可推也。如以物质论文明，则诚胜中国矣。若以道德论之，则中国人数千年以来受圣经之训，承宋学之俗，以仁让为贵，以孝弟为尚，以忠敬为美，以气节名义相砥，而不以奢靡佚争竞为尚，则谓中国胜于欧美人可也。即谓俗尚不同，亦只得谓互有短长耳。[①]

从康有为直陈其遍游亚洲十一国、欧洲诸国以及美国的游历经历来看，欧洲百年来最为成功的地方在于"国民学""物质学"这两个方面。他指出中国落后的原因在于：中国数年来，虽发明了"国民之学"，但不知讲"物质之学"。中国数千年之文明冠绝大地，然而只偏重于"道德哲学"，更缺少的是"物质之学"。因此，康有为强调"物质"的重要性。康有为对"物质"之学尤为重视，他充分论证了"物质之学"的重要性："夫势者，力也，力者，物质之为多。故方今竞新之世，有物质学者生，无物质学死。小国若缅甸、安南、高丽、无物质学者立死；文明大国若突厥、波斯、西班牙，无物质学者，少辽缓其死，然削弱危殆而终归于亡。"[②] 同样的例子也见诸康有为的文章中，他的立场一直都是"儒西并尊"，既尊西洋的"物质"，又崇尚中土的"政法"和"文明"。康有为认为中国既要尊崇西洋的"形而下"的"物质""工艺""兵炮"，同时也要尊崇中土"形而上"的道德、文明等。相似的论述还有：

夫百年来欧人之强力占据大地者，非其哲学之为之也，又非其民权自由致之也，以物质之力为之也。……故魏源深谓师其长技以制

[①] 康有为著，姜义华等校：《康有为全集》（第8集），中国人民大学出版社2007年版，第67页。
[②] 同上书，第63页。

之。当时固未知欧人之别有文明、道德、法律、政治、文学、哲理之盛,而就中国本有之文明论之,则保国之道,中国所缺乏者,乃最在物质。……然则魏默深之论,至今犹为至论也。曾文正、李文忠、郭筠仙皆颇从默深之说,又皆居要地,惜乎其未能深讲而力行之也。①

同样是尊西洋人"物质之力",又尊中土"本有之文明",欧美之国在近代崛起的原因在于欧人之强也。自文艺复兴之后的数百年来,从人道学到近数十年来的国民学,终至物质学。"其所绝无而最缺,而不能以立国者,则在物质之一事也,故吾之于物质学,最为深切而谆谆也。"② 这里康有为指的是既重西洋人之物质学,又兼顾中土之"人道学",他采取的依然是人道主义的立场。

康有为在《物质救国论》的《序言》中提道:"方草各国游记,而苦时日之难毕也,先为物质救国论以发明之,冀吾国吏民上下,知所鉴别,而不误所从事焉。"③ 可知《物质救国论》是康有为海外流亡后期在撰写《列国游记》的间歇性,利用闲暇时间完成的,是康有为对《列国游记》主旨思想的总结和升华,也是他在欧美十年(1903—1913)思想转变的集中反映。康有为在《恶士弗大学图记》中提出中国立学为最久,是世界上永为第一文明古物的根本所在。所有这些都表明了他"儒西并尊"的立场,康有为在《记中国宜用孔子纪年》中说:

今之人贵文明而贱野蛮,岂非内诸夏而外夷狄欤?美、瑞之选贤能为民主,岂非所谓天下为公欤?但今未离内其国之时,故太平

---

① 康有为著,姜义华等校:《康有为全集》(第8集),中国人民大学出版社2007年版,第71—72页。
② 同上书,第73页。
③ 同上书,第64页。

第五章 东传科学与康有为今文经学的嬗变(下)

大之道犹有待耳。……国土万千,旋立旋灭,置大地中如泡影耳。惟教主久而愈尊,亦有道而无国。然而万国中诞将教主,而国大能自立者惟我耳。以远鬼神而务民义,故政治修、以不娶同姓,故人民繁;以文武并尚,不徒诵经膜拜,故国能大。试校之犹太、印度诸国而可知也。①

1912年康有为在撰写《中华救国论》中指出,在中国政教并行就犹如车子的双轮并驰,相牵相擎而和谐运转。他提到法国虽大变,而宗教犹在,不如我们政教合一完美,同时他认为美国和法国的方式唯乱而已。康有为在这里提出了一个"保中增西"的方案,他虽深陷逃亡的命运,但依然心系华夏,拳拳的爱国之心天地可表。康有为的爱国之心还表现在他对当时国家命运的深深的忧虑:

今共和成立已数月矣,五族既合,民心已一,乱无可虑。所独忧者,万国眈眈,暴民攘攘,乱舞傞傞,颠倒衣裳,再失其道,自取分亡,则五千年之文明,万里之广土,四万万之华胄,将为奴隶,耗矣哀哉!若能为之有序,措之得宜,讲乎外势而先弭内乱,以国为重而民从之,有政党内阁以为强力政府,行保民之政,富而教之,保中国已有之粹而增其未备,则中国之强,可计日而待也。②

也可谓是一个"以国为重而民从之"的精辟论断。其实纵观今日之中国,政府的政策和决策只要是利国利民的,老百姓都会拥戴它、支持它。康有为虽远在大洋彼岸,却仍然坚信"中国之强,可计日而待也"。这里

---

① 康有为著,姜义华等校:《康有为全集》(第9集),中国人民大学出版社2007年版,第162—163页。
② 同上书,第328页。

康有为直陈"儒西并尊"的立场。同样的立场见诸1912年10月在《孔教会序》中提到的:"基督尊天养魂,忏恶劝善,行之欧美,成效久彰矣。然孔子之道,以人为天所生,故尊天,以明万物皆一体之仁;又以人为父母所生,故敬祖以祠墓,著传体之孝。若基督之明尊天,而敬祖阙焉。今岂能举中国四万万人之祠墓而一旦尽废之,若今不尊孔,则何从焉?将为逸居无教之民欤?暴戾恣睢,以快嗜欲而近于禽兽乎?则非待烹灭绝种而何!"① 这是康有为"儒西并尊"的立场。后来的作品中有诸多康有为关于"以儒化西"过渡的痕迹:

> 夫孔子之道,本于天而不远人。人之性出于天,故因人性以为道。……苟非若婆罗门之去肉出家、墨子之非乐不歌,则普大地万国之人,虽欲离孔教须臾而不能也。……苟非生于空桑、长于孤岛无人之地,则是道也,凡普大地万国之人,虽欲离孔教须臾而不能也。非惟中国为然也,恻隐羞恶,知虑进取,人之性也,扩而充之,以为仁义智勇之德,虽禽兽亦有是一二焉,但不能合而扩充耳。则是道也,凡普大地万国之人,虽欲离孔教须臾而不能也。②

此处康有为所指"普大地万国"之说,已经远超"儒西并尊"的立场,开始向"以儒化西"立场转变。

第二节 《大同书》的人类理想

康有为的《大同书》继承了春秋公羊学"三世"说以及《礼运》篇

---

① 康有为著,姜义华等校:《康有为全集》(第9集),中国人民大学出版社2007年版,第346页。
② 康有为著,姜义华等校:《康有为全集》(第8集),中国人民大学出版社2007年版,第343—344页。

第五章 东传科学与康有为今文经学的嬗变(下)

"小康"及"大同"的核心思想,并汲取西方自然科学知识和西方空想社会主义思想之长,同时熔铸了儒家仁学思想和佛教慈悲观,构造了一个充满东方文化色彩和世界意识的"大同"思想体系,并赋予其新的时代内涵。康有为的大同思想体系是中国有史以来乃至世界有史以来最杰出的乌托邦思想,它不仅是中国近代社会,更是全世界人民灾难深重历史的曲折反映,也在一定程度上反映了全世界人民对美好生活的憧憬和向往。因此,康有为"大同"思想是中国传统文化和世界进步文化追求理想社会的映像。

在科学社会主义思想传入中国之前,中国历史上曾经出现过三次空想社会主义思潮:太平天国洪秀全的农业社会主义空想思潮、康有为的大同社会主义理想以及孙中山三民主义的社会主义空想,此三种思潮当属康有为大同社会主义空想尤为突出。作为反抗封建剥削阶级的一种意识形态,强烈反对剥削及私有制,把实现社会财产公有作为其基本特征。可以说,康有为的大同理想是连接空想社会主义与科学社会主义的桥梁和纽带。

一 康有为"大同"理想的形成背景

社会的发展及科技的进步正迅速改变着人们固有的传统观念,过去认为不可思议的事情现在正在或者将要变成现实。康有为《大同书》中的奇思妙想,在一百年后的今天,这一曾经梦想中的幻象已经或者正在展现于人间。一些学者认为康有为的"大同"是一种有效的"乌托邦",康有为研究专家萧公权评价《大同书》时说:"其影响的深远,非同时代的任何人可比拟。他的乌托邦构想极具想象力与挑战性,他足列世界上伟大乌托邦思想家之林。有人可以指出若干不当之处,如有关家庭与财产部分,但无人可以忽视他整个社会思想的历史意义。"[①]

---

① [美]萧公权:《康有为思想研究》,汪荣祖译,台北联经出版事业公司1988年版,第451页。

康有为在《大同书》中反对民主共和而极力强调君主立宪是一个不争的事实，但是这种情况的发生有其特定的时代背景：当时的世界形势，除了美、法等少数国家之外，其他西方国家皆采用君主立宪的国家政体形式。康有为认为君主立宪政体下的帝王不过是个"虚君"，只是维系国家统一的象征，实权仍然掌握在议会手里。《大学》中引用《康诰》中的一句话："周虽旧邦，其命维新"，这也是康有为要维新不要"革命"最重要的原因。他认为如果在中国推行君主立宪制度，光绪皇帝依然可以做他的皇帝，只是那个时候光绪帝仅仅是象征性的国家元首，这样既可以避免军阀混战，又可以避免形成群雄争夺天下的局面。

对于"大同"思想的由来问题，在中国古代文化典籍中，保存着许多丰富且宝贵的资料。诸如《诗经》里"乐土"的概念、老子的"玄同"思想、墨子"尚贤""尚同"的政治主张以及孔子的"均无贫""和无寡"等等，特别是儒家经典《礼记·礼运篇》中"大同章"描述："大道之行，天下为公；选贤与能，讲信修睦，故不独亲其亲，不独子其子，使老有所养，壮有所用，幼有所长，矜寡孤独废疾者皆有所养，男有分，女有归，货恶其弃于地也，不必藏于己，力恶其不出于身也，不必为己，是故谋闭而不兴，盗窃乱贼而不作，故外户而不闭，是谓大同"。这里（《礼记·礼运篇》）勾勒出了一幅理想社会的美妙图画，而这一美妙图画成为后代儒家文人孜孜以求的最高社会理想。

康有为作为自幼饱读儒家经典的一代大儒，深谙儒家向往的大同理想，并以此为他矢志不渝、毕生追求的社会理想。因此，在《大同书》中可以清晰地看到比《礼运》中更具体、更丰富、更系统甚至更为美妙的图景。1884年中法战争爆发，康有为作为一介书生，他能做的就是归隐起来，躲避在淡如楼上苦心读经以求救世之方。此时的康有为虽然只有26岁，但是他的儒学功底已经十分扎实，对佛学也有了自己独到的认识，在苦心攻读儒家经典的同时还能积极学习西方的算学、物理、化学等涉及西

第五章　东传科学与康有为今文经学的嬗变(下)

方近代科学技术的相关书籍。"经子之奥言，探佛学之卫旨，参中西之新理，穷天人之绩变，搜合诸教，披析大地，剖析今古，穷察未来。"① 因此，他钻研的都是儒家经世致用之学，思考的是如何实现复兴中华的远大目标。

"究天人之际，察古今之变"，康有为对于人类社会发展前景也关心颇多。康有为在1884年用"三统"论古代先贤，用"三世"说推演将来，1885年"手定大同之制名曰《人类公理》"，② 1887年"推孔子据乱、升平、天平之理，以论地球"，③ 也就是说用今文经学派的"三统""三世"说作为其社会发展的理论框架，借此来推演"小康"向"大同"发展的人类社会的演化进程。作为南海大儒朱次琦的得意门生，有着深厚古文功底的康有为自然通晓《礼记》中"大同""小康"的精义。因此可以推断，他在1884年开始建构其所谓的大同世界也就成了自然而然的事情，只是没有像他在《自编年谱》里说得那么清晰而已。

按照康有为的设计，在大同社会中人类已经实现了种族同化，生活在一个统一的国度里，在统一的政府管辖之下，人人享有平等的权利，人人使用统一的语言，享受同样的精神文明，而且，人类还可以在星际间畅游，永生不死。这和《礼记》中"今天下车同轨，书同文，形同伦"（《礼记·中庸》第二十八章）有异曲同工之妙。虽然这样的一种图景只是一个粗糙的乌托邦，也可以说只是其心中一个幻象而已，但它却是《大同书》中理想社会的雏形。这种图画和《礼运》中所描写的既相似又有本质的不同。康有为早期大同思想明显地吸收了《礼运》中"推仁"和"天下为公"的基本思想。但是与这些核心理念有别的是：康有为从骨子里表现出一种既想拥抱儒家又试图摆脱儒家思想的倾向。《礼运》中突出的是

---

① 梁启超：《康有为传》，附录《康南海自编年谱》，团结出版社2004年版，第99页。
② 同上书，第100页。
③ 同上书，第102页。

"天下为公",而康有为《大同书》中却突出的是人人平等,显然这个思想来自佛教的佛法平等和基督教的"在上帝面前人人平等"等。

所有这些都体现了其大同思想是受到印度以及西方科学的影响。总之,康有为早期大同思想是融合了他所掌握的佛学、儒学和西学三门知识,因此不仅是对古代大同思想的继承更是在新的历史形势下的创新和发展。

二 西学影响下康有为儒家乌托邦的建构

康有为的《大同书》熔铸了西方自然科学及社会科学的内容,是具有中国特色的空想社会主义著作,这种中国特色主要体现在其深受西方科学影响且具有强烈儒家文化色彩。《大同书》和古代儒家思想的"大同"理念有许多相通之处,其中最核心的思想都是以"仁学"为其哲学基础,并把"仁"诠释为普遍价值及最终极的理想。

与自古以来根深蒂固的以自给自足自然经济为基础的古代中国相较而言,以现代工业大生产为基础的近代西方社会历经工业革命的洗礼,在政治、经济和文化等诸方面都表现出巨大的进步,因此,西方社会为人类社会的发展展示了旺盛的生命力及其广阔的发展前景。《论语·述而》篇有云:"好古,敏以求之者也。"所以,康有为不仅敏而好古,更重要的是他不再像《礼记·礼运》那样仅仅从远古时代去寻找理想社会的蓝图。康有为首先从西学那里寻找资源并放眼未来,凭借自己对西方自然科学与社会科学知识的探究,推出自己独特的"三世说",而这样的"三世说"就是他所构建的关于整个人类社会进化的学说。在《大同书》中,他列了一张《人类进化表》,用以说明据乱世、升平世和太平世各自的特点和进化的过程等。

《大同书》动笔较早,基本定稿于康有为避难印度大吉岭时的1901年到1903年。但是著成之后一直迟迟未能刊出,因为他自认为这样的理论很

第五章　东传科学与康有为今文经学的嬗变（下）

难被世人接受因而不轻易示人。康有为自幼被冠以"圣人为"的主要原因是他一直认为自己是来历不凡之人，骨子里有着不同凡响的灵光，能够重新发现孔教的时代价值，最终成为孔子的正宗传人，并担负起救民于水火、引领中华民族进入大同盛世的神圣使命。因此，康有为写作《大同书》的目的就是要匡扶正义，让处于水深火热之中的中国人脱离苦海，所以，他从一开始构思《大同书》时就带着悲天悯人的宗教情怀。自称为"素王"，一如孔子那样"知其不可而为之"，从《大同书》的风格来看浓厚的宗教气氛主要源自他早年所受到的佛教影响以及后来所受到的基督教影响。因此，《大同书》中大同思想更多的是源于他在海外接触的西方科学知识，同时也综合了他的《物质救国论》。

康有为的大同思想经历了长期酝酿的过程。自1884年起，他就开始思考人类未来等一系列社会问题，并开始酝酿《大同书》。而他的《人类公理》成稿于1885年到1887年。这部书不是《大同书》的初稿，而是《实理公法全书》的最初版本。康有为写《大同书》始于19世纪90年代，此时康有为的思想倾向已经完全从古文经学转向今文经学，接受了公羊派"三世说"的社会历史理论。在1892年之前康有为看了美国作家贝拉米的空想社会主义的代表作《回顾》的中译本，受其启发，开始着手写作《大同书》。

然而，《大同书》和《实理公法全书》这两本书无论在写作的思路、结构、风格和理论基础方面都是迥然不同的，因此它们是独立的两部书。《大同书》是根据公羊"三世说"去试图推演人类的未来，而《实理公法全书》则是根据几何公理阐发人类社会的共同法则。

1901—1903年近三年的时间里康有为避难于印度大吉岭，这是他一生中作品最多产的时期。《孟子微》《论语注》等系统阐发儒家思想的著作基本上都是这个时候著成的，而《大同书》就出自这个时期。康有为在《大同书》中基本上继承了古代儒家的大同理想，并且吸收了基督教、佛教思想，结合美国作家贝拉米的空想社会主义的思想。综合了这几部分的精华，康有为描绘出了一幅华丽的乌托邦图景。康有为不想把这部书过早示人，直到写成十年之后的1913年才匆匆地在《不忍》杂志上发表了甲乙两部。"这时距离他在1883年左右酝酿《大同书》已经接近30年。"① 显然他选择在这个时候发表其中的部分篇章是为了配合其孔教运动，旨在向世人展示一幅人类至高理想的唯美画卷，他认为只要信奉孔教，将来就一定能够实现大同理想，过上富足完美的生活。在这样天堂般的世界，人们不仅能够享有极其丰富的物质生活，人性也会得到完全的解放，社会得到全面发展，更重要的是人们可以修炼成仙、炼魂成佛，甚至可以出入星际空间，达到"天游之乐"。因此，《大同书》其实就是他创立孔教的启示录和福音书。

三　西方科学异质元素的儒学建构

康有为在《大同书》里提出的社会思想有两层意义：第一层是关注现实事务，试图挽救中华民族的危亡；第二层是超脱现实神驰于理论及其思维建构领域。但是更多时候他反复于两者之间，抑或同时立足于这两个层次之上，扮演着双重的角色：实际的改革家和向往乌托邦的思想家。

梁启超在《清代学术概论》中谈道，"康有为自谓其学30岁已成，不求大变"。② 康有为在《自编年谱》中也提到过这种说法，但很显然这与事实大相径庭。康有为一生经历了多次的思想转变，当亲身经历深感不可行的时候，他会先把他的很多想法搁置一边，进而把精力放在可行的方案之上。因此，当他来往于不同的思想层次之间时，他的思想也就有了不同的阶段。

---

① 《康南海自编年谱》的记载，他于1884—1887年就初步形成了关于人类未来社会的构想。
② 梁启超：《康有为传》，附录《康南海自编年谱》，团结出版社2004年版，第149页。

第五章　东传科学与康有为今文经学的嬗变(下)

一方面康有为从1903年始更为倾向于关注实际事务。康有为撰述了一系列有关当时出现的问题（1903年到1922年）的文章，其中包括《物质救国论》（1905）《中国还魂论》（1913）等。康有为从乌托邦的巅峰走来进而回归到冯桂芬、张之洞等人坚持的西方工业化立场，并最终得出结论：中国未来的发展有赖于西式的工业化以及中国固有精神文明的强强联合；另一方面，康有为有超脱现实进行理论建构的倾向。自戊戌变法失败，国内动荡的政局使他万分沮丧，心灰意冷，他开始漠视这个令他迷惘的世界，进而转向一个超脱的领域，甚至超越"大同"，到达一种"无邦""无国"或者说没有道德价值和人际关系牵绊的唯美境地。因此，他晚年的《诸天讲》（1926）所阐发的就是"逃避的乌托邦"，而不是"重建的乌托邦"。①

1878—1884年，康有为研究儒家经典、佛家经典和中国历代政治制度，深感中国政治的特殊性，加之遍读西方的自然科学和社会科学书籍之后，他通过独立的思考整合并奠定了他一生社会思想的根基，又在《实理公法》和《康子内外篇》中提出了其思想纲要。在这两部书中他特别关注道德价值与社会的关系而较少关注实际事务，特别是把他所信仰的"真理"和"原则"放在至关重要的位置，初步形成了其乌托邦的理论基础。②1888年，康有为开始怂恿清政府变法维新，暂时中止了对大同理想等普遍问题的探求。1898年变法失败之后康有为逃亡海外，又开始重续中断了十年的思想路向，至1902年完成《大同书》。"我们并且知道，康有为在一八九一至一八九四年在万木草堂讲学时正同时写作这两部书。"③针对这种说法，笔者以为是很有说服力的。有部分人认为既然康有为的《人类公

---

① ［美］萧公权：《近代中国与新世界——康有为变法与大同思想研究》，汪荣祖译，凤凰出版传媒集团2007年版，第311页。
② 同上。
③ 房德邻：《儒学的危机与嬗变——康有为与近代儒学》，台北文津出版社1992年版，第235页。

理》是"依几何为之",又是孔子三世推演的典范:"定大同之志"就是说它既是《大同书》的初稿,又是《实理公法全书》的初稿。由此推断康有为在1885年至1887年写作《人类公理》时,已经将《几何公理》和"三世"说糅合在一起,创造性地发展了大同学说。后来在"万木草堂"时,他又将其一分为二,依照"几何公理"写成了《实理公法全书》,然后又用"三世说"写成了《大同书》。①

康有为从1884年到1887年开始思考人类生活的普遍准则、人类未来和宇宙变化等宏观性问题,而这时段他也正在研习数学,受几何学的启发和影响他写了《人类公理》一书,此书后经陆续修改,就成了后来的《实理公法全书》。然后康有为又综合公羊"三世"说和《礼运》"大同"说,并充分吸收西方科学中的精华部分,创造性地发展了独具特色的康有为今文经学体系。由此可见,这种经过中西糅合确立的以儒学为宗的思想体系,并不是无源之水、无本之木。另外,中国的发展还是要靠强大的经济实力作保障,那么,康有为的《物质救国论》就成了他理论体系中最有价值的组成部分。

四 《大同书》凸显儒学的现代价值

19世纪末20世纪初正是关乎中华民族存亡绝续的关键时刻,康有为站在儒学的视角大胆接纳西学,继龚自珍、魏源之后以一种更全面的视角关注现状并力图改变时局,这种政治式的诠释方式无疑具有重要意义。康有为对儒学的改铸指明了儒学的现代转向。"康有为既是伟大的理想主义者,又是清醒的现实主义者;理想主义与现实主义在康有为身上的高度结合,的确表现了'人类秉性之奇诡'。"②

---

① 房德邻:《儒学的危机与嬗变——康有为与近代儒学》,台北文津出版社1992年版,第237页。
② 王钧林:《康有为的大同理想与孔学》,《文史哲》1997年第1期。

第五章　东传科学与康有为今文经学的嬗变(下)

第一，现实层面。康有为最需要解决的问题是如何使内忧外患的中华民族摆脱困境，应对"三千年未有之变局"。因此，康有为通过改造公羊三世之说来建立其独特的维新变法理论体系，理论首先要为现实服务。"理论创新是儒学义理、思想层面的创新。儒学是入世干政之学，必须回应时代的挑战，解决如何治国平天下的政治实践问题，尤其是解决如何维系世道人心的问题。"[①]

第二，思想层面。儒学以它博大的胸怀拥抱西学，开以儒化西之先河，儒西合流。儒学并不是一成不变的僵化的教条，它随着时代的转换，吸收最新的文明成果而返本开新，寻求自身的发展，这也是儒学的旺盛生命力之所在。康有为的大同概念源于儒家经典文献，他以传统儒家的政治哲学为思想源泉，但又超越了传统的儒家思想，因此，他的思想是对儒学的继承和发展。对于西方的自由、平等、民主等核心思想，他以"六经注我"的方式予以解释，以应对儒学面临的时代挑战。

第三，理想层面。这体现了孔教宗教化的努力，康有为的大同理想凸显出"孔教运动"是儒家知识分子的一种文化救亡、文化自主的运动。康有为的孔教运动原初是面对气势汹汹的耶教而进行的"保教"活动，是面对西方基督教的入侵，力图捍卫儒家在中国主导地位所做的努力。

孔教运动是儒学的宗教化运动。与其说康有为是文化的保守主义者，毋宁说他是文化的激进主义者。他试图借助基督教的形式以实现儒学的宗教化转变并以之来对抗它。儒学由原来的知识分子之信仰一跃成为全民之信仰。康有为旨在表明孔教运动是尊孔而不是复古。"事实上，孔教运动尊孔而不复古，它视孔教运动从始而终，一直是儒学的革新运动。"[②] 但是儒者应该有胸怀儒教的志向。诚如牟宗三对康有为的评价："康有为的思

[①] 王钧林：《儒学的传承与创新》，《孔子研究》2017年第1期。
[②] 颜炳罡：《孔教运动的由来及其评价》，《齐鲁学刊》2004年第6期。

想怪诞不经,陈汉章于学术思想上亦无足称。他们不知道孔教之所以为孔教之最内在的生命与智慧,只凭历史传统之悠久与化力之广大,以期定孔教为国教。一个国家是须要有一个共同所信念之纲维以为立国之本。此意识他们是有的。此亦可说是一个识大体的意识。"① 在这里,他一方面对康有为的思想提出异议,另一方面当时也不得不承认他有一个"识大体的意识"。诚如黄俊杰对康有为的评价:"二十世纪中国思想史上,一位从折中中西思想中从事儒学现代化伟业的思想家,也是一位从儒家新解中努力调融中西思潮的学者。"②

第三节 《物质救国论》体现的物用科学观

康有为流亡海外期间,对于西方的物质文明推崇备至,他认为在西方物质文明之下必有道德精神为本原,中国落后的只是物质而精神道德层面却并不欠缺。中国的精神文明要优于西方国家,因此,那种摒弃中国传统道德文化的做法是错误的,中国唯一缺乏的是物质。康有为认为,西方的强盛在于他们建立在物质文明的基础之上。而中国生存和强盛的唯一途径就是发展西方的科学技术以保持中国固有的优秀的精神文明。因此,康有为在《物质救国论》中提出了他所建构的物用科学观。现就此问题作如下阐述。

一 康有为对西方现代社会的认识

从《物质救国论》一文中可以看出,通过对欧美诸国的实地考察和亲身经历,康有为对于西方的现代化有了自己独特的看法,对于现实世界的

---

① 牟宗三:《生命的学问》,台北三民书局1970年版,第109页。
② 黄俊杰:《从〈孟子微〉看康有为对中西思想的调融》,《近代中国经世思想研究会论文集》,台北"中央研究院"近代史研究所1984年版,第578页。

第五章　东传科学与康有为今文经学的嬗变(下)

发展趋势有着极为清醒的认识,并且明确提出了现代化的观点:物质救国的策略抓住了问题的症结,找到了中华民族自强自立的关键。1904年康有为在撰写《欧洲十一国游记》的序文中说到:以其"广长之舌"对各国文明果实"左挏右撷,大嚼横吞。……考其性质色味,别其良苦,察其宜否,制以为药,使中国服之而不误于医耶!"① 而他所采取的医治中国"沉疴"的良药就是"物质救国"。

康有为通过对欧美国家的考察,其思想较戊戌变法时期有了很大的变化,发生了从热衷于政治改革到注重物质变革的转变。中国落后是近二百年来欧美诸国进行产业革命的结果,而当时国力强弱决定了一个国家现代化的程度,因此,他得出:今天之社会,有物质者生,无物质者死的结论。② 康有为所谓的"物质"指的是工业化和现代化,其程度大致以机械化和手工业化的比例来决定,这个决定也主宰着国家的强弱。中国落后于欧洲在于近二百年以来欧洲的产业革命,所以中国要想摆脱贫穷落后的局面首先要进行现代化。康有为对物质救国有自己的结论:"以吾遍游欧美十余国,深观细察,校量中、西之得失,以为救国至急之方者,惟在物质一事而已。"③

康有为在谈到物质建设的时候,首先提到要进行军队建设。中国要想立于世界民族之林,就必须大力发展国防事业。他以菲律宾和墨西哥为例,指出如果没有强大的海军,没有现代化的军队,就会有亡国灭种的危险。因此他得出结论,中国要想改变落后挨打的地位,摆脱被瓜分的危机,就要发展现代化,建设现代化的军队。从农业社会向工业社会的转变是建设现代化的社会的前提和基础,而现代化的一个突出特点就是以现代

---

① 康有为著,钟叔河、杨坚校点:《欧洲十一国游记二种》,岳麓书社1985年版,序言部分。
② 同上。
③ 康有为著,马洪林、卢正言编注:《物质救国论》,《康有为集》政论卷(下),珠海出版社2006年版,第523页。

化的工商业代替传统的农业经济。

物质救国的实现途径在康有为看来需要注意以下几点：第一，必须改变传统的价值观念。现代化改变了人们的生活，这绝不是圣人能够做到的。康有为说："故欲人性之善，家敦廉让，尚有以致之，若欲易滇黔山间之俭陋，为欧美之文明，则先圣无术以致之。"[①] 康有为指出中国的传统儒学已经无法适应现代化社会的挑战，已经不能为工业的发展提供精神和智力上的支持。因此，康有为发出号召：中国必须改变传统重农抑商、重文轻工的旧观念，重视工业的发展。第二，要崇尚"实学"摒除"虚学"。他认为中国落后贫弱的关键在于不务实，正因空谈才误国。第三，留学生走出去，请进来西方的科学家和西方懂科学技术的工程师在中国任教。另外他还提出要发展私营企业和发展现代化的理财观念等。

流亡海外期间康有为对于西方的物质文明比较推崇，认为在西方物质文明之下必有道德精神为本原，最终他发现欧美各国物质文明和精神文明并不一致，中国落后的只是物质层面，而精神道德层面却并不欠缺。过去康有为对欧美抱有一种不切实际的看法，以为物质文明和精神文明是一体的，游历欧美之后才发现二者在实际中却并非如此。中国的精神文明要强于西方国家。因此，那种摒弃中国传统道德文化的做法是错误的。所以他得出结论，西方的强盛在于他们建立在深厚的物质文明基础之上。而中国生存和强盛的唯一途径就是在发展西方科学技术的同时保有中国自有的优秀的精神文明。康有为说：

> 欧洲之富强，在其物质，近世科学日精，文明日胜，机器之用，三十倍于手工，近发明电化倍数，更不可思议。吾国长于形上之学，而缺形下之学，科学不讲，物质不修，故至贫弱不能富强。今应采欧

---

① 康有为：《物质救国论》，长兴书局1919年版，第60页。

第五章 东传科学与康有为今文经学的嬗变(下)

美之物质,讲求科学,以补我国之短;若夫道德教化,乃吾所固有,宜力保之,万不可自弃之。①

康有为发现,随着西方现代化的加快,传统的道德受到了现代技术和商业化的侵蚀,物质愈发达的地方道德沦丧得愈厉害。康有为指出:"如以物质论文明,则诚胜中国矣,若以道德论之,则中国人数千年以来,受圣经之训,承宋学之俗,以仁让为贵,以孝悌为尚,则中国胜于欧美人可也。"②

康有为在《物质救国论》中指出:"鄙僻之区多道德,而文明之地道德反衰。"③ 因此,虽然书中通篇在讲物质救国的重要性和紧迫性,但是他并未放弃对国人道德精神归宿的关切,这也就是康有为始终坚持尊孔保教、传承中华传统文化的国粹,以儒学作为中国的民族精神之意义所在。如果康有为的一些有益的见解在当时能够得到足够重视,那么中国的现代化进程不至于如此的缓慢。他的思想见解及其政见和行为得不到大多数人的理解和认同,但他仍然力排众议,坚持己见,这也正是出于他强烈的爱国热情和民族责任感。诚如他在《物质救国论》后序中说的:"海而淳淳,听之藐藐,奈之何哉?吾为中国人,不能忘中国,强聒不舍,聊尽我心而已。"④

二 通往工业社会之路的发轫

(一)康有为对"物质"与"科技"概念的模糊认识

康有为在1901年到1903年避难于印度的大吉岭,也正是在这个时候

---

① 康有为著,邓毅、张鹏一笔记:《康南海先生长安演说集》,陕西人民出版社1990年版,第202页。
② 康有为:《物质救国论》,长兴书局1919年版,第8页。
③ 同上书,第7页。
④ 同上书,后序。

完成了对《大同书》的撰写。当然在这个时间节点上，他同时还对四书、群经进行注解与阐发。在这个时期他试图重拾儒学之大业，并且无意间完成了乌托邦理想的建构。1903年他的劲敌荣禄故去，他的心情是十分畅快淋漓的，从此他离开避难多年的印度大吉岭，1904年动身远赴欧美。欧美的现状让他感慨万千，在这种情形下他改变了自己的社会理想，他想把中国从列强的压迫下解放出来。因此在完成《大同书》之后的三年康有为撰写了《物质救国论》，要求中国尽快进入工业化的道路。这次的西方之旅加深了他对近代工业文明的敬仰，也加深了对西方列强灭亡中国的惶恐之心。于是他得出的结论是，中国除非达到跟西方同样程度的工业化，否则就难逃灭亡的命运。

革命就像是母腹中躁动的婴儿，这个时候，这种不可抑制的势如洪流的浪潮在旅日的知识分子中蓬勃发展起来。1905年中国同盟会成立，是年康有为也撰写了一批有关物质建设的文章，当然他也有阻挠革命的意图，他的目的是推进较具建设性而少有危害性的现代化发展的进程。他认为思想、制度和物质的发展进步可以促成完美社会的诞生。于是他宣扬他的大同思想并且指明实现大同理想的方法就是大力发展中国的科学技术，只有高度发展的科学技术，才能让中国有机会纳入到美好的大同世界中去。康有为《大同书》的宗旨是发展科学技术，物质强大才能救国，才能有机会在思想、社会和政治上有大的转变，只有这样中国的黄金时代才能到来。康氏是在面对严重的民族生存危机时提出的必须重视工业化的问题。

康有为阐发了达到高度物质文明的两个目标：一是使中国成为近代国家中有地位的成员，以保护之；二是为最后乌托邦世界的实现奠定物质的基础。在康有为看来，优秀的中国人不应该也不会在发展中被淘汰，没有中国的世界是一个残缺的世界。他呼吁保全中国其实是源自他的拳拳爱国之心，带着明显的民族主义的情结。保持国家的有序发展是迈向太平世的必由之路，换言之，工业化是中国能够屹立于民族之林的坚强后盾。所

第五章 东传科学与康有为今文经学的嬗变（下）

以，康有为一直深信光绪皇帝是实现中国现代化的关键人物。因为戊戌变法光绪一直在积极地支持他，所以康氏晚年的复辟活动受他人利用是其原因之一，而他对光绪的感恩戴德也是不言而喻的，因此他参与张勋复辟也是可恕的了。

1905年，康有为在美国目睹了老罗斯福总统的第二个任期，在他强大的领导下，美国的工业化和霸权如日中天。他亲眼看到西方工业中心的迅猛发展，这也证实了他长久的信念，工业化是富强之本。康有为在《物质救国论》后序中提道：

> 今欧洲大战之效，物质之发明益盛。五十六生的之巨炮可轰二百余里，飞天之船可十六时而渡大西洋。德之强而欲吞欧洲，以物质，美法之能力抗四年，以物质。美之富甲全球，以物质。凡百进化，皆以物质。①

其实康有为所修正的不仅是"西学"，他对于中学的态度也有了很大的变化。他强烈地谴责"空谈天"，意在指出国学从经典上承袭书本知识的模式的局限性。他强调在搞物质建设之余，反对接受自西方输入的"新理"，一改以往一贯对待西方文明的态度。1886年，康有为强调有关科技的"西书"是"不切"之学，而重视有关西政之书。这是他从崇尚西方的科技之学到崇尚西方的政治制度之学的转变，这也是他维新变法的原始雏形。此乃他在戊戌变法时的基本思想。但是有意思的是康有为大谈物质之学，却忽略了物质的获得是靠着科技的进步发展而来，显然他的一些说法有矛盾之处，其实这正是他不断超越自己的地方，于是在戊戌变法后的

---

① 康有为：《物质救国论》，长兴书局1919年版，转引自萧公权《物质救国论》后序，见1919年重印本。

1905年他又辩称科技是中国应该以及能够向西方学习的唯一的东西。因此,《物质救国论》代表了康有为对中国近代化问题的新看法。他一再强调中国的物质文明要同世界强国的文明相匹配,不再提人类的基本价值没有国界的观点。他认识到中西的差距,而消除这种差距的办法就是学习西方的科学技术,发展中国的物质文明。

(二) 科学乃工业化之本

康有为的论点很明确,一言以蔽之,西方国家科技惊人的发展速度是其强大起来的根本动力,中国要想达到同样的发展程度也必须大力发展科学技术。康有为深知西方的工业化取决于工厂生产技术的推广以及新机器的普及等技术上的创新和发展,因此,他在《物质救国论》中指明科学乃近代物质文明的基础。康有为指出:

> 固今日者无论为强兵,为富强,无在不籍物质之学。……固以其通贯言之,则数学及博物学也;以其实物言之,则机器工程学及土木工学也。……由此者为新世界,则日升强;无此者为旧世界,则日澌灭。[1]

19世纪的改革者都没有达到这个通往新世界的目的,在康有为看来,原因就是他们不了解科学乃物质文明的根本所在。康有为说,"自光绪二十年以前中外大臣之奏牍,及一切档案之在总署者,吾皆遍览之,皆知讲军、兵、炮、舰而已,惜乎未及物质之学,一切工艺、化、电、汽机之事也。"[2] 尽管康氏对于科学的概念有着模糊的认识,但是他却确信:"科学"为工业化的根本。这一认识是他庞大思想的转折点,使康氏

---

[1] 康有为:《物质救国论》,长兴书局1919年版,第41—42页。
[2] 同上书,第19—20页。

第五章　东传科学与康有为今文经学的嬗变(下)

"超越19世纪末自强运动的领导者,而使他成为20世纪'科学主义'的先驱"。①

但一个不可避免的问题是,他强调"科学"的重要性之余,自然而然地也就弱化了"道德"与"哲学"的重要性。"夫百年来欧人之强力占据大地者,非其哲学之为之也,又非其民权、自由致之也,以物质之力为之也。"②他既谓19世纪的中国领导人,因为错误地自傲于本国的传统道德,而不愿"降志"向欧洲学习。③然后他又以俄国的彼得大帝为例子继续他的阐述,彼得采取西方物质文明,终致俄国得以实现现代化,而中国有数千年的文明,应可较俄国富强,康有为号召中国领导人以彼得大帝为榜样向西方学习先进的科学文化,不要仅仅拘泥于本国的传统。④

提到先进的国家,康有为举的很多例子都极具说服力。英国打败法国,夺取印度、加拿大和澳洲,皆由于无敌的海军和商业,归功于英国科学的大力发展。⑤德国从前致力于哲学,一直积弱不振,但自打败法国之后,集中精力发展物质之学,在20年的时间里,几乎超越了强大的英国。而美国几乎没有产生一个伟大的哲学家,但在科学技术方面取得了举世瞩目的伟大成就。反观意大利和西班牙,它们为宗教所支配,沉迷于哲学与神学的幻想,而致使其国家积贫积弱,民生凋敝。⑥康有为最后得出结论,即使是最为伟大的先知,如果漠视科学的发展,也抵挡不了民族灭亡的命运。

儒学是中国的国粹,但需要西方的科学技术来补益儒学。孔子思想是

---

① 参见萧公权关于陈独秀观点的论述。[美]萧公权:《近代中国与新世界》,汪荣祖译,江苏人民出版社2007年版,第393页。
② 康有为:《物质救国论》,长兴书局1919年版,第21—22页。
③ 萧公权、康同壁整理,第48—49页,转引[美]萧公权《近代中国与新世界》,汪荣祖译,江苏人民出版社2007年版,第88页。
④ 康有为:《物质救国论》,长兴书局1919年版,"彼得学船工"一节。
⑤ 同上书,第23—24页。
⑥ 同上书,第44页。

博大精深的，但是几千年的孔学思想未能把中国带到西方得以强盛的工业社会，而是让落后的农业社会得以延续。所以，他反对"空谈"的哲学家，任何不关心实学之人都会对这个国家产生负面作用。对于空谈他予以了无情的批判：空谈有不同的种类，有的无用亦无害，有的无用又有害，像旧八股那样是无用且有害的，因为它们不教授学生科技知识，仅一味沉迷于旧纸堆里就是有害的。中国必须开展工业化，但是工业化不是要人不道德，不是要放弃本国的传统。同时康有为提出传统价值不应该作为引进新空谈的交换品，因为这些不能让中国走向现代化。"昔讲八股虽不切于时用，尚诵圣经贤传，得以修身寡过，其为风俗尚为有益。"[①]

第四节　康有为"以儒化西"思想(1913—1927)

康有为1913年归国后至逝世这一时期为康有为今文经学嬗变的最后一个时期。这一时期康有为今文经学的宗旨是"以儒化西"。康有为结束了十五年亡命海外的游历，他的儒学思想发生了根本性的变化，儒学已经不再是救治中国的药方，而是扩大为"平天下"的药方；已不再是治理一个国家的药方，而是可以治理万国的药方。因此，康有为曾说，居西洋愈久，愈觉中土之可贵。所以，愈是了解西方的科学文化知识，愈是感觉我们传统的东西的深邃精深。

康有为这个时期的思想主脉不再沿袭《大同书》中一味反对西学西理的态度，而是从更为积极的视角肯定"中学中理"成为"普世价值"。另外康有为坦陈"中学中理"价值不是靠自身获得的，而是在与西学西理的比较中得到的。康有为谓"孔子之教"要强于埃及、希腊、波斯以及印度等国之教，较之于欧洲，虽然我们物质之学不如人家，但是我们自有"国

[①] 康有为：《物质救国论》，长兴书局1919年版，第46页。

第五章　东传科学与康有为今文经学的嬗变(下)

魂"在,"国魂"是可以让中华民族"永久而不敝"的关键所在。因此,"孔子之教"要强于"欧人之教"。1913 年 2 月康有为在《〈中国学会报〉题词》中说道:

> 夫立国之道,本末精粗,其运各有在矣。吾中国以文明号于大地者也,吾之教化哲学,为欧美人所称久矣。数千年之文教,不能以数十年之贫弱屈也。吾何以能为万里一统之大国,吾何以能为四万万人同居之大族,吾何以能保五千年之文明?若埃及乎,则文明久灭矣;希腊乎,则人种灭绝矣;波斯乎,久为回教所散矣;印度乎,久为异教异族所范矣。惟我中国,则五千年广大宏巨,长久而无恙。自欧人后起外,大地古国乎,惟我中国而已。其所由得此之故,吾国人不可不深长思矣。虽政治、物质之末,逊于欧人,而自有国魂主之,乃能以永久而不敝矣。夫所谓中国之国魂者何?曰:孔子之教而已。孔子之教,自人伦、物理、国政、天道、本末精粗,无一而不举也。[①]

康有为强调的"孔子之教"已经超出中国之域,而成为东亚的"共同价值"。康有为强调孔子乃"改制之教主",创教之"神明圣王",再次强调国魂的重要性,若是"举国离魂",即使蒙之以欧美之皮毛,粉饰成白种人,装饰成金发碧眼也是没有用的。对于教主的论述,康有为认为:

> 孔子为中国改制之教主,为创教之神明圣王。孔子以前之道术,则孔子集其大成;孔子以后之教化,则吾中国人饮食男女、坐作行持、政治教化、矫首顿足,无一不在孔子范围中也。岂惟中国,东亚皆然。若

[①] 康有为著,姜义华等校:《康有为全集》(第 10 集),中国人民大学出版社 2007 年版,第 16 页。

日本之强，以欧美之政治、物质为其皮肤，以孔子之教为其神骨者也。今日本人家诵《论语》，国尊儒学至矣，是以有乃木之感。而我自有教主，乃反不知而废弃之。若废弃孔子，则中国之教化尽矣。①

1913年康有为在《拟中华民国宪法草案》有云："夫古文明国，若埃及、巴比伦、亚述、希腊、印度，或分而不能合，或寡而不能众，小而不能大，或皆亡而种亦灭。其有万里之广土，四万万之众民，以传至今日者，惟有吾中国耳。所以至此，皆赖孔教之大义结合之，用以深入于人心。"② 康有为在这里把儒、佛、耶、回四教四者相比较，得出只有儒教能够称其为"普世价值"，因为佛、耶两教虽然完美，但却"尊天养魂，皆为个人修善忏悔之义"，都不如孔教之"本末精粗，四通六辟，广大无不备，于人道尤详悉，于政治尤深博"，所以，康有为号召国人要尊奉土生土长的孔教，连"外人于孔教犹特尊之"，何况我们都是深受儒教经典浸染的中国人，我们理应捍卫我们的儒学、儒教。

康有为在《以孔教为国教配天议》中又说："《论语》曰：仁者爱人，泛爱众。《论语》子贡曰：我不欲人之加诸我也，吾亦欲无加诸人。岂非所谓博爱、平等、自由而不侵犯人之自由乎？……昔日八股之士，发挥其说，鞭辟其义，际极人天，是时欧人学说未出未发，患国人不力行也。乃今得博爱、平等、自由六字，奉为西来初地之祖诀，以为新道德，品而以为中国所无也。……凡五洲万国，教有异，国有异，而惟为僧出家者不行孔子夫妇之一道而已。"③ 康有为在这里指出，地球上"圆颅方趾"之人既然都是出自"孔子之道"，那么孔子之学自然就是人类的"普世价值"。

---

① 康有为著，姜义华等校：《康有为全集》（第10集），中国人民大学出版社2007年版，第17—18页。
② 同上书，第82页。
③ 同上书，第92—93页。

第五章　东传科学与康有为今文经学的嬗变(下)

1920年前后康有为在《与日人某君笔谈》中有云：

> 以今欧美人著书，无不以孔子为教，但中国蟊贼自攻耳。佛、耶两教只言神魂，而不言人道。孔子则自人生之内而饮食居处、衣服行为，外而人伦事物，无在不为之品节，故曰不可须臾离也。……皆在孔教范围之中也。但孔子不自尊，不托天神，为人生不可离之道。譬君主然，乱世则专制君主，平世则立宪君主，孔子如立宪君主，公其理于天下，不自尊焉。乃人道之至也。①

康有为在这里强调的还是只有"孔教"才能成为"普世价值"。康有为认为"孔子不自尊，不托天神，为人生不可离之道"是最切合中国现实的"人道之至"，国人的日用常行"皆在孔教范围之中也"。1923年康有为在《开封演讲辞》中有云：

> 孔子圆通无碍，随时变通，无所不有，无可议者也。今之新学，自欧美归者，得外国一二学说，辄敢妄议孔子。岂知欧战之后，欧美人于边沁功利之说、克斯黎天演优胜劣败之论，行之已极，徒得大战之祸，死人千余万，财力皆竭，于是自知前人学说之未善。各国博士乃求于孔子之道，觉其人道切于人用，乃日渐尊崇之。吾尝见严复之书札：静观欧洲三百年之文明，只重物质，然所得不过杀人利己、寡鲜廉耻而已。回思孔子之道，真觉量同天地，泽被寰区。此非仆一人之私言，乃欧美学者之公论也。严又陵亦欧洲学者，翻译欧洲学说甚多，且旧归心基督教者，然晚年其论如此。又近有通博之学者，

---

① 康有为著，姜义华等校：《康有为全集》（第11集），中国人民大学出版社2007年版，第118—119页。

久游欧洲,昔甚反攻孔子者,今亦改而尊崇孔子。亦可知真理之不可破矣。①

这一时期的康有为的思想,自然和他早年大力提倡的社会达尔文主义的理念有所不同,此时的他认为欧战的原因在于欧美的功利之说以及赫胥黎的天演论,康有为对天演论的影响及其最终产生的消极结果有过这样的论述:"欧美人于边沁功利之说、克斯黎天演优胜劣败之论,行之已极,徒得大战之祸。"② 从这里可以看出,康有为环游列国之后得出的结论是"久游欧洲,昔甚反攻孔子者,今亦改而尊崇孔子,亦可知真理之不可破矣。"③ 加之康有为认为的孔子学说是"量同天地,泽被寰区"的观点,也自然带有"普世价值"的意味。

同年4月,康有为在《保定河北大学演讲辞》中大谈俄克鲁泡金的互助学说、美国杜威之自由之言论、赫胥黎的天演论,最终他想表明的意思是西方的所有这些学说在"孔子之道"中早已有之。

> 一念之微,影响至巨。故孔子专从人身日用上设想,由小而推大,而天下之万事万物皆不外是矣。今俄克鲁泡金所言互助学说,即孔子之言仁。仁从二人,非互助而何?又如杜威所言之自由,则孔子"尽其性,则能尽人之性",尽其性,即杜威力言自由。赫胥黎《天演论》言优胜劣败之说,即《中庸》所谓"栽者培之,倾者覆之"。《春秋》三世,《礼运》小康、大同,各有分别。盖孔子之教无所不有,虽欲攻之,无从而攻之。既无从而攻之,则当学之法之。④

---

① 康有为著,姜义华等校:《康有为全集》(第11集),中国人民大学出版社2007年版,第238—23页。
② 同上书,第244页。
③ 同上。
④ 同上书,第240—241页。

第五章　东传科学与康有为今文经学的嬗变(下)

康有为在这里的立场虽然带有"以西化儒"的意味，但主要还是粉饰孔子之教的优越性，要证明"儒学无所不有"与"无从而攻之"的普世价值。同年6月，康有为在《济南演讲辞》中谈及的"孔子之道"就是"公理"，也有"普世价值"的意味。同年9月，康有为在《答培山儒会书》中有云："彼欧人者，向溺于边沁功利之说、赫胥黎天演优胜劣败之义。乃自德国死人千万，惨伤满目，乃知其欧美学说之不足。而求之万国，惟有孔子仁让之说，足以救之。故近者欧美大尊孔学，此亦见圣道之至，……其必有光大之一日也。"[①] 在这里，康有为反复论述"欧美学说之不足"是典型的"以儒化西"或者"以儒救西"的思想倾向。因为康有为认为，西方的功利主义和社会达尔文主义所带来的后果是"死人千万""惨伤满目"，只有孔子的仁让学说才能救治他们的痼疾。康有为谓孔子之道"范围天下而不遏，曲成万物而不遗"；他把孔子之道放在了一个新的高度上，斥责攻击孔子之人"日日在孔子道之中，但彼不学而不知耳"。因此，康有为所要表达的仍然是"孔子之道"应该为"普世价值"。康有为在《孔子圣诞日演讲辞》中说：

  近人多有攻击孔子者，而攻击者日日在孔子道之中，但彼不学而不知耳。孔子之道，包括天人，遍周文物，乃至鬼神、山川、昆虫、草木、大小、精粗、本末，四通六辟，无乎不在。故谓范围天下而不遏，曲成万物而不遗也。[②]

1923年的《长安演讲录》里，康有为也曾多处谈及孔子之道应该为人类的"普世价值"的观点。康有为有云："吾于患难处，以天游以为解忧

[①] 康有为著，姜义华等校：《康有为全集》（第11集），中国人民大学出版社2007年版，第263页。

[②] 同上书，第286页。

之良方。自哥白尼出，知地为日之游星，而自古一天地之说破，地为天中最细物耳。人居地球之上，当知地球面积不过二万七千余里，合四百八十余万丈法里，一万二千八百粁。自德、俄外，各国际同盟会者四十五国，然居地面上，犹一村族耳。各国犹之比邻，一国犹之一家，同国之人犹之父子兄弟。故曰圣人能以天下为一家，中国为一人，乃实在事理，非为大言也。"①

此处"圣人能以天下为一家，中国为一人，乃实在事理，非为大言"可谓"普世价值"。康有为又提道，"人知万物为天所生，则万物一体，人当本天之仁爱以爱万物、爱同类。同类之人，与吾同此耳目、同此心思者也"。② 康有为认为基督教"言博爱而不言爱物"有失狭隘，而佛教"言众生平等而不分等差"根本就不现实；儒教"以慈爱为主，然亲亲、仁民、爱物有次第"是既波及四海又切实可行。因此康有为通过对儒、释、耶三者相比较，得出儒教为最优先的结论。若言"普世价值"则儒教最有资格，"盖孔子之教，人类所不能外，中西一也"。③ 康有为又云：

> 孔教中庸，以智、仁、勇三达德为要。大概佛家言广大圆明，智也；耶言博爱，仁也；回教勇猛严敬，勇也。知各教不外智、仁、勇，则吾人之求智、仁、勇以立道德之基，以宏道德之量，不可不勉也。④

康有为在这里论及的是儒教不仅为普世价值，且佛、耶、回三教不

---

① 康有为著，姜义华等校：《康有为全集》（第11集），中国人民大学出版社2007年版，第271页。
② 同上书，第280页。
③ 同上书，第283页。
④ 同上书，第287页。

第五章 东传科学与康有为今文经学的嬗变(下)

过各为儒教的一个环节而已,康有为想要表达的是"孔子之教"一定是凌驾于三教之上的臻美之教。在当今社会,乌克兰、叙利亚等地的政局危机和恐怖组织对法国的袭击,一切都表明,西方宗教非但没有建立一个稳定的秩序,反而是天主教、东正教、伊斯兰教和犹太教之间厮杀不已,这样来看,康有为真的是在那个时代已经预见了今天的乱象,或许只有我们孔子的仁的思想、中庸之道以及和谐共存的理念才能指引世界发展的方向。

第五节　康有为儒学宗教化的努力

康有为同时也是一位宗教家,在宗教方面对中国有很大贡献,可称康有为"以孔教复原为第一着手,乃是'孔教之马丁路德'也"。[1] 康氏乃将儒学从道德哲学转化为宗教之人,这一说法被后来的学者广泛地赞同。对此,梁启超对其师康有为有过一段描述:"吾中国非宗教之国,故数千年来,无一宗教家。先生幼受孔学,乃屏居西樵(时为一八七九),潜心佛藏,大彻大悟。出游后,又读耶氏之书,故宗教思想特盛。"[2] 在梁启超看来,康有为对宗教的热心是受了佛教和耶教的启迪,进而致力于把儒学转化为儒教,各教都具有共同的真理,而儒教最适合中国人。在萧公权先生看来,梁氏的看法并不完全正确,他虽确切指出康氏受到了佛教和耶教的影响,但仍未提及康氏也受到了公羊学的影响。[3]

一　以儒学为宗教的开端

佛教与基督教二教对康有为产生了深远的影响,康有为之参佛问道早

---

[1] 梁启超:《康有为传》,附录《康南海自编年谱》,团结出版社2004年版,第67页。
[2] 同上。
[3] [美]萧公权:《近代中国与新世界——康有为变法与大同思想研究》,汪荣祖译,凤凰出版传媒集团2007年版,第81页。

在1879年，那个时候他正全力研读佛道之书，不久他决定献身俗世，抛弃佛老的淡泊之哲学。因此，他对佛教的兴趣是自我选择性的结果，当然也是他作为一位学者追求事功的途径而已。康有为说："仆尝谓词章如酒能醉人，汉学如饾饤能饱人，宋学如饭能养人，佛学如药能医人。"[①] 早年的康有为虽然受佛学的影响很大，但是那个时候他对佛教的认识还是一知半解的，也仅限于是爱好式的欣赏而已，显然并不深入。康有为对于基督教的研究更是停留在表面，他对基督教的理解也是很凌乱的。

梁漱溟先生自称他早年对佛学典籍的阅读也是如此，开始的时候他自己就毫不隐晦地说他一点也看不懂，但是还是努力地往下看。从对新儒学的影响来讲，康氏和梁漱溟先生都是对佛教做过研究的。从宗教的层面来说，梁漱溟开启的新儒家是对康有为儒学的继承和发展。谈到西方进化论对康有为的影响，我们首先要谈到严复。严复比康有为年长四岁，1878年的时候严复25岁，作为他的本分，他在尽心尽力地学习海军科学，但在内心里严复对西方的科学知识如饥似渴，在那里他首次听说了诸如斯宾塞、达尔文、穆勒和孟德斯鸠等西方的学术巨子。他在国外孜孜以求西方的科学文化，希望通过自己的努力能够找到西方富强的秘密，寻觅到医治中国的灵丹妙药。

康有为的对于达尔文进步概念的很多肯定得益于严复，虽然他似乎对此从不承认。他的受益显然被这样的事实所混淆，即在严复写作之前，康有为已经着手撰写他的大部分著作。但出现在这些著作中的"达尔文式"段落几乎可以肯定是在严复著作之后的装饰品。它们全都以严复的"词汇"讲述达尔文、进化与进步，这些"词汇"在严复著作出现之前肯定没有出现在康有为的作品中。"我坚信，是在著名的1898年维新运动失败之后，康有为在流亡期间才将这些"词汇"添加到其著作的修订本中。康有

[①] 康有为著，康同璧、任启圣编：《万木草堂遗稿》，北京1960年油印版，第418页。

第五章 东传科学与康有为今文经学的嬗变(下)

为本人从来没有为进步创造过一个合适的词汇,但他肯定怀有这种进步信念"。① 我们只有理解了康有为产生这种信念的发展轨迹才能真正理解康氏的思想,理解中国传统文化因素对从欧洲舶来的西方观念诸如进化等所具有的重要意义。但是尽管如此,我们也不得不承认:"康有为既是近代中国首位关于进步的先知,又是中国首位出色的达尔文主义者。"②

康有为建立起一种由圣人或圣人之力推动进化的前达尔文主义的学说。这种理论与康有为对《礼运》的整体诠释完全一致,《礼运》本身就很容易助长这种诠释。毕竟,它讲述的是进化("礼"的演进)的故事,那些礼义准则支配着从用餐仪态到国家最高典礼的大小事务,并将文明人与野蛮人区别开来。③ 对康有为而言,进化是一场合乎理想的"彬彬有礼的"进化,正如"礼"自身的演进那样。④

在还是孩童的时候康有为就十分"老成"且"不苟言笑",怀揣着无限的虔诚去研读儒家经典,口中常常念叨着"圣人",因此被乡人戏称为"圣人为"。20 岁出头的康有为在广东南海家中冥思苦想,他突感自己整日沉浸在中国经典和浩瀚史籍中而无法达到他终极的抱负,于是他"忽绝学捐书,闭户谢友朋,静坐养心"。⑤ 他也曾在冥思苦想中得到些许的慰藉,但是这肯定不能排解他心中的郁结,"同门见歌哭无常,以为狂而有心疾矣"。⑥ 然而康有为并非疯子,他是有着强烈感情和非凡想象力的年轻人,他的思想深邃、敏锐而严谨。后来他隐居在西樵山白云洞继续清修,这个时候他不仅研习儒家经典,还把精力放在了道家和佛家经典典籍里。这次研习中体悟最深的莫过于佛家,佛家使他获得了持久不竭的灵感,并因此

---

① [美]浦嘉珉:《中国与达尔文》,钱永强译,江苏人民出版社 2008 年版,第 16 页。
② 同上书,第 7 页。
③ 同上书,第 40 页。
④ 同上书,第 42 页。
⑤ 梁启超:《康有为传》,附录《康南海自编年谱》,团结出版社 2004 年版,第 94 页。
⑥ 同上。

影响了他后半生的思想。佛教中令他深受感动的地方是菩萨的理想,他体悟最深的是他有责任从极乐世界的入口自愿回到尘世去帮助和启蒙他的同胞。因此康有为就想当然地把佛教的措辞和自己的日常用语杂糅在一起,并以此来陈明心志:

> 余故不居天堂而故入地狱,不投净土而故来浊世……不肯自洁,不肯独乐,不愿自尊;为易于援救,故日日以救世之心,刻刻以救世为事。①

康有为有格外崇高的人生诉求,几乎是一种"救世主情结"或者"圣人情结",但是康有为并不是狂热分子。康有为怀着强烈的宗教热情,他真诚地感到对尘世的怜悯以及施以援救的责任感。他的幻景不论多么不切实际,都不同于洪秀全那种自认为自己是基督的"幼弟"和"天王"般的狂热,他不想用那样的方式来拯救世界,他也并不认为他是世界上唯一的救世主。尽管他并不反对"康子"的称呼,但是他从来也没有妄想取代孔子的地位。因为他相信当世界获救终将到来的时候,人人都会为之做出自己应有的贡献。康有为不仅仅是要拯救人们的灵魂,更重要的是要拯救这个儒家文化绵延几千年的中国社会。他所要的天堂不是西方的极乐世界,而是人间的天堂。它是"大同",是"大一统",是个"同一世界"。所以,康有为的人间天堂是一个世俗的佛教幻景,"世界的获救是此在世界的获救,它拯救以肉身形式存在的人类"。②

1885年,年仅27岁的康有为完成了他乌托邦幻景式的大部分手稿《大同书》(那时叫《人类公理》),甚至效仿孔子那样舒心地感叹道:"既闻道,

---

① 梁启超:《康有为传》,附录《康南海自编年谱》,团结出版社2004年版,第91页。
② [美]浦嘉珉:《中国与达尔文》,钱永强译,江苏人民出版社2008年版,第19页。

第五章　东传科学与康有为今文经学的嬗变（下）

既定大同，可以死矣。"《大同书》勾勒了一幅世界融合与战争停息的蓝图，但它更是一幅理想的世界联合体的蓝图，通过这个世界联合体，人们能够在根本上战胜邪恶。无论后人如何去看待和评价《大同书》都不会影响它是一位自由自在的智者的著作。他的大同理想的最初信念已经与他对必然进步的坚定信念相结合，因为康有为总是相信宇宙并非漫无目的的，宇宙既不是静止的，也不是循环的，更不是混乱不堪的；宇宙通往一个神圣的地方，那里注定是前所未有的更好的事物，世界自有定数。虽然理想的世界还没有真正地降临，也许还要经过漫长的黑夜，但是他仍然坚信："以公理言之，人心观之，大势所趋，将来所至，有必迄于大同而后已者，但需以年岁行以曲折耳。"[1] 整个时代的改革家都像王韬在 19 世纪 80 年代所坚持认为的那样："即使孔子而生乎今日，其断不拘泥古昔，而不为变通，有可知也。"但迄今为止还没有人将孔子与对一种迫不及待的、遭受压抑的"道"的信仰联系在一起，这种道虽然为人类的愚蠢所遏制，但它势必一往无前。[2]

因此，一种进步的哲学信念深化了康有为的改革理据。就其整体的独特性而言，康有为的理据完全是他自己的创见。它受到中国经典而非西方经典的启发，迄今为止，它仍然算不上是达尔文主义的理据，但它有助于达尔文学说在中国的传播。然而康有为还没来得及传播自己的思想，严复就已经把达尔文的思想引进中国了。因此，其结果是，达尔文的思想与"大同"观念同时传播——并且自然而然地纠缠在一起。[3] 在中国达尔文时代的前夕，这个有着爆炸性的政治力量的观点，的确具有比康有为所想象的或希望的更为强大的力量。[4]

---

[1] 康有为编：《不忍杂志汇编》第二卷，第 824 页，转引自 [美] 浦嘉珉《中国与达尔文》，钱永强译，江苏人民出版社 2008 年版，第 22 页。
[2] 邓嗣禹、费正清：《中国对西方的回应》，第 138 页，参见 [美] 浦嘉珉《中国与达尔文》，钱永强译，江苏人民出版社 2008 年版，第 43 页。
[3] [美] 浦嘉珉：《中国与达尔文》，钱永强译，江苏人民出版社 2008 年版，第 44 页。
[4] 同上书，第 46 页。

二 "援西入儒""纳教入儒"的努力

在从 19 世纪 90 年代到清朝灭亡的很长一段时间里，中国思想界诸如康有为这样致力于将儒学改造为宗教的志士仁人，虽非激流澎湃，但也是涓流不息。康有为"康圣人"的绰号多少带有揶揄的色彩，当时的传统士大夫多把他视为孔门的叛逆者。其实儒学在近两千年的发展历程中经过了多次改造，康有为也绝非改造儒学的第一人。儒学改造者是否能成为所谓的"圣人"，关键的评判标准在于其对经典的诠释是否与儒学原始的意义相契合，是否与时代精神相一致，从这个意义上来说，康有为与荀子、董仲舒，以及程颢程颐兄弟、朱熹、王阳明和陆九渊等人一样，都是儒学的改造者，而且都是儒学中人，因此叛逆之说也只是门户之见。康有为在中国政坛上是急先锋似的人物，但是在文化上却表现出一种保守主义者的倾向。梁启超说：

> 其于中国思想界也，谆谆以保存国粹为言。盖先生之学，以历史为根柢，其外貌似激进派，其精神实渐进派也。吾知自今以往，新学小生，必愈益笑先生以守旧矣，虽然，苟如是，是中国之福也。①

确实，虽然康有为主张学习西方科学，并引进西学来改造儒学，但是他的潜意识里一直秉承着"以我之政治教化风俗为主"②的认知，在文化上仍然没有摆脱洋务派中体西用的思想路向。梁启超称其师为"孔教之马丁·路德"，当然，康有为有时也不乏宗教徒的狂热与偏执，但从本质上

---

① 梁启超：《南海康先生传》，第九章《人物及其价值》，参见《饮冰室合集》文集之六，中华书局 1989 年版，第 88 页。
② 康有为：《中国颠危误在全法欧美而尽弃国粹说》（1913 年 7、8 月），参见汤志钧编《康有为政论集》（下册），中华书局 1981 年版，第 890 页。

第五章 东传科学与康有为今文经学的嬗变(下)

说,他的孔教思想应该是文化的范畴而非宗教的范畴。看似尊孔,可实际上他是想保全中华民族的文化传统,而"孔教"只是作为近代文化的载体罢了。诚如康有为所言,"中国一切文明,皆与孔教相系相因,若孔教可弃也,则一切文明随之而尽也"。①

(一)"纳儒入教"

关于"儒学"是否是宗教的问题论争由来已久。"儒教"或者"孔教"一词古已有之,但在戊戌之前相当长的一段时间里,中国士大夫阶层无人深究这个"教"应该解释为"教化"还是"宗教"的含义。一方面是因为宗教本身淡泊名利,没有深究的必要;另一方面,西学东渐过程中传播西方科学文化知识的载体是西方的天主教,但是传播范围主要还是局限在士大夫阶层一个狭小的范围内。如张之洞说的,"今日颇有忧时之士,或仅以尊崇孔学为保教计。"②儒学经过两千多年的发展和荀子、董子、程朱陆王等几代大儒的改造,上述两个特点基本上都沿袭着,因此,儒教不具有宗教的意义。

但是从另一种意义上来说,儒学又表现出很多宗教的特点。首先,儒学具有宗教所具有的一切形式。譬如,有自己的经典、信条、戒约、庙堂、圣地和信徒等。而且祭孔也堪称是中国最大的祭祀活动。其次,孔子虽然不是神,但是一直被尊为圣人,在政权凌驾于神权之上的国度里,孔子一直是人们崇拜的偶像,至高无上的皇帝在孔子庙前都要屈膝,其实际地位远比一般的神的地位还要高。最后,儒学讲究天人合一、天命论等信条,因而崇拜祖先也合于中国宗法性宗教的传统;而儒学强调自我的超越,讲求人人皆可为尧舜也合于西方宗教的博爱、普度众生的思想。

---

① 康有为:《孔教会序二》(1912年10月7日),见汤志钧编《康有为政论集》(下册),中华书局1981年版,第738页。
② 喻大华:《晚清文化保守思潮研究》,人民出版社2001年版,第55页。

因此，客观地说，在中国的古代，儒学并没有取代宗教的地位，他与世界上其他的宗教相比还有一定的距离。但是，千百年来，儒学一直统摄着中国人的精神生活并受到人们的顶礼膜拜。因此，它也具有宗教的一般的意义。从这个意义上来说，我们就很容易理解康有为试图纳入儒教所做的努力。特别是在西方周游欧美各国之后，他通过对西方自然科学、社会科学以及西方政治经济的考察与探究，发现西方的自然科学家如牛顿、爱因斯坦等大科学家都笃信宗教。他发觉各种宗教对于一个社会的安定，有着共同的诉求。尤其是在西方的天主教试图控制中国人民思想的生死攸关的时刻，笔者认为，作为一个爱国者，特别是深谙中国儒学的大儒来说，他所做的"纳儒入教"的努力是可以理解的。但是我们都知道，这种努力一定不是一蹴而就的，抛开现实的困境不说，单就学理上来说，纳儒入教，将儒学改造为儒教是有可能性的。

（二）保国、保种、保教的必要性

我们不禁要问，为什么在康有为之前，没有人考虑过要将儒学纳入宗教的范畴呢？究其原因在于，宗教最大的功能是教化人淡泊名利，看淡现世，寄希望于彼岸世界。而中华民族文化的命运没有遭到威胁，未遭到灭顶之灾。清末民初，特别是1858年出生的康有为，经历了1884年的中法战争、1894年的中日战争，也经历了1904年为争夺在华利益而在中国东北进行的日俄战争，所有这些，让康有为意识到中国人必须重建自己的文化自信，以增强人们在思想上战胜西方强大敌人的决心和勇气。对于康有为这样一个对儒家经典都烂熟于心、深爱着中华民族的大儒而言，一系列不平等条约的签订尤其是宝岛台湾的割让，使康有为等一些有识之士深切地感到亡国灭种的危机感和无颜立足于世的羞耻感。公车上书、戊戌维新就是他奋力拼搏的明证，如何能够保种、保国、保教，最有效的方式就是"纳儒入教"。

康有为试图通过尊奉孔教抵制西方的宗教侵略，从而达到挽救民族危

第五章　东传科学与康有为今文经学的嬗变(下)

机的目的。他主张复兴儒教,强国裕民。① 因此,康有为试图通过振兴儒教来使中华民族免于覆亡的命运。康有为的孔教主张本着现实目的和功利色彩的考量,多次强调宗教是人类文明的象征,而孔教是中国传统文化的精义所在,孔教的立废关乎中华传统文化的存亡。康有为指出:

> 若国步稍移,则彼非金元无教者比也,必将以其教易吾教耳。犹吾孔教本起中国,散入新疆、云南、贵州、高丽、安南也。以国力行其教,必将毁吾学官而为拜堂,取吾制义而发挥新约,从者诱以科第,不从者绝以戮辱,此又非秦始坑儒比也。……今中国人所自以为中国者,岂徒谓禹域之山川,羲、轩之遗胄哉,岂非以中国有数千年之文明教化,有无量数之圣哲精英,融之化之,孕之育之,可歌可泣,可乐可观,此乃中国之魂,而令人缠绵爱慕于中国者哉。有此缠绵爱慕之心,而后与中国结不解之缘,而后与中国死生存亡焉。②

康有为指出,孔教最适合近代社会,孔教"敬天而爱人,尚公而亲亲,忠孝信义,爱国亲上",③ 在处理人与人之间、长辈和晚辈之间、个体与集体之间、集体与国家之间的关系最为可取。他批评其他宗教:"寡及父母,言仁而寡言孝,尊魂而少言修身。"④ 接着康有为又分析了孔教的一些优点,即孔教重人类繁衍;孔教既能教化众生,又能治国平天下;孔教主维新,主进化,适合于晚清的变局的需要等,所有这些都是其他宗教所

---

① 参见康有为《答朱蓉生书》(1891),见《戊戌变法前后·康有为遗稿》,上海人民出版社 1996 年版,第 233 页。
② 康有为:《孔教会序一》(1912 年 10 月前),见汤志钧编《康有为政论集》(下册),中华书局 1981 年版,第 733 页。
③ 康有为:《域多利义学记》(1899 年 4 月前),见汤志钧编《康有为政论集》(上册),中华书局 1981 年版,第 401 页。
④ 康有为:《陕西第二次讲演》(1923 年 11 月 15 日),见汤志钧编《康有为政论集》(下册),中华书局 1981 年版,第 1100 页。

不具备的。总之，康有为认为孔教最切于人事，适合近代社会特点和中国的国情。他说，"道教主长生，天下安有长生者"，① "耶教博爱可尊，无如吾俗难废祠墓；佛教养魂可尚，无如吾俗难尽出家"。② 儒教与中国的政治、文化和习俗最为接近，与人民的生活休戚相关。因此，孔教最适合中国的现实。康有为认为，一个民族，一个国家必须要有宗教，必须要有精神的寄托。他说，"无教之国，即为野蛮；无教之人，近于禽兽"。③ 康有为最后得出结论：宗教的存在有其合理性，一个国家不能没有宗教，而中国要立宗教就必立孔教。

三 康有为儒教思想探微

康有为演公羊三世之义，以孔子为教主，奠定了其变法思想的基础，可谓以儒变法。他把孔子作为托古改制的教主，尊为素王，目的是以儒变法，为他倡导的变法提供理论基础，同时想将儒家从哲学的范畴提升到宗教信仰的境界。至于康有为为什么从一个改革者的形象，沦为保守落伍的卫道者形象，主要还是因为康有为一心想着要建立具有神格以及充分宗教仪式的孔教。

康有为对社会时局的考虑涉及政治、社会以及文化的层面，并且有着强烈危机感的直接反应和行动。在《大同书》里康有为所表现的好像是超乎种姓国界的世界主义者，甚至会使人忽略康有为的爱国情怀与民族主义。其实康有为的大同理想一直是寄托于未来的一种最完美的设想，康有为终其一生所做的都是对国家兴亡盛衰的关切，由此衍生出来的必然也是爱国主义和民族主义的情怀。在西学冲击下的国家的变局中，他所爱之国

---

① 康有为：《陕西孔教会讲演》（1923年11月17日），见汤志钧编《康有为政论集》（下册），中华书局1981年版，第1108页。

② 康有为：《孔教会序一》（1912年10月前），见汤志钧编《康有为政论集》（下册），中华书局1981年版，第958页。

③ 康有为著，楼宇烈整理：《孟子微·礼运注·中庸注》，中华书局1987年版，第167页。

第五章　东传科学与康有为今文经学的嬗变（下）

已经不仅仅是朝廷，而是包括四万万中国人在内的国家。他的民族主义不是狭义的排满或者仇外，他主要针对的是帝国主义，为的是建立富强独立的近代国家。清末民初，康有为看到西方国家的富强，也看到这些富强的国家都有自己的宗教；而清末民初的中国，国势衰微，世风日下，强烈的民族责任感使康有为相信宗教是可以普及的，但是国教必须有自己的性格和意义。所以，康有为的目的是想让不像宗教的孔教变成可以比西方基督教更完美的宗教，然后倡言以儒教立国。

对于科学与宗教的关系，我们可以看到，康有为在提倡宗教的同时，主张物质救国，以推广其《物质救国论》的"一切工艺、化、电、器机之事"，并且在物质救国论里也大谈"治械"，就是大力发展近代工艺器械，以达到中国军事现代化的目的。这些都充分说明康有为与当时的仁人志士一样，渴望着国家的富强，以免遭帝国主义国家的欺凌。所有这些都彰显了康有为的近代民族主义意识，这些也正是康有为倡导孔教的动力之一。

而民国成立之后，康有为担心的事情也接踵而来，民权、平等、自由等西方的精神并未随着民国的建立而一并到来，"窃国者诸侯"，反而共和国的胜利果实被袁世凯所窃取。在价值体系上，当时国人一味效法欧美，有尽弃国粹之趋势，这也就是康有为在"五四"运动中激烈反对全盘西化思潮的原因。他是想守住中国的传统，因为他早就洞见了国家危机的未来，若是国粹尽失，那么国魂也就失去了存在的载体。

在《春秋董氏学·自序》中，康有为认为孔子之道在六经，六经之统宗在《春秋》。他说："孔子之道何在？在六经。六经粲然而美，浩然繁博，将何统乎？统一于《春秋》。"其后的三个鲁国君主都是孔子在世的时候见到的，在位六十一年；中间四个为孔子所闻，在位共八十五年，前五个为孔子所传闻，在位共九十五年。后人根据所载史实划分为所传闻、所闻和所见闻三世，后来被分别称为"据乱世""升平世"和"太平世"。康有为认为孔子相信从"据乱世"经过"升平世"即"小康世"到"大同世"的演变。他认为这中间寄予着孔子对社会演进的一种深意。这事实上是康有为自己的一种历史观，也是他为之奋斗的终极目标。他的《大同书》反映了他"太平世"的理想，而他的变法改制和一系列的努力，不过是实现其小康即"升平世"的过程而已。康有为在《在孔子改制考》中反复表达着他的"孔子受天命，改乱制，通三统，法后王"的思想，所谓的孔子受天命改制，就是说孔子要创立一个教，这个教自然就是儒教。

康有为说，孔子创立儒教，不仅创造了儒书、儒服以及一整套礼仪制度，而且孔子作为治法之王，也为儒教的国家制定了施政的方针和原则。"孔子穷天人之本，为王政之施"。[①] 这些说法大都是秦汉之间儒者有根有据的思想。其实朱熹说孔子传先王之政教，也是这个意思。康有为只不过是用清晰明了的语言加以重新强调罢了。康有为要变法也是以孔子的后继者自居，以制法的圣人自居，以代天立言者自居，即张载所谓的"为天地立心"，因此他的变法改制本身就是儒教改革的一个组成部分而已。

康有为提出宗教对于风土人情的重要性，他在《上清帝第二书》中指出："然近日风俗人心之坏，更宜讲求挽救之方。盖风俗弊坏，由于无教。"这里的"无教"的"教"指的是"宗教"，他的意思是说儒教没有在坊间贯彻到底，就是没有在群众中得到普遍的接受。"然六经为有用之书，孔子为经世之学，鲜有负荷宣扬，于是外夷邪教，得起而扇惑愚民"，这里的"外夷邪教"指的是基督教，康有为把基督教的盛行归结为儒教的式微。他深深地为儒教的前景堪忧，感到儒教危机的严重性：基督教教堂比比皆是，而儒教却固守着礼制，每个县城仅有为数不多的孔庙，这样就很难适应儒教教义宣传的需要。在儒学占据着正统地位的时候，虽然有人慨叹佛道寺观多于儒教的孔庙，但是那个时候佛道二教毕竟早就表

[①] 《孔子董氏学》卷六《知天》。

第五章　东传科学与康有为今文经学的嬗变(下)

示为儒教教义服务，因而他们也就没有亡国灭教的担忧。但是目前的形势发生了变化，西方列强时刻威胁着中国的安全，亡国灭教的危险时刻存在，因此，当时的一些儒者在建议改革政府职能的同时也提出了改革儒教的问题。

在今天的学者看来，儒教自始至终都是重视教化功能的，而且它的教化工作一直做得很好。过去由于政教一体，儒者们忙于行政工作而疏于对儒教的教化工作。因此，康有为所看到的是儒教教义宣传得不够彻底，而康有为的这个见解显然是在西方大兵压境之下西方宗教的刺激下产生的。康有为认为，师夷长技、师夷制夷的方略不仅体现在军事和物质生产上面，也体现在宗教和思想领域。

清朝后期，民间信仰虽多，但是这样神灵众多的情况，在人们心里只是给人福佑的一种方式而已，不能达到真正教化的目的，因此，康有为提出了改革的根据，这个根据也是源于孔子的权威，所以他提出孔子之思想在当时就是扫除了一切淫祀的思想。

> 孔子定礼，祭止天、祖，其他皆为淫祀。妄祭以求福，是行谄媚也。盖上古淫祀之鬼甚多，孔子乃一扫而空之。观印度淫鬼之多，即知孔子扫除中国淫祀之力矣。[①]

在这里，康有为认为，单祭天不行，单单的祭祖也不行。只有既祭天又祭祖才符合孔子的正道，因此废除淫祀是儒教的一贯的方针。为了儒教的发展，康有为建议鼓励儒教的传教活动，这是他有感于西方国家在中国传教的策略所做出的一种调适反应，也是儒教以基督教为师，发展自己的举措。二十几天之后，康有为又写了《上清帝第三书》，重申了改教的主

---

① 《论语注·为政》。

张,并且建议实行科举改革,改革的宗旨是讲明孔子的义理:"其乡、会试,纵其才力,不限格发,听其引用,但在讲明义理,宗尚孔子。"最后,康有为仍然希望皇帝能"历鉴覆辙,深畏天命",这里我们可以看出,若从传统的观点来看康有为的话,他算得上是一个纯正的儒者。

与政治改革相比,宗教改革更加困难,所以在变法期间,光绪帝按着康有为的建议颁布了一系列的法令,但是唯独没有进行宗教改革。也许从一开始光绪帝根本就没有打算进行宗教改革,这当然是由于政治改革更为迫切。然而无论是政治改革还是宗教改革,康有为的目的都是保国保教,都是在儒教之内的改革。其改教改政的目的也是巩固大清帝国的基业和儒教的发展壮大。

四 《诸天讲》的旨归

康有为《诸天讲》的旨归是超乎天人之外的诉求。康有为的《诸天讲》成书于1926年,也就是他逝世的前一年。至此,他的思想与以往大相径庭,晚年的思想变得更为关注出世的诉求,价值指向超乎在人与物的境域之外。一方面他超脱地球的限制,从事他所谓的天游之学;另一方面他的眼光从人事投向超自然之物,放弃了他早年的人定胜天论和无神论。

康有为神游太空的想法来自好几个源头:陆王学派的启示,康氏的宇宙观与陆九渊的极其相似,但主要还是来自康有为的天文学研究。他从19世纪80年代初开始,终生未歇。[1] 望远镜的奇景气象对他有绝大的冲击力,这种令人兴奋的经验不仅加强了他的天文学的兴趣,而且给陆九渊的孤高之言以实质性的内容。康氏借助天文望远镜以及天文学的书籍大大地扩展了他的知识范围,广大的无限境界展现在眼前定然勾起了他无穷的遐

---

[1] [美]萧公权:《近代中国与新世界——康有为变法与大同思想研究》,汪荣祖译,凤凰出版传媒集团2007年版,第129页。

第五章 东传科学与康有为今文经学的嬗变(下)

想。在这样的情况下,康氏已经在知识上和心理上都做好了遨游太空的准备。甲午战败,国难当头中断了他对天文学的思考进而使他把精力转移到最要紧的世俗事务上。康有为虽然没有明确表示倾向泛神论,但是对于柏格森的泛神论倾向并不反对。他对于柏格森哲学的掌握虽然不能和张东荪等相比,但是他与民国若干学者一样同样喜好柏格森哲学。1926年的康有为不再是教条式的改良派,而是要按照既定模式来塑造中国。换句话说,就是放弃了儒家的理性主义的传统而倾向于柏格森的神秘主义。[①] 康有为试图建立一个"不中不西、即中即西"之新学说,虽然此一哲学整合的尝试未成功,但是这种努力本身已具有了相当重要的历史意义。

[①] [美]萧公权:《近代中国与新世界——康有为变法与大同思想研究》,汪荣祖译,凤凰出版传媒集团2007年版,第141页。

第六章　东传科学与康有为今文经学若干问题的讨论

本章是对前几章的总结与升华，通过清末民初东传科学与今文经学的嬗变过程研究，总结以下七个方面的问题：从康有为的主观愿望来看，他试图借助东传科学对今文经学的重构来达到作为儒者改革家的政治目的；从康有为主观努力的方向来看，通过对东传科学与今文经学进行整合、会通，以期达到利用东传科学构建其今文经学体系，借此实现其人生的政治理想；从东传科学对康有为今文经学影响的性质来看，透过东传科学助推作用，康有为的今文经学思想立足于东传科学时代潮流之下所凸显的"通经致用"思想以及一以贯之的"尊孔"特质；从康有为"六经注我"的解经方式来看，他的治经方式是对科学精神一定程度的背离；从嬗变的客观结果来看，东传科学影响下康有为今文经学的嬗变掀起了一场思想解放的潮流，同时也导致了经学的式微；从此一问题研究的启示与现代意义来看，东传科学助推下康有为今文经学的嬗变促成了儒学的现代化转型，掀起了"五四"运动思想解放的先声，客观上又成为新儒家的源头活水；最后试图对康有为今文经学与儒学的未来和发展做一总结。本章遵循着这样的逻辑理路一一展开。

第六章 东传科学与康有为今文经学若干问题的讨论

第一节 康有为今文经学的嬗变与维新思想的形成

受东传科学的影响，康有为对清代由刘逢禄、庄存与发扬光大的今文经学思想进行了重构与改造，使之成为其维新变法思想的理论武器。康有为的主观愿望在于利用东传科学对今文经学进行重构以求达到"通经致用"的现实目的，并为其维新变法提供理论支撑，成为一名儒者的改革家。

一 康有为今文经学学术理路的形成

康有为生活的世界，是一个传统的儒家世界。通过康有为与同时代其他儒者的关系谱系可以窥见康有为根深蒂固的儒家思想背景。在与康有为同时代的儒者当中，有两个人对康有为产生了重大的影响：一个是他的老师粤中大儒朱次琦，另一个是与他有着复杂纠葛的今文经学家廖平。其师朱次琦的"经世致用"思想以及对社会现实的高度批判精神都深刻地影响着康有为，可以说，年轻的康有为基本上继承了其师朱次琦的衣钵。因此，后来的康有为，不管是在学术道路上，还是在社会影响上，都超越了其师朱次琦先生，正可谓"青出于蓝而胜于蓝，冰水为之而寒于水"（《荀子·劝学》）。但是后来在对待韩愈的问题上，二者的学术观点存在较大分歧并最终导致师徒二人分道扬镳。尽管如此，康有为在很多场合还是表达了他对老师的尊敬与感激之情，正是朱次琦的教诲，奠定了他学术思想的雏形，成为一代思想上的宗师。另一个重要人物是今文经学大师廖平先生。对于廖平，康有为对他的态度一直很复杂，虽然康有为没有对此作正面的回应，但是康有为的《新学伪经考》和《孔子改制考》两部代表作显然受到廖平《知圣篇》和《辟刘篇》的影响，也正是因为他与廖平的会面奠定了康有为今文经学的学术理路。

(一) 康有为对先贤儒学思想的综合与升华

康有为对诸多重要的儒家学者都发表过或褒或贬的评价，但唯一让他心悦诚服的就是孔子本人，因为他所服膺的孔子是扎根于他内心深处的那个神圣的孔子。正由于一心倡导儒教，其言谈评论中难免带有教主的口吻，因此造成了诸多观点的偏颇。但无论他对孔子还是其他儒学大家的评价出于怎样的一种考量，都无一例外地反映了他试图借孔子的权威对当时的人或事进行评论，并借此为自己的政治目的服务。通过了解康有为对待同时代儒者的态度，我们可以窥见出他不同于常人的处世为人的立场。

在孔子诸多门徒之中，康有为更偏爱子思与孟子，对曾子却颇有微词。因为子思是《中庸》的作者，故康有为对《中庸》情有独钟并坚定地认为《中庸》是孔学中最经典的一篇。对于孟子其人，康有为也倾注了更多的关注，"孟子乎，真孔门之龙树、保罗乎?!"[①] 不过他对孟子的"性善论"持保留态度甚至持批评的立场，他不以孟子的"性善论"为意，反而觉得荀子"性恶论"更具现实价值，因此也更能适应现实社会。康有为显然赞同荀子"化性起伪"的道德教化观。这样一来，康有为不仅把道德看成是人为的，而且把道德的修为高悬于认知价值的基础之上。在他看来，子思与孟子的"性善"属于"天命"的范畴，在修为上重"存心养性"，显然又具有先验主义路向的特点；而荀子在个人修为上侧重"化性起伪"，无疑凸显康有为经验主义路向的特质。不管是荀子的"性恶论""隆礼重法"还是其"强国裕民"思想，无一例外地都凸显出儒家"外王"理想的价值追求。就这一点来看，康有为与荀子有异曲同工之妙，康有为的今文经学体系同荀子"外王"思想一样有着浓厚的知识化、工具化的倾向，但

[①] 康有为著，楼宇烈整理：《孟子微·礼运注·中庸注》，《孟子微序》，中华书局1987年版，第2页。

第六章 东传科学与康有为今文经学若干问题的讨论

是在追求"成圣"理想以及对于贵族气质、品格追求上又同孔子的理念一脉相承。

在康有为看来，曾子及其《论语》皆非孔学之"大宗正统"，"论语只为曾门后学辑纂，但传守约之绪言，少掩圣人之大道，而孔教未宏矣"。① 认为曾子只是"守约之徒"而少有创获，未尝闻孔子之大道。他甚至觉得朱熹称《大学》是曾子之作的说法是存疑的，认为像曾子这样"未尝闻孔子大道"的门徒无论如何也写不出如此重要的儒家经典。但康有为却对董仲舒推崇备至，这也源于他尊崇的董子有功于春秋"公羊学"，而《春秋繁露》便是明证。对于书中论及"公羊学"和其他诸如今文经学的许多代表性的观点，康有为钟爱有加，这充分表达了他对董仲舒由衷的赞美之情。

在看待宋明理学的问题上，康有为并不完全持赞同态度。他认为宋明理学"排斥宋学，以其仅言孔子修己之学，不明孔子救世之学也"，② 但他也坦陈朱熹、张载等大儒对儒学做出的重要贡献。相比较而言，康有为则尤为喜好心学一派的王守仁和陆九渊等学者。③ 康有为认为陆王"直捷、明诚、活泼、有用"，因此，"自修及教育后进者，皆以此为鹄焉"。④ 宋明理学中理学与心学相对立的尖锐性与不可调和性，无论是从尊德性还是从道问学的进路出发，二者都面临着无法统一的悖论。其实这涉及儒学自古以来就存在的理想与现实并重的双向关怀，而这一关怀的交叉地带既是儒学得以发展的内在张力又是其具有旺盛生命力的根本所在。康有为认为这种工具理性与价值理性的不可调和的矛盾性依然可以用"尊德性"与"道问学"的歧义来把握。因此，关于理学与心学对价值理性

---

① 康有为著，姜义华、张荣华编校：《论语注》，《康有为全集》（第6集），中国人民大学出版社2007年版，第377页。
② 梁启超：《康有为传》，附录《康南海自编年谱》，团结出版社2004年版，第45页。
③ 梁启超：《南海康先生传》，《饮冰室合集·专集之七十三》，中华书局1986年版，第61页。
④ 同上。

与工具理性不同的价值取向给康有为打开了遮蔽已久的心门。实际上，陆王心学给康有为提供了反对程朱理学的灵感，并引导他恢复所谓的"纯"儒之学。同样康有为对陆王之学也不是照单全收，因为他们并不关心"通经致用"的今文经学与春秋"公羊学"，而这些又是康有为认为最有价值的地方。

（二）康有为对时儒、先儒"今文经学"的理论总结

朱次琦对待儒家思想中不同学派的观点所采取的兼收并蓄、折中调和的态度深深影响着康有为，这也是他能折中中西、古今思想，做到博采众长的原因所在。朱氏引导他从原初儒家的孔子那里追寻真理。1878年，康有为在思想认识上遇到瓶颈，在立身处世上也遭遇前所未有的危机，也正是在这一年，更为致命的是他与授业恩师分道扬镳致使师生关系破裂。此一危机成为康有为思想的转折点，他开始脱离经书，转向对印度大乘佛教、现实政治以及东传科学之自然科学的研究。尽管如此，却从未放弃过儒学，继续执着于其思想境界的拓展并奠立了以儒学为根基折中其他哲学的基础。[①] 经年之后，康有为又重新回到儒家经典中来，所不同的是他改换一种全新的眼光来审视所谓的"故纸堆"并使之成为一种"经世致用"的学问，至此，他才全身心地致力于春秋"公羊学"。

提到廖平其人，我们知道这是一个和康有为有着复杂纠葛的重要人物。康有为和廖平都属于公羊学一派，但是康有为对于廖平今文经学的一切学术成就均未做任何说明，一直保持缄默，在他的著作中也从未谈及廖平。康有为因此时常遭后人诟病，认为他对于廖平的《知圣篇》和《辟刘篇》有抄袭之嫌。廖平本人就曾指控康有为在广州与他做过一次长谈并取其书一册，是否是因为这个原因才有了后来的《新学伪经考》和《孔子改

[①] ［美］萧公权：《近代中国与新世界——康有为变法与大同思想研究》，汪荣祖译，凤凰出版传媒集团2007年版，第49页。

第六章 东传科学与康有为今文经学若干问题的讨论

制考》我们也未可得知。当然后人所给予康有为的批判,也得到时人叶德辉的支持和赞同,后来钱穆先生也赞同康有为有抄袭别人学术成果的嫌疑。对于康有为和廖平的学术源流问题,萧公权先生有这样的阐释:"康拒绝提廖平,因他不以廖为他的先驱,虽接受廖的一些见解,但不以他为'真理'的共同发现者"[①],如是而已。

对于孔子来说,他极少论及鬼神,一直采取十分审慎的态度,"未能事人,焉能事鬼?""未知生,焉知死?"(《论语·先进》)但他一直都极为相信天命。在古代,《易经》基本上是一本占卜之书,对于年龄问题,孔子在《论语》中两次谈到五十岁的问题:一次是"五十而知天命"(《论语·为政》),另一次是"加我数年,五十以学《易》,可以无大过矣"(《论语·述而》)。而《中庸》也谈鬼神之德,强调"祸福将至,善必先知之,不善必先知"[②]。所以,董仲舒以及其他的公羊家们一直阐释着"微言大义""谶纬神学"的精髓,演绎着古之天神之说并不断渲染占卜的重要性。时至康有为,他承袭董仲舒今文经学传统,任意恢复自然界的"征兆",相信所谓的"地势""风水"之说就成为顺理成章的事情。对于宗教问题,康有为认为禁欲的宗教是没有前途的宗教。他在1904年所撰写的《意大利游记》中发表了自己的看法:马丁·路德之所以能够创立新教,是因为他冒天下之大不韪,敢于迎娶尼姑为妻;日本的亲鸾之所以会成为日本"本愿宗"的教主,也是因为他敢于娶亲和吃肉。所以,在他看来,随着大同世界的到来,一切加诸人欲的限制都将不复存在。康有为对于儒学的重建或者说是对儒学的重新诠释带动了清末民初影响深远的思想革新运动,因此康有为认为现有的政治制度必须进行大幅度的革新,儒家经典必须和现实社会相结合才能凸显其"经世

---

① [美]萧公权:《近代中国与新世界——康有为变法与大同思想研究》,汪荣祖译,凤凰出版传媒集团 2007 年版,第 52 页。
② 《中庸》第十六章、第二十四章。

致用"的价值。①

(三)"尊儒""尊孔"是康有为社会、政治活动的主线

时人叶德辉作为维护传统文化思想的主要代表,他斥责康有为"其貌则孔也,其心则夷也"。自宋以降,儒家大部分文人把意见相左的政敌斥为异端,这些异端基本上被驱逐于正统儒学之外,这不仅是排斥敌手最有效的手段,也是儒家自宋明理学之后近千年儒学作为官方意识形态的不二法门。康有为不仅"尊孔""尊儒"还援"西学""西政"入儒来阐释儒学,因此,他被时人叶德辉斥为"非儒"也就不足为奇了。康有为一如他的许多前辈和同辈一样自称是儒者,只不过他是一修正者,而非泥古者罢了。儒家学派的代表人物诸如孟子、荀子、董仲舒、朱熹、陆九渊和王守仁等也都是修正派。这些儒学大家在解释经典时也许不及康有为大胆,但是他们和康有为一样,毕竟给予儒家传统以崭新的内容。②

康有为的今文经学思想具有空前的颠覆性,他不仅怀疑儒家典籍的可靠性,更加热衷于"公羊学"之"谶纬神学"等奇谈怪异之论。更重要的是他广泛汲取其他非今文经学学派的有益资源,甚至把外来的西洋思想——"西学""西政"注入儒学,这种解释经典的方式绝不是康有为的独创,无独有偶,宋代大儒们也同样是吸收、借鉴外来的印度佛学思想与儒学合流,进而发展成博大精深的宋明理学。所以,不能因为康有为反对古文经学就认为他不是一名儒者。康有为给予孔子以无限的敬仰,深信儒学的道德效力能够历久而弥新。萧公权说:

他深信真正儒学的道德效力并未被几百年来的伪经损坏殆尽,仍然可以恢复,不仅可为中国人,而且可为整个人类服务。他的这一信

---

① [美]萧公权:《近代中国与新世界——康有为变法与大同思想研究》,汪荣祖译,凤凰出版传媒集团2007年版,第31页。
② 同上书,第33页。

第六章 东传科学与康有为今文经学若干问题的讨论

念与时俱增。……因此，他不难用儒家之"经线"与西方之"纬线"来编织一综合的哲学织品。此一哲学并未产生康有为所要的结果。但是说康有为仅以孔子作为虚饰则过分低估了康氏的心智，对要使儒学现代化的他也太不公平了。①

康有为的大同理想有主张取消家庭的内容，但是他的一生不断地为儒学摇旗呐喊，不断地呼吁政府和同时期的学者"尊孔""尊儒"。不论世事如何变迁、不论时局如何剧变，"他都坚持孔子是最伟大的圣人，他的学说可为人们社会和道德生活的最佳指针。民国之后，他因感到保存中国最好的国粹比社会和经济的现代化更要紧，故对孔子也愈为景仰"。② 在一个巨变的时代，康有为坚持认为道德价值的儒家比工具理性的科学更为重要而紧迫，也体现了康有为对于儒家的坚守有着宗教般的庄严性。"康有为作为一乌托邦哲学家，他是超越儒家的；但作为一实际的改革家，他仍然在儒家的范围之内。"③

二 "通经求变"为旨归的今文经学思想

从近代中国思想史的角度来反观康有为，我们不难看出，康有为与"新知识分子"的基本立场有着十分密切的联系。康有为在1905年撰写的《物质救国论》及其他同时期的著作中，都坦陈东西方"文明"的内涵包括两个相等且不可分割的因素——以西方见长可以触手可及的"物质之学"和以中国见长不可触及的"道德之学"。康有为虽然相信中华文明在"道德"上优越于西方，但是他并不认为正确的、先进的伦理思

---

① [美]萧公权：《近代中国与新世界——康有为变法与大同思想研究》，汪荣祖译，凤凰出版传媒集团2007年版，第73页。
② 同上书，第33页。
③ 同上书，第35页。

想比西方的科学知识来的重要。当然他也不认同道德无用论或者认为科技高于一切的论调。[①] 这其实又涉及工具理性与价值理性不可调和的矛盾性。

（一）对西方自然科学的崇拜

萧公权先生认为，康有为的物质之学取自物理、数学等自然科学之原理，而这些是西方科技的基础以及西方之谓"富甲天下"的秘方。[②] 19世纪80年代以后的康有为已遍览大量的西学书籍。康有为在25岁时"舟车行路，大购西书"，回家之后"大讲西学，始尽释故见"。[③] 1884年，康有为还宣称自己正在进行天文学及西方先进的科学仪器设备的试验与研究工作。康有为盛赞显微镜与放大镜的功效："视虱如轮，见蚁如象，而悟大小齐同之理。"[④] 此后康有为对西方自然科学的兴趣持续了多年，直至他临终前一年仍然借助天文望远镜来夜观天象，可以说，康有为从未间断过对于自然科学的热爱。

康有为对于近代科学的认识并非肤浅，他的著作中留下了诸多自然科学的影子，而且得出迄今为止仍然发人深省的结论：道德和思想的进步受制于科技的进步。1905年，他在《物质救国论》中提到，由于西方国家的物质进步，令"道德、人群皆一新"。[⑤] 康有为指出，现代技术和现代工业根植于现代的自然科学的发展，重视科学精神的英国学人开启了现代社会的新纪元。"英国以物质最昌明之故，故自雍、乾之间，不过为欧洲小国，地不及德、法三分之一，人民不过数百万，不数十年而地广数万里，人民数万万，盖十倍于德、法焉。伦敦之人口盖十数倍于昔，为地

---

① ［美］萧公权：《近代中国与新世界——康有为变法与大同思想研究》，汪荣祖译，凤凰出版传媒集团2007年版，第411页。
② 同上。
③ 梁启超：《康有为传》，附录《康南海自编年谱》，团结出版社2004年版，第97页。
④ 同上书，第99页。
⑤ 康有为著，马洪林、卢正言编注：《物质救国论》，《康有为集（八卷十册）》政论卷（下），珠海出版社2006年版，第524页。

第六章　东传科学与康有为今文经学若干问题的讨论

球都会第一。"①

"博古通今""学贯中西"是康有为今文经学思想最为显著的特点。康有为今文经学体系的复杂性、综合性是中国思想文化从传统向现代转型的重要标志。面对汹涌而至的东传科学，古老的中华文明面临最严峻的挑战。透过康有为今文经学思想的嬗变，我们可以看到，清末民初中国传统文明在向近代化转型的过程中，不管是在思想层面还是在制度层面都经历着痛苦的挣扎与艰难的抉择。

在古代中国，文化与国家之间有着高度的契合性，它是一个高度自给自足的系统。高力克先生指出："建基于传统宗法农业经济的中国文化是自足的文化系统，具有文化的高度专业化和对环境的高度适应性，在世界历史的大部分时间里，中国一向是整个东亚社会的文化巨人。"② 然而就是这么一个近乎完美的国度，却在近代化的转型中迟滞不前，远远落后于西方。直到鸦片战争爆发，当西方的坚船利炮轰开了中国的大门，做着"天朝上国"美梦的清政府才如梦初醒。所有这些都是因为近代中国一直停留在灿烂圆熟的农业文明的旧梦里，却不知道西方国家经历工业革命已经有数百年之久。没有哪一个国家愿意放弃现有的生活方式去接受外来文明，但是中国的近代史无一例外地都在证明一个不争的事实——落后就要挨打。因此，如何去体认西方先进的科学技术，去效仿、学习西方国家先进的军事和工业也就成了有识之士最为明智的选择。

（二）"托古改制""援西入儒"思想的构想

康有为倡导的维新变法运动固然有其难于弥补的致命缺陷，但康有为将变法思想建基于他所构建的今文经学体系之中，以"托古改制"的

---

① 康有为著，马洪林、卢正言编注：《物质救国论》，《康有为集（八卷十册）》政论卷（下），珠海出版社2006年版，第529页。
② 高力克：《历史与价值的张力——中国现代化思想史论》，贵州人民出版社1992年版，第14页。

方式倡言变革，实在有其难以言说的苦衷，也是他的无奈之举。康有为在给光绪皇帝的奏折中也陈明了他的心迹，那就是非变法不能自保。"中国今当强敌四逼之时，非变法不能自保，而法之不能改，则惟守旧者阻挠之。故凡臣所著书，或旁采外国，或上书圣贤，虽名义不同，务在变法，期于发明新义、传风气，推行新法，至于自强"①，然后他又直陈"托古改制"的实质是发明孔子的变法大义，使守旧者找不到阻碍变法的借口。② 康有为之所以将孔子塑造为变法改制的先师，是因为"亦以使守旧之徒无所借口阻挠我皇上新法"。③ 也许这才是康有为托古改制最根本的原因所在。

不管是康有为"托古"以"改制"，还是"援西入儒"来诠释今文经学，其价值指向都是想借维新变法以改变政局之流弊。当今文经学不能提供变法所需要的具体目标或者措施之时，对于迫切想要推出维新变法以挽救时局的康有为而言，他的目光就自然而然地投向了西方。在强学会章程中他开宗明义："鉴万国强盛弱亡之故，以求中国自强之学。"④ 所以，不管是康有为利用今文经学倡导的"托古改制"，还是"援西入儒"用西方先进的科学文化来改造儒学，其初衷都是为了达到其政治目的以改革腐朽的清政府、改变社会之流弊。

中国的传统文化体系是一个高度保守、稳定且自给自足的系统。当时的有识之士已经意识到西方国家"变化的速度非常快，变化的性质是前所未有的"。⑤ 这种激变让晚清政府陷入困局而无所适从。可以说，这种让国人难以接受的社会现实对中国传统价值的消解作用几乎是毁灭性的。既然

---

① 康有为：《恭谢天恩并陈编纂群书以助变法》，《杰士上书汇录》，参见黄明同《康有为早期遗稿述评》，中山大学出版社1998年版，第316页。
② 同上。
③ 同上书，第317页。
④ 康有为著，汤志钧编：《强学会章程》，《康有为政论集》，中华书局1981年版，第169页。
⑤ [美]费正清：《剑桥中国晚清史》，四川人民出版社1986年版，第15页。

第六章　东传科学与康有为今文经学若干问题的讨论

千百年来所形成的神圣不可侵犯的文化传统根底已经发生了动摇，中国人原有的"夜郎自大"和"唯我独尊"也就轰然坍塌了。在这个时候，是固守传统还是学习和拥抱西方，这是国人必须面对的问题。康有为和其他有识之士一样，既不愿意接受根深蒂固、神圣不可改变的传统文化的光环就此毁于一旦，又不愿意固守传统而甘愿忍受西方列强的恣意欺凌。在这样的背景下，西方国家传进来的东传科学无异给清末民初沉闷的思想界注入了一剂强心剂。随着西学、西政的传入，重塑和重释神圣的传统文化便有了一个千载难逢的机会。此时的康有为开始将目光聚焦在对重铸传统文化问题的思考上，寻求一种将儒家为本根的传统文化进行重新阐释的方法，以求"通经致用"便成了康有为最迫切的选择。而廖平的《辟刘篇》和《知圣篇》两部作品洞开了康有为的思路，他终于如获至宝，今文经学的"经世致用"思想就成了他苦苦寻找的、借此阐释传统文化的最合适的载体。

康有为坚定地相信今文经学的"微言大义"与西方的自然科学、社会科学知识可以进行有机的结合并成为一种系统的体系为其政治建构服务，他所期待的今文经学是儒学的正道，是能够博古通今、融会中西的思想系统。康有为极力颂扬西方先进的自然科学和政治制度，同时又极力维护儒家之正统。他试图在二者之间寻求平衡，为灾难深重的中国找寻救亡图存、独立自强的出路。因此在当时国家观念、民族观念深入人心的背景下，利用东传科学来附会儒学、重估经学以达到自己的政治目的。他采取"六经注我"的解经方式，不惜一任主观、随意曲解、武断地肢解儒家经典，这在一定程度上也消解了中国传统经典的权威性，当然，这一点也许是康有为所始料未及的。

三　今文经学与康有为维新变法思想的形成

纵观整个清代今文经学的发展过程，试图把今文经学发展到政论层面的开创者是龚自珍、魏源二人。龚自珍自幼跟随外祖父学习"小学",28岁时师从今文经学大师刘逢禄学习"公羊学",穷其一生都在专治今文经学。他运用"穷变通久""三统""三世""五行"等今文经学核心概念与当时的社会现实进行有机结合并发表了大量惊世骇俗的政论文,开一代以经学阐发政论的先河。龚自珍大胆而尖锐的政论文字和魏源"力主变革"与"借经言政"的理论撼动了"万马齐喑"的思想界,引领了思想解放的潮流,对于康有为今文经学的发展起到思想启迪的作用。

如果说龚魏二人把今文经学推至政论高度,那么康有为则是把今文经学发展至改革层面的功臣。康有为沿着龚自珍、魏源"以经言政"的道路继续推进并把今文经学发展到一个新的高度,他用今文经学作为变法的理论武器,开启了变法维新的新时代。今文经学发展至近代,它之所以能够屡屡走到风口浪尖并风行一时,是因为它能从孔子"微言"中探究出具有时代精神的"大义"所在。1888年之前,康有为倾向于古文经学立场,因为受到廖平今文经学思想的点化,遂转向专治今文经学以达到变法改革的目的。思想转变后的康有为一改之前的古文经学立场进而转向今文经学治学、治经路向,坚持"扬今(文经学)抑古(文经学)"的立场。他崇尚今文经学不仅出于学术原因,而且是出于政治目的的需要,他的今文经学不只是传统意义上的经学,还是维新派的政治理论依据。清代统治阶级既提倡宋学,也提倡汉学,宋学是官方的意识形态,而汉学是清代学术的主流。针对这种现状,康有为认为汉学乃新莽之学,并非真正的汉学。而宋学也多尊伪经,而非孔子之经。经过康有为的界定,客观上从根本上否定了清代统治者所提倡的汉学和宋学的正统性与权威性。

对于孔子的学说,后世学者的理解不尽相同,甚至有些水火不容,这主要是因为学者处在不同的时代,各自具有不同的政治立场以及学术风格。康有为企图利用儒家变易思想对抗所谓的"祖宗之法不可变"的顽固、守旧的观点。然而,变易思想并非今文经学所特有,古文经学派也把

第六章　东传科学与康有为今文经学若干问题的讨论

《易经》列为重要的经典之一。因此，并不崇尚今文经学的洋务派、早期改良派也屡屡引用《易经》中"穷变通久"的观点作为改革变法的主要依据。但是，康有为站在今文经学的立场上，吸收19世纪末期中国所接触到的西方先进自然科学和社会科学知识，把中国的变易思想发展到极致。他以《易经》的变易思想为变法理论依据，以《春秋》为变法的制度规范，以"三统""三世"说证明人类社会是不断发展、进化的，从而建立起一套系统关于自然和人类社会的演化及其规律的理论。康有为利用今文经学的形式，为维新变法运动制定了一套政治纲领，就是让中国率先实现"小康"社会的君主立宪制度，进而实现"太平"和"大同"的民主共和制度。康有为借助经学阐发其变法理论，在社会上产生了"飓风"效应。他的得意门生梁启超在戊戌变法时期就是康有为维新变法运动的狂热的支持者，追随着康有为就像维新变法的一面旗帜进行维新变法的宣传活动。梁启超撰写的那些脍炙人口的宣传口号与文字也大大丰富了康有为今文经学的内涵与内容，并使之具有更加明显的东传科学色彩。而其他的维新派人士，如谭嗣同、唐才常、夏曾佑和皮锡瑞等也都积极宣传今文经学思想并以今文经学为理论武器进行维新变法活动。"1896年至1898年，以《时务报》、《湘学新报》、《湘报》、《知新报》、《女学报》与《算学报》等报为代表，是维新派办报的第二个阶段。"[①]

维新派这些报纸都曾宣扬今文学说，在戊戌变法时期，康有为及其他的追随者不遗余力地宣传今文经学，使其一度成为清末民初的"显学"，它对于戊戌维新变法运动无疑起到积极的推动作用。与此同时，今文经学重在对"微言大义"的阐发、所具有的"托古改制"的性质也遭到了顽固守旧势力的围剿。洋务派原本就不赞成康有为的变法主张，他们攻击康有为今文经学

---

① 马琳、李谦盛：《浅析维新派报刊的历史作用及其主要贡献》，载《今传媒》（学术版）2014年第8期。

体系及其变法理论也就成了顺理成章的事情。另外，维新变法的支持者内部也有人站出来坚决反对康有为以西学、西政为主导的今文经学，章太炎就是其中最具代表性的一员。作为极具影响力的维新变法派旗手的古文经学大师，他极力反对康有为的今文经学体系，对康有为今文经学思想予以猛烈的抨击，认为其对维新变法运动具有很大的破坏作用。还有一些对西学有着浓厚修养的学者，如黄遵宪、严复等也反对康有为的孔学思想，甚至包括他的得意门生梁启超和谭嗣同也曾与其师产生过巨大分歧。

因此，戊戌变法时期康有为的今文经学思想虽然在社会上产生了很大的震动，但是也激起了巨大的反对声浪，并未能真正赢得民心。康有为杂糅西学和今文经学来构造其变法理论始自1890年前后，那时传播进来的主要是东传科学中的自然科学知识，较少涉及社会科学领域的知识。因此，他所谓变法思想中的政治纲领有很多牵强附会的地方。康有为的变法理论以今文经学为外衣，也引来较大的纷争，"今文经学"是否为中国传统文化的正宗，本身就难具说服力。康有为论证今文经学的方法也过于武断，缺乏科学根据，他倡导今文经学并非出于纯粹的学术目的，而是源自政治的需要。他并不是要创建一种学派，而是要创立一种指导维新变法的政治理论。因此，他所关注的今文经学的重点在于，是否有利于政治变革而不是关心它的学术价值。康有为倡言今文经学主要不是为了发扬传统文化，而是借着今文经学的形式来宣传西学，他是想借着今文经学的"微言大义"对自己的维新变法理论进行自由阐发。因此，维新运动中，康有为的变法理论采取今文经学的形式虽然起到了某些思想解放的作用，但是消极作用也非常突出。所有这些，都是戊戌变法失败的重要原因之一。

有关康有为与西学的关系，有学者认为，"西方科学对他思想的影响，大都肤浅而无事"，[1] 其实这种说法是很片面的。其中康有为的《实理公法

---

[1] 汪荣祖：《康有为论》，中华书局2006年版，第19页。

第六章 东传科学与康有为今文经学若干问题的讨论

全书》以"几何公理"为"人类"立法，我们可以洞见西方科学对他的影响是非常深刻的。其中最重要的一点是归功于江南制造局出版的西方译著，这是康有为最初接触到的西学知识。这批书除了宗教和历史地理领域的书籍之外，绝大部分都属于数理工程等自然科学方面的书籍，在康有为心目中，所有这些都是西方科学的精华，康有为自认为这些都是西方实证科学，都可以用来解答抽象的哲学问题，其实正是这种认识，对康有为起到了误导的作用。康有为的这种认识并不奇怪，在世界范围内也屡见不鲜。17世纪的科学革命，数学方法的成功给西欧哲学家刻上了深深的烙印。诸如笛卡尔、斯宾诺莎、莱布尼茨以及霍布斯等人，在论证其观点理论的同时，也常常以数学结构予以证明。包括美国的《独立宣言》也留下了《几何原本》的印迹。他们似乎认为，自然科学的成果可以运用到政治、伦理、玄学和神学之中，一切人文现象都有其固有的"公理""法则"。例如，英国的经验论哲学家将心灵的组成部分比作牛顿所说的物理界的粒子，不惜把哲学机械化；启蒙时期的哲学家狄德罗更把社会生活比作大工厂的试验场。及至康德，西方哲学家才结束了把哲学变成科学的野心。[1]康有为显然对这些西方哲学家并不熟悉，他只是接触西方的自然科学，凭其灵感和臆想，在惊叹西方科学思维严密的同时，不约而同地认为数学乃是最完备的知识体系。于是他试图用几何公理来解释人类平等、人伦关系和礼仪刑罚等社会学以及政治领域的内容。在科学的冲击下，康有为的这种方式无意间暗合了17、18世纪英、法等国哲学家所具有的"知识论上的偏见"的窠臼。西方科学昌明、理性至上，因此，西方的启蒙大师十分乐观，他们认为随着社会的不断进步，人类社会终可臻于完美。同样，康有为惊羡于西方的化学、光电、力学等科学之精美，公理法则之严密，认为沿着这样的一个研究进路不断发展、精进，人类的前途一定是乐观而光明的，所以，康有

---

[1] 汪荣祖：《康章合论》，中华书局2006年版，第37—38页。

为才有了大同之世的展望。可以说，虽然康有为在三十岁之前没有形成《大同书》的初稿，但实际上他已经在演"大同"之旨。

从《实理公法全书》《康子内外篇》和《教学通义》来看，康有为在字里行间已经展示了西方科学对其思想层面的影响，在他那里，多少带有"以夷制夷"的味道。其用心在于求变、求道、求改革，求维新以达到为国家图富强的目的。康有为追求世界大同的诉求和为中国图富强的理想其实并不矛盾，只是分属于不同的阶段和层次而已。康有为作为实际的改革者，其实也是兼具向往乌托邦的思想家。康有为一直演绎着一种以"三世"为架构的社会进化观，将"大同"视为进化的终极目标。因此，《实理公法全书》已经透露出康有为《大同书》的旨意。康有为一生的作为不外乎是以改革为手段以达到国家富强的宏愿，以及向往世界大同的愿景，而所有这些努力，都是对外来入侵者的一种本能反应，也显示了近代西方科学文明强大的影响力。

四 今文经学为理论支撑的现代改革家

晚清时期，东传科学传入的途径主要集中在以下几个方面：传教士译介的著作、日文翻译的书籍、在通商口岸的个人学习或是通过外交途径的接触等。另外还有一些渠道，诸如，李提摩太在《万国公报》刊载的相关知识和其他出版物介绍的东传之西方科学、技器和经济等知识，所有这些都对康有为产生了深刻的影响。康有为认为应该积极向西方学习，同时也肯定中国并不缺乏具有现代技术和尖端科技能力的科学家。譬如，19世纪末和20世纪初中国所做的努力并不是一点成绩也没有，像华蘅芳和徐寿成功制造了第一台蒸汽机，留美的詹天佑成功修建北京到张家口的铁路等例子就是明证。同时，康有为对经济现代化的认识也有自己的独特见解。他的经济现代化构想主要来自以下两个方面：一是取法于19世纪欧美工业革命的发展成果，另一部分则取法于明治维新时期的日本。在康有为看来，

第六章　东传科学与康有为今文经学若干问题的讨论

一个庞大的帝国要想摆脱贫穷落后，要想获得重生的关键因素就是必须要大力发展经济，经济发展起来才是国家强盛的第一要务。有鉴于此，康有为认为要振兴经济，不仅要寄希望于个体、私有企业，更多的是要兼顾到大众阶层的利益以及整个中华民族的利益。

康有为还倡导科举制度的改革，他建议熟悉时务并具有渊博知识的人士可入翰林，或者担任政府职务；设立特别的考试方式，如考察财政、军事、科学和技术等实用之学，可选派学生出国留学，学习近代西方最前沿的科学知识，例如欧美最为兴盛发达的物质之学等。在教育方面，康有为也有自己天才的构想：要求要强制普及小学教育；教育不仅提供有用的知识，而且要培养新思想、新观念，不受传统的束缚；在追求西方知识的同时，不应该放弃中国的文化遗产。可见康有为仰慕西方的进步精神，并且认识到科技的重要性，但他并不是盲目崇拜，坚持要保存中国的道德价值。总之，康有为虽极力介绍东传科学，但始终坚持以传统文化为本位的立场，一直严格要求自己的学生加强对传统文化知识的学习并认为一个健全的教育体系应是兼收并蓄、中西合璧的。可以说，康有为是一个以今文经学为理论支撑的现代改革家。

第二节　东传科学与今文经学的整合与会通

康有为穷其一生都在坚持他的"今文经学"思想，并试图用其博大精深的理论框架容纳和建构西方自然科学和社会科学的价值体系。康有为基于儒学但并不拒斥以西方科学理性为前提，他对今文经学的努力与突破，既是对儒学"外王学"价值的弘扬，又是对儒家"通经致用"思想的发展和创造；既是对儒家陈腐观念的一种决裂，同时又是寻求解释这种决裂的一种工具。在清末民初那个特殊时期，康有为今文经学思想的功绩在于它唤醒了国人对儒学现代化价值的探索和体认，他的今文经学理论为处于风雨飘摇中的中华民族，在面临着存亡绝续的关键时刻另寻出路提供了一种可能途径。

一　康有为今文经学的思想基础

康有为阐发今文经学的直接目的是为维新变法提供思想依据。在顽固派阻挠下，康有为倡导的维新变法运动最终功败垂成。流亡中的康有为自命为"尝百草的神农"，走遍欧美诸国，最终还是得出这样的结论：只有君主立宪制是唯一能够挽救中国危亡的灵丹妙药，只有儒学才是通往世界大同，具有普世价值的世界瑰宝。然而，他的爱国热情天地可表，只是他的局限性在于没有认识到中国特殊的国情，因为在中国若不能彻底推翻封建专制制度，就不能赶走帝国主义，不能彻底摆脱西方列强对中华民族的侵略，也就绝不可能在中国这样一个广袤的土地上建立独立自主的新国家。

清末民初的思想格局复杂多变，但有一个十分明显的特点就是中西思想走向融汇：中国的传统文化体系虽遭重创但尚未崩塌，而西方的科学知识却深入人心。这样，中西方的各种思潮相互激荡掀起层层波澜，涤荡着华夏大地。康有为对今文经学改造的功绩在于他不仅打破了传统思维的禁锢，更在于他利用西方自然科学知识以及社会科学知识改造传统儒学的创举。儒家文化历经千年积淀，具有容纳西方异质文化的胸怀，但是如果像康有为那样，对于西方知识和异质文化硬生生地照单全收的话，儒家便显然失去了它应有的魅力，而康有为利用西方科学对儒学所作的解释也就免不了有"牵强附会"之嫌；也正因如此，康有为的解经方式多被后人诟病。然而他改造今文经学的创举的确架设了援西入儒的桥梁，打通了通经致用的通道。著名的康有为研究专家萧公权评价他是"儒家思想的现代化者"也就理所当然了。康氏今文经学思想的内涵早已突破了传统儒学的旧轨，出入古今，融摄中西，在中西思想交汇史上写下了重要的篇章。

"维新派对西方文化仍旧抱持一种工具主义的心态。这是近代以来中

第六章 东传科学与康有为今文经学若干问题的讨论

国人'师夷长技'心态的延续。康有为的这种工具主义的思想路线,对近代中国文化的发展,乃至中西文化交流的格局和走向,其影响是极其深远的。"[1] 他将西方先进的思想和技术作为救亡图存的手段的努力一直是明确而坚定的。诚然,康氏的卫道者意识强烈,可是他以"变器""变政""变学"为主张,以"西政""西学""西艺"为手段,以"保国""保种""保教"为目的所倡导的孔教运动,旨在避免儒教被基督教所取代,对于捍卫儒家正统地位的努力具有宗教般的庄严性。因此,有人评价他"貌孔心夷"是不恰当的。

康有为领导的维新变法以救亡图存为目的,以医国济世为己任,其设计的救国方案,反复申诉和论证着他的政治抱负和治国主张。在时局面前,中华民族处在崩溃的边缘,他大声疾呼以唤起国人的觉醒;在国难当头的危急时刻,他领导声势浩大的"公车上书",担负领导者的责任去奋起抗争。在政治上,他极力主张君主立宪的政治制度为救国的良方;在经济上,他主张发展民族资本主义来振兴民族经济以解救灾难深重的中国;在教育上,他主张学习西方的教育制度以适应国家对人才的需求。所有这些努力都证明康有为对儒家、对祖国有着最深沉的眷恋。特别值得一提的是,他痛斥愚民的八股取士制度,主张对学堂的课程进行革新,并设立天文、地学、矿学、医学、法律、光学、重学、化学和电学等专业,这在中国千年的教育史上具有极其重要的意义。他迫切要求学习西方自然科学和社会政治理论的积极心态,表明了康有为作为新派的代表人物向封建教育体制进行最为勇敢的挑战。在他的倡导下,一度掀起了从中央到地方,从开明士绅到进步士人都大力支持的声势浩大的维新运动,形成了"家家言时务,人人谈西学"[2] 的爱国、改革、进步的维新思潮,开创了近代中国

---

[1] 李安泽:《合作与对抗——康有为与传教士》,《文化中国》第75期。
[2] 欧矩甲:《论政变为中国不亡之关系、戊戌变法(三)》,上海人民出版社1957年版,第156页。

变革的新时代。

二 援西方自然科学重构今文经学的努力

樊洪业教授指出,中日两国的"科学"虽然在写法上没有差别,但在中文里此前并没有这个词语,康有为在他的《日本书目志》中把日文的"科学"译为中文,使中文体系中第一次出现"科学"的字眼,这在中国近代科学史上具有划时代的意义。康有为在1898年6月进呈光绪帝的奏折《请废八股试帖楷法试士改用策论折》中有三处使用了"科学"一词。可以说"康有为不仅是最早引入'科学'的人,也是最早使用'科学'的人"。[1]

康有为崇尚新知的哲学思想主要体现在他的《康子内外篇》中,这部著作在广泛研究哲理命题的时候,对西学新知表现高度的兴趣,并且直接或者间接地运用这些西方的科学知识阐述其新哲理,推动了中国传统哲学思想的发展。他在《康子内外篇》中所阐述的哲理思想在他后来的论著中也不断地得到引用、扩充和发展,成为他新思想体系的理论支点。[2]

《实理公法全书》是康有为在1885年根据"几何公理"阐发"人类公理"而撰写的一部作品。康有为从1883年开始研读政典诸如《万国公报》。至1885年的几年间他大攻声、光、化、电、重学与算学等西方的自然科学知识。"尝考欧洲所以强者,为其开智学而穷物理也,穷物理而知化也。夫造化所以为尊者,为其擅造化耳。今穷物理之本,制电、制雨、制冰、制水、制火,皆可以人代天工,是操造化之权也。操造化之权者,宜其无与敌也。昔吾中人之至德国也,必问甲兵炮械,日人之至德国也,必问格致。夫今天下之战,斗智而不斗力,亡羊补牢,及今或犹可也。"[3]

---

[1] 樊洪业:《从"格致"到"科学"》,《自然辩证法通讯》1988年第3期。
[2] 宋德华:《岭南维新思想述论——以康有为梁启超为中心》,中华书局2002年版,第20页。
[3] 康有为著,姜义华编校:《日本书目志卷二》,《康有为全集》(第3集),上海古籍出版社1992年版,第626页。

第六章　东传科学与康有为今文经学若干问题的讨论

科学思潮的主要特征是崇尚理性，重视实证，尊重客观规律。从康有为的言语来看，这一时期的康有为不同程度地受到了西方科学思潮的影响，而科学思潮的诸多特点在《实理公法全书》中得到淋漓尽致的体现。康有为提到"实理"实现的三种途径：一是由科学家"实测"出来；二是经过人们社会实践证明的、行之有效的"实论之法"；三是出自"几何公理之法"，"以地球开辟之日纪元，合地球诸博学之士者，考明古籍所载最可信征之时用之。而递纪其以后之年历学，则随时取历学家最精之法用之。此为最公之法"。① 对于康有为的观点，房德邻先生指出，"这样一种三段式结构，生硬模仿几何学，显得荒唐可笑，但是它反映出康有为积极吸收西方自然科学成果和尽力摆脱儒学桎梏的可贵努力"。② 康有为重在强调在弘扬传统文化的基础上，力求会通中西，让西方先进的科学文化知识为我所用。康有为在《桂学答问》中，就制定了《读书分月课程表》，在这个课程表里，康有为所列的西书，涉及地理、律法、政俗、科学和数学等方面。他带领学生深入学习和探讨西方先进的科学知识，向西方寻求治国良方，做改变中国落后现状的努力。在教学相长中扩充自己的视野，强调读书要"讲求实用""先搜其经世有用者"，从而把"通经致用"的治经方式推上了一个新台阶。"将制造局书全购尤佳。学至此，则圣道王制，中外古今，天文地理，皆已通矣。"③ 康有为认为，"物质之学"取自物理和数学的原理，"物质之学"为西方科技的基础，也是西方实力的秘方和象征。他在1880年就开始欣赏西方科学的价值，25岁已读了许多有关数理之书。④ 不久，他又努力研究西方天文、历法方面的知识，而所有的这些

---

① 康有为著，姜义华编校：《实理公法全书》，《康有为全集》（第1集），上海古籍出版社1987年版，第292页。
② 房德邻：《儒学的危机与嬗变——康有为与近代儒学》，台北文津出版社1992年版，第42页。
③ 康有为著，姜义华等编校：《桂学答问》，《康有为全集》（第2集），上海古籍出版社1990年版，第63页。
④ 康有为：《康南海自编年谱》，上海人民出版社1957年版，第6页。

努力都深刻影响并促成了康有为世界观与人生观的形成。对天文学的兴趣几乎持续到他生命的终点。据资料记载，他在临终的前一年仍然利用望远镜夜观天象，"拔千年黑暗而致万兴光明者，倍根创始实验学派为之先驱。而自洛克、霍布士、弥儿以至于斯宾塞，凡英国之学派皆偏重物质，故能致此大效也"。[①] 康有为是一个学贯中西的哲学家、思想家，而非自然科学家。因此，很多时候康氏对近代科学知识的相关研究停留在很感性的阶段，但并非所有的研究都是肤浅的。

1894年的《桂学答问》是康有为那个时期最具价值的代表作，他的哲学思想依然坚持"先中后西"的立场。康有为的课程设置中不仅有中国的经典和历史，更有代表西方的科学理性知识诸如物理和数学等自然科学的内容。一个无可争辩的事实就是：康有为已然超越了旧式读书人纯粹的道德修养，升华到以对民族兴亡的严重关切为己任，形成了一种立志救国救民、兼济天下为其"内圣外王"的价值取向。在这种价值指向之下，他把所有的希望寄予"通经致用"的今文经学体系。"若仅通外学而不知圣学，则多添一外国人而已，何取焉！"[②] 康有为指出不通西学则是不足，不通圣学则是丧本。

康有为还提到鸟柯连大学和卜忌利学校授课内容中的"物质学"门类分为六科，即机器、工程、化学、农、商、矿，学制为四年，康有为在这里提到的"物质学"就是自然科学。物质救国在器物方面，就是要以"自然科学"救国，坚持"自然科学"为本，"社会科学"为末。[③] 所以康氏的自然科学救国思想与我们近四十年的改革开放政策具有惊人的相似性。

---

① 康有为著，姜义华、张荣华编校：《康有为全集》（第8集），中国人民大学出版社2007年版，第24页。
② 同上书，第23页。
③ 同上书，第91—92页。

三 借西方自由、平等、民主观念对今文经学的创造

康有为认为，孔子作《春秋》就是以"经世致用"为终极志向的。所谓的"经世"之学，就是专门研究历代的损益得失，目的是通变宜民。因此，康氏在设置教学课程的时候就涉及政治学原理、中外政治发展史等内容，关注与现实政治密切相关的社会学领域。社会学在20世纪初叶传入中国，在当时的中国学界还是一门比较崭新的学问，康有为把它作为一门科目进行研究和教学尚属首创，适应了当时社会的需求。因此，有人指出，"康有为是传入社会学学科最早的中国人"。[①]

康有为在处理今文经学与东传科学的关系中，肯定孔子本人的思想与西学不谋而合，他撰写的《孟子微》《中庸注》等对"六经"的阐释就是明证。除此之外，他又把孔子嫡传面授弟子颜回和时代稍晚的荀子也列在其中。不仅如此，康有为讲得最多、最为系统的还是孔子嫡传思想家孟子，他主要阐发孟子儒家思想与西方的民主思想的契合。在他看来，孟子在阐发孔子思想时，以《公羊学》的微言大义对《春秋》进行阐发，淋漓尽致地表达了孔子关于民主的思想。"孟子言治天下，皆由与民同之。此真孟子非常异议，全与西人议院民主之制同。"[②]诸如此类的观点，正是康氏想要表达的思想。《孟子·尽心下》提道："民为贵，社稷次之，君为轻"的"民贵君轻"的主张，康有为对此所做的批注是：

> 孟子立民主之制，太平法也。民聚则谋公共安全之事，故一切礼

[①] 转引马洪林《康有为评传》，引自孙本文《康有为和章太炎最早把资产阶级社会学传入中国》，《江海学刊》1962年4号。

[②] 康有为著，姜义华、张荣华编校：《康有为全集》（第2集），中国人民大学出版社2007年版，第181页。

乐政法皆以为民也。……今法、美、瑞士及南美各国皆行之,近于大同之世,天下为公。选贤与能也,孟子早已发明之。①

这里康有为把孟子的"民贵君轻"理论和今天法国、美国、瑞士以及南美诸国相比附,重在阐发在儒家的原典里面本来就有"民主"之制。康有为又云:"《春秋》始于据乱立君主,中于升平为立宪君民共主,终于太平为民主。"② 这里康有为也认为《春秋》经典里两千年之前本就有西方现代的"君主立宪""民主共和"以及"民主"的政治制度。

康有为认为,他所强调的"自由""平等"的思想并非始自西方,而是孔子思想中的应有之义,都是从孔子"仁"学中推导而来的,"自由""平等"是仁的基本内涵。他还指出,孔子最先倡导的是"自由"和"平等"的思想,据此来构建他的以"自由""平等"为特征的大同社会。下面是康有为对于"自由""平等"的具体阐发:

> 夫自由之义,孔门已先倡之矣。昔子贡曰:"我不欲人之加之我也,吾亦欲无加之人。不欲人加,自由也;吾不加人,不侵犯人之自由也。人己之界,各完其分,语意周至。"③孔子告子贡以一言行终身者"推己及人",乃孔子立教之本。与民同之,自主平等,乃孔子立治之本。故子思特揭之。④

---

① 康有为著,姜义华、张荣华编校:《康有为全集》(第5集),中国人民大学出版社2007年版,第421页。
② 康有为著,姜义华、张荣华编校:《康有为全集》(第6集),中国人民大学出版社2007年版,第309—310页。
③ 康有为著,姜义华、张荣华编校:《康有为全集》(第8集),中国人民大学出版社2007年版,第69页。
④ 康有为著,姜义华、张荣华编校:《康有为全集》(第5集),中国人民大学出版社2007年版,第374页。

第六章　东传科学与康有为今文经学若干问题的讨论

康有为在《孟子微》中也有云："孟子为平等大同之学，人己平等，各得其乐"。① 这里也是对西方"平等"概念的阐发。康有为的今文经学思想与当时西方传播进来的科学理性思想的结合，通过西学证明了孔学的价值，将自由、平等、民主等以西方为特征的思想镶嵌在今文经学之中，生硬地说成是孔子思想的应有之义，不管最终的结果如何，但他实现了今文经学与中国传统文化的现代化转换。康有为不仅肯定了自然科学的重要作用，同样也肯定了诸如政治、经济和宗教等方面的重要性，所有这些，在康有为的学说里都被统统加以吸收和利用。因此，他对孔学与西学的阐发既是对中学与西学的比较，也是在全球多元文化背景下借助西学对中国传统文化的全面审视、整合和内容转换。②

从桂林讲学始，他就矢志不渝地继承和弘扬今文经学家的遗风，专求"微言大义"以实现"通经致用"的目的。可以说，康有为试图用西方自由、平等、民主等政治学说来改造今文经学，"拿来"西方的东西为其"今文经学"服务。此种价值指向从根本上说，已不是出于对学术的兴趣和爱好，而是想借助孔子的权威和名声为变法维新的政治目的服务。依此目的，他必须要将今文经学进行创新和变通，将西方的自由、平等、民主等价值理念纳入其中。他宣称"六经"皆孔子作，百家皆孔子之学，旨在证明中国所有原典都是源于孔子，包括诸子百家在内的所有学术派别皆为孔子的后学。他援东传科学入儒学、阐释今文经学的目的是要证明东传科学是孔子思想的应有之义。因此，康有为说，"德国宰相卑士麻，评论诸教，以孔子为最"，③ "外国治国，用孔子之制也。司会以岁之成质，今英、法各国行之"。④ 并且强

---

① 康有为著，姜义华、张荣华编校：《康有为全集》（第5集），中国人民大学出版社2007年版，第462页。
② 魏义霞：《康有为的孔学与西学比较》，《杭州师范大学学报》（社会科学版）2012年第1期。
③ 康有为著，姜义华、张荣华编校：《康有为全集》（第2集），中国人民大学出版社2007年版，第172页。
④ 同上。

调当时在科学技术水平上优于我们的日本也是利用孔子之学才得以强大的，"日本、安南、高丽，皆孔子范围"。① 因此，在康有为看来，西学的传入不仅不会证明中国文化的落后，而且会在世界多元化的文化大背景下凸显今文经学跨时空的永恒魅力和持久的生命力。

作为学贯中西的学问家、思想家，康有为认识到单单依靠儒学经典已不能完全适应现代化社会的需要，他必须在儒学与现代之间寻求一个支点赋予儒学以重生。他独辟蹊径，利用所掌握的西方的自然科学与社会学说来发明儒学，力图创造出一种中西合璧的新儒学，以适应近代社会的需要。为此，他花费了大量的精力和心血。② 康有为中西合璧的新儒学涵盖着深广的社会内容和文化内容，无疑在漫长的中国儒学发展史上写下了华丽的篇章。

四　康有为今文经学的反思与重估

中国近代哲学放眼看世界肇始于康有为，正是他的努力为古老的中华民族寻找到从西方科学、西方文化和西方哲学中汲取"通经致用"思想资源的理路。从龚自珍到魏源，从康有为到孙中山，他们无不表现出这样的共性。为了回答"中国向何处去"的时代问题，"中国近代哲学越来越注重引进和借鉴西方科学和哲学思想，严复甚至完全用牛顿力学和达尔文的进化论的概念框架来建构自己的哲学体系"。③ 因此，康有为的今文经学思想便被赋予了更为重要的时代含义。

（一）康有为今文经学是其维新思想理论的载体

东汉末年，郑玄融合今古文两派之精华而自成一家，成为当时经学的

---

① 康有为著，姜义华、张荣华编校：《康有为全集》（第 2 集），中国人民大学出版社 2007 年版，第 205 页。
② 房德邻：《儒学的危机与嬗变——康有为与近代儒学》，台北文津出版社 1992 年版，第 269 页。
③ 汪信砚：《中国哲学传统的三重变奏》，《学术月刊》2013 年第 9 期。

第六章 东传科学与康有为今文经学若干问题的讨论

主流,于是今古文之争偃旗息鼓,但门户之见仍然壁垒森严。清中叶以后,西方列强入侵中国,虽然古文经学家在整理古文文献方面成绩卓著,但是这种脱离社会实际的学风对于挽救民族危亡无济于事。一些有识之士开始继承今文经学"以经学作政论"变革传统的主张来复兴今文经学,为近代维新变法运动提供思想上的依据。"故孔子经世之学在于《春秋》。《春秋》改制之义,著于《公》、《穀》。凡两汉四百年政事、学术皆法焉,非如近时言经学者,仅为士人口耳简毕之用,朝廷之施行概乎不相关也。礼学与《春秋》同条共贯,《诗》、《书》所述,交相发明,盖孔子经世之学,略可窥焉。"[①] 正是在这样的历史背景和文化视域下,康有为接过今文经学的大旗,他一反乾嘉学派的训诂考据的旧轨,把西方的社会契约论、民主议会思潮和空想社会主义纳入其中,更重要的是将西方进化论和自然科学知识纳入今文经学体系,这成为其维新变法的工具。

康有为尽管主张维新变法,但依然固守着封建地主阶级图变自存的思想体系。康有为对今文经学的弘扬违背了地主阶级的愿望,他矢志不渝地将维新派倡导的政治理论附丽在中国传统今文经学之中。因此,康有为思想贯通于中西方传统与科学之间,汪洋恣肆,成了近代中国今文经学的集大成者,从而把传统的今文经学发展到了一个新的高峰。正是在现实与理想的张力之间,康有为企图利用儒家的思想资源达到既能变法维新又能确立人类公理从而使现实社会不断趋向合理的目的。康有为研究专家美籍华人萧公权先生曾将康有为的理想概括为"一个现代化的中国和新的世界"[②]。依据这个角度,我们可以认为今文经学在康有为思想体系中的真正价值透显出康有为对儒学宗教般庄严的坚守,通过对康有为今文经学的释

[①] 康有为著,姜义华、张荣华编校:《康有为全集》(第1集),中国人民大学出版社2007年版,第562—563页。
[②] [美]萧公权:《近代中国与新世界——康有为变法与大同思想研究》,汪荣祖译,江苏人民出版社2007年版。

读我们以更为全新的视角看到儒家文化在近代的发展命运,而不是单单地把中国的落后归罪于传统的儒家文化。

康有为的弟子梁启超评价其师的时候曾指出,康有为是利用公羊学进行变法的第一人。诚然,在康有为那里,不管是"尊孔为圣"还是"立儒为教",他都是想利用孔子的权威进行托古改制,以达到维新变法的目的。他的理论基础就是公羊学中的今文经学思想,利用今文经学的"微言大义"为其变法拓宽了广阔的空间和自由度。因此,他的政治诉求是第一位的。可以说,康有为借用了今文经学的形式,其实质是在兜售他的西方进化理论,即自由、民主、平等之新说,借以实现维新变法的政治诉求。

(二)进化论是康有为维新思想的灵魂

康有为在看到严复翻译的《天演论》之后,深为其中阐述的新道理所折服,梁启超在写给严复的信中说,"南海先生读大著后,亦谓眼中未见此等人"。[1] 康有为对严复的佩服,源自他对进化论学说的服膺。他在《孔子改制考》中指出,"凡物,积粗而后精生焉,积贱而后贵生焉,积愚而后智生焉。积土石而草木生,积虫介而禽兽生,人为万物之灵,其生尤后者也"。[2] 康有为匠心独运地把西方进化论注入"公羊三世"说之中,利用西方进化论来矫正传统的历史循环论和历史倒退论。由生物的进化进而推演到人类社会和历史的进化,也是康有为接受西方生物进化论和自然科学知识之后的思想升华。正是这种理论拓宽了康有为的视野,促使他把古老的"公羊三世"说与西方的进化理论相结合。经过他的阐发,"三世说"不再是"一治一乱"僵化的模式。进化论思想因而成为他观察世界和改造世界的工具,成为他特立独行的新型的世界观和方法论。

康有为一再声明,他学说的精髓是穷究天人之变、参合中西之理的

---

[1] 梁启超:《与严又陵先生书·饮冰室合集·文集之一》,中华书局1989年版,第110页。
[2] 康有为著,姜义华编校:《日本书目志卷二》,《康有为全集》(第3集),上海古籍出版社1992年版,第11页。

第六章　东传科学与康有为今文经学若干问题的讨论

产物。即所谓"合经子之奥言，探儒佛之微旨，参中西之新理，穷天人之赜变"。① 我们可以看到康有为会通中西可贵的努力。"不忍人之心，仁也，电也，以太也，人人皆有之，故谓人性皆善"。② 以西洋"电""以太"和"进化"之说来释读儒学。在康有为那里，我们既要看到在"东传科学"这一大背景下的横向联系，也要看到近代新学、新思想与古典文化这一纵向运动中的垂直联系。因此，康有为掀起的是以西方进化论为指导思想的维新运动，而康氏今文经学体系只是为其政治服务的一个工具、一袭外衣而已。

今文经学的"微言大义"虽然在一定程度上具有进步意义，诸如借古刺今、利用圣人言来阐发大道理等，但充其量只是对封建蒙昧主义的批判和矫正，是对传统儒学的自我完善和发展。康有为学习西方的进化论和社会学说，利用今文经学的形式，诠释了他的托古改制、借孔子之言实现维新变法的政治诉求。今文经学作为儒学的一种学术派别，自西汉以来，已存在了近两千年，如果不是康有为对此注入西方舶来的进化论的内涵，它也一定不会成为维新变法的催化剂。康有为指出：

> 夫以百年来各国之新政、新学、新法，诚人类公共之理，大地日新之机，进化自然之数。苟违其理，则陨落危亡立致矣。然以中国之旧弊，压力之层积，联力之深厚，障网亿重，弥天塞地，欲一旦涤荡而扫除之，有以知其难也。③

透过这些例子我们可以看出，康氏在很多地方都在大谈西方的进化

---

① 康有为：《康南海自编年谱》，《戊戌变法（四）》，上海人民出版社1957年版，第117页。
② 康有为著，姜义华、张荣华编校：《康有为全集》（第5集），中国人民大学出版社2007年版，第414页。
③ 康有为著，姜义华编校：《日本书目志卷二》，《康有为全集》（第3集），上海古籍出版社1992年版，第11页。

论,但是康有为今文经学充其量只是"流",而进化论才是其思想力量之"源"。他从旧学的营垒中走来,他的使命是要面向新世界并试图改变新世界。"他是中国儒家最后一位今文经学大师,同时又是近代最早向西方寻找真理的先驱之一。"①

当然,就达尔文进化论或达尔文式的进步概念而言,康有为的某些观点肯定得益于严复,虽然他似乎对此从不承认。他所受益的内容显然被这样的事实所混淆,即在严复写作之前,康有为已经着手撰写他的大部分著作。但出现在这些著作中的"达尔文式"段落几乎可以肯定是在严复之后的装饰品。它们全都以严复的词语讲述"达尔文""进化"与"进步",这些词语在严复著作出现之前肯定没有出现在康有为的文章中。"我坚信,在著名的1898年维新运动失败之后,康有为在流亡期间才将这些词语添加到其著作的修订本中。康有为本人从来没有为进步创造一个合适的词语,但他肯定怀有这种进步信念。"②

(三) 东传科学是经学与政治整合互动的媒介

《新学伪经考》和《孔子改制考》是康有为具代表性的两部作品,他以今文经学为思想武器,着力阐发春秋公羊学经世理论,与当时的思想潮流和政治运动相结合,引起了思想界的大飓风。可以说,康有为是清末民初今文经学的集大成者,在近代思想史上占有举足轻重的地位。也正是这两部作品开启了他利用经学阐释政治的肇端。

从当时对于康有为利用孔子"托古改制"来达到其政治目的的路向来看,显然,连孔子当时都没有想到两千多年之后,他会成为一个处在风口浪尖的改革家。正如其研究者所认为的那样,"即使孔子生活在今日之世,也断然不会仅仅拘泥于古昔之别,而总也不会如今文经学所言的如此变通

---

① 马洪林:《康有为评传》(上),南京大学出版社2011年版,第12页。
② [美] 浦嘉珉:《中国与达尔文》,钱永强译,江苏人民出版社2008年版,第16页。

第六章　东传科学与康有为今文经学若干问题的讨论

和灵活。但迄今为止还没有人将孔子和一种迫不及待的、遭受压抑的'道'的信仰联系在一起，这种'道'虽然为人类的愚蠢所遏制，但它势必一往无前"。① 进步的哲学信念深化了康有为的改革理据，这皆源自他利用传统经学对现实政治一厢情愿的追求。就其独特性而言，康有为的理据完全是他自己的创见，是受到中国经典而非西方经典的启发。康有为对于达尔文进化论的阐释与其说是对科学的坚守，不如说它是社会达尔文主义的一种表现形式。但从客观上来讲，它俨然成为达尔文学说在中国传播的催化剂。因此，达尔文的思想与"大同"观念同时传播并且自然而然地纠缠在一起。② 但是时代已经切换至明末清初这个大变局的时代，而康有为还试图沿着这条利用经学实现政治目的的拙劣而又简单的路径去建构他所谓的今文经学，其必然结果就是很难被现代人所接受，这也就成了自然而然的事情。

第三节　康有为今文经学与救亡图存的努力

在学界纪念戊戌变法120周年之际，对戊戌变法运动的发动者康有为的诸思想进行深入探析具有重要价值。作为戊戌变法运动理论基础的今文经学思想在清末民初的中国近代思想转型中发挥了重要作用，康有为积极向西方寻求救亡图存的出路的努力至今仍具有重要的现实意义。他既是维新变法运动的领导者，又是传播西方思想的早期启蒙者和东传科学传入的倡导者，不断向西方学习并试图以欧美模式对灾难深重的中国作技器或制度上的改变，为古老的中国带来生机，促进了当时社会的发展。康有为的今文经学思想引领了时代的潮流，用西学、西政对儒学进行重构，"尊中"

---

① ［美］浦嘉珉：《中国与达尔文》，钱永强译，江苏人民出版社2008年版，第16页。
② 同上书，第44页。

"尊儒""通经致用"成为他一生中矢志不渝的追求,康有为今文经学嬗变成为新儒家的滥觞,客观上促进了儒学的转型。

在康有为的哲学体系中,其今文经学思想是康有为儒学的重要组成部分。他"援西(西学、西政)入儒",将"中学"和"西学"进行有机融合,用东传科学(西方传播进来的西学、西政以及西方的科学技术)来改造、解释、充实传统儒学,无疑为儒学开启新的努力方向。"他立足于现实,以西学为参照,对传统儒家思想加以改造,从传统中推补出新思想的学术路向无疑为后来儒者开出了努力的方向。"[①] 康有为被时人称为"孔教之路德",他的儒学改造计划虽流于失败,但洞开了当代儒家现代化的潮流。"现代新儒家的思想渊源可以上溯到20世纪末康有为的儒学自我革新运动。"[②] 因此,康有为的今文经学具有重要的价值,其今文经学的嬗变客观上促进了儒学的现代转型。

一 "救亡图存"是康有为今文经学出发点

清中叶以后,在社会危机与民族危机的双重困境中,一批有识之士开始重拾"通经致用"的治经方式,以西汉今文经学家"援经议政"的模式试图从公羊学中寻找理论根据,用今文经学的微言大义医治清朝政治的弊病。"十三经"注疏中只有何休的《春秋解诂》是今文经学的经典,因此,清代庄存与的"微言大义""通三统"以及"张三世"等论点都是源自何休的经学思想。与庄存与一脉相承的刘逢禄在他的今文经学思想中虽然提出了具体的救世方案,但其方案缺乏新式的观念,这种新观念到龚自珍才有了新的萌芽。他师从刘逢禄,虽然没有公羊学的论著问世,但是他常常引用"公羊学"的微言大义,讽刺时政,抨击专制,切实地应用到现实当

---

① 范玉秋:《西学东渐与儒学转型》,《中国海洋大学学报》(社会科学版)2010年第1期。
② 颜炳罡:《现代新儒家研究的省察与展望——尼山圣源书院》,来源 http://www.nssysy.com/a/rxyj/xzwjwz/2014/0413/820。

第六章 东传科学与康有为今文经学若干问题的讨论

中,因此,梁启超对此有一个比较中肯的评价,他认为晚清思想解放之洪流,却是有功于龚自珍。梁启超深有感触地说:"晚清思想之解放,自珍确与有功焉。光绪间所谓新学家者,大率人人皆经过崇拜龚氏之一时期。初读《定庵文集》若受电然。"[①] 后来魏源又扩大了今文经学研究的范围,进而以经学议政,对现状表示不满,希望朝廷进行自上而下的改革,对于学术界产生了深远的影响。康有为继承了常州学派的遗风,把西方资产阶级的新观念和君主立宪制统统注入其今文经学体系当中。他把西方的自然科学知识以及西方的社会学说依附在传统文化当中,赋予了古老的今文经学以崭新的内容。更早之前,刘逢禄就开始攻击古文经学,而康有为更是把刘歆的古文伪经作为批判的靶子。可以说,"辟刘"不是廖平的发明,"知圣"更不是廖平的专利。

康有为作为一名儒者,他自幼心怀济世救民的鸿鹄之志,试图使儒家传统适应清末民初的新形势,他对儒学的看法与张之洞的主张"中学为体,西学为用"有异曲同工之妙,只是张之洞要保存的是传统儒学,西学、西政作为儒学的点缀,只是借用的技器而已。而康有为给予儒学以非传统的解释,除仰慕西方的科学技术的先进之外,还极力倡导变法。同是为了绵延中国的儒家传统,康有为的思想显然更为激进,不过康有为的主要工作是致力于使儒学适应现代化的需要。

康有为可以说是儒家的修正主义者,他对儒家思想内容的修订和充实有功于儒学。儒家哲学存续了两千余年,经历了一个久远的发展过程:第一阶段是从秦始皇统一中国建立中央集权制国家开始,以孟子和荀子所建立的性善论与性恶论的两个相对立的儒学为发展路向;第二阶段是以汉代董仲舒为代表的公羊学家将儒学推向了通经致用的儒学阶段;第三阶段是宋明理学的兴起,道家和佛家给予儒学前所未有的充实,儒学

[①] 梁启超:《清代学术概论》,《梁启超论清学史二种》,复旦大学出版社1981年版,第61页。

发展为博大精深的理学体系。及至康有为，他客观上领导了第四阶段的儒学发展——是新儒学的先驱。所以，可说康有为对儒学的重建在儒学史上占有极其重要的地位。①

儒家思想是中国传统文化的精髓，推动以儒家为核心的传统文化的发展是"中华民族屹立于世界民族之林的根基，更是推动我国发展进步的内生力量和精神支持"。② 可以说康有为就是致力于儒家文化创造的最为杰出的代表。为了挽救固有的儒学传统，康有为对儒学进行重构，无意间洞开了传统儒学的大门，客观上也造成了儒学的式微。康有为不能完全解除几百年来古文经学者的片面解释，大力倡导重估儒学，其目的是想融合孟、荀两种路向的中间地带，试图借助西方的外来的西学、西政来重构儒学，试图利用儒学来控制思想，故意强调有利于专制的一面，此乃孔门中的荀派，这与康有为源自常州学派有关，主要倾向于"通经致用"之学。梁启超在谈到他的学术渊源的时候这样说："那时候新思想的急先锋，是我亲受业的先生康南海有为。他是从'常州派经学'出身，而以'经世致用'为标帜。"③

近代中国的"近代性格"的形成至少归因于一批思想界的有识之士，他们怀揣着对国家最深沉的爱，援西方先进的科技与思想资源重构儒学，以使经过他们改造过的中国思想和制度适应当代的世界。所以，从鸦片战争到20世纪的前二十年，西方的机器，西方的自然科学、政府结构和哲学体系成为改变中国现状的主要因素。首先是技器影响到人们的现实生活，进而影响到政府和社会的各个层面，最后触及人们思想生活的核心。清同治年间的自强运动、戊戌维新运动和"五四"运动就是这三阶段的高潮。

---

① ［美］萧公权：《近代中国与新世界——康有为变法与大同思想研究》，汪荣祖译，凤凰出版传媒集团2007年版，第95页。
② 张兆林、束华娜：《基于文化自觉视角的非物质文化遗产保护与新文化创造》，《美术观察》2017年第6期。
③ 梁启超：《中国近三百年学术史》，《梁启超论清学史二种》，生活·读书·新知三联书店2006年版，第123页。

第六章　东传科学与康有为今文经学若干问题的讨论

康有为是戊戌变法的精神领袖，这是不可争辩的事实，他所提倡的一系列的变法主张，经其学生的推波助澜，致使古老的专制体制走向式微，有人赞赏，有人诅咒，但是不可否认的是他的思想的光辉对中国的现代转向所做出的贡献是不可磨灭的。康有为对中国近代化的一些贡献，实为民国初年接受科学与哲学者的先导。"追寻康氏将西方哲学加诸中国思想的拓荒工作，虽然比较微小，却深具兴味。"①

17、18 世纪的中国，迫于清政府的高压政策，中国学者们日渐避开政治与哲学理论的探讨，进而转移到无政治倾向的知识追求。因此，钱穆先生对乾嘉考据学派的戴震以极高的赞誉："他是当时称得上有独立哲学思想的最后一位学者。"② 很明显，这种学术路向不能解决实际问题。于是今文经学再次走向前台，龚自珍继承今文经学家法，重新发现通向伦理和政治问题思考的大道。

1876 年，康有为投到粤南大儒朱次琦门下，后者虽未给予康有为太多的哲学训练，却引导他超越理学传统。康有为基于对世界本质的探讨和生命意义的体认，苦于找不到问题的答案，陷入思想瓶颈的康有为最终选择了离开了授业恩师朱次琦，转而求诸佛、道两家的智慧。在 1883 年前后，他从传教士编写、江南制造总局出版的西书典籍中，获得初步的西学知识，一番专研深思后，他自觉对真理问题有所领悟，至此，他的哲学思想已经日臻完善。源自公羊学的影响，他不断钻研公羊家们的学说以发现他所谓的真经，然后将其与印度佛学、西方的自然科学知识和社会科学知识相结合，不断充实之前建立起来的哲学体系。特别是甲午战败，他把主要的精力用在拯救国家危亡的重心上，直至戊戌维新运动失败他才开始了十几年的海外流亡生涯。至于晚年倡导的君主立宪制

---

① ［美］萧公权：《近代中国与新世界——康有为变法与大同思想研究》，汪荣祖译，凤凰出版传媒集团 2007 年版，第 104 页。
② 钱穆：《中国近三百年学术史》（上册），商务印书馆 1997 年版，第 306—379 页。

以及参与的张勋复辟活动,那也是形势使然,他一生都没有改变自己所谓挽救民族危亡的梦想。在他生命的大部分时间里都在进行着一系列身先士卒的实践活动,很少有时间进行哲学静思。康有为所进行的儒学的创造是"我们民族文化自觉的持续性文化创新实践活动,是推进我们民族从文化自觉走向文化自信、文化自强的现实动力"。① 因此,康有为虽然没有能够成为一个真正的形而上的哲学家,但是当时他通过自己的实践活动建构了一种精致的哲学系统。

二 "尊儒""尊中"是康有为今文经学的主线

康有为今文经学贯穿始终的主线是"尊孔""尊儒"和"尊中",这一坚守康有为一生都不曾改变。1886年康有为在《康子内外篇·肇域篇》中就曾经用全球地理的视角论"中国"得天独厚的地理位置。他说:"中国在昆仑山为东龙,先聚气于中原,自汉以后,然后跨江以至闽粤,跨海以至日本。盖地球之远,固如是也。波斯、犹太于昆仑为西龙,故其文物次于中国。"② 康有为的著作虽然一任主观,但是在看待地理、地球的问题上,却凸显中国在世界上的重要位置,这也是康有为民族自信的典型案例,也就是康有为对儒家的坚守,不仅表现了他的文化自信的一面,而且更凸显了中国地理位置的重要性。1888年康有为在《与潘文勤书》中从中国地域的幅员辽阔方面,从人口众多和中国辉煌灿烂的五千年文化上又进行过论证。

1890年康有为在《广艺舟双楫》中论及中国文字时指出:"中国自有文字以后,皆以行为主,即假借、行草亦形也,惟谐声略有声耳。……盖

---

① 张兆林、束华娜:《基于文化自觉视角的非物质文化遗产保护与新文化创造》,《美术观察》2017年第6期。
② 康有为著,姜义华等校:《康有为全集》(第1集),中国人民大学出版社2007年版,第112页。

第六章　东传科学与康有为今文经学若干问题的讨论

中国用目,外国贵耳,然声则地球皆同,义则风俗各异。致远之道,以声为便。然合音为字,其音不备,牵强为多,不如中国文字之美备矣。"① 康有为当然是为了美化中国文字,可将其视为"尊中"抑或是"尊儒"的立场。1891 年,在《与洪右臣给谏论中西异学书》中论及"人种"时,康有为认为我"中人"的聪明程度为地球之冠,西人的奇技皆为"中人"之发明时说:

> 我中人聪明为地球之冠,泰西人亦亟推之。……凡西人所号奇技者,我中人千数百年皆已有之。泰西各艺皆起百余年来,其不及我中人明矣。②

康有为显然是盛赞中国人的聪颖皆西人所不能及。虽有牵强之嫌,但也不失为"尊中"的立场。1894 年康有为在《桂学答问》中论及"孔学"时指出,"孔子所以为圣人,以其改制,而曲成万物,范围万世也。其心为不忍人之仁,其制为不忍人之政。仁道本于孝弟,则定为人伦;仁术始于井田,则推为王政"。③ 康有为认为孔学就是圣人之学,无所不窥,无所不能,是始于"井田"推为"王政"的"万世"之法。1895 年康有为在《上清帝第四书》中论及"先圣义理"时指出祖宗留下的"先圣义理"之学根植于人们心中,是为西方诸国所没有的高深道德学问并为"泰西"诸国所"羡慕"。因此康有为指出:"以先圣义理入人之深,祖宗德泽在人之后,下知忠义而无异心,上有全权而无掣肘,此地球各国之所无,而泰西诸国之所羡慕者也"。④

---

① 康有为著,姜义华等校:《康有为全集》(第 1 集),中国人民大学出版社 2007 年版,第 254 页。
② 同上书,第 337 页。
③ 康有为著,姜义华等校:《康有为全集》(第 2 集),中国人民大学出版社 2007 年版,第 18 页。
④ 同上书,第 83 页。

成书于 1896 年至 1897 年的《南海师承记》中，康有为也曾论及孔子："天下所宗师者，孔子也。义理制度皆出于孔子，故学者学孔子而已。孔子去今三千年，其学何在？曰在六经。夫人知之，故经学尊焉。"① 这里康有为所要表达的是对孔子的无限的敬仰之情，把孔子看作是"天下"的"宗师"，一切"义理制度"皆出于"孔子"之学。1898 年康有为在《日本书目志》中论及"六经"时指出西方强大的根本原因是其政治之学暗合了中国古代的经义之精髓。康有为说："政治之学最美者，莫如吾《六经》也。尝考泰西所以强者，皆暗合吾经义者也。"② 基于此，康有为在论及《春秋》经的极高明之处的时候，他认为"万国之法""万身之法"以及"泰西公法"皆源于《春秋》，是推之四海而皆准的"公理"。康有为说："《春秋》者，万身之法，万国之法也。尝以泰西公法考之，同者十八九焉。盖圣人先得公理，先得我心也，推之四海而准也。"③

康有为在 1901 年撰写的《中庸注》中论及孔子之教时，认为"孔子之教"之光明可"并日月"，仁德足以"覆后世、充全球"。康有为谈道："天下之为道术多矣，而折中于孔子。……因使孔子之教，广大配天地，光明并日月，仁育覆后世、充全球。"④ 在论及"中庸"之道的时候，康有为认为《中庸》之道看似平常无奇，但"实诣其至极"。⑤ 康有为甚至还很牵强地认为西方之宗教皆"得于孟子单义如此"，不管这些国家如何，都是孟子之道深入人心的结果。他在《孟子微》中指出："耶苏专以救民

---

① 康有为著，姜义华等校：《康有为全集》（第 2 集），中国人民大学出版社 2007 年版，第 211 页。
② 同上书，第 328 页。
③ 康有为著，姜义华等校：《康有为全集》（第 3 集），中国人民大学出版社 2007 年版，第 357 页。
④ 康有为著，姜义华等校：《康有为全集》（第 5 集），中国人民大学出版社 2007 年版，第 369 页。
⑤ 同上书，第 371 页。

第六章　东传科学与康有为今文经学若干问题的讨论

为义，摩诃末专以复仇为义，而成两大教主，民皆归之。得孟子单义如此，而诸君诸国无如何，足见孟子树义之坚，而包括之大，切于人心矣。"① 然康有为在论及"孔子之道"的时候，论证孔子之教的伟大，"盖知孔子之道之大，乃知诸教之小也"。②

1902 年康有为作《论语注》，其中多有"尊孔"的言论："传教救人，宜出海外，后学当以孔子、子路为法，无惮艰远矣。"③ 所有这些都是他对孔子之学心悦诚服的赞美。"以仁为主，当以智为役。若但仁而不学，亦不可行也。佛、耶为高而难行，孔子贵中而可行。孔子与佛、耶之异在此，学者可留心参之。"④ "中者，无过不及。公执厥中者，中庸之德，中和之理，用其中于民，中国政术、学术尊奉之。此为公理之极，放之四海万国而准者也。"⑤ 以上这些都是盛赞孔子、子路的言论，定然是尊孔的表现。康有为在《大同书》中说，"故文字语言之简，中国过于印度、欧美数倍。故同书一札，中国速于欧美、印度数倍；若以执事谈言算之，中国人寿亦增于印度、欧美数倍矣"。⑥ 至此，康有为得出结论：中国文字的简练程度要胜过印度和欧美数倍，盛赞中国之文字优于西洋之文字，中国的语言强过欧美西方国家的语言，甚至连中国的寿命都长于西方。这也是康有为"尊儒""尊中"的例子。康有为还建议我们中国既非耶教之国，我们的纪年方式应该以孔子纪年为准，这也是尊儒的明证之一。康有为又盛赞"孔子纪年"的好处时谈道："凡人服从君主之权势，不如服从教主之道德，且以教主纪年，于义最大，于力最省，允为宜也。若中国既非耶

---

① 康有为著，姜义华等校：《康有为全集》（第 5 集），中国人民大学出版社 2007 年版，第 460 页。
② 同上书，第 480 页。
③ 康有为著，姜义华等校：《康有为全集》（第 6 集），中国人民大学出版社 2007 年版，第 409 页。
④ 同上书，第 423 页。
⑤ 同上书，第 537 页。
⑥ 康有为著，章锡琛、周振甫校点：《大同书》，北京古籍出版社 1956 年版，第 77 页。

教，自宜以孔子纪年。"①

　　1904 年，康有为在《比利时游记》中论及中国"霸资"也表明他的"尊儒"立场。康有为认为，世界上的国家众多，人口也众多，能与欧洲媲美者只有我们国家。"吾国人幸生此伟大莫比之国，横视全球，无当我者"，② 这也同康有为尊儒的立场是一致的。1908 年，康有为在《补奥游记》中，论及中国的"平等无级自由"也体现他"尊儒"的立场。康有为认为，我们中国人人平等，地大物博，故"自由已甚，民气久平"，是欧洲人所无可比拟的。"夫大道之行，事理之变，皆自不平而渐底于平，如水流之就下，然但需时耳。故孔子之立升平世、太平世，乃人道之必至，而无可遁者乎！中国平等无级自由之乐，诚为大地之最先进者哉！"③ 其时，辛亥革命正处在酝酿期，在清末民初这段中国最黑暗的时刻，腐朽的清王朝行将就木，贪权霸道的慈禧太后还在执掌奄奄一息的清廷的大权，苟延残喘。即便如此，康有为盛赞中国，实为"尊儒"的坚定支持者。

　　1912 年，康有为著成《中华救国论》，论及中国教化的时候，他指出中国历经五千年文明、礼仪之教化一定要有自己的信仰。康有为有云曰："逸居无教则近禽兽，今是野蛮之国，犹有教以训其俗，岂可以五千年文明之中国，经无量数先圣哲之化导，而等于无教乎？"④ 同样是盛赞中国的"教化"之道，1917 年康有为在《丁巳代拟诏书》中指出凡事都应遵循着相成相因的道理，今中国之立国非要采取东传科学之法不可达到富强的目的。因此，"非保中国之教化、礼俗、道揆，则不能固根本。孔子不云乎，

---

　　① 康有为著，章锡琛、周振甫校点：《大同书》，北京古籍出版社 1956 年版，第 88—89 页。
　　② 康有为著，姜义华等校：《康有为全集》（第 7 集），中国人民大学出版社 2007 年版，第 491 页。
　　③ 康有为著，姜义华等校：《康有为全集》（第 8 集），中国人民大学出版社 2007 年版，第 404 页。
　　④ 康有为著，姜义华等校：《康有为全集》（第 9 集），中国人民大学出版社 2007 年版，第 325 页。

第六章 东传科学与康有为今文经学若干问题的讨论

温故而知新。调和新旧，各得其宜，勿令偏颇，以得中和"。①

1924年，康有为在《〈江南万里楼词钞〉序》中论及中国的"语文"时说道，"大地万国语文，皆用拼音。惟中国语文，虽有谐声而用单文，故有属对。夫一阴一阳之谓道，中国文词穷奇偶姸俪之工，整齐绮丽之极，万国无比焉"！②这里康有为措辞似乎有些绝对，但也确是"尊儒"的一种体现。即便是在康有为逝世的前一年，也就是1926年，他在《与刘太希函》中提到中国的"大学"更具久远的历史，仍在说"德之榰损伯大学，英之剑桥，法之维曼，皆在西历千二百年后。而白鹿洞乃创自唐代，实为环球最古之大学"。③

三 康有为今文经学的时代定位

清末民初的今文经学取得长足的发展，康有为贡献很大，而廖平也是一座绕不过的高峰。廖平的贡献在于以制度判分今古并对孔子少壮与晚年的主张加以区别：少壮之时的孔子"尊王命、畏大人之意"，至于晚年的孔子，苦于"哀道不行"，不得不"自行其意，以挽弊补偏"。"后来传经弟子因为孔子手订之文，专学此派，同祖《王制》。其实孔子一人之言，前后不同。予谓从周为孔子少壮之学，因革为孔子晚年之意者，此也。"④廖平将今古文之争转移到制度层面，客观上为晚清今文经学派政治改革做了舆论上的准备。而孔子两个时期的变化也凸显了其"尊周"而又"变周"的不同说法的合理解释，使廖平的学术观点成为一个独立的理论体系。

---

① 康有为著，姜义华等校：《康有为全集》（第10集），中国人民大学出版社2007年版，第399页。
② 康有为著，姜义华等校：《康有为全集》（第11集），中国人民大学出版社2007年版，第330页。
③ 同上书，第449页。
④ 廖平：《廖平学术论著选集》卷一，巴蜀书社1989年版，第69页。

东传科学与康有为今文经学的嬗变

康有为今文经学思想深受廖平的影响，他对公羊学的"三科九旨"（通三统、张三世和异内外）的诸方面知识都进行了大胆的探索，极大地丰富了"三科九旨"的内涵。"通三统"长期以来都是今文经学最重要的准则，清中叶以后地位有所下降，主要基于总结前代统治者"通鉴"和"资治"等统治经验的方式没有多大变化。廖平提出以制度判分今古，实质上认为古文经学多为琐碎的考据，于"资治"无补。而今文经学长于"微言大义"，对于制度思想来说，显然带来了鲜活的生命。康有为认识到制度的重要性，赋予了"通三统"学说以"改制"的含义，使政治改革成了"通三统"的第一要义。

关于"改制"问题，康有为在"两考"里没有特别明确的陈述，一方面，他只是不厌其烦地列举孔子改制的内容，如殡葬、井田、服饰等。另一方面，他不断抬高和重塑孔子作为一个改革家的形象，把他看成"万世之法"的圣王教主。他一再表达孔子的伟大之处不是为后世制定多少详细的改制内容，而是提出了一种改制的思想，旨在说明今日之改革还有待于后来的圣哲们因时改制。但是康有为的特别之处在于不同时期的孔子皆给其安上了教主的席位。"自武章，终后汉，四百年治术言议，皆出于董子，盖董子为教主也。……由元明以来，五百年治术言语，皆出于朱子，盖朱子为教主也。"[①] 通过这样的言论，康有为无非是想表达"今日之圣"的心迹，并把我们引到他的结论面前：康有为本人上承孔子改制思想，是今日改制的"素王"和"教主"。孔子在中国历史上第一次总结和形成了托古改制的思想，并根据先秦历史的现实相应地制定了一系列的改制措施。后世改制应该理解孔子微言大义的宗旨，并进行充分的发挥。

康有为"两考"的内容不在于制定改制的内容，在于论述改制的必要

---

① 康有为著，楼宇烈整理：《春秋董氏学》，中华书局1990年版，第208—209页。

第六章 东传科学与康有为今文经学若干问题的讨论

性和合法性,也就是要和当时的"道统"相吻合。晚清之中国实施政治改制的合法性问题是康有为迫切需要解决的症结所在。康有为在著"两考"的时候,他既没有拜见过光绪皇帝,也尚无后来的"知遇之恩",但是康有为始终不主张用暴力的手段推翻清廷,当然他也始终坚持要改变清朝的统治秩序。"孔子最尊尧舜,所谓尽善尽美。后世虽有作者,虞帝其不可及,为其揖让而官天下也。"[①]类似这样的言论在康有为的著作里屡见不鲜,这也同时说明,在当时的历史条件下,此番言论含有"清退政于汉"之义,实属大胆。因此,部分学者认为康有为始终是一个保皇派的论断是站不住脚的。

晚清今文经学的"三世说"已经在龚自珍的阐发下演变成一种悲观的论调,其悲观的价值指向是清廷官场腐败与昏庸,它寄希望于新一代的"治国良材"能够脱颖而出,呼唤社会能够出现一批精英来挽救民族危亡以改变清末落后挨打的现状。因此,在康有为之前,晚清今文经学"三世说"的治国理政思想便在焦急地期待自己的用武之地,至于今文经学的前途欲至何方,显然已经超出了传统经学的范围。就在这样的背景下,康有为一改常态,他沿袭"三世说"的形式,把公羊春秋学说与《礼运》篇中的大同、小康说结合,为传统的"三世说"向西方近代进化思想演变开辟了新路。基于他对西学、西政的粗浅认识,康有为就进行著书立说以及理论的建构,其中不乏矛盾之处,但是他一直醉心于政治改革无暇潜心于对宏大哲学问题的沉静思考。康有为的三世说把大同理想引入今文经学,不仅把传统的"三世说"引向未来并把它与西方的进化学说和西方的民主思想进行有机结合,为中西历史文化的沟通架起了一座桥梁,康有为重新解释的"三世说"的可贵之处是走出了旧有的循环论和倒退论的僵化的理论格局,变成带有现代色彩的社会历史进化观念,"三世说"在康有为的解

---

① 康有为著,楼宇烈整理:《春秋董氏学》,中华书局1990年版,第208—209页。

读下获得了新生。

　　康有为关于今文经学"异内外"的见解，也体现了其内外观的态度。对于内外观问题，古代中国是汉民族中心的自我意识，也就是民族的凝聚意识，它从属于民族历史文化的观念。汉代以来，汉民族周边的少数民族，特别是北方游牧民族一直是关乎中原稳定的心腹大患。所以汉民族一直对周边的各少数民族持轻蔑态度，这便是民族中心意识的体现。及至清朝，作为北方少数民族的满族入主中原，而中原人眼中的夷狄蛮族成了中华民族政统和道统的继承者，因此，旧的内外观已经无法解释这一社会现实。中华民族向来注重历史的文化传统，满族认同于中原文化的过程似乎给内外观的转换提供了新的契机。所以，内外之异已不再拘泥于种族之异，而是文化的不同，是否认同中华文化成为区分内外的标准。尽管如此，这种内外观的实质仍然是自我中心主义，而汉族的种族中心和中华民族的文化中心是中华民族文化内外观的侧面，处于中心地位的中华文化是一种先进的文化，对于其它的异族文化起到同化和辐射作用。到了康有为所处的时代，这种内外观已经发生动摇，但是中华民族的统治地位却没有根本性的变化。康有为赋予内外观以新的阐释，一切都在发生着变化：世界不同的民族长期以来形成了不同的历史文化，诸如欧美各国，以基督教立国，基于政府和民间对于宗教的重视，使得民族文化得以不断地发展壮大。因此，康有为在今文经学上的内外观所指的文化之异已不再具有孰高孰低的意味，而只归结于文化种类的不同。

　　康有为对今文经学的改造体现了近代先进知识分子自强不息的革新精神和对传统文化与西方近代思想的融会贯通的努力，其终极关怀在于政治变革，在于思想更新。他并没有墨守今文家法，甚至置史实的考证与论述的前后连贯性于不顾。所以，康有为撰写"两考"的目的常被后人所误读。诚如守旧派的叶德辉所言："康有为隐以改复原教之路得自命，欲删定六经而先作伪经考，欲搅乱朝政而又作改制考，其貌则孔也，其心

第六章　东传科学与康有为今文经学若干问题的讨论

则夷也。"①

因此，作为今文经学家的康有为，通过对公羊"三世"说的重新阐述，完成了从传统到近代的革命性转换。"三统"说成为政治、经济制度改革的理论基础，它的发展方向是近代民主制度和社会化大生产的旨归。"三世说"是沟通过去、现在和将来的纽带，它的终极理想是实现大同社会。康有为改造过的今文经学体系则完成了从中华民族中心主义到各民族文化平等这一认识过程的过渡。纵观这三个方面，康有为在传统今文经学的旧形式中，注入了他对整个社会的重新解释。今文经学的形式使得其思想体系在传统和现实之间找到了一种契合点。这可能也是康有为今文经学思想在社会上引起一场"大飓风"的原因。

四　康有为今文经学与新儒家的肇端

李泽厚先生以熊十力、梁漱溟、冯友兰和牟宗三四人为现代新儒家的先驱。也有学者主张康有为、梁启超才是现代新儒家的源头，从而反对将冯友兰、贺麟等列入现代新儒家之列，对于方东美、成中英是否应该归属于现代新儒家之列也有不同意见。②而余英时先生也多次强调自己只是一名思想史研究者，并不在新儒家之列。在他看来，"'新儒家'具有特殊含义，新儒家'只是熊十力一系的专称'，其两代传人主要包括熊十力及其门弟子唐君毅、牟宗三、徐复观四人"。③对于学术界将他列入新儒家的阵线之中，他感到"出乎意料"。

因此，新儒家和康有为今文经学的共同之处在于两者都认同儒学传统，并力图拓展儒学的包容性，为儒学在未来的文化建构中获得永恒的价

---

① 参见《翼教丛编》卷六，光绪二十四年八月武昌重刻本，援引董士伟《康有为评传》，百花洲文艺出版社2010年版，第73页。
② 李翔海：《引子》，《现代新儒学概要》，南开大学出版社2010年版，第1页。
③ 余英时：《钱穆与新儒家》，载《犹记风吹水上鳞》，台北三民书局1991年版，参见李翔海《现代新儒学概要》，南开大学出版社2010年版，第2页。

值和普遍的意义做努力。① 谈到新儒家与康有为的关系，颜炳罡教授认为康有为是一座绕不开的高峰，他认为"要叙述从旧传统里发展出来的哲学思想不能不从康有为开始，而康有为及其两大弟子谭嗣同、梁启超都倾向陆、王之学"。② 康有为与现代新儒家之间在时代上有"近代"和"现代"之别。先分别就下面三个问题予以界说。

（一）康有为今文经学与现代新儒家的相同点分析

康有为与现代新儒家两者之间在一定意义上同属于20世纪中国文化保守主义思潮，与其他国粹派和同时期文化保守主义思潮相比，倡导孔教运动和现代新儒家之间有着诸多相通之处。康有为作为从传统思想向近代转化的一位承上启下的人物，从一定意义上说，20世纪中国的保守主义思潮正是在康有为这里开其端，然后由现代新儒家发展至成熟的形态。康有为对于儒学的创造开辟了儒学经世致用的先河，"当今全世界的文化资源在很大程度上实现了全球的自由流动和全面的再分配，为我国广大民众带来了全新的文化享受和更多的文化选择"③，因此，立足于弘扬中华民族的文化传统，反对中国的传统国粹沦为西方现代化的附庸，这几乎成了康有为一生的追求。

1840年鸦片战争开启了中国近现代的屈辱史，中国的传统文化在西方文化的强势冲击下不堪一击。饱读儒家经典的康有为在接受西方自然科学和社会科学知识之后，通过挖掘传统儒学的"微言大义"和公羊"三世说"补益儒学，从而使古老的中国文化传统镶嵌了西方科学、民主、平等的因子，可以说，康有为开了"援西入儒"以应时代之需的先河。在现代新儒家与康有为之间的确很难找到一种直接的逻辑勾连，但是康有为和新

---

① 李翔海：《现代新儒学概要》，南开大学出版社2010年版，第2页。
② 贺麟：《当代中国哲学》，转引自颜炳罡《现代新儒家研究的省察与展望》，《文史哲》1994年第4期。
③ 张兆林：《非物质文化遗产保护实践中的商业活动探究——以我国传统木版年画为核心个案》，《艺术百家》2018年第1期。

第六章　东传科学与康有为今文经学若干问题的讨论

儒家无一例外地都认同儒学传统，并力图拓展儒学"通经致用"的价值指向。所以从这个意义上来说，康有为显然是儒学在这个发展历程中的活水源头。

康有为与梁漱溟的相通之处在于，他们都肯定孔子的人生态度和儒家文化包容性的基本特征。在万民讨伐"孔家店"的巨潮中，梁漱溟先生悍然打出了"新孔学"的大旗，并满怀信心地宣称，"质言之，世界未来文化就是中国文化的复兴"。[①] 这里的中国文化显然就是以儒家文化为主体的中国特有的文化体系。中国之所以要发展民主和科学，正是儒家文化"依其本身之要求，应当伸展出文化之理想"，[②] 以儒家为代表的中国文化是完美的文化，中国文化在境界上要超过西方未来最有前途的文化形态。中国的文化传统之所以没有开出民主和科学，"是超过的不能，而非不及的不能"。[③] 所以在这一点上，新儒家和康有为的价值追求是不谋而合的。新儒家和康有为的今文经学都认为绝不能把儒学的存在价值仅仅封限在封建的专制时代，对这一点上两者不无二致，不过康有为还有另一种倾向——那就是他试图通过论述儒学作为宗教的社会规范作用来达到治理社会的目的。康有为在《康子内外篇》中指出，虽然世界上的宗教芜杂繁多，但真正的宗教本质上只有入世的孔教和出世的佛教两种。他大力倡导孔教，不仅以西方近现代学说来改造儒学的孔教教义，他还号召政府推行政教分离等一系列关于宗教的政策。

（二）康有为今文经学与新儒家的相异之处分析

康有为儒学与新儒家的根本区别在于：康有为对儒学传统的认同与坚守基本上停留在制度层面，而新儒家则集中体现在对儒家学说精神层面的

[①] 参见李翔海《现代新儒学概要》，南开大学出版社 2010 年版，第 3 页，梁漱溟《东西文化及其哲学》，商务印书馆 1922 年版，第 199 页。
[②] 参见牟宗三、徐复观、张君劢、唐君毅《为中国文化敬告世界人士宣言》，载香港《民主评论》1958 年元旦号，转引李翔海《现代新儒学概要》，南开大学出版社 2010 年版，第 3 页。
[③] 李翔海：《牟宗三：政道与治道》，台北先生书局 1983 年版，第 51—52 页。

阐发。既然康有为的着眼点主要基于从制度层面上关注儒学，而儒学在漫长的几千年发展中恰恰在体制层面与封建制度之间存在着千丝万缕的联系。所以，不管康有为如何试图拓宽儒学的包容性，他都摆脱不了封建主义余孽的困扰。尽管如此，康有为仍然应该被看作是新儒家的源头。

在中国传统思想向近代思想转变的过程中，康有为是一个承上启下的重要人物。从第一次鸦片战争到1898年康有为领导戊戌变法运动的五十几年时间里，中国的文化传统在西方现代文化的冲击下节节败退，中国的文化传统遭到了前所未有的挑战，遭到"数千年未有之变局"。其间的保守主义者还试图拒斥一切西方的文化，当然还有一些人坚持"器"可变而"道"不可变的原则。而康有为的过人之处在于：他通过发掘传统儒学中所谓"通经致用"与"三世说"的变易之则扩大儒学的包容性，试图找寻西方近代模式的政治制度在传统文化中存在的内在根据。这一尝试也开了为适应时代的需要进行"援西入儒"的先河。

在戊戌变法时期，康有为等人对儒学的改造不是明言革新，而是标榜"复原"，是以恢复孔学的"真精神"的名义进行的。这是对孔子形象的重塑和缔造，对儒家原典进行诠释并赋予儒学以新的内容。康有为曾一度大讲孔教变质，猛批后儒之学，目的是要把传统儒学中那些与近代精神相抵触，阻碍社会变革的东西归罪于后儒，证明后儒之学与正统儒学毫无干系，据此来揭示孔子的"真精神"。有学者认为康有为是用儒学为外衣包装西学，并据此断定"这种包装式的改造，其作用和影响只是借此而宣传了西学、西政，对于儒学自身的更新、新生而言，怕是没有什么意义的"[①]的说法也是不全面的。

（三）康有为今文经学开启了现代新儒家的滥觞

对于"现代新儒家"的界定，方克立认为新儒家在中国思想史上是

[①] 张锡勤：《儒学在中国近代的命运》，人民出版社2011年版，第133页。

第六章 东传科学与康有为今文经学若干问题的讨论

与马克思主义、自由主义三足鼎立的思想潮流。他认为"五四"以来，在强烈的民族文化危机意识的刺激下，一部分以承续中国文化之慧命自任的知识分子，力图恢复儒家传统本体的主导地位，重建宋明理学的"伦理精神象征"，并以此为基础来吸纳、融合、会通西学，建构起一种"继往开来""中体西用"式的思想体系，以谋求中国文化和中国社会的现实出路。李翔海认为作为一种哲学和文化思潮，它同时也包括社会政治的内容。作为中国现代文化保守主义的主流派，八十多年来它已有三四代人薪火相传，形成了自己的学脉和传统，至今仍有一定的势力和影响。在中国现当代思想史上，现代新儒学可以说是与马克思主义、自由主义的西化派鼎立的三大思潮之一。[①] 但是李翔海则比较赞成站在宽泛的意义上来界定"现代新儒家"。他认为"只有这样才能对儒学的现代化走向有一个整体而全面的把握"。[②] 众所周知，20 世纪是一个"儒门淡薄，收拾不起"的断裂时代。但是作为中国文化传统的主流，儒学以其独特的魅力呈现出它顽强的生命力。

儒学苦难的现代命运同时也从另一个维度折射了中华民族坎坷的蜕变历程，它的未来走向将是有良心的中国人考问心灵，上下求索的时代课题。在中国现代思想史的背景下，特别是面对儒学的未来走向问题，我们不能以一种偏狭的标准来评判现代儒学。作为中华民族精神的重要组成部分现代儒学已经不再是儒学内部某个宗派的专有品，儒学的复兴任重而道远，绝不能简单地维系在哪一个学术团体之上。因此，典型的儒家应该具备两个基本的特征：第一，作为一个践履者，他必须是以儒家"义理"为其人生实践与信仰的归宿；第二，作为一个学人，他必须是以儒家"学说"为其学问的宗主。[③]

[①] 方克立：《现代新儒学与中国现代化》，天津人民出版社 1997 年版，第 448 页。
[②] 李翔海：《现代新儒学概要》，南开大学出版社 2010 年版，第 2 页。
[③] 同上书，第 3 页。

李翔海先生从纯学理层面对 20 世纪新儒家的界定进行了一般性的探讨，充分认可儒学在中国文化传统中的主流地位，积极倡导通过"援西入儒"的方式实现儒学的现代重建；着力于阐扬儒家人文精神的时代意义。现代西方的许多弊病都源自工具理性的过分膨胀，儒学所素重的价值理性或者叫作人文精神正是医治这一偏失的一剂良药，只有创造性诠释儒学，深掘其内在价值以期达到与现代文明接轨的目的。如何在儒家传统中找寻与作为东传科学核心价值的"科学"和"民主"相匹配的内在依据，既要以保守儒家最基本的价值系统为前提，又要使新儒家表现出一定程度的现代品格，便成了新儒家未来发展的方向。[1]

康有为今文经学就是让儒学在未来人类文化的建构中具有普遍意义与永恒的价值。为了守住中华传统文化的精华，坚持以传统文化的主流地位为前提，积极倡导接受西方的先进的自然科学和社会科学知识，以西方之长补益中学之短。通过"援西入儒"实现儒学的现代化重建，儒学由此在现代社会中得到弘扬并用儒学的价值系统与人生理想来解救迷失的国人，找到民族最深厚的价值之源。康有为所作出的努力就是挖掘传统精神资源，自觉不自觉地同西方的科学与民主建立一种必然的联系，从而证明中国的儒学系统同西方的科学、平等和民主是相容而不是相斥的理念。康有为今文经学虽然表现了一定程度的现代性，但是他是以儒家既有的基本价值为底线。因此，现代新儒学的一般理论特质与康有为今文经学思想有着异曲同工之妙。有鉴于此，笔者认为虽然不能从更为严格的意义上将康有为称为新儒家，但是他应该是新儒家的滥觞，是新儒家的源头活水。

五 康有为今文经学的归宿与新儒家的滥觞

自从 1905 年正式废除科举制度以来，并且伴随着社会政治制度体系的

---

[1] 李翔海：《现代新儒学概要》，南开大学出版社 2010 年版，第 4—5 页。

第六章 东传科学与康有为今文经学若干问题的讨论

变革以及制度化儒学的解体，统治了几千年的儒家变成了无所依傍、无所栖息的"游魂"状态。是什么让实现大一统，创造了无限封建文明的政治象征的儒学一朝变成孤魂野鬼？对于儒家而言，最为严峻的问题在于中国人动摇了对千年儒家价值信仰的坚守，儒家文化在近代的漠视不是一朝一夕能够得以收拾的，不管我们的经济发展到多么强大的地步，若我们连民族文化之根都护不住，就永远都不能说我们是成功的。物质发展程度再高，也不能忽视精神的作用。所有这些都是我们研究康有为今文经学与东传科学的关系的价值和意义。

中国正在遭逢着席卷全球的现代化思潮的冲击，统治阶层和知识精英们开始审视中国传统的制度和思想是否能够成为中国现代化前进的助推力，如果不能成为中国实现现代化的催化剂，不能为中国带来独立与富强，那么，中国传统的儒家文化就是残缺不全的。近百年来，中国一直在寻找一条济世救国之道，在这个过程中，先进的知识分子和一批当权者试图在原有价值体系下容纳新的生产关系和西方先进的思想文化。由于甲午战争的战败，随着民族危机的日益加深，变法维新的思潮甚嚣尘上，渐渐成为一种主流思想。康有为说："购船置械，谓之变器，未可谓之变事；设邮电、开矿务，可谓之变事矣，未可谓之变政；改官制，变选举，可谓之变政矣，未可谓之变法。日本改定国宪，变法之全体也。"[1] 由此可见，"戊戌变法不仅是中国现代化进程的逻辑起点，也是中国现代文化的生长点"。[2] 维新派的口号是"开民智""兴民权"，因此康有为认为君主立宪制度是最适合中国的政治体制的制度，有着16年海外经历的他坚定地认为，平等和法治是西方国家繁荣富强的根本原因。而在中国，儒家的价值观深深地镌刻在中国人的民族认同之中，是社会变革时期所必须坚持的理

---

[1] 康有为：《日本变政考》，《康有为全集》（第4集），中国人民大学出版社2007年版，第198页。
[2] 颜炳罡：《戊戌变法与中国现代化进程》，《文史哲》1998年第9期。

念。康有为为了实现保种、保国、保教的目的，他不惜把孔子改造为一个顺应时势的改革先师。他大力弘扬西学、西政的目的是要证明其变法的合理性。

康有为利用今文经学提倡变法，这依然是儒学内部的家法。但他把许多古文经斥为伪经的做法却洞开了儒者怀疑整个儒家经典正当性和神圣地位的大门。站在革命派立场上的康有为的宿敌章太炎却是古文经学的代表人物，他们两个人的口诛笔伐最终消解了传统经学千年来形成的在政治上具有的无可撼动的统治地位。本来是具有革命性的今文经学也不得不看到这样一个现实：古文经学中将孔子作为"史学家"而非圣人的做法，在清末民初显然比今文经学更具彻底的革命性。因此，在康、章二人的论战中，章太炎一方面对康有为的各种论文进行矫枉过正式的攻击，另一方面却对孔子进行"去魅化""去圣人化"的努力。在章太炎看来，孔子只是一个述而不作的良史，但是后来的儒家将孔子变成一个追求功名利禄的工具，这实在是对以孔子为精神领袖的儒家的无情践踏。辛亥革命之后，人们期待中的共和政体得以实现，但是内忧外患依然存在，最为可怕的后果是，在社会秩序和价值观处于一种转型过程中惯有的无序状态之后，失望与焦虑迅速蔓延。新军阀和顽固分子对于儒家经典的滥用，造成了激进知识分子对于儒家的仇视，他们以理性主义引领人们从宗教蒙昧中解放出来，而以康有为为代表的保教派，以弘扬孔教为己任的努力为儒学开显了又一新的路向，这成为现代新儒家的源头活水，开启了现代儒学新生命的一种尝试。

第四节　科学精神与康有为"六经注我"治经方式的偏离

性格决定命运，康有为本人武断与教条性的倾向难以成就他哲学上的

第六章 东传科学与康有为今文经学若干问题的讨论

丰收,他经常对不同的见解以及不喜欢的事实置若罔闻。因此,他似乎像一个转变信仰的教士,而不是一个追求真理、实事求是的哲学家或科学家。① 此一倾向在康有为的治经过程中比比皆是。因此他很难成为一个称得上是有创见的思想家。"科学精神固有的内涵决定了科学精神的丰富内容之间是有轻重之分的。"② 围绕求真,科学精神最重要的基本内容有二:一是理性精神,二是实证精神。科学精神具有丰富的内涵。试就康有为的今文经学思想与科学精神的理念或观点做一比较和分析。

一 对默顿科学规范之普遍怀疑态度的背离

任何理论都存在着一定的适用范围,都是在一定范围内才能保证它的正确性。世上没有"放之四海而皆准"的绝对真理。有组织的怀疑即科学需要怀疑一切,哪怕是对自己研究得来的最心爱的知识都要进行有组织的怀疑与批判,更应允许别人进行怀疑和批判。康有为却视尊孔子之道为绝对真理,这显然有失公允。1902 年康有为作《论语注》,其中有云:"中者,无过不及。公执厥中者,中庸之德,中和之理,用其中于民,中国政术、学术尊奉之。此为公理之极,放之四海万国而准者也。"③ 康有为盛赞孔子、子路的言语定然是表明他的"尊孔"主张,但是不管从哪种意义上说,都是显得有些绝对,有失科学研究必须具有的普遍怀疑的基本精神。对此,康有为还有这样的阐述:"孔子西浮印度、波斯以至罗马,东渡日本一开美洲,则大教四流,大同太平之道,当有一地早行之也。传教救人,宜出海外,后学当以孔子、子路为法,无惮艰远矣。"④

---

① [美] 萧公权:《近代中国与新世界——康有为变法与大同思想研究》,汪荣祖译,凤凰出版传媒集团 2007 年版,第 106 页。
② 马来平:《试论科学精神的核心与内容》,《文史哲》2001 年第 4 期。
③ 康有为著,姜义华等校:《康有为全集》(第 6 集),中国人民大学出版社 2007 年版,第 537 页。
④ 同上书,第 409 页。

判定一种观点或理论正确与否的基本标准应是：严格审查该观点或理论的理论与事实依据，再经过缜密思考，做出独立判断。不盲从潮流，敢于对传统、权威做出质疑，坚持真理，勇于挑战权威。[①] 康有为在科学研究中对于观点和理论正确与否的判断显然做得武断。1901年他在《中庸注》论及孔子之教时说："天下之为道术多矣，而折中于孔子。……因使孔子之教，广大配天地，光明并日月，仁育覆后世、充全球。"[②] "配天地""并日月""覆后世""充全球"等说法的提出显然有些高估孔子之嫌。在论及"中庸"时，康有为指出，"天下之道教多矣，然如耳目鼻口，各得一偏，寡能齐天地之容、协群生之宜者。惟孔子中庸之道，虽极平常，而实诣其至极"。[③]

科学精神需要有普遍怀疑的态度。判定一种观点或理论正确与否，不能依靠书本上或者权威人物所提供的结论，更不能仅凭作者的表白等书本上的东西就人云亦云，而应该严格审查其中的理论和事实根据并做出自己缜密的判断。[④] 1901年康有为在《孟子微》中有云："夫人有患难，孰不欲人救之；人有仇雠，谁不欲人复之？有救难复仇者，民皆归之，人人欲戴以为主。天下归往，谓之王矣，复何畏于大国焉！"[⑤] 康有为在这里认为西方的宗教皆"得于孟子单义如此"的观点显然很牵强，他称不管这些国家如何，都是孟子之道深入人心的结果。然后康有为又论及孔子的伟大，"盖知孔子之道之大，乃知诸教之小也"。[⑥] 因此，我们说，如果为了一己的目的恣意夸大甚至神化孔子的权威，这一定是有违科学精神的，要做到有一

[①] 马来平：《试论科学精神的核心与内容》，《文史哲》2001年第4期。
[②] 康有为著，姜义华等校：《康有为全集》（第5集），中国人民大学出版社2007年版，第369页。
[③] 同上书，第371页。
[④] 马来平：《试论科学精神的核心与内容》，《文史哲》2001年第4期。
[⑤] 康有为著，姜义华等校：《康有为全集》（第5集），中国人民大学出版社2007年版，第460页。
[⑥] 同上书，第480页。

第六章 东传科学与康有为今文经学若干问题的讨论

分证据说一分话,没有证据就不说话。不管对于孔子如何顶礼膜拜,我们都需要有普遍怀疑的态度。

二 对科学高度尊重事实客观性的违背

科学精神的普遍必然性标准要求科学理论来源于实践且必须接受实践的检验。默顿规范中的普遍主义原则是最基本的一项规范:评价科学知识的唯一标准要看其与经验事实是否一致,而其他因素诸如与发现者的个人主观因素和社会属性是无关的。因此,科学研究要严格遵守普遍主义的规范,反对游谈无根,无中生有。[①] 即便是在康有为逝世的前一年,他在《与刘太希函》中提到中国的"大学"的优越性时指出:"德之楷损伯大学,英之剑桥,法之维曼,皆在西历千二百年后。而白鹿洞乃创自唐代,实为环球最古之大学。"[②] 在我们今天看来,无论是英国的剑桥大学还是维曼创立的巴黎大学,就现代化的程度而言或者优越性而言,都是白鹿洞书院所无法比拟的。科学研究最起码的要求是决不能做任何外来成分的附加,要按照事物的本来面目去理解、去阐发事物的原委。1912 年,康有为著成《中华救国论》,其中有言:"逸居无教则近禽兽,今是野蛮之国,犹有教以训其俗,岂可以五千年文明之中国,经无量数先圣哲之化导,而等于无教乎?今以中国之贫弱,及前清之失道,人民慕欧思美,发愤革而易其政可也,然岂可并教千年之教化尽扫而弃之?"[③] 在论及中国"教化"之可尊的时候,康有为同样是盛赞中国的"教化"之道,这显然有夸大中国教化之嫌。要"自觉地把相信由一个离开直觉主体而独立的外在世界,作

[①] 马来平:《关于默顿科学规范的几个理论问题》,《科学文化评论》2006 年第 3 期。
[②] 康有为著,姜义华等校:《康有为全集》(第 11 集),中国人民大学出版社 2007 年版,第 449 页。
[③] 康有为著,姜义华等校:《康有为全集》(第 9 集),中国人民大学出版社 2007 年版,第 325 页。

为一切自然科学的基础和前提",① 自然科学研究的前提是有一分根据讲一分话；科学需要我们站在公正的立场观察事物，处理问题。要统观全局，不能一叶障目，不见泰山。1917年康有为在《丁巳代拟诏书》中说：

  东西相反而相成，冰炭极反而同用。惟今中国之立国，非采东西之新法、新学、新艺，则不能图富强；非保中国之教化、礼俗、道揆，则不能固根本。孔子不云乎，温故而知新。调和新旧，各得其宜，勿令偏颇，以得中和。②

  中国要"立国"，保中国之"根本"虽然有一定道理，但是不能靠拍脑袋做决定，科学精神需要我们作深入调查，需要可靠的数据做支撑。作为科学工作者最基本的要求是要勇于维护真理，要有求真、客观求实的科学精神作支撑。科学必须正确反映客观现实，反对个人臆断。理性客观的科研态度是一切科研活动的基础。1886年，康有为在其《康子内外篇·肇域篇》中就曾经用全球地理的视角来纵论"中国"得天独厚的地理位置，他说："中国在昆仑山为东龙，先聚气于中原，自汉以后，然后跨江以至闽粤，跨海以至日本。盖地球之远，固如是也。波斯、犹太于昆仑为西龙，故其文物次于中国。欧洲最远，故最迟，至罗马而乃盛也。"③ 康有为以"昆仑山"为"东龙"推演出"波斯"与"犹太"文化次于中国的说法显然是一种主观的臆想，这是与科学精神相悖的。1890年康有为在《广艺舟双楫》中论及中国文字时，分析中国文字精美的原因，最后得出结论是西方国家的文字皆不如"中国文字之美备"。康有为说：

---

  ① 马来平：《试论科学精神的核心与内容》，《文史哲》2001年第4期。
  ② 康有为著，姜义华等校：《康有为全集》（第10集），中国人民大学出版社2007年版，第399页。
  ③ 康有为著，姜义华等校：《康有为全集》（第1集），中国人民大学出版社2007年版，第112页。

第六章 东传科学与康有为今文经学若干问题的讨论

中国自有文字以后,皆以行为主,即假借、行草亦形也,惟谐声略有声耳。故中国所重在形。外国文字皆以声为主,即分篆、隶、行、草亦声也,惟字母略有形耳。中国之字,无义不备,故极繁而条理不可及;外国之字,无声不备,故极简而意义亦可得。盖中国用目,外国贵耳,然声则地球皆同,义则风俗各异。致远之道,以声为便。然合音为字,其音不备,牵强为多,不如中国文字之美备矣。①

当然我们需要有民族自觉的自信心,但是必须要站在一种高度尊重客观事实的立场上才能找到认识客观事物的正确途径。

三　对科学所具有的严密逻辑思维原则及创新原则的背弃

严密的逻辑思维原则在人文社科类的科研中也尤为重要,"以归纳和演绎作为基本的思维方法,坚信特殊蕴含普遍,普遍统辖特殊。既尊重事实,又在事实面前不放弃理论思维的权利。"② 1924 年,康有为在《〈江南万里楼词钞〉序》中论及中国的"语文"时说道:"大地万国语文,皆用拼音。惟中国语文,虽有谐声而用单文,故有属对。夫一阴一阳之谓道,中国文词穷奇偶姘俪之工,整齐绮丽之极,万国无比焉!"③ 康有为的论述的确是"尊儒"的一种体现,但是很多措辞似乎有些绝对与武断。缺少严密的考证就妄自得出结论,这显然也是人文社科类科研工作最致命的一种缺陷。

科学活动需要科研工作者思路开阔,旁征博引,从经验认识层次上升到理论认识高度,积极主动地去考虑不同的、有冲突的实证。康有为还盛

---

① 康有为著,姜义华等校:《康有为全集》(第 1 集),中国人民大学出版社 2007 年版,第 254 页。
② 马来平:《试论科学精神的核心与内容》,《文史哲》2001 年第 4 期。
③ 康有为著,姜义华等校:《康有为全集》(第 11 集),中国人民大学出版社 2007 年版,第 330 页。

赞中国人聪颖皆西人所不能及，这虽有牵强之嫌，但也不失为"尊儒"的立场。但是需要站在公正的立场来论说，不能为了达到自己目的就置客观事实于不顾。

1894 年康有为在《桂学答问》中论及"孔学"时指出："孔子所以为圣人，以其改制，而曲成万物，范围万世也。其心为不忍人之仁，其制为不忍人之政。仁道本于孝弟，则定为人伦；仁术始于井田，则推为王政。"[①] 在这里，康有为认为孔学就是圣人之学，无所不窥，无所不能，是推为"王政"的"万世"之法。这种提法本身就是极其主观的做法，缺乏严密的逻辑思维原则。科学研究需要以归纳和演绎作为基本的思维方法，遵循特殊蕴含普遍，普遍统辖特殊的原则；既要高度尊重事实，但也不局限于事实，眼见不一定为实，并在事实面前绝不放弃理论思维的权利。[②]

执着的探索精神在科学研究中占有极其重要的地位，创新是科学的生命和灵魂。科研活动需要根据已有知识、经验、启示或者预见，与伪科学随意否定前人研究成果的做法彻底决裂，主张高度尊重他人和前人的成就，虚心接受科学遗产的精神。[③] 康有为的《新学伪经考》和《孔子改制考》显然是经过和廖平的会晤，而且是参考了廖平的《知圣篇》和《辟刘篇》后进行的发挥和升华，但是康有为在自己的"两考"中却对廖平只字未提，没有能够尊重他人和前人的劳动成果，有失继承基础上的创新改革精神。1904 年，康有为在《比利时游记》中论及中国"霸资"时也表明康有为的"尊儒"立场：

> 今者鲑格纳所创之霸义既盛，则有霸资者必借大国乃行之。而地

---

① 康有为著，姜义华等校：《康有为全集》（第 2 集），中国人民大学出版社 2007 年版，第 18 页。
② 马来平：《试论科学精神的核心与内容》，《文史哲》2001 年第 4 期。
③ 同上。

第六章 东传科学与康有为今文经学若干问题的讨论

球国之至大,人民至多,能比欧土全洲者,惟有我国。而以莫大之国。又复同文、同教、同俗,结力至大且厚,然则天留我国以霸资者实自二千年之统一得之。吾国人幸生此伟大莫比之国,横视全球,无当我者。①

虽然这里是康有为尊儒立场的体现,但是尊重不能否定现实问题,也不能是主观的一些说教,而是要求在继承基础上进行创新。在论及先圣义理的时候康有为更是盛赞中国的"孔子之义"为西方所无。1895 年康有为在《上清帝第四书》中论及"先圣义理"时指出:"况中国地方二万里之大,人民四万万之多,物产二十六万种之富,加以先圣义理入人之深,祖宗德泽在人之后,下知忠义而无异心,上有全权而无掣肘,此地球各国之所无,而泰西诸国之所羡慕者也。"②

四 对追求精确、严谨的科研作风的反动

追求精确、严谨的科研作风是科研工作的生命线。科学工作者应反对迷信与伪科学的通病,力求对于概念、命题做到含义明晰无歧义。"重视定量研究,在有条件的地方,尽可能地把概念和命题间的关系运用数学符号表达出来。"③ 1898 年康有为在《日本书目志》中论及"六经"时说:"政治之学最美者,莫如吾《六经》也。尝考泰西所以强者,皆暗合吾经义者也。"④ 只是在文中提到"六经"为政治之学中最美者,显然缺乏其应有的说服力。康有为在《大同书》中说:

---

① 康有为著,姜义华等校:《康有为全集》(第 7 集),中国人民大学出版社 2007 年版,第 491 页。
② 康有为著,姜义华等校:《康有为全集》(第 2 集),中国人民大学出版社 2007 年版,第 83 页。
③ 马来平:《试论科学精神的核心与内容》,《文史哲》2001 年第 4 期。
④ 康有为著,姜义华等校:《康有为全集》(第 2 集),中国人民大学出版社 2007 年版,第 328 页。

> 择大地各国名之最简者如中国，采之附以音母，以成语言文字，则人用力少而所得多矣。计语言之简，中国一物一名，一名一字，一字一音。印度、欧洲一物数名，一名数字，一字数音。故文字语言之简，中国过于印度、欧美数倍。故同书一札，中国速于欧美、印度数倍；若以执事谈言算之，中国人寿亦增于印度、欧美数倍矣。①

康有为这是在盛赞中国之文字优于西洋之文字，将其作为"尊儒"的最好的案例，但是康有为得出的结论是：中国文字的简练程度要胜过印度和欧美数倍，这既没有数据做支撑，也没有切实的证据可以佐证，显然不符合严谨、精确的科学态度。

科学成果总是知识长期积累的结果，是社会协作的产物，这要求科研工作者不急功近利，不贪图享受，淡泊名利，保持心灵的自由。无私利性是决定科学的方向性、纲领性的问题，涉及了科学家从事科学活动的动机问题，即所谓科学家从事科学活动的目的是发展科学知识，服务人类，而不是为个人、他人或者集团谋利益。② 1908年，康有为在《补奥游记》中论及中国的"平等无级自由"也是他"尊儒"的立场。康有为说：

> 吾国民无级，人人平等，以地大，故官虽少尊，而人人可得科第而为之，故自由已甚，民气久平，不可以欧人相比例矣。夫大道之行，事理之变，皆自不平而渐底于平，如水流之就下，然但需时耳。故孔子之立升平世、太平世，乃人道之必至，而无可遁者乎！中国平等无级自由之乐，诚为大地之最先进者哉！③

---

① 康有为著，章锡琛、周振甫校点：《大同书》，北京古籍出版社1956年版，第77页。
② 马来平：《试论科学精神的核心与内容》，《文史哲》2001年第4期。
③ 康有为著，姜义华等校：《康有为全集》（第8集），中国人民大学出版社2007年版，第404页。

第六章　东传科学与康有为今文经学若干问题的讨论

康有为在《南海师承记》中论及孔子时又云:"天下所宗师者,孔子也。义理制度皆出于孔子,故学者学孔子而已。"① 我们看出康有为盛赞中国,实为"尊儒"的坚定支持者。但是此时,辛亥革命正处在酝酿期,清末民初这段中国最黑暗的时期,腐朽的清王朝行将就木,贪权霸道的慈禧太后还没有死去,康有为盛谈中国"平等自由无级",这实为可笑之谈。

第五节　东传科学与康有为今文经学的式微

康有为选择今文经学作为他整个思想的根基,反映了他内心复杂的两面,一是他不愿意抛弃古典的文化传统,二是他又想利用今文经学的"微言大义"与"通经致用"的诉求为维新理论张本,以减轻改革所带来的压力。康有为思想的两面性决定了他所建构的今文经学体系的局限性和未来的暗淡走向。

一　康有为今文经学的保守性

以康有为为首的维新派所掀起的声势浩大的戊戌变法运动,历时103天,最后以慈禧太后激烈反对,"戊戌六君子"的牺牲为代价,黯然落下帷幕。我们不禁要问,"戊戌变法"的成败到底在多大程度上取决于变法的理论纲领?又到底是什么原因造成了百日维新的昙花一现呢?

首先,康有为受廖平《辟刘篇》和《知圣篇》的影响,选择利用今文经学作为他变法理论的基础是想从孔夫子那里寻求传统思想的权威作为庇护,来为变法维新造势。其实康有为的今文经学思想的核心指向是想利用孔子的权威,依附于当政者自上而下的政治改革来实现自己变法维新的目

---

① 康有为著,姜义华等校:《康有为全集》(第2集),中国人民大学出版社2007年版,第211页。

的。他妄想以渐进的改革方式推行君主立宪制度，辅之以年轻的皇帝来实现振兴中华的壮志，各取所需，在"外衅日迫，间不容发"的政治变局中，[①]通过实行自上而下的改革来快速救治颓势尽显的清王朝。康有为也深知君主立宪制度的保守性和妥协性，以及今文经学中所体现的传统思维模式的局限性。但是内忧外患的时局已经容不得再进行大规模的暴力冲突，激进的求变思想让他暂时隐去了今文经学保守性的一面。

康有为的变法活动从一开始就抱住了两个最大的封建权威，一个是孔子的理论权威，一个是皇帝的政治权威。[②] 康有为虽以辨伪古经为己任，又把今文经学推到理论的最高点，但其实他始终没有离开对孔子权威的依赖。康有为思想的保守性在于，他一方面对以专制制度为基础的经学进行刨根问底的工作，另一方面他又不想彻底地对经学进行重构和改造，只想利用西学作为武器从而让今文经学为自己的变法理论服务。康有为表面上是利用西方的自然科学和社会科学知识来重构自己的今文经学体系，但是他的初衷是想维护传统，想把传统纳入文化现代化的轨道上来。康有为对于传统文化的坚守有宗教般的庄严性。因此，康有为的尊孔立教也是可以理解的，但是他却忘了发端于传统旧学之上的今文经学已经无力承载急剧变化的时局，维新变法也只有让位于风起云涌的革命运动了。康有为的今文经学体系中最核心的内容是利用微言大义的阐释，将各种政治焦虑都集中杂糅于经学解释中。[③] 后来，在对共和与革命的批判，以及中国不能实行共和的原因的解释上，康有为试图从孔子的"六经"中去找寻。这些理论都集中反映了康有为思想的保守性。然而今文经学牵强附会，逆时代洪流，终遭到时代的抛弃。

[①] 康有为：《上清帝第五书》，参见汤志钧《康有为政论集》（上卷），中华书局1981年版，第201页。
[②] 中国近代史丛书编写委员会：《戊戌变法》，上海人民出版社1972年版，第10页。
[③] 葛兆光：《中国思想史》卷二，复旦大学出版社2001年版，第614页。

第六章 东传科学与康有为今文经学若干问题的讨论

二 康有为今文经学淡出历史舞台的必然性

经学作为传统意识形态的重要载体，在漫长的历史长河中不断地呈现它独特的魅力，经学的治学路径从政治、历史和哲学三个侧面中相应地衍生出经世、考据和义理三种解经形态。中国传统文化演变的机制在于通过内部损益来推动经学不断地更新和嬗变。但是到了近代，经学不断演进的历史发生了巨大转折，在科学东传的过程中，西方的自然科学和社会科学等知识与中国传统的思想观念发生了激烈的碰撞，近代经学从戊戌政变到辛亥革命，再到"五四"运动，转变的速度之快，达到前所未有的程度。因为在过去的千年里，经学的政治功能无人能够撼动，到了康有为，《新学伪经考》和《孔子改制考》的发表使他率先打破了静寂。

（一）对经典权威的动摇

为了实现经学的复兴，康有为以今文经学为旗帜，在国家急剧变化的风口浪尖上，扶正经学"经世致用"的功能，杂糅西方的自然科学知识和社会科学知识来改造和重构经学，重新寻找经学的正当性和合法性的依据。康有为本来是想利用西学知识来重建经学的传统，却事与愿违地招致经学生命的终结，成为经学走下政治神坛的推动者。康有为辨伪古经的《新学伪经考》破除了六经的神圣光环。可以说，疑古思潮肇始于康有为。但是当人们开始对儒家经典和圣经贤传等一切经典的可靠性产生怀疑的时候，神圣不可侵犯的经学却成了一堆史料，经学这块世袭的阵地随之坍塌下来。

康有为举起经学的异端——今文经学的大旗，醉心于攀附传统经学的框架，将西方的科学知识一股脑地附会成是孔子所创。于是这带来一种最为可怕的后果，就是使经学陷入了牵强附会和曲解妄断的学术困境，使传统经学无力承担这样激变的近代化方式。另外康有为所提出的托古改制之说旨在把孔子塑造为热衷变法的改革者的形象，但是托古改制的实质是否认了儒家道统,认为古经是伪经,都是子虚乌有的,这样也就等于认定孔子是造假的元凶。康有为的今文经学貌似尊孔,实则是"以孔子抗衡孔子",①这样就使孔子的形象遭到破坏,也从根本上动摇了儒家经典的权威。

康有为做古经新解、援西入儒的努力的初衷是想复兴传统的经学,可最终的结果是在传统文化的防线上打开了一个缺口,加速了经学在政治舞台上谢幕的速度。随着东传科学的传入和政治革命风暴的洗礼,经学进入了学术的殿堂,从而难以在政治上产生决定性的作用。

(二)今文经学成为康有为崇尚帝制的最后战场

在康有为的经学体系中,经典的权威性成为支持他理论合理性的一种资源。② 戊戌变法时期,康有为把今文经学的"变易"观和孔子"损益"的变革思想与西方的科学知识杂糅在一起,这成为他维新变法呼唤改革的思想资源。然而,在康有为的晚期思想中,经学开始成为神化孔子和复辟帝制的工具,他致力于对古典经学的改造,仇视革命,从而陷入陈腐旧学的囹圄中不能自拔。辛亥革命之后,以经学义理为支撑,康有为提出"虚君共和"的主张,倡言保留君主制度。"欲一旦废之,以起争乱,甚非策也",③他认为沿袭了千年的君主旧俗根深蒂固,一旦群龙无首,则必遭祸乱,所以他不断地阐述君主存在的必要性。实行君主立宪制度,应把君主视若神明,立宪之君主神圣不可侵犯。"立宪之君主者,神乎?故宪法曰君主神圣不可犯,尊之为神至矣。"④ 但是他也指出,君王只具有象征意义,实为"土木偶"而已,"与其来日寻干戈以争总统,无如迎一土木偶为神而敬奉之,以无用为大用,或可以弭乱而"。⑤

《新学伪经考》一书使保皇派的代表人物和今文经学的领袖人物康有

---

① 钱穆:《康有为学术述评》,《清华大学学报》1936 年第 6 期。
② 葛兆光:《中国思想史》卷二,复旦大学出版社 2001 年版,第 615 页。
③ 康有为著,汤志钧编:《康有为政论集》,中华书局 1981 年版,第 691 页。
④ 同上书,第 675 页。
⑤ 同上书,第 676 页。

第六章　东传科学与康有为今文经学若干问题的讨论

为被推到时代的高点,确立了今文经学在清末民初经学中的统治地位。青年学者陈壁生认为康有为今文经学的根本目的是对几千年的经学进行一次清理,使经学回到微言大义的时代。朱杰人对康有为今文经学有比较中肯的评价:

> 他们(指康有为及其今文经学家)的根本目的,是绕过郑玄回到汉代,对二千多年来的经学进行一场重新清理,检视西汉以《春秋》为中心的今文经说,使经学重归孔子口传的微言大义。在今文学看来,经学就是孔子的"一王大法",是抽象价值而不是具体法度。①

可见,今文经学所要捍卫的是价值观,而持这一价值观的代表人物就是孔子。显然,康圣人是要借孔圣人为自己的"因时改制",以及推行变法维新制造理论依据。在康有为晚期思想中,其今文经学思想仍然是他为其政治目的攀附和援用的工具。但是,康有为的今文经学体系已经丧失了时代的先进性和生命力,随着帝制的土崩瓦解,其今文经学退出政治舞台也就成了一种必然。余英时指出,经学的生命力在于对政治制度的构想,失去了政治生命力和对社会秩序的安排,传统经学即使发展出与西学相抗衡的文化系统和道德哲学,也终究会成为一个脱离制度的游魂,近代经学最终会走向终结。②

(三)"托古"与"驳杂"的特点

康有为以今文经学为思想基础的维新变法运动,是在晚清变局中试图与现代化对接,让中国摆脱内忧外患的困局而做出的最初尝试。在变法救亡图存的目标下,以变更中国政体,批判旧制度为政治纲领,以颠覆传

---

① 朱杰人:《把经学还原为一棵生命不息的大树》,《光明日报》2015年8月31日。
② 余英时:《现代儒学论》,上海人民出版社1998年版,第42页。

统，倡导西学为己任的一场运动其实也是一场思想启蒙的运动。但是康有为两面性的特点暴露无遗：他一方面倡言改革，一方面又要打着"托古"的大旗；一方面宣传西方的科学知识和文化，一方面又要披着传统今文经学的外衣；一方面批判中国传统的旧制，一方面又提出尊孔保教的旗号。因此，康有为今文经学体系的两面性的特点显露出来。

康有为的今文经学体系中存在着牵强附会的痼疾，他的出发点是想利用西方科学来建构其深爱的传统文化，却无意中将中国的传统文化推向了无底深渊。"中国经学的瓦解，是一个历史的过程，从康有为肇其端，到章太炎摧其体，再到胡适之挖其根，前后经历了半个世纪之久。"[1] 康有为认为，利用西方的西学知识来重建中国的传统文化是可以实现的，中、西两种异质文化有着相通之处，他所引用的西方社会科学和自然科学知识应该转化为中国传统文化的本土因素，匡扶中国的文化传统之名声和学习西方先进性的制度是一体的。他坚信中、西两种异质文化之间有"文化价值类似性"。[2] 康有为的愿望是美好的，但是也不得不承认，以经学为主体的传统政治体制与西方的民主思想之间还是有着极大的区别。"在家国同构社会底座上的中国传统政治哲学所具有的政治和伦理的本质与西方近代民主之间实际上存在对抗的紧张关系。"[3]

康有为"托古改制"的释经方式同样存在理论上的困境。"历史毕竟不是手段，人们可以发现历史与现在的联系，却不能直接在历史中寻求救世的良方。"[4] 试图以过去的历史来解读和重述当今的现实都是不可取的。尽管西方的社会科学知识和自然科学知识为康有为的今文经学体系所用，注目于中学传统，旨在塑造"即中即西"的思想格局，但到头来也终免不

---

[1] 朱杰人：《把经学还原为一棵生命不息的大树》，《光明日报》2015年8月31日。
[2] 卢钟锋：《中国传统学术史》，河南人民出版社1998年版，第456页。
[3] 戚珩：《中西方政治学方法论历史及特征考察》，《苏州大学学报》1993年第2期。
[4] 朱维铮：《壶里春秋》，上海文艺出版社2002年版，第81页。

第六章　东传科学与康有为今文经学若干问题的讨论

了"不中不西"的困局。他的初衷是美好的,是追求进步和解放的。但是用已经过去的历史来说明现在的做法,用先秦孔子的权威直接指导当前的问题,也就致使康有为走向了迂腐与保守的道路。

康有为在"治经""释经"的过程中,为求其政治目的的实现,甚至不择手段。因为在清末民初时期,信息已经相对透明,靠着愚民手段已经很难奏效,这是其失败的重要原因。"他的问题在于大都自觉的以为只要好意能够实现,手段可以在所不问,因而历史也就被当作可以达到某种现实目的的手段。"① 对于康有为来说,他所忽略的一点就是,历史毕竟是已然发生的事实,是无法改变的。历史的发展和思想的演变是不以个人主观意志为转移的。因此,康有为"抹杀现实与历史的区别,任意裁剪历史而为我所用的做法都是不合时宜的"。②

三　传统经学的时代命运

（一）"六经注我"解经方式的致命缺陷

康有为研究专家萧公权指出,"康氏可能还在另一事上不利于儒学,他在怀疑古文经非真之余,无意间洞开了怀疑整个儒学传统的大门"。③ 楼宇烈先生也认为过分地抨击传统会使现时与传统断裂,只有正视传统才有出路。楼宇烈先生指出:

> 激烈地抨击传统,只能逞一时之快,并不能使现时真正与传统割断,甚至可能会产生一种反弹力,导致盲目颂扬传统的逆反现象。相反,只有正视传统,促使其自我更新,使其在现时代发挥其应有的作

---

① 朱维铮:《壶里春秋》,上海文艺出版社 2002 年版,第 82 页。
② 同上。
③ ［美］萧公权:《近代中国与新世界——康有为变法与大同思想研究》,汪荣祖译,凤凰出版传媒集团 2007 年版,第 97 页。

用,这样才有可能真正摆脱传统的束缚,而变包袱为财富,变阻力为动力。①

康有为宣扬社会进化的理论依据,主要来自《公羊春秋》的三世说。他认为,孔子之道在"六经","六经"统一于"春秋","春秋"之传在"公羊"。而董仲舒的《春秋繁露》则是学《公羊春秋》的最重要著作。1896年康有为在弟子们的协助下编著了《春秋董氏学》,此书将《春秋繁露》中的主要内容,按题摘录汇编,时下按语,指点孔子改制"微言奥义"之所在。此书如果与他的专著《孔子改制考》相配合阅读,则更能了解他改良主义理论的原始依据。

康有为通过校勘、训诂,借古谈今,借题发挥,充分论述其三世进化的改良主义理论显然是一种"六经注我"的方法,他借用孟子关于"仁政""井田制"以及"正经界"等核心观念来发挥其进化论思想,康有为有言:"孔子道主进化,不主泥古,道主维新,不主守旧,时时进化,故时时维新。"② 又如,他在《礼运注》中借"天下为公,选贤与能"大加发挥利用。康有为说:"夫天下国家者,为天下国家之人公共同有之器,非一人一家所得私有,当合大众公选贤能以任其职,不得世传其子孙兄弟也,此君臣之公理也。"③ 诸如此类的论述,在康有为对《孟子微》《中庸注》《论语注》等经典著作中俯拾皆是。康有为采取的是传统的"六经注我"的解经方式,而"六经注我"是南宋陆九渊所提出的解经方式,他认为学问的根本意义在于是否能够"发明本心",而不是沉溺于经书里的"典章训诂"。这一解经方式,后人多有实践和发展,而康有为是运用这种

---

① 楼宇烈:《借古为今乎?恋古非今乎?——〈康有为学术著作选〉编后》,《书品》1989年第2期。
② 康有为:《孟子微》,《康有为全集》(第5集),中国人民大学出版社2007年版,第86页。
③ 参考自楼宇烈《借古为今乎?恋古非今乎?——〈康有为学术著作选〉编后》,《书品》1989年第2期。

第六章　东传科学与康有为今文经学若干问题的讨论

解经方式的最为突出的代表。他是在经书原文的基础上，借用经书上的文字，加以引申发挥，提出自己较具创新性的观点。"六经注我"的前提是以文本为限制并有其思想根据可循，而不是随意阐发的。但是，这种方式具有极大的发挥余地，不再拘泥于经文的本意，因而容易导致崇尚议论，穿凿附会的弊病。因此，在儒学发展史上，古文经较为注重"求实"，而今文经则偏重于"议论"。宋明理学多有"六经注我"；乾嘉汉学则偏向于"我注六经"。毫无疑问，康有为的解经方式是"六经注我"，他的基本内容是今文经的"微言大义"，具体就是三世说、进化说和孔子改制说等，其中进化思想是贯穿其解经的一条主线。康有为认为，进化是万国公有的规律，因此他对此有任意阐发之嫌。

康有为在《论语注》中宗主"六经注我"的解经方式是其突出的特点，也是他的经学立场和治经原则。他认为只要剔除刘歆伪篡的古文《论语》，还原今文《论语》的本来面目，就能使《论语》一书发挥其功能并彰显其价值。因此不管是《论语》的篇次、还是经文的文句，甚或是经义的解释方面都是斥古文、尊今文。突出的表现是，康有为的书中多处阐发春秋公羊学的三世说，孔子改制等微言大义。

康有为承袭了春秋公羊学的孔子改制说，征引《公羊传》的相关学说，并结合《论语》中的经文加以发挥，力图确证孔子改制的事实，这种方式虽然不能让人完全信服，但是他宗主"公羊"学的治经立场是很明确的。康氏对于《论语》的注解，与以往学人解经的不同之处在于他还引借西方自由、民主、平等的思想观念来阐释《论语》，使得《论语注》有着近代化的色彩。康有为开创了以进化论、自由、平等和博爱等西方的自然科学和社会科学知识为解经倾向的新模式。

（二）近代经学的困境

中国古代哲学的传统是从传统典籍，特别是从儒家经典中寻找解决现实问题的智慧，而中国近代哲学开始放眼看世界，注重从西方科学、西方文化和西方哲学中汲取思想资源,所以中国近代哲学所倚重的思想资源发生了重大变化。从龚自珍到魏源,从康有为到孙中山,他们无不表现出这样一个共同的特点。为了回答"中国向何处去"的时代问题,"中国近代哲学越来越注重引进和借鉴西方科学和哲学思想,严复甚至完全用牛顿力学和达尔文的进化论的概念框架来建构自己的哲学体系"。"五四"运动以前,西方近现代的一些重要哲学思潮都曾为中国近代哲学家们所广泛关注和援用,而对中国近代哲学影响最为巨大的西方思潮则是进化论,康有为强调全变,梁启超认为进化是宇宙的普遍规律,谭嗣同认为事物发展变化法则是"新而又新"。在历史观问题上,康、严、谭三人也同样提出了不同形式的历史进化论。在本体论方面,康有为等人用"星云""以太"等西方近代自然科学概念诠释本体论中"气"的范畴,他们试图用西方近代自然科学的发展成果改造中国古代的本体论哲学范畴,力图建立具有近代特色的本体论学说。[①]

钱穆先生认为康有为"以尊西俗者为尊孔""尊孔实为尊西洋"的说法显然有失公允。[②] 其实康有为在1913年归国后,他在十六年间亲历了欧美三十一国的现实,促成了他"中学中理"有超越于"西学西理"的价值观。康氏称为"最高真理""最高学问"和"普世价值"之类只能到东方,到"中学中理"中去寻求。所以,"尊孔实为尊西洋"的论断是有失偏颇的。康有为的哲学思想作为一种近代思潮的代表,其意义在于帮助我们更好地了解中国近代史。李泽厚先生曾用一句话评价康有为的一生:

> 康的思想也是数千年来传统思想体系终于在最后一代士大夫知识分子身上分崩瓦解和向资产阶级思想方向蜕化的表现,作为一面镜

[①] 汪信砚:《中国哲学传统的三重变奏》,《学术月刊》2013年第9期。
[②] 钱穆:《中国近三百年学术史》,商务印书馆1997年版,第782页。

第六章 东传科学与康有为今文经学若干问题的讨论

子,它清晰地照出了晚清这一整代人新旧并陈青黄不接的思想面貌和阶级性格。①

对康有为的大同思想,李先生直接概括为"空想",他说:"深入研究中国近代的空想社会主义思想,对于了解中国近代历史和思想史有重要意义,也为社会主义的世界历史增添上近代民族光辉的一页。"② 对于康有为的托古改制思想,李泽厚先生指出,康有为的"托古改制"思想已完全失去了它的应有之义,最后遭到了康有为的抛弃。之后更是革命高潮不断前行,康有为就更无暇去再反思、省察自己的思想的变化。③ 因此,李先生的观点是康有为站在阶级的角度看问题的做法是有失公允的。

20世纪20年代的年轻学者顾颉刚认为,经书主要是由历史上的争论者撰写出来的,他们撰写经书的目的是表达他们自己的宗教和政治思想,并不是对中国古代历史事实的真实记录。这样,顾颉刚就公开否认了章炳麟"古文经"之存在的合法性;实际上,他也公开否认了康有为的"今文经"之存在的合法性。曾把康有为视为主要对手的章炳麟,因此被迫成了康有为的难兄难弟。他们的经学理论都必须重新构造。

(三) 今文经学的时代归宿

康有为之所以一生都没有放弃他的"今文经学"思想,正是因为他想用今文经学来容纳西方的价值体系。康有为是想从今文经学那里推导出社会进化的学说。进化的阶段也就是儒学发展的阶段,进化的价值在于儒学对现代的价值。认为历史的演化是从"据乱世"到"太平世"的普遍进化的观点是今文经学的基本出发点,因此儒家思想就不能排斥西方思想,

---

① 李泽厚:《康有为思想研究》,《中国近代思想史》,天津社会科学院出版社2007年版,第165页。
② 同上。
③ 同上书,第206页。

而康有为的今文经学思想推演出来的改革理论提出了一种保卫中国传统的可能性。这种进化的思想,既是与陈旧的儒家观念的一种决裂,同时也是理解这种决裂的工具。

今文经学家对正统儒家经典的攻击具有文化上的破坏作用并为文化的变革开辟了道路。因为经典一旦被怀疑,那也就没有什么东西是亘古不变的真理,随即出现的多米诺骨牌效应也就成了一种必然。但通过谴责君权来反对今文经学异端,并为经典辩护,从而达到保存传统之目的实际上是不可能的。当最久远的统治被打倒时,谁还能保证其他任何统治不被打倒呢?[①] 应该说,在以儒学为主导文化的传统中国,儒家经典中还有非常丰富的自然知识,以及相关的作品中出现许多与自然知识相关联的问题。台湾学者徐光台指出:

> 或许我们可以通过近代东西文明的遭遇与冲撞,自然知识的转变,提供一个特殊的取向,面对西方自然知识跨文化的传入,引发冲击到儒学与科学,或是理学与科学间的关系。经学中的自然知识受到西学的冲击,转而成为经学(中的自然知识)与西学遭遇的问题。通过交流与比较,我们还会发现在诸多个别课题的遭遇上,西学传入触及中国经书中的传统自然知识,这方面有待进一步的探究。[②]

赵吉惠主编的《中国儒学史》在提到西学的冲击和儒学的困境的时候指出:"两种文化一接触,就显现出巨大的反差,儒学的落后,明显地暴露出来,因而受到了极大的冲击,加剧了儒学走向衰落的进程。"[③] 经过

---

① [美] 约瑟夫·列文森:《儒教中国及其现代命运》,郑大华、任菁译,广西师范大学出版社 2009 年版,第 73 页。
② 徐光台:《台湾近 20 年的科技史研究:近代东西方文明的遭遇与冲撞取向》,《自然科学史研究》2010 年第 29 卷第 2 期。
③ 赵吉惠等主编:《中国儒学史》,中州古籍出版社 1991 年版,第 829 页。

第六章　东传科学与康有为今文经学若干问题的讨论

"托古改制"对儒学的改造,儒学的外衣虽然被保存下来,但它的骨肉和灵魂都被蛀空,蜕变为改良资产阶级式的文化了,"经过孙中山、章太炎等资产阶级革命派的批判,并随着封建王朝的覆灭,以纲常名教为支柱的儒学,便走向了最后的衰落"。①

第六节　康有为今文经学的瓦解与现代儒学的再出发

康有为竭力把东传科学与儒家孔孟学说结合的过程,包含着康有为试图将传统儒学向现代转化的探索和努力。就这一点来讲,康有为可以说是近代中国试图使传统文化与现代社会对接,特别是使儒家孔孟学说向近代社会转向的探路人。②

一　康有为对传统文化的继承与发展

康有为把中国的"国魂"断言为"孔子之教",这充分地反映其思想上的保守和局限。然而,他提出保存和发扬"国魂"的问题却不是毫无意义的,它实际上包含着保存和发扬一个国家的民族文化和民族精神的问题。康有为在游历各国时,看到各国对于本国历史名迹古器的保护,甚有感触,为此他写了一篇专文来论述保护历史名迹古器的重要性和必要性。然后他直陈其重要作用,对审美之学、思古之情关系重大,更利于光耀中国之文明,"数千年之精华,可以兴起后人之志,可以观感后人之美,可以著耀中国之文明,而发扬光美之"。③他严厉批评那种徒知眼前一时一己之用,而去破坏千年历史名迹古器的愚蠢无知行为。他说,那

---

① 赵吉惠等主编:《中国儒学史》,中州古籍出版社1991年版,第829页。
② 唐明贵:《康有为对传统儒家经典的新阐释》,《聊城大学学报》(哲学社会科学版)2002年第1期。
③ 楼宇烈:《康有为与儒学的现代转化》,《孔子诞辰2540周年纪念与学术讨论会论文集》,上海三联书店1992年版。

— 313 —

些历史名迹古器，虽然有些只是空室败墙，但它能"令游人徘徊焉，踯躅焉，感动焉，兴起焉，此所谓无用之用也"。①《诸天讲》是康有为最后一部专著，据其自序中所说，他在二十八岁时即作有诸天书，由于感到"谈天岂有尽乎？故久而未布"。1926年，他在上海创办"天游学院"，讲学中经常涉及诸天之论，门人们请其刊布此书，于是他才整理旧稿，重新修订，编辑成书，作序付印。可惜第二年（1927）春，康氏即去世，未及亲见此书的出版。以后由于战乱，一直到1930年此书才得正式出版。在书中，康氏广引历代史书天文志、佛典中的谈天资料，以及当时译出的各种天文学西书，除论述一般天文学知识外，还借题发挥地阐述了他的一些哲学观点。在书后的附篇中，康氏对爱因斯坦的相对论提出了异议。在一封家书中，他又提出要在此处加上两句话："爱恩斯坦拨弃以太，发明万有引力之光线为圆锥曲线，为奈端（牛顿）所不及。"由此可见，康氏对当时新的自然科学理论也十分关心。康有为在批评"全法欧美"的观点时，对抽象的"自由"口号提出了特别的批判。就像是康有为在《物质救国论》中所一针见血指出的，"若谓欧美人得自由，则大谬之论也"。

在对自由观念的分析和批判的过程中，康有为同时也奢谈"'自由'在中国古已有之，且已行之二千多年，然而在目前还是先少谈点为好"等，这完全是理论上的混淆和认识上的错误。但是，他根据欧美各国的社会政治现实，对鼓吹抽象"自由"观念的批判，对不存在任何"无限之自由"的分析，就其认识水平在当时来讲，是远过于那些自以为最了解欧美的"全法欧美"派的。即使在今天，康有为的某些批判和分析，也还值得那些在自由观念上存在着模糊想法的人们去品鉴一番的。

---

① 楼宇烈：《康有为与儒学的现代转化》，《孔子诞辰2540周年纪念与学术讨论会论文集》，上海三联书店1992年版。

二 东传科学影响下儒学的变革及其现代性指向

在《康南海自编年谱》中，康有为言道："既念民生艰难，天与我聪明才力拯救之，乃哀物悼世，以经营天下为志。"① 在与西方的接触中，康有为认识到，清朝衰落的原因不仅仅在于器物，更重要的是制度，因此他力主革新，提倡今文经学。他大胆设想证伪古文经典，奉孔子为圣王、神明教主。在对待西方的态度上，他也积极地学习西学，接受进化论的思想，以新的视野来重新诠释孔子，使渐远于现实的孔学思想重新获得了可以解释世界的能力，这在当时有振聋发聩的作用。但是究其根本，他只是一个站在今文经学立场上的儒生，虽然进化论思想使其知识体系颇有新意，但其思想深处仍然是儒家的血统，因此他一直以孔学的继承人自居。

在"西学东渐"过程中东传科学的传播在中国近代仍然对传统儒家知识分子和官僚士大夫阶层产生极大的影响，这一时期盛行倡导实学的学风。鸦片战争之后，西学也以空前的规模冲击着中国传统文化特别是中国传统文化的主流——儒学，在内忧外患危机日益加剧的时代背景下，面对西方文化的挑战，儒家知识分子都在思考如何在新的历史条件下来阐述儒学思想和政治主张。当时影响最大的是洋务派，洋务派强调儒学除了自身守道之外，还应重视"辅世""救世"等观点，并提出了"中学为体，西学为用"的思想。

洋务派提出的这个口号反映了西学冲击下中国传统儒学企图通过吸收西学来弥补自身缺陷的努力，目的是力求挽救当前的社会危机。洋务派之后，以康有为为首的维新派登上历史舞台不仅成为中国历史的转折点，也是中国儒学史的转折点。以康有为为首的维新派打出了"孔教复原"的旗帜，继承了今文经学的传统，发挥了《春秋公羊传》的思想学说来实现对

---

① 梁启超：《康有为传》，附录《康南海自编年谱》，团结出版社2004年版，第96页。

儒学的改良和维新。康有为做出很多尝试改造儒学的努力，并融合西方的自由、平等、博爱等学说，以及将西方的社会进化论与公羊"三世"说相结合以达到倡导变法、变道的目的。康有为的这种努力从理论上突破古典儒学"仁本礼用"的思维模式，将西方近代自然科学知识及其哲学范畴和传统儒学的"元""气""仁"等范畴相结合。不仅孔子是古代先圣的化身，而且孔子的"仁"成为近代的人道主义的重要资源。尽管康有为的思想体系有诸多的矛盾，但是那也是在儒学面对西学日盛的挑战时所做出的变通和理论回应。康有为改造后的今文经学为传统儒学在近代的转型，提供了新的思路和崭新的视角。

20世纪初期，以孙中山为首的革命派对维新派首先发难，掀起批孔的高潮。孙中山批评"四书"和"五经"让人们"养成其盲从之性"，章太炎批评儒学是"中国的祸本"。"五四"新文化运动的兴起使得中西文化之争成为思想界争论的主题，在以西方的民主和科学为主流的时代背景下，在思想文化领域出现了以胡适为代表的反传统的思想，这些思想认为儒家文化是与民主科学相对立的东西，是阻碍中国进步的根本原因。而孔子是儒家文化的总根源，因此出现了中国社会要进步要发展就必须"打倒孔家店"的口号，对孔学展开全面的批评。"文化大革命"时期的批孔就是否定整个传统文化，被视为中国传统文化代言人的孔子遭到彻底批判，从此孔子变成了反动分子，中国传统文化也成了历史的垃圾。在20世纪，除了批孔主流之外，还出现了同情并理解孔子及其儒学的知识分子，他们认为孔子及其儒学是中国文化的基础，在中国现代化进程中仍然具有重要的参考价值。

三 叩响新时代的大门

康有为的"两考"一经出版，立即引起轰动，在学界和士大夫阶层广为流传。内容主要是力攻刘歆，谓"六经"皆其伪造。"两考"巧用了古

第六章　东传科学与康有为今文经学若干问题的讨论

人"经学"的酒杯，浇开了现实社会人们试图寻求"救国良策"的心中块垒，构成了康有为变法维新的两大理论支柱，在当时的知识界和士大夫阶层产生了共鸣。

《新学伪经考》翻出了今古文之争的旧案，借题发挥，把汉代以来两千多年的经典都斥为伪经，从根本上动摇了道统的根基，对旧的学术思想及其赖以生存的意识形态具有极大的破坏作用。《孔子改制考》则在《新学伪经考》清算两千年经学传统的基础上重塑道统，将两千年经学历史视为空白，这不管是对原始儒学还是对西汉董仲舒对于孔子的解释都是石破天惊之举。康有为执意要把经过历代改造的孔子返璞归真，目的是根据自己的需要改造孔子，把涂在孔子脸上的层层油彩去尽是为了对孔子进行重新打扮，建立新的道统，然后再去打着道统的旗号宣传自己的主张。

然而就其实质而言，历代思想家对于道统的重新解释无不打上了时代的烙印。一般而言，众多的对前代道统的继承发展和对儒家经典的重新解释，都表达了时代的要求，能够被学术界和思想界所接受，一般也容易被统治者所采纳，即成为社会和官方认可的道统学说。因此，康有为选择了用今文经学的阐释来达到他的目的，去完成一种新的社会政治学说的理论体系。作为今文经学的根据，孔子的学说就成了日后道统的出发点。所以说，从某种意义上，汉代今文经学本质上就是历史哲学，它的使命是对中国历史上王朝更替和社会变革提供合法的理论根据。经过董仲舒改造过的孔子之学成为了解释的依据，孔子也就理所当然地成为道统的"素王"。

清代汉学涵盖的学问不只包括传统的经学，还包括了西方传教士引入的"西技"，而且汉学在天文历算方面也多有建树，许多学者既通经书也长于历算。这种路向使得学者跳出单纯治经的圈子，扩大了学问的范围，为自然科学的传入和实证思想的形成创造了条件。清朝中叶以后，随着清朝统治的衰落和民族危机的来临，各种经世致用之学再度兴起。晚清今文经学、诸子学的发展，令经学很难维持以往的大一统的格局。在这样的学术背景之下，复兴经学的重任自然就落到了处在风口浪尖的康有为身上。

康有为把孔子重新推上至圣先师的神圣殿堂。特别是在《孔子改制考》一书中，神化孔子与重塑道统成为显著的两大特点。在卷一和卷二中，康有为略作论证就引出了正题，在卷三的《诸子创教改制考》中开始接触到此书的核心问题。康有为为了使这一敏感问题的论证更具说服力，他不惜笔墨有意迂回，先抛开孔子，从先秦诸子入手，指出先秦诸子著书立说，自成体系，无不是对先人学说的改动，由此才有了中华文明的再创造。

康有为在卷四的《诸子改制托古考》中，谈到其文化思想体系的"托古"的重大论题。他指出中华民族的传统就是"容古而虐今，贱近而贵远"，这也成为人们的一种普遍的情感。康有为利用这一点力图证明的是，"托古"在前人那里无非工具性的东西，它本身不是目的。托古的目的是创立新的思想文化。所以，看完这篇我们再也没有理由去证明康有为守旧、复古。

康有为通过《孔子改制考》一书，把孔子改造成为先秦时代的最为伟大的改革者。他认为孔子出身布衣，但是有着鸿鹄之志，自称素王，把尧舜同文王视为改革的先驱者，并利用他们来强化自己的改革主张，同时又把传统中的尧舜之治加以美化，作为社会发展的目标。经过这番改造，两千多年前的孔子和现在的康有为在实质上已经合一了，这也正是他的目的所在。一方面他自认为上承孔子的道统而成为当今素王，坚信中国社会将会在他的改造中发生一次深刻的变革；另一方面，他也深知孔子及其儒家道统已经形成至尊地位，以孔子畅行变法会大大减少改革的障碍，争取更多支持者。因此康有为改造孔子的真实目的在于利用孔子以实现改造现实的意图。

康有为认为"六经"是孔子为"托古改制"而作，从而把孔子打扮成一个改革家的形象，主张革新和进步，反对守旧和落后。他肯定《春秋》

第六章 东传科学与康有为今文经学若干问题的讨论

是孔子改制创作之书,他之所以被尊为教主,是因为他写成了不朽的"六经",他批评前人说孔子"删述六经""述而不作"的说法,因为他把孔子塑造成托古改制的创始人。他认为自己作为一个改革家是对孔子"托古改制"思想的继承和发扬,从而加强了维新变法理论在开明官吏和士大夫中的渗透力和号召力。

康有为在《孔子改制考》中运用公羊家"通三统"的学说论证夏商周是因时改革,而不是沿袭旧制;是沿着据乱世、升平世、太平世递嬗发展,他用鲜明的进化论的历史观作为推进维新变法的思想武器。康有为利用今文经学"变易"的哲学思想糅合"三统""三世"学说,用历史进化论的观点附会"公羊"学说,把中国社会作三个阶段的分期:据乱世(君主专制时代)、升平世(君主立宪时代)和太平世(民主共和时代)。他说历史的发展就是沿着这样的发展阶段,是从低级向高级不断向前发展的。他强调从据乱世向升平世发展的必然性,要救国就要太平,就要改制,只有改革才能到达最终的太平世的盛世局面,从而论证了维新变法的必然性。应该指出,康有为在这里只是运用了今文经学的躯壳,而进化论才是其主宰一切的灵魂,因而在康氏那里让人看到了的是惊世骇俗的新颖理论,这些理论在处于封建桎梏和学问饥渴中的知识界、思想界引起轩然大波,虽然遭到顽固派的仇视,但是在客观上促进了学术界解放的潮流。

试想封建经典风靡两千年,"无一人敢违""无一人敢疑"的神圣不可侵犯的教条,在康有为这里突然被宣布为废纸一堆,这本身就是维新思潮的胜利。康有为通过对"新学"与"伪经"的考辨颠覆了古文经学在清代学术界的统治,重新树立起今文经学的学术权威。

四 儒学传统的现代性转型

作为儒学的"中学"在观念层面上的退却,把中国人推到了一个十分尴尬之境地:一方面我们必须要寻求儒学的现代化,要想寻求发展必须迅速融入近代社会，而要想达到这个目标就必须淡化儒学的主导力量甚至让儒学退却，只有从"器用"到"道体"的隐退，才能进而达到观念上的完全退出，也许只有这样才能实现与现代化的接轨。但是，从另一方面来说，若是想让中华文化留存，"对于康有为来说，他是在儒家文化浸染中长大，若儒（中）学完全退却，失去存在空间，则意味着中土民族心灵失去家园，失去安顿。中之人就此失去安身立命之所，失去赖以自立之精神支柱"。①

（一）传统与现代的转换背景

中国的传统思想资源与东传科学的冲突和碰撞，最为完整地呈现在中国近代化的晚清变局中。在东传科学背景下，康有为今文经学的展开，代表了清末民初这个特定的历史时期的一种思想范式。

1. 西方知识对传统今文经学的输入与重塑

中国近代化过程中，中国传统文化所受西方自然科学和社会科学特别是西方的工业文明的强势影响不是自发的、自然而然形成的，而是一个被动地接受的过程。可以说是"次生型"或者"后发型"。② 正如费正清指出的，当中国传统文化遭遇现代文明并表现出举步维艰的时候，中国人内心深处那份优越感荡然无存。费正清指出：

> 中国现代化转型的根本基础是中国的传统核心文化。中国长久以来一直都是东亚文明的中心，中国人因此有一种天生的优越感。传统格局的惰性与顽固以及物质和精神上的封闭自足，这一切都使得中国面对西方的挑战时反应迟钝，举步维艰。③

费正清的提法有一定的合理因素，因为在中国近代化的过程中，西方

---

① 张耀南：《中国儒学史》，北京大学出版社2011年版，第437页。
② 周海春：《近代新学的价值世界》，中国社会科学出版社2009年版，第19页。
③ [美] 费正清：《中国：传统与变迁》，吉林出版社2008年版，第196页。

第六章　东传科学与康有为今文经学若干问题的讨论

强大的工业文明以及先进的启蒙思想快速入侵中国，使这个古老的中华帝国无所适从。在康有为经历的那个时代，不管是1884年的中法战争，还是十年后的日俄战争，都充分展示了西方工业革命文明成果对中华帝国毁灭性的摧残。当然，中国近代化的过程的出现也有其自身因素，比方说今文经学的通经致用思想产生于第一次鸦片战争之前，因此经世思潮的兴起和今文经学的复兴不能全归于受西方冲击的结果。

另外，康有为今文经学从一开始就试图超越"制度"化的藩篱。倾心仰慕西方先进的工业文明便是其开端，但是随着对东传科学研究的深入，他很快发现西方发达的原因是他们有着"制度"上的支撑。"康有为敏锐而清晰地觉察到科学技术是社会生活的一部分，但不能够脱离整个政治社会而独立，所以一定要有一个政治体制的背景和它配套，和近代的科学技术配套。这就是国会制和议会制，用它可以来沟通人民和朝廷之间的联系。虽然戊戌变法失败，但影响还是比较大的。"[①] 从变法过程我们也可以看出，康有为的着力点已经不再拘泥于西学、西艺的引进，而是上升到了从制度层面力求对政治制度的改革与转型。当然，他最终也并未止于对制度的探究，而是转向了思想观念的革新。

2. 传统学术的内在发展的需要

中国的传统文化有自己的发展脉络和内在的发展趋势，以文化的本土资源为视角，站在传统学术发展的立场上，亦能够阐释中国传统文化的现代化出现的必然性。康有为的早期思想暴露了传统学术对自我完善和发展的渴求，康氏既不迷信前人，也不固守旧有的被视为确信不疑的经典，注重发挥自己的时代精神和历史使命。晚清思想不仅受西方的冲击，也受传统的冲击。[②] 中国近代的文化在受到西方冲击的同时，一些有识之士也在

[①] 何兆武：《中学、西学与近代化》，《社会科学战线》2009年第4期。
[②] [美]张灏：《近代中国思想人物论——晚清思想》，周阳山、杨肃献编，台北时报文化出版事业有限公司1980年版，第22页。

积极地寻求重建经学，对调适儒学的方式予以回应，从而引发了对经学传统进行颠覆和怀疑的倾向，这种反传统力量的本身其实也是学术内在发展的重要方面。传统文化的自我完善和发展是一个从量变到质变的过程，衡量的客观标准应该看其是否促进了人们精神生活的富有和时代的进步。"在时代质变的情况下，传统文化质的变化才能算作符合时代潮流的学术的自我发展，否则只能算作是传统学术的苟延残喘和无奈的回光返照。"① 就康有为的今文经学而言，他改造经学的目的就是要实现通经致用，但是当时的儒生由于受到固有的知识架构的束缚，传统的经学的阐发已经很难实现通达富国裕民的目的。在主体危机四伏的情况下，康有为"援西入儒"，在东传科学传播的过程中把西方自然科学和社会科学的知识镶嵌在通经致用的今文经学之中，以期实现儒学的现代化。康有为的努力非但没有挽救传统经学，而且致使传统的经学走向瓦解和终结，这也正体现了传统思想的时代的危机性。

经学的生命力和价值需要一种表现的方式，在康有为今文经学那里，他更多地输入了东传科学的内容，也就是自从康有为接触西方的自然科学和社会科学知识之后，西学成为重构其思想体系的支撑。一方面康有为发掘出传统儒学中具有时代潮流的、现代化的因素，另一方面又不断地牵强附会西方的自然科学和社会科学知识为其所用，不免陷入主观和荒诞。这样的后果是对于西方科学不能较为系统地学习，使其陷入肤浅简单的境地，对于中学而言，他显然又有失正统，因此这所造成的客观后果是，康有为不断地减弱了传统思想中可利用的优秀的资源，陷入"不中不西"的两难境地。

3. 传统与近代的文化转型

站在整个中国的近代化社会的转型视角上，对中学与西学的关系进行

---

① ［美］张灏：《近代中国思想人物论——晚清思想》，周阳山、杨肃献编，台北时报文化出版事业有限公司1980年版，第23页。

第六章 东传科学与康有为今文经学若干问题的讨论

探讨时，我们凸显了近代知识分子对于近代化的巨大推动作用。争取权力走向自觉的过程也正是中国近代化试图从观念传播到转型实现的过程。他们开始以立足于世界的眼光来反观整个中国近代发展史，开始有意识地接触西方的自然科学和社会科学，并且借此为自己所用。康有为就是这方面最有代表性的人物。他渴望实现自身的价值，具有深湛的儒学功底，又能不断地向西方学习科学文化知识，在丰富自己各方面知识的同时，又试图利用自己厚重的儒学功底，以及博大的西学知识，加入影响权力的行列中。康有为正是完整地折射了清末民初中国传统文化近代化的过程。在这段历史中，他们的思想处于中学和西学两种资源融合和碰撞的最敏感的地带，因此，这也就注定了康有为的融合中西、博古通今的特点。而康有为对于古今、中西资源的消化利用，又直接决定了他对于政治变革的设计和社会转型的驾驭能力。

（二）对现代化的回应

以中西关系为核心的康有为今文经学，清晰地阐释了康有为思想的产生和发展的脉络。清末变局中，在东传科学汹涌袭来的时候，西方的现代化思想对以儒家为根基的古老传统文化的冲击是不言而喻的。中国开明的知识分子早就察觉到学习西方的自然科学和社会科学知识的重要性，也试图将新鲜的西学融入传统文化之中，但是在当时的社会中，一直固守在旧学基础上的士大夫阶层面对奔涌而来的西方科学，不甚了解，只能在西潮的洪流中亦步亦趋，被动地接受。这个时期最明显的特点是，文化认同和文化冲击相互冲撞，二者相伴相生。

但是在历史的语境中来审视，学习西方的开明的士大夫阶层，更倾心于西方的船坚炮利和科学技术的先进方面，他们临摹西方之技艺，妄图以此来振兴垂危的中国。清末民初，康有为登上历史舞台，他逐渐意识到，单单发展军事工业，师夷长技，兴办实业并不能引领中国走到独立和富强，不能挽救华夏的危局，重要的是要破除中国固有的传统观念，进行政治改革，并进行文化上的更新，建立一套行之有效的制度体系从而实现传统社会的整体变迁和进步。

因此，从某种意义上来说，"中体西用"一词确实很能掩人耳目，读起来朗朗上口，但是只能应一时之需，难以长久地发挥作用。面对汹涌而来的东传科学，如果只是片面地吸纳它的科学技术和制造工艺，而置它们的政治制度、科学精神、宗教伦理和哲学思辨等方面于不顾，那么即便照搬西方先进的科学和技术，西学也只是一套离散的技术的综合，也即"无源之水、无本之木"，也就失去了应有的社会价值。诚如列文森所言："西方进步观念被引入中国，这个观念在十九世纪的西方是同改良主义者所希望借入的自然科学和社会科学成就相联系的。"[①] 康有为突破了"中体西用"的模式，他致力于以今文经学为基础，以颠覆传统思想为己任，着眼点超越了工业、军事和企业组织的范围，以期实现政治与文化的现代化。他的目的是想建立一套思想范式以适用于当时的上层建筑和晚清的价值观念。

应该说，西方的现代化的理念与中国固有的传统思维还是相去甚远。康有为有一个很矛盾的心理：他一方面积极接纳西方现代化的自然科学和社会科学知识，这要求他打破"天不变，道亦不变""祖宗之法不能变"的信条，但是另一方面康有为又眷恋着传统文化，在情感上与其有着千丝万缕的联系。在这种情况下，他既不能完全抛弃传统，又不能成为一个具有真才实学的深谙西方自然科学知识的科学家，同时他也无法认识到只有推翻君主专制制度，才能让灾难深重的中国脱胎换骨，重获新生。

康有为更为崇拜培根和霍布斯与陈独秀崇拜"赛先生"有着异曲同工之处。但是康有为不相信科学能够解决一切问题，特别是与人生相关的问

---

① [美]约瑟夫·阿·勒文森：《梁启超与中国近代思想》，刘伟、刘丽译，四川人民出版社1986年版，第50页。

第六章 东传科学与康有为今文经学若干问题的讨论

题。他在 1905 年以后的著作中更为强调儒学高于科学的立场。康有为认为科学不能教人知道超然的物质世界,这种观点更接近于科学与玄学论战时张君劢和梁启超的观点。

张君劢与丁文江的"科学与玄学论战"起源于张氏关于人生观的演说,① 以及丁氏两个月之后的《科学与玄学》一文。其实他们的观点已经有支持科学还是支持玄学之分,只是尚未直接介于争论而已。例如,康有为的《物质救国论》就是倾向于科学的论调;而辜鸿铭"力抗欧洲文明中的破坏力量",② 以保存中国的"真文化",③ 至此"科学"与"玄学"的问题才首次引起广泛的关注。④ 同样崇拜"赛先生"的吴稚晖被称为近代中国"思想界的彗星",他于 1918 年发表的《机器促进大同说》一文其实和康氏在《大同书》上的说法极其相似。但是他对科学达到迷恋的程度。他认为宇宙间的一切都可以用科学来解释,近代物质文明所根植的科学是解决所有人类问题的关键。他反对梁启超所说的西方的物质文明已经破产的悲观说法,他认为西方发达的科学知识会不断地推进西方文明,直至无穷的观点。虽然吴稚晖的工业化与康氏撰写的《物质救国论》有相同的信念,但他和康有为不同在于,康氏虽然接受机械式的人生观,但是他仍然认为宗教与哲学都与其机械式的人生观密切相关。康氏虽然仰慕西方科技,但是仍然认为中国传统有着巨大的价值,而吴稚晖却藐视玄学宗教和中国传统。另一个不同是,康氏较为注重科学的结果,而吴氏以及拥护"赛先生"的人较为强调"科学精神"与"科学方法"。⑤

胡适可能是提倡科学方法的最有力的倡导者。他接受一切现代科学的

---

① 1924 年 2 月 14 日张君劢演讲的内容。
② 《"本志宣言"》,《新青年》1919 年第 7 卷第 1 期,参考 [美] 萧公权《近代中国与新世界——康有为变法与大同思想研究》,汪荣祖译,凤凰出版传媒集团 2007 年版,第 413 页。
③ 同上。
④ 1923 年的科玄论战的内容。
⑤ [美] 萧公权:《近代中国与新世界——康有为变法与大同思想研究》,汪荣祖译,凤凰出版传媒集团 2007 年版,第 419 页。

产品，并且根据这些归结了十点信条，其中最有名的是他做学问的实证方法，"有一分证据说一分话""大胆假设，小心求证"。胡适推重"汉学"的研究方法，认为它是人文研究科学方法运用的突出实例。但是康有为的思维模式远非如此。他对于"科学"的概念是模糊的，科学方法不是他思想的重点。他多年来沉浸在"公羊学"之中，微言大义远较客观真理来得显著，因而对于历史事实不太重视。康氏在《物质救国论》中承认研究"物质之学"的切要。在二十年后撰写的《诸天讲》中康有为谈到中国传统的天文学并未基于精良仪器所观察到的事实，错误不堪。"然古制远镜不精，故测天多谬，此吾国古人所不如何也，其他著益无足称。"[1] 胡适对此有同样的意见，他认为光有关于科学方法的知识还不够，还必须将其应用在物质的研究上，以获致实利。顾炎武以及其他的汉学家用科学的方法，仅仅把它们用在文字资料上，因此意义甚微。而与他同时代的欧洲人，如伽利略、波义耳、哈维和牛顿等也用同样的方法研究实际物体，创造了新科学的新世纪。从这个角度来看，他们的看法极其相似。充分肯定康有为思想的第一人是他的学生梁启超，据康有为说，梁启超不赞成其师的《物质救国论》，因为这样削弱了民主思想和制度的重要性。梁启超在反对《新青年》的极端科学主义之余，并不否认科学在现代世界的重要性。他不认为科学已经破产，但是他也不相信科学万能。他与其老师一样关心的是如何善用现代科学文明，如何保存中国优秀的精神文明，并促使二者进行有机的结合。

在科学与玄学之争中，最激烈的交战并不是在坚持无条件地保存中国传统的极端保守主义者和主张全盘西化的极端激进主义者之间，而是在激进派与主张中西折中的第三派之间。许多人谴责康有为对社会反动，其实

---

[1] 康有为著，姜义华、张荣华编校：《诸天讲·通论篇第一》，《康有为全集》（第12集），中国人民大学出版社2007年版，第13页。

第六章 东传科学与康有为今文经学若干问题的讨论

他们并不了解康有为：康有为积极主张改革中国现存的价值和体制，向现代化的西方国家学习经验。因此他既没有反对创新，而又不失为坚持文化认同的第三派人物的代表。

康有为在中西文化的见解上，在半个世纪的时间里，在不同时期遇到不同的历史环境时总是做出与之前迥异的反应。他一开始是一个传统主义者，所持的见解与19世纪末和20世纪初的保守派并无不同。但是自1879年以来与西方文明的接触促使他广泛地探究西学，并放弃旧见。有一段时期他对西学的狂热不下于"五四"运动时期的"新青年"，他埋首于译自西方的自然科学和社会科学之书，在当时他极有可能是一个全盘西化的主张者。

（三）传统与现代的艰难转变

中国由传统向近代化的转变过程，不是一个内在因素自我演进的过程，是源自外在的动因和压力，被动地接受异质文化、不断调适自身的艰难过程。"古老的传统文化如何重建，如何发掘适应近代文化的价值土壤"[①] 也成为问题的关键所在。针对这个问题，早期维新派在同顽固派的激烈对决中，虽然没有什么话语权，但是却完成了传统士大夫阶层向近代知识分子转变的神圣使命。时至康有为，他依然沿着早期维新派的足迹前行。他有深湛的古典文化素养，又几乎阅遍所有江南制造总局翻译的西方有关自然科学和社会科学知识的书籍，这样他就站在一个高点上俯瞰中西、古今问题，试图在中西两者之间寻求一种平衡，找到二者的进步因子："既不贬抑西方精神，也不贬抑中国精神。相反对二者都加以珍视，并且相信他们是完全相等的。"[②] 在这样的治学理路上，康有为坚信两种异质的文化一定有共通之处，能够和谐共存。因此他的学说的特点是学贯中

[①] 冯天喻：《评〈剑桥中国晚清史〉的文化观》，《历史研究》1988年第2期。
[②] [美] 约瑟夫·列文森：《儒教中国及其现代命运》，郑大华、任菁译，中国社会科学出版社2000年版，第67页。

西，取舍自如。

清末民初，康有为面对汹涌而来的东传科学，坚信西方的东西是可以利用的资源，但是以他的惯性思维，试图将西方的自然科学和社会科学知识嫁接到传统文化之中，在治经过程中一直试图从传统文化中寻找理论依据，这也是康有为治经之路上屡遭诟病的原因所在。他寄希望于利用西学来实现"援西入儒"，从而使传统经学重获新生的设想显然是行不通的。文化的传统可以被重建，但是不能利用外部的文化来割裂，"一旦一个民族和它的传统文化被分割开来，恰如其分地认识它们也就不可能了"。① 一种文化要想发展，要想获得新生，不能用一种极端的形式去实现。诚如勒文森所言，直到一种文化被撕裂，文化的建设者再从反面去验证它的合理性，也许只有在这个时候才能完成真正的重建。勒文森说："直到一种文化被剥夺了固执的圣灵，在这种文化的建设者中才会有人出来从反面来检验它！并且仅仅到了那个时候，这种文化才会在大量地选择吸收多种文化要素中完善起来。"②

康有为的今文经学思想是近代社会转型的一个侧面，是清末民初中国传统文化向西方寻求变革与重建的一种有益的尝试。尽管这次尝试没有取得成功，但是也至少给我们提供了一种借鉴。西学东渐过程中，面对西方科学的侵入，一种中西杂糅的方式试图让二者合而为一肯定不是迎接西方挑战的最有效的办法。就像明治维新时期的日本那样，把西方的文化尽数吞到肚子里，但是却必须像牛一样需要大量的时间去反刍，去咀嚼，并转化为自己的营养，才能发挥效力。我们也是如此，透过康有为援西入儒方式建构起来的今文经学体系，我们至少可以明白，要想实现中国传统文化的复兴，不能一味地嫁接西方文化，只有立足本根，消化西方有用的东

---

① [美]约瑟夫·阿·勒文森：《梁启超与中国近代思想》，刘伟、刘丽译，四川人民出版社1986年版，第64页。
② 同上书，第63—64页。

第六章 东传科学与康有为今文经学若干问题的讨论

西，才能重铸我们的文化。

孙中山领导的辛亥革命推翻了封建王朝，一个新兴国家的建立不仅以旧王朝的推翻为前提，而且同时应该建基在旧文明的废墟之上。将以"力"为中心的生存竞争观念作为主体的新社会的到来让人无所适从。各种军事经济和社会势力趁着改朝换代、天下大乱之时纷纷崛起，道德成为最为廉价的商品。《中国与达尔文》的作者浦嘉珉指出达尔文主义的危害在于让人们生活在一片血腥之中，自我保存是唯一的道德标准。《中国与达尔文》中指出："达尔文主义的可怕之处在于它的似乎无可辩驳的论证，即我们生活在一个超乎道德的血腥的世界里，自我保存是其中的唯一的道德。"[1]

清末民初，中国成为一个以力取胜的野蛮世界。一个重义轻利的国度，在短短的几十年里已变成一个丛林世界。人们对于物质主义的崇拜，自洋务运动的富强论到维新运动的进化论，都是以物质主义为根基。而物质主义的盛行所带来的危害是不言而喻的：人们争竞之心被刺激；人类陷入悲观主义和道德虚无主义均源自人们对物质欲望的亢奋。"这样人人只讲物质不谈道德，物质主义到辛亥革命之后，进一步演化为金钱主义，成为民国政治腐败和黑暗的源泉。金钱势力日益猖獗，过去尚有道德宗教风俗习惯之势力可以平衡之，如今金钱势力独大，出现了一个无政治、无道德、无宗教、无风俗习惯的社会。"[2] 正像辜鸿铭说的那样，袁世凯当权是真正灾难的到来，也就是群氓统治了中国。辜鸿铭说："真正的灾难，我说过，不是这场革命，而是革命以来袁世凯当上共和国总统而告终，因为它意味着群氓以将整个中国踩在脚下。"[3] 清末民初，风气大变，利己主义和功利之风吞噬着神州大地，成为一种潮流，古代社会以儒家士大夫为表

---

[1] [美]浦嘉珉：《中国与达尔文》，钟永强译，江苏人民出版社2008年版，第414页。
[2] 杜亚泉：《论社会变动之趋势与吾人处世之方针》，《杜亚泉文存》，第285页，参见许纪霖《现代性的歧路：清末民初的社会达尔文主义思潮》，《史学月刊》2010年第2期。
[3] 辜鸿铭：《雅各宾主义的中国》，《辜鸿铭文集》（上册），第286页，参见许纪霖《现代性的歧路：清末民初的社会达尔文主义思潮》，《史学月刊》2010年第2期。

率的优雅正直超脱的风气荡然无存。

在儒家文化传统衰落与庸俗之风盛行的背景下，清末民初时期的上流社会精英阶层开始腐败，这种腐败不仅仅表现在制度层面同时也表现在精神层面。在国家主义的狂潮中，克鲁泡特金的互助进化论只是一个边缘的学说，影响有限，物竞天择、适者生存的竞争理念依然是知识分子所信奉的救国良方。革命派的孙中山更倾向于赫胥黎的观点，一直对斯宾塞的社会达尔文主义颇有微词。而在康有为所构想的新世界里，不再是冷冰冰的弱肉强食，而是充满理想主义精神的互助合作。也许这是新文化运动的精华所在，也是中华民族的复兴之路。

第七节　康有为今文经学与儒学的发展与未来

科学与儒学的关系是相容、相斥抑或其他？这是一个值得深入探讨的问题。本节旨在针对清末民初科学与儒学的关系问题做深入研究，以期得出更有价值的结论。科学以它仰首阔步的姿态汹涌向前、无法逆转；而儒学在近百年以来的命运堪忧，有些"瓜果飘零"的态势。中国现今以经济建设为中心，以科技创新为先导，坚持改革开放，一个和平崛起的大国形象屹立在世界的东方。这样一个被儒学浸润了两千年之久，通过几十年的发展成为维护世界和平、捍卫公平正义的负责任的东方大国，内在地要求主流思想意识向着以更具建设性与包容性的儒学为主体的方向推进。在这样的大背景下，以儒学为代表的传统文化，被看作是重塑精神世界与道德秩序的基础性资源。通过对东传科学与康有为今文经学的会通与嬗变问题的研究，我们可以得出这样的一个结论：科学与儒学可以并行不悖共同发展。在儒学的框架之内，科学有其特有的发展空间；对于东传科学来说，儒学为科学提供了使其介入的衔接点。科学与儒学作为两种异质文化既有内在关联、短暂冲突的一面，在特定历史时期又有热情拥抱、亲密接触的

第六章 东传科学与康有为今文经学若干问题的讨论

一面。那些认为儒学阻碍科学发展的说法是缺乏说服力的、不正确的,科学与儒学有着更为亲和的基因。

一 康有为开启了儒学现代化的肇端

一个世纪以来,近代经学的命运与中国现代化的进程一直紧密联结。自从 19 世纪中叶以来,中国开始从传统的农业社会向近代工业社会艰难地推进。近代的百年,也是东传科学深刻影响中国的百年。中国近代化进程在动荡时局中向前推进,文化面临急遽变迁,社会遭遇全面转型,中国的现代化之路在"三千年未有之变局"的艰难困境中踽踽前行。

"五四"之后,学界在一片挞伐儒学的基调中开始"打倒孔家店","批孔"和"反孔"成为衡量思想进步与否的准绳。但就今天的视角来看,对于千年所积淀下来的儒家传统文化,固然不能说它就一定促进了现代科学技术的发展,但至少可以认为中国的儒家文化、传统经学并不是阻碍现代科学的罪魁祸首。在过去的百年里,我们的国家积贫积弱,科技水平严重落后于西方,加之极端落后的军事工业,使我们惨遭蹂躏。我们不能把这一切的落后都归咎于传统经学。中国传统经学乃中华民族的本根,它是我们精神的向导,作为一种特殊的传统思想资源深具探讨的必要。

对东传科学与康有为今文经学的会通与嬗变关系的研究,以康有为的今文经学为视角,既是对今文经学现代意义的阐发,也是立足于今文经学作为一种思想资源的价值探究。以古经辨伪、三世进化、星云变易之说、托古改制等核心义理的论证与阐发为中心,康有为今文经学形成了一个庞大的基础理论体系。康有为今文经学思想与其政治实践活动发生在清王朝濒临崩溃的前夜,挣扎在黑暗与黎明破晓的曙光里,辗转于希望与失望、痛苦与欢乐交织的时代变局之中。当清政府做着天朝上国美梦的时候,西方国家正如火如荼地进行着工业革命。终于,西方的坚船利炮轰开清廷禁闭的大门,中国从此陷入近百年屈辱的悲惨境地,这同时也唤醒了中国人救亡图存的危机意识。一些有远见的知识分子从"白首皓经"的传统治经方式中醒来,在东传科学过程中开始接触西方的自然科学和社会科学知识,"启蒙"与"救亡"成为那个时代最嘹亮的声音。不管康有为"通经致用"的效果如何,但是他在坚守传统的前提下,向西方汲取自然科学与社会科学知识的努力是值得肯定的。而且从解放思想和震撼心灵的视角来看,康有为今文经学具有不可忽视的积极意义。"中国启蒙运动的重要和伟大并不在于它是否取得了如何了不起的成就和胜利,而是在于它曾给人们心灵上所带来的强烈而持久的震撼;并不在于它自身的理论如何完美,而是在于它曾给予并继续给予人们的启示和思索。"[1]

在一般人眼里,康有为只是一个前期激进、后期保皇复辟的落魄的政治家,我想这是很容易理解的。"五四"以来,连儒学和儒家都被长期视为所谓"封建主义"和"君主专制"的帮凶,那么过度地渲染康有为的低度评价论就是顺理成章的事情。人们无限放大的是他道德上的污点以及生活中的奢华、劣迹,但我们也需要看到其深邃思想的独特性与前瞻性。认为康有为是"中国自由主义、保守主义和社会主义的共同源头"的说法虽然有抬高之嫌,但是却有着其合理性的一面。干春松教授指出:

> 中国自由主义、保守主义和社会主义的共同源头,因为他在戊戌变法时期对于民权和议会制度的推崇,构成了中国后世自由主义的基本命题;而他的儒教立国的思想则可以看做是新儒家思想的奠基。他在《大同书》中对理想社会的设想,构成了中国社会主义观念的引入和接受的重要一环。[2]

---

[1] 张岱年:《中国启蒙思想总库(序)》,辽宁人民出版社1994年版,第16页。
[2] 参见干春松《大陆新儒家为何追捧康有为》,《新京报》2015年5月17日。

第六章　东传科学与康有为今文经学若干问题的讨论

康有为一生都在试图援西方自然科学、社会科学以及西方的政治学说来重建儒学系统，那么对康有为今文经学的深度挖掘或许可以还历史一个本来的面目。十六年的流亡生涯，使得儒学功底深湛的康有为对西方科学与东方儒学之间的关系有着一定程度的清醒认识。在以儒家为立国之本的中华文明面对西方文明冲击的时候，他提出"援西入儒"甚至"以西化儒"的方式建构儒学，其目的是想用这种折中的方式来保证儒学的存在。正因为康有为有了十六年亲身感受西方所谓科学、民主、自由和平等的体验，才有了康有为对儒学坚守的宗教般的庄严性，也才有了康有为从"儒西并尊"向"以儒化西"思想历程的转变。

一方面，康有为遭遇世人的诸多冷遇甚至被说成是"貌孔心夷"的伪君子，即便是一个信奉儒家之人也认为康有为是抹黑儒学的异端。另一方面，以干春松、曾奕、刘小枫等为代表的一批学人试图建构政治儒学、制度儒学，重返"康有为主义"。这种"返本开新"之举，与当代中国的信仰缺失有关，同时它对儒学资源的利用，基于政治层面的努力是否会成为未来中国的政治选择，我们未可获知，但是这种努力无疑是对康有为儒学思想的重视与发扬。

康有为一生都在积极利用西方自然科学和社会科学来构建其"通经致用"的今文经学体系，游走在传统经学传统与西方现代文明、"中学中理"与"西学新说"之间，试图回答诸如思想解放与救亡图存、民生与富强、经学与科学之间的关系问题，目的是推动中国传统文化的复兴，引领中国社会走向工业化的道路。而对于这些问题的探讨直到今天依然具有现实意义，它们不仅镌刻于历史，更属于现代和未来。其实我们不必去妄断古人先贤的是是非非，诚如汪荣祖所言，我们之所以以今日之学术眼光评论前人，既非否定前人的业绩，也非对前人要求太过，实为检讨已有的成果，知其缺点与不足之所在，冀有所突破与进展。本研究努力追求的就是将康有为今文经学置于清末民初东传科学背景下审视，进行客观的评价。

二 今文经学的式微与"求真""求是"科学精神的重要性

性格决定命运，康有为本人武断与教条性的倾向难以成就他哲学上的丰收，他经常对于不同的见解以及不喜欢的事实置若罔闻。因此，他似乎像一个转变信仰的教士，而不是一个追求真理、实事求是的哲学家或科学家。① 此一倾向在康有为的治经过程中比比皆是。因此他很难成为一个用客观数据说话的思想家。"科学精神固有的内涵决定了科学精神的丰富内容之间是有轻重之分的。"② 站在科学"求真""求是"的视角，探讨康有为"六经注我"、以"微言大义"随意阐发儒学经典的解经方式是对科学基本精神的背离。为达到一己之目的、一任主观的解经方式是造成今文经学式微的最致命的动因。康有为解经方式为未来儒学与科学关系研究提供了一个有益的教训：不管是研究儒学还是研究科学，都必须尊重客观事实，坚持实事求是的科学精神，躬行实践、与时俱进。

事实上，孔子在历史上被赋予了多重角色，有政治化的孔子，学术化的孔子，还有民间化的孔子。如果一定要把康有为今文经学中的孔子在三种角色中择其一的话，那么在康有为那里孔子的形象肯定是被政治化了的。康有为对于经学的独特贡献在于：他既有对古典哲学的继承与终结，又开启中国近代哲学的滥觞。李泽厚对康有为哲学有很高的评价：对于康有为哲学，"一方面，它是中国古典哲学的继承和终结，另一方面他显示了中国近代哲学将要真正开始"。③

清末民初是一个从经学向科学发展的特殊时代，科学以它嘹亮的号角唱响神州大地。这也是一个经学传统行将消失的时代，圣人口传的"微言

---

① ［美］萧公权：《近代中国与新世界——康有为变法与大同思想研究》，汪荣祖译，凤凰出版传媒集团2007年版，第106页。
② 马来平：《试论科学精神的核心与内容》，《文史哲》2001年第4期。
③ 李泽厚：《康有为思想研究》，《中国近代思想史论》，生活·读书·新知三联书店2008年版，第124页。

第六章 东传科学与康有为今文经学若干问题的讨论

大义"已经荡然无存,就连古代"家学传经"也已经不复存在。不管是康有为还是廖平,他们都在试图重铸古代经学的辉煌。对此,中国人民大学教授陈壁生有自己独特的见解:

> 随着晚清今古文经学的理论发展,今文至廖平、康有为而致力于纯化经义,回应千年变局;古文至刘师培、章太炎而渐入史学,以贞固国本。[①]

一个成熟的文明体,每每遭受巨变,必然要回到其文明的源头,从发源处再出发,以此文明价值来回应时代的挑战,去实现文明的真正复兴。在西方科学充斥的今天,我们处在一个亟须重新认识中国传统、重建我们生活方式的时代。要想重新认识我们的文化传统,经学的研究就是一个无法回避的话题。今文经学在民国初年惨遭抛弃,学术的主流也随着文化的更新,从章太炎到胡适,由"以史为本"向"以史料为本"转变。在胡适等人倡导的"整理国故"过程中,建立了现代学术的分科,分科体制拆解了中国古典文明体系,使得儒家思想文化成为"世界学术"的下一个"地域性知识"。而经学研究,也因此在学术主流中行将消失。蒙文通说:

> 汉儒言政,精意于政治制度者多,究心于社会事业者少。宋儒则反是,于刑、政、兵、赋之事,谓"在治人不在治法"。其论史于钱、谷、兵、刑之故,亦谓"则有司存",而淳淳于社会教养之道。[②]

从宋代道学兴起之时,中国的学术中心已由"五经"转向了"四书",

[①] 陈壁生:《国家转型与经学瓦解》,《文化纵横》2013 年第 6 期。
[②] 蒙文通:《宋明之社会设计》,《儒学五论》,广西师范大学出版社 2007 年版,第 131 页。

以"四书"为基础的新儒学,在重构儒学精神价值的同时,也忽视了建立在"五经"基础之上的理想政治信念。近代以来,遇到两千年未有之变局,特别是辛亥革命后经学与政治名义上的关系已经完全脱离,经学几乎退出了历史的舞台。

要重新认识经学乃至重建经学系统是深层次认识中国、认识华夏族群历史的必由之路。我们在不断学习西方科学的同时,要想留存住我们的本根就必须回到经学之中。生在这个时代,对于从事经学领域研究的人来说,"为往圣继绝学,为万世开太平",仍然是一种无法逃遁的宿命。在一个激变的时代,只有回到文明自身的传统,以古人的眼光来认识古人,才能理解这个文明的价值,理解古人的生活,才能真正地理解自己。陈壁生认为,"中国文明的核心,既在经学,在经学瓦解百年之后的今天,重新回到经学,才能深层地认识历史,在历史中寻找未来的方向"。[①]

三 以儒学为本的"中西会通"优于以科学为宗的"西学西理"

儒学的核心价值是"仁者爱人"与"和而不同",它是培养真"君子"的一门学问。通过对东传科学背景下康有为今文经学会通与嬗变的问题研究,我们可以得出这样一个结论:儒学宗教化的道路走不通。康有为有言,"耶稣之教,至大同则灭"[②]。所有这些都表明,康有为只把"西学西理"作为人类历史上的某个阶段的学问,诸如升平世甚或是据乱世。但是"西学西理"不能被视为"最高真理"或者"普世价值",在康有为那里,"普世价值"只能到东方的"中学中理"中去寻找,而"中学中理"最能成为"普世价值"的东西也必然在儒学之中。康有为的思想主脉不再

---

① 陈壁生:《经学的瓦解》,华东师范大学出版社2014年版,第169页。
② 康有为著,章锡琛、周振甫校点:《大同书》,北京古籍出版社1956年版,第301页。

第六章 东传科学与康有为今文经学若干问题的讨论

沿袭《大同书》中从消极的立场反对"西学西理",而是从更为积极的视角肯定"中学中理"成为"普世价值"。另外康有为坦陈"中学中理"价值不是靠自身获得的,而是在与西学西理的比较中得到的。

"经典,是可以为'常经',可以为'典要'的,经典是'道'的化身,经典是'道'落实在人间世的居宅。"① 对于儒家经典的"经学",章太炎对"经""儒""素王"等关键词的理解上,决定了未来经学的命运。章太炎诠释这三个概念都是用历史的眼光,这样一来,就会让经学的价值荡然无存。因为,它导向了我们不愿看到的方向,那就是在未来的学术史上已没有经学的立锥之地。章太炎的学术与民国"新学"最大的不同在于章太炎"中西之别"的学术背景,他对传统的态度从古文经学出发,继承了章学诚"六经皆史"的思想,走向"以史为本",通过对史学的阐发干预政治,以此塑造一个新的民族国家,新文化运动从"打倒孔家店"为开端,在整理国故的过程中,在所谓"建设"的意义上来理解中国传统文化,从而导致中国学术的现代化转型和现代学科的兴起。冯友兰《中国哲学史新编(下卷)》有云:

> 但在近代维新时期中,主要倾向是从中国传统文化的观点看西方文化,用中国传统文化的模式去套西方文化。在现代革命时期中,主要倾向是从西方文化的观点看中国传统文化,用西方文化的模式去套中国传统文化。前者是用旧的批判和赞赏新的,后者是用新的批评和赞赏旧的。②

而民国时期的胡适作为新学术的代表人物,他是站在章太炎"以史为

---

① 唐明贵:《宋代〈论语〉诠释研究》,中国社会科学出版社2018年版,第3页。
② 冯友兰:《中国哲学史新编》(下卷),人民出版社2007年版,第401页。

本"的立场上,把"史"统统看作为"史料"而已,并且将中国文明和西方文明截然二分,把现代中国和古代中国截然二分。胡适认为,现代中国不是一个根植于古代中国的发展过程,而是挣脱古代汇入西方的过程。沿着这个逻辑,为了追求学术的现代化,必须以西方学术的标准来整理中国典籍,"四部之学"不再有"经史子集"之分,都是西方学术标准下的"史料"而已。随着新文化运动的到来,中国学术转向胡适的轨道上来,这种做法导致了中国儒学的式微。

就康有为而言,不管是"援西入儒"还是"以儒化西",都是试图利用"中学中理"去套"西学西理"。虽然"以西化儒"阶段曾一度试图用"西学西理"去套"中学中理",但是康有为最终的归宿仍然是"以儒化西"。所有这些都表明,康有为对待儒学和西方科学的态度是十分明确的,中国学者理应采取"以儒化西"的治学立场。为了建立民族自信与自尊,康有为的道路应该值得深思,这可能是复兴儒学传统的必由之路。英国著名历史学家汤因比认为世界统一是避免人类集体自杀之路,而中国会扮演重大的作用。对此一问题的讨论,汤因比说:

> 全人类发展到形成单一社会之时,可能就是实现世界统一之日。这种统一不是靠武力,而是靠和平。而和平统一一定是以地理和文化主轴为中心,不断结晶扩大起来的。这个主轴在东亚,中国的可能性最大。……将来统一世界的人,就要像中国这样具有世界主义思想,同时也要有达到最终目的所需要的干练才能。他主张,世界统一是避免人类集体自杀之路。在这一点上,现在各民族中具有最充分准备的是两千年来培育了独特思维方法的中华民族。[①]

[①] 汤因比、池田大作:《展望二十一世纪——汤因比与池田大作对话录》,苟春生等译,国际文化出版社1985年版,第294—295页。

第六章　东传科学与康有为今文经学若干问题的讨论

但是梁启超称康有为是"宗教家",并以"孔教之马丁路德"誉之。这不免在事实上偏离了中国儒家的真实面目,又抹杀了中华文明的特殊性。但是,中华文明最关键的元素是"无彼岸""无天堂";只有这样,才能够倾注其全力把"此岸"建成"彼岸",把"人间"变成"天堂",所以我们认为这本身就是儒家的优势所在。中华文明未来的复兴也只有沿着这条"无彼岸""无天堂"的道路走下去,而不能一味效仿西洋之模式。所以,康氏试图建立孔教的做法是行不通的,这是他的失误的地方。[①]

当今世界,很多冲突和战乱离不开宗教因素。宗教难以成为普世价值,它也难以将世界上所有民族凝聚在一起。儒家"仁者爱人""和而不同"思想,以及"天下为公"的大同理想或许可以成为普世价值的基础。西方所谓的普世价值如果也包含儒家的这些价值理念,那么叙利亚的悲剧可能就不会出现,人们可能就不会为了追求一己之利去利用科学自相残杀。

康有为的儒教思想显然走不通,但是他所提出的普世价值问题是否有实现的可能?笔者以为,中国儒家"和而不同"的思想将成为普世价值的基础。可以说,儒家不必建立一种宗教形式,纵观世界,没有哪一种宗教能够避免战争,宗教伦理难以成为普世价值。当今世界既不是纯宗教的,也不是纯世俗的,而是宗教与世俗的统一,而儒学正好兼具这两者的特性。正如季羡林先生所说:"在孔子还活着的时候以及他死后相当长的一段时间,只能称之为'儒学',没有任何宗教色彩……到了唐代,儒、释、道三家就并称为三教。到了建圣庙,举行祭祀,则儒家已完全成为一个宗教。"[②]

[①] 张耀南:《中国儒学史》,北京大学出版社2011年版,第303页。
[②] 季羡林:《儒学?儒教?》,《文史哲》1998年第3期。

罗素指出："一个人可以是佛教徒，同时又是孔教徒，两者可以并行不悖。"① 因此能够使宗教价值观与世俗价值观相结合的文化只有儒家文化，它既是宗教又不是宗教。儒学的两重性决定了儒学对外来文化采取较为宽容的态度。因此，儒家诸如"己所不欲，勿施于人""以和为贵""己欲立而立人，己欲达而达人"等价值观可以成为引领世界潮流的"普世价值"。

四 儒学的核心价值对作为工具理性的科学有纠偏之功

儒学的"仁者爱人"与"和而不同"的德性价值指向与科学作为一种工具理性问题的矛盾源自古已有之的"尊德性"与"道问学"之间不可调和的对立性。目前的世界格局以西方为主导，它强大的话语权之下是其深厚的经济实力的支撑，而这种经济实力主要基于其超越其他发展中国家的科学技术水平。在这种形势下，我们要接受以西方所谓民主、科学为旨归的价值观，还是依靠我们几千年所沉淀下来的传统儒学，对此我们必须做出一个选择。而式微的儒学，它要想摆脱游魂状态，获得持久性生命力，成为21世纪的主导价值观，就必须高扬它价值理性中"和而不同"的态度，就必须在坚持自己原则的基础上创造出一种既融会平等、民主的诉求，又要拥抱工具理性的科学技术，这才是儒学未来的发展大道。因为科学的汹涌向前，如果没有一种德行的价值理性来规范，那么科学发展最终的结局是走向人类的反面。因此，未来的世界儒家价值的张扬能够佑护科学保持正确的发展方向。列文森强调中国从来不乏科学，但是始终没有形成一种不断积累的科学传统。列文森说：

> 近代以前，中国曾有过重要的科学成就，近来的研究已开始向我

---

① 罗素：《中国问题》，学林出版社1997年版，第150页。

第六章　东传科学与康有为今文经学若干问题的讨论

们显示出它的影响是多么的深远。但是在整体上，儒家文人始终对此不感兴趣。……如果近代被迫在他的文化遗产中寻找其科学的存在，那么，这不是因为他们的祖先生来就不能发展科学传统，而是他们根本就不愿意这样做。①

"仁"学思想可以说是儒家价值理性最实质的传统、最核心的代表。但是"在20世纪初东亚知识分子的反思中，和平被看作软弱，宽容被看作无能，和谐被看作征服自然的障碍，传统的道德理想和价值被看作束缚近代化步伐的绊脚石"。②可是，从近百年人类历史特别是东亚地区或者是以东亚地区占主导地位的中国来说，我们看到的现象是不忍直视的遗憾和悲剧——科学技术第一，工具理性置于首位以及对传统儒家价值的背离。

工业革命使西方国家走上富强的道路，但是民主制度是否就是普世价值？这个还很难说。以美国为首的西方国家，为了一己之利，拼命地用武力染指他国内政，纵观世界，哪个国家没有留下美国人的痕迹？我们试问，人类的"普世价值"是否就是西方所谓的自由、平等、民主的价值理念？世袭的罗氏家族、摩根家族、洛克菲勒金权家族是否在企图控制全人类？我们有理由相信人类的未来所将面临的不是什么千禧年的光明，而将是千年的黑暗。工业革命取得的文明成果或许会被工业文明持续发展所毁灭。"地球2/3多的人口将被转基因、毒疫苗、艾滋病、其他人工病毒和化学毒食物链无声灭绝，残余奴隶将被芯片锁定。这一切本来是15世纪地理发现和全球化运动以来资本主义向全球帝国主义演化早已设定的宿命。"③

---

① ［美］约瑟夫·列文森：《儒教中国及其现代命运》，郑大华、任菁译，广西师范大学出版社2009年版，第11—12页。
② 陈来：《孔夫子与近代世界》，北京大学出版社2011年版，第116页。
③《中国将军政要网》发表的文章《追思毛泽东》2015年9月9日。

东传科学与康有为今文经学的嬗变

我想这样的悲剧性的后果或许可以通过儒家的"仁学"思想完成扭转。正如1988年法国《堪培拉日报》所刊登的75位诺贝尔获得者的联名倡议:"如果人类要在21世纪生存下去,必须要回到2500年前,从中国孔子那里寻找智慧!"[①] 这个不平凡的宣言,点燃了全世界研究、学习中国传统文化的圣火,这种圣火的力量必将融解世界上仇视中国的任何力量,必将打破冰封的中国学术界、文化界等传统文化研究的藩篱。

儒家的智慧在于:"己所不欲,勿施于人""以和为贵""和而不同""己欲立而立人,己欲达而达人""天人合一""民胞物与"以及"仁义礼智信"等价值理念。所有这些都是西方国家需要借鉴的,因为缺少了这些,即使在自己的国度里发展得再好,若是以牺牲他人,牺牲别国为代价,即便再富强,国民得到的福利再多,那都不是福祉,都是残缺的、不健全的。任何不义的战争都注定迎来失败的命运。从鸦片战争到清末民初漫长的近两个世纪里,中华民族惨遭帝国主义的蹂躏,可是我们仍然屹立在世界的东方。当年兵败滑铁卢的拿破仑得知英国准备用武力征服中国的时候,拿破仑感到深深的不安,他认为这不是一个文明人所应采取的理智之举,他的话至今仍然发人深省:"中国是一个多病的、沉睡的巨人,但是当她醒来时,全世界都会颤抖!"[②]

晚年的康有为,以其敏锐的洞察力和一以贯之的尊孔精神,执着于中国社会进步和中国人精神解放的道路上不辍耕耘,康有为像一个先知,是掀起社会进步的弄潮儿。在戊戌变法时期,改革派人士对他的支持更多是着眼于他所倡导的政治改革方案,而不是方案背后的思想基础。人们对于其思想的认知并不全面,其实,他的思想是远远超越具体改革方案的。即便在被社会否定的日子里,他被冠以"保皇派""复辟派""保守派"帽

---

① 1988年7月1号法国《堪培拉日报》刊登了75位诺贝尔获得者发出了联名倡议。山东省博物馆孔子展厅一进门也是这句发人深省的话。
② 曾纪鑫:《千古大变局》,九州出版社2015年版,第17页。

第六章　东传科学与康有为今文经学若干问题的讨论

子的时候，他仍然不向时局屈服，仍然顽强地坚持战斗，在思想领域里独行。他所坚持的不能简单抛弃传统文化，通过对传统文化的重新解释来实现近代转化的方向有着广阔的前景；通过对传统文化的重释寻找一条稳健的社会改革的道路也正被我们如今的政府所采用。所有这些，比起激进主义者似乎更符合我们的国情，也似乎更有出路。就当时的时局来言，他的思想认识明显超出了他所处的那个时代，这注定了他晚年只能是一名孤独的先知，带着遗憾，带着时人对他的误解黯然离场。

康有为早年的批判思想客观上引发了经学的湮没，这显然有违他的初衷。"中国经学的瓦解，从康有为肇其端，到章太炎摧其体，再到胡适之挖其根，前后经历了半个世纪之久。"[①] 他原也无意要消灭传统，只是他坚定地认为当时的现状是必须从传统中解放出来，在这个前提下再回到传统经学中进行创新和升华。因为他清楚，没有了传统他所谓的创新也就失去了载体。民国之后，新文化运动所激发的"全盘西化"的狂潮，那股反传统的飓风，使整个传统遭遇覆灭的危机。我们首先要明白一点，康有为新思想铺路在先，这是一个不争的事实。作为一代大儒，他无法容忍传统的消失，于是"五四"运动之时他站出来极力捍卫传统，成为反对者也就不足为奇了。

在孔教运动中，康有为的孔教说一方面适应了反对帝国主义文化侵略的需要，另一方面反映了科学与宗教两分的文化新格局。康有为的孔教观不能仅仅被扣上落后、反动、保守的帽子。我们要重新审视康有为的宗教观。所以，如何正确客观地予以评价，是摆在我们面前的一个崭新的课题。以"筚路蓝缕，以启山林"的抱负开启他利用东传科学重构今文经学的努力以及他对于儒学体系的构想亦不尽完善。但是他打开了儒学未来的种种可能性。

[①] 朱杰人：《把经学还原成一棵生命不息的大树》，《光明日报》2015 年 8 月 31 日。

东传科学与康有为今文经学的嬗变

《大哲学家》的撰写者雅斯贝尔斯把孔子誉为思想范式的哲学家,并把孔子的根本思想归纳为"借对古代的复兴以实现对人类的救济"。[①] 孔子身处在那个帝国解体的困境中,在战乱和动荡的时代里,他一直是坚守理想、试图拯救国家的先进的中国人。孔子只希望自己是一个普通之人,而不是一个"圣人",但最终孔子被奉为神明。[②] 而康有为自命为"圣人",生前与身后都饱受非议,但是不可否认,他依然是一个试图融汇中西以求"通经致用"来拯救社会的最伟大的思想家之一。诚如干春松说的,"如果存在一个儒家的新发展的起点,那么这个起点就只能是康有为。如果你要为儒学的现代发展贡献力量,那么,追随康有为"。[③] 这虽然对康有为评价有过高之嫌,但是,也充分显示了康有为的价值。康有为晚年因时代的冷遇而遭到时代滚滚车轮的碾压,但这并不能掩盖他思想上闪闪的光辉,他思想探险的行程从未被中止过。他不断地超越时代,不断地超越自己,坚持在比较文化中重建中国文化成为他矢志不渝的目标。

[①] [德]卡尔·雅斯贝尔斯:《大哲学家》,李雪涛等译,社会科学文献出版社2005年版,第115页。
[②] 同上书,第153页。
[③] 干春松:《康有为与儒学的新世》,华东师范大学出版社2015年版,第176页。

结　语

本研究重在对清末民初东传科学影响下康有为今文经学产生的背景，今文经学产生的理论根源，东传科学与康有为今文经学的会通与嬗变，东传科学影响下康有为今文经学的价值与历史局限性等诸多问题进行探讨，以期对儒学的复兴及其未来与发展提供经验和教训。康有为援东传之西方科学对其今文经学的改造具有重要的现代价值：从内在理路来讲，"公羊三世"说是其思想理论的精髓；从外在理路来看，达尔文进化论、西方星云假说、透过几何学等西方自然科学的吸纳、升华所形成的科学方法论体系以及西方近代西学、西政等东传科学知识是其改造儒学的工具。因此，"公羊三世"说与东传科学两种体系的融合与会通，共同建构了康有为博大精深的今文经学体系。

本书以东传科学与康有为今文经学，也就是科学与儒学的会通与嬗变为视角，着重考察东传科学影响下康有为经学立场的转变，对康有为今文经学的理论建构，对康有为今文经学会通与嬗变过程中科学与儒学相容性问题以及东传科学视域下儒学对当代社会以科学为先导的大背景下，对儒学的社会功能等问题进行深入探讨。康有为以东传科学为视角对今文经学的重建，当以《实理公法全书》《康子内外篇》和《物质救国论》等著作为"主干"，以《中庸注》《论语注》《礼运注》《春秋笔削大义微言考》

等诸经典的注解为"枝叶",至《大同书》达到其理论思想的臻美境界;具体内容亦延续至变法的具体措施、大同理想的设想以及物质救国的工业化道路等。而这些天才的构想是处在内忧外患、风雨飘摇的中国寻求救国救民出路极有价值的思考。

东传科学影响下康有为今文经学体系开启了近代中国思想启蒙运动的先声,成为20世纪初新文化运动的发轫,对整个21世纪的思想界产生了深远的影响。新文化运动一源开三流——自由主义、马克思主义和现代新儒家。晚年的康有为,在道德价值和科学理性之间力求平衡,试图把二者进行有机的融合与会通,不管结局如何,康有为的努力在旧学与西学融合过程中都具有继往开来的重要价值,因此,康有为儒教问题、儒学问题、儒学与科学问题都是学界研究的重点和热点。新儒家以心性之学为基本取向,向内凸显出儒学的思辨性和超越性来安顿人的心灵和生命;向外则主张"返本开新",以内圣开出以科学、民主为内容的新外王,以此来实现儒学的现代化,而所有这些与康有为今文经学思想都有着千丝万缕的联系。近年来有学者主张回到康有为,突出儒学的社会性和政治性的内容,继续康有为孔教运动的思路,面向社会,建设宗教团体和社会建制以发挥效用,接续康有为的政治理念和孔教思想来回应现代性问题以实现儒学的现代化,这两者都导源于康有为所倡导的以儒学为"普世价值"的努力。因此,东传科学与康有为今文经学研究既是老生常谈又是历久弥新的课题。

康有为今文经学思想产生于中西文化激烈冲撞的近代中国,是传统中国向现代中国转向的拐点,是处理中国文化现代化问题的一个极具价值的思想体系。它对我们如何面对当前的现代化和现代性问题具有重要意义,同时对我们处理科学与儒学关系亦有重要启示。探寻康有为今文经学关系问题,对于新儒家缘起,新文化运动的展开,孔教运动的成败与启示以及儒学是否能够成为新世纪"普世价值"等问题的探讨都具有重要意义。

结　语

　　同时，也应看到儒学与科学的关系是一种在历史发展中不断变化、多元互动的动态关系，在儒学遭遇异质的东传科学而凸显其弊端与缺陷的时候，我们如何正视自己的问题，以及儒学自古及今一直秉承的兼容并包、经世致用的特色正是我们今人所应努力完善的方向，这对于儒学现代化的发展提供了借鉴与启示。儒学如果要想承担起实现中华民族伟大复兴的精神文化任务，必须借东传之西方科学之长来补益儒学固有之不足，学习东传科学的优秀因子，尤其是理性与求真的科学精神，单单得出"泰西各艺皆起百余年来，其不及我中人明矣"[①]的论断是不够的，也是不客观的；只有克服一如康有为那样近乎偏执的文化自尊的致命缺陷，才是实现儒学现代化、实现中国民族伟大复兴的必由之路。

　　通过对清末民初东传科学与康有为今文经学的研究，我们得到四点结论：康有为开启了儒学现代化的肇端；康有为见证了古典经学的式微与科学大行其道的必然趋势；以儒学为本的"中学中理"在"尊德性"上，要优于以科学为宗的"西学西理"，儒学需要在"道问学"上向西方国家学习；儒学的核心价值在于"和而不同""群而不党"和"仁者爱人"等理念对科学有纠偏之功。而这四个结论旨在明确了这样一个价值指向：中国儒学不是造成中国科学落后的根本动因。诚如康有为所言："故知西人学艺，与其教绝不相蒙也。以西人之学艺政制，衡以孔子之说，非徒绝不相碍，而且国势既强，教籍以昌也。"[②] 所以，"儒学阻碍科学论"的断言是站不住脚的。

　　然而，康有为利用东传科学重构今文经学的主观愿望固然美好，但是他为了生硬地将二者糅合在一起，客观上违背了"默顿规范"的科学精神，与"求真""求实"的科学精神相违背，正因如此，这客观上也造成

[①] 康有为著，姜义华等校：《康有为全集》（第1集），中国人民大学出版社2007年版，第337页。

[②] 同上书，第324—325页。

了儒学的式微，这是其失误的地方。但是通过此一问题的研究，我们更多地看到：科学与儒学之间是一种复杂的、多元的、矛盾的关系，儒学对科学具有强大的吸收能力和最广阔的包容性。另外，科学对于儒学又提供了另外一种发展通道：科学与儒学有着相契合、亲和性的基因，二者可以并行不悖，共同发展。作为中华民族沉淀了几千年的文化精髓，儒学不单单只是滋生传统农业社会和封建官僚体制的温床，儒学要想实现现代化只有通过与西方的异质文化交融，只有接受东传之西方科学的涤荡与洗礼才能适应多变的现代社会，达到科学之"真"与儒学之"善"的完美统一。儒学之"善"不仅能纠正科学迅猛发展所带来的诸多问题，也会为整个人类发展提供更有益的动力与精神上的滋养。因此，客观地、一分为二地看待东传科学影响下康有为今文经学的嬗变对于科学与儒学的关系研究便有了总结教训、启迪未来现实的价值与意义。

参考文献

一　基本古籍

康有为著，姜义华、吴根梁编校：《康有为全集》（第1集），上海古籍出版社1987年版。

康有为著，姜义华、吴根梁编校：《康有为全集》（第2集），上海古籍出版社1990年版。

康有为著，姜义华编校：《康有为全集》（第3集），上海古籍出版社1992年版。

康有为著，姜义华、张荣华选注：《康有为文选》，百花洲文艺出版社2006年版。

康有为著，上海文物保管委员会编：《康有为与保皇会》，上海人民出版社1982年版。

康有为著，上海文物保管委员会编：《戊戌变法前后康有为遗稿》，上海人民出版社1986年版。

康有为著，上海文物保管委员会编：《康有为遗稿·列国游记》，上海人民出版社1995年版。

康有为：《各国比较铁甲快船表》，北京故宫博物院藏内府抄本光绪二十三年列国政要比较表。

康有为著，马洪林、卢正言编注：《康有为集（八卷十册）》，珠海出版社2006年版。

康有为著，姜义华、张荣华编校：《康有为全集》（共12集），中国人民大学出版社2007年版。

康有为著，杨佩昌整理：《康有为：大同书》，中国画报出版社2010年版。

康有为著，姜义华、张荣华选注：《大同梦幻》，百花洲文艺出版社2002年版。

康有为：《日本变政考》，紫禁城出版社1998年版。

康有为著，桑咸之、阎润鱼译注：《康有为诗文选译》，巴蜀书社1997年版。

康有为著，楼宇烈整理：《康南海自编年谱》，中华书局1992年版。

康有为著，楼宇烈整理：《春秋董氏学》，中华书局1990年版。

康有为著，楼宇烈整理：《诸天讲》，中华书局1990年版。

康有为著，楼宇烈整理：《长兴学记》，中华书局1988年版。

康有为：《物质救国论》，长兴书局1919年版。

康有为著，楼宇烈整理：《康子内外篇》，中华书局1988年版。

康有为著，楼宇烈整理：《孟子微》，中华书局1987年版。

康有为：《康有为政论集》，中华书局1981年版。

康有为著，楼宇烈整理：《论语注》，中华书局1984年版。

康有为著，楼宇烈整理：《诸天讲》，中华书局1990年版。

康有为著，楼宇烈整理：《孟子微·礼运注·中庸注》，中华书局1987年版。

康有为著，章锡琛、周振甫校点：《大同书》，北京古籍出版社1956年版。

梁启超：《康有为传》，附录《康南海自编年谱》，团结出版社2004年版。

梁启超：《南海康先生传，饮冰室合集·专集之七十三》，中华书局1986年版。

康有为著，马洪林、卢正言编注：《康有为集（八卷十册）》，珠海出版社

2006年版。

（清）皮锡瑞：《经学通论》，中华书局1954年版。

二 相关论著

鲍国顺：《清代学术思想论集》，高雄复文图书出版社2002年版。

[德] 卡尔·雅斯贝尔斯：《大哲学家》，李雪涛等译，社会科学文献出版社2005年版。

陈壁生：《经学的瓦解》，华东师范大学出版社2014年版。

陈来：《孔夫子与近代世界》，北京大学出版社2011年版。

崔大华：《儒学的现代命运》，人民出版社2012年版。

陈卫平等编：《反思：传统与价值》，上海文艺出版社1991年版。

陈卫平：《第一页与胚胎：明清之际的中西文化比较》，上海人民出版社1992年版。

杜泽逊：《四库存目标注》（8册），上海古籍出版社2007年版。

杜泽逊：《文献学概要》，中华书局2001年版。

丁亚杰：《康有为经学述评》，（台北）花木兰文化出版社2008年版。

董士伟：《康有为评传》，百花洲文艺出版社1994年版。

冯友兰：《中国哲学史新编》，新华出版社2007年版。

冯达文、郭齐勇：《新编中国哲学史》，人民出版社2004年版。

方志钦主编，蔡慧尧助编：《康梁与保皇会》，天津古籍出版社1997年版。

冯天喻：《晚清经世实学》，上海社会科学院出版社2002年版。

方志钦、王杰主编：《康有为与近代文化》，河南大学出版社2006年版。

房德邻：《儒学的危机与嬗变——康有为与近代儒学》，（台北）台湾文津出版社1992年版。

高力克：《历史与价值的张力——中国现代化思想史论》，贵州人民出版社1992年版。

高伟浓：《二十世纪初康有为保皇会在美国华侨社会中的活动》，学苑出版社 2009 年版。

郭萍：《自由儒学的先声——张君劢自由观研究》，齐鲁书社 2017 年版。

郭齐勇：《中国儒学的精神》，复旦大学出版社 2009 年版。

葛兆光：《中国思想史》，复旦大学出版社 2001 年版。

李帆著，龚书铎主编：《清代理学史》（中卷），广东教育出版社 2007 年版。

黄玉顺：《超越知识与价值的紧张——"科学与玄学论战"的哲学问题》，四川人民出版社 2002 年版。

黄玉顺：《追寻中国精神丛书》，四川人民出版社 2000 年版。

黄玉顺：《现代新儒学的现代性哲学》，中央文献出版社 2008 年版。

洪镒昌：《康有为孔子改制考研究》，（台北）花木兰文化出版社 2009 年版。

黄晶：《康有为传》，京华出版社 2002 年版。

何金彝、马洪林著，张岱年主编：《康有为》，吉林文史出版社 1997 年版。

胡逢祥：《社会变革与文化传统：中国近代文化保守主义思潮研究》，上海人民出版社 2000 年版。

蒋伯潜：《十三经概论》，上海世纪出版集团 2010 年版。

李华锋等：《英国工党理论与实践专题研究》，人民出版社 2016 年版。

刘宗贤等主编：《当代东方儒学》，人民出版社 2003 年版。

刘琅主编：《精读康有为》，鹭江出版社 2007 年版。

李泽厚：《康有为谭嗣同思想研究》，上海人民出版社 1958 年版。

陆宝千：《清代思想史》，华东师范大学出版社 2009 年版。

苗润田：《解构与传承》，齐鲁书社 2002 年版。

苗润田：《中国儒学史·明清卷》，广东教育出版社 1998 年版。

苗润田合著：《稷下学史》，中国广播电视出版社 1992 年版。

苗润田主编：《儒学与实学》，中华书局 2003 年版。

马天柱：《被保险人利益保障法律机制研究》，法律出版社 2017 年版。

参考文献

马来平:《科技与社会引论》,人民出版社2001年版。

马来平:《中国科技思想的创新》,山东科学技术出版社1995年版。

马来平:《哲学与文化视野中的科学》,广西人民出版社1991年版。

马来平:《理解科学——多维视野中的自然科学》,山东大学出版社2003年版。

马来平主编:《科学技术论原理》,山东科学技术出版社1991年版。

马来平:《科学的社会性和自主性:以默顿科学社会学为中心》,北京大学出版社2011年版。

马来平:《探寻儒学与科学关系演变的历史轨迹》,上海古籍出版社2015年版。

马洪林:《康有为评传》,南京大学出版社2011年版。

蒙文通:《宋明之社会设计·儒学五论》,广西师范大学出版社2007年版。

茅海建:《从甲午到戊戌》,生活·读书·新知三联书店2009年版。

马洪林、何康乐编:《康有为文化千言》,花城出版社2008年版。

马洪林:《康有为评传》,南京大学出版社1998年版。

马洪林:《康有为大传》,辽宁人民出版社1988年版。

钱穆:《中国近三百年学术史》,商务印书馆1997年版。

尚智丛:《明末清初(1582—1687)的格物穷理之学——中国科学发展的前近代形态》,四川教育出版社2003年版。

尚智丛:《科学社会学——方法与理论基础》,高等教育出版社2008年版。

尚智丛:《传教士与西学东渐》,山西教育出版社2008年版。

尚智丛:《西方科学哲学简史》,山西教育出版社2001年版。

宋德华:《近代思想启蒙先锋——康有为》,广东人民出版社2005年版。

宋德华:《岭南维新思想述论》,中华书局2002年版。

申松欣:《康有为梁启超思想研究》,河南美术出版社1996年版。

沈顺福:《儒家道德哲学研究》,山东大学出版社2005年版。

[英] 汤因比、池田大作：《展望二十一世纪——汤因比与池田大作对话录》，荀春生等译，国际文化出版社 1985 年版。

汤志钧：《改良与革命的中国情怀》，香港商务印书馆公司 1990 年版。

汤志钧：《康有为与戊戌变法》，中华书局 1984 年版。

唐明贵：《宋代〈论语〉诠释研究》，中国社会科学出版社 2018 年版。

唐明贵：《论语学史》，中国社会科学出版社 2009 年版。

王学典：《历史主义思潮的历史命运》，天津人民出版社 1994 年版。

王学典：《二十世纪后半期中国史学主潮》，山东大学出版社 1996 年版。

王学典：《述往知来——历史学的过去、现状与前瞻》，山东大学出版社 2003 年版。

王新春：《自然视野下的人生观照：道家的社会哲学》，泰山出版社 1998 年版。

王新春：《周易虞氏学》（精装上下册），（台北）台湾顶渊文化事业有限公司 1999 年版。

王新春：《解读不尽的宝藏：神妙的周易智慧》，中国书店出版社 2001 年版。

王新春：《易纂言导读》，齐鲁书社 2006 年版。

王新春：《易学与中国哲学》，人民出版社 2012 年版。

吴熙钊：《南海康先生口说》，中山大学出版社 1985 年版。

汪晖：《现代中国思想的兴起》（上、下卷），生活·读书·新知三联书店 2004 年版。

汪荣祖：《康有为论》，中华书局 2006 年版。

吴泽：《康有为与梁启超》，全国图书馆文献缩微中心 2005 年版。

吴泽：《康有为与梁启超》，全国图书馆文献缩微中心 2004 年版。

汪林茂：《晚清文化史》，人民出版社 2005 年版。

汪荣祖：《康章合论》，中华书局 2006 年版。

参考文献

[美] 萧公权：《康有为思想研究》，汪荣祖译，新星出版社2005年版。

[美] 萧公权：《中国政治思想史》，辽宁教育出版社1998年版。

[美] 萧公权：《近代中国与新世界——康有为变法与大同思想研究》，汪荣祖译，江苏人民出版社2007年版。

夏晓虹编：《追忆康有为》，生活·读书·新知三联书店2009年版。

颜炳罡：《整合与重铸：当代大儒牟宗三先生思想研究》，（台北）台湾学生书局1995年版。

颜炳罡：《当代新儒学引论》，北京图书馆出版社1998年版。

颜炳罡：《牟宗三学术思想评传》，北京图书馆出版社1998年版。

颜炳罡合著：《儒家文化与当代社会》，山东大学出版社2002年版。

颜炳罡：《心归何处——儒家与基督教在近代中国》，山东人民出版社2005年版。

[美] 约翰·奈斯比特：《亚洲大趋势》，蔚文译，上海远东出版社1996年版。

杨伯峻：《论语译注》，中华书局2006年版。

喻大华：《晚清保守主义研究》，人民出版社2001年版。

余英时：《现代儒学的回顾与展望》，生活·读书·新知三联书店2012年版。

于学强：《德才兼备用人标准实现机制研究》，中国社会科学出版社2015年版。

曾振宇：《二十一世纪儒家伦理思想研究》，中华书局2005年版。

钟叔河、杨坚校点：《欧洲十一国游记二种》，岳麓书社1985年版。

张岱年：《中国启蒙思想文库》，辽宁人民出版社1994年版。

[美] 张灏：《危机中的知识分子——寻求秩序与意义》，新星出版社2006年版。

张婧磊：《新时期文学中创伤叙事研究》，中国社会科学出版社2017年版。

郑大华：《西方思想在近代中国》，社会科学文献出版社 2005 年版。

周予同：《群经通论》，上海人民出版社 2012 年版。

周予同：《经今古文学，周予同经学史论著选集》，上海人民出版社 1983 年版。

周桂钿：《中国儒学讲稿》，中华书局 2008 年版。

朱义禄：《康有为》，云南教育出版社 2008 年版。

赵少峰：《图瓦卢》，社会科学文献出版社 2016 年版。

赵少峰：《瑙鲁》，社会科学文献出版社 2017 年版。

赵立人著，岭南文库编辑委员会、广东中华民族文化促进会合编：《康有为》，广东人民出版社 2007 年版。

郑雅文：《从康有为和严复看晚清思想之嬗变》，万卷楼图书股份有限公司 2007 年版。

章炳麟：《章炳麟驳康有为书》，全国图书馆文献缩微中心 2006 年版。

朱义禄：《康有为评传》，广西教育出版社 1996 年版。

朱义禄：《大家精要》，云南教育出版社 2011 年版。

钟贤培主编：《康有为思想研究》，广东高等教育出版社 1988 年版。

郑杰文、傅永军主编：《经学十二讲》，中华书局 2007 年版。

三 相关研究论文

（一）期刊论文

宝成关：《论"西学"在康有为思想体系中的地位与作用——维新派理论本源探析》，《长白学刊》1994 年第 5 期。

别府淳夫：《朱次琦和康有为——晚清的朱子学研究》，《孔子研究》1987 年第 2 期。

陈壁生：《国家转型与经学瓦解》，《文化纵横》2013 年第 6 期。

陈立平：《康有为社会结构正义论》，《传承》2009 年第 22 期。

参考文献

陈维新、陈放:《论康有为"大同世界"的意义》,《哲学研究》2006年第8期。

陈萍萍:《论康有为思想中的儒学情结》,《湖北行政学院学报》2004年第6期。

程潮:《论康有为"即中即西"的文化模式》,《佛山科学技术学院学报》(社会科学版) 2003年第3期。

除金川:《试析康有为的"托古改制"——兼论作为思想武器的近代经学》,《广东社会科学》1992年第2期。

柴田干夫:《康有为〈大同书〉研究述论》,《上海师范大学学报》(哲学社会科学版) 1991年第1期。

杜泽逊:《〈四库提要〉续正》,《中国典籍与文化》2006年第3期。

董剑平:《康有为与儒家思想近代化》,《烟台师范学院学报》(哲学社会科学版) 2001年第3期。

董士伟:《康有为佚文〈戒缠足会启〉及其评价》,《历史档案》1992年第1期。

董士伟、康有为:《近代中国启蒙第一人》,《教学与研究》1989年第1期。

房德邻:《康有为与公车上书——读"公车上书"考证补献疑一》,《近代史研究》2007年第1期。

房德邻:《康有为与公车上书——读"公车上书"考证补献疑二》,《近代史研究》2007年第2期。

范玉秋:《康有为孔教运动刍议》,《孔子研究》2003年第6期。

房德邻:《论维新运动领袖康有为》,《清史研究》2002年第1期。

房德邻:《〈大同书〉起稿时间考——兼论康有为早期大同思想》,《历史研究》1995年第3期。

房德邻:《康有为的疑古思想及其影响》,《北京师范大学学报》(社会科学版) 1994年第2期。

房德邻：《康有为与近代儒学》，《孔子研究》1989年第1期。

房德邻：《康有为与孔教运动》，《北京师范大学学报》1988年第6期。

顾颉刚：《清代"经今文学"与康有为的变法运动》，《中国文化》1990年第3期。

干春松：《康有为、陈焕章与孔教会》，《兰州大学学报》（哲学社会科学版）2008年第2期。

干春松：《近代中国人的认同危机及其重建——以康有为与孔教会为例》，《浙江学刊》2005年第1期。

干春松：《康有为和孔教会：民国初年儒家复兴努力及其挫折》，《求是学刊》2002年第4期。

干春松：《近代中国人的认同危机及其重建：以康有为与孔教会为例》，《纪念孔子诞生2555周年国际学术研讨会》会议论文，2004年10月9日。

黄开国、唐赤蓉：《〈教学通义〉中所杂糅的康有为后来的经学思想》，《近代史研究》2010年第1期。

黄开国、唐赤蓉：《从〈教学通义〉看康有为早年思想》，《四川大学学报》（哲学社会科学版）2009年第4期。

黄富峰：《大众传媒的道德权利及其现实意义》，《齐鲁学刊》2017年第1期。

何晓明：《破解"历史的怪圈"——康有为、严复、辜鸿铭合论》，《湖北大学学报》（哲学社会科学版）2006年第1期。

何金彝：《康有为的科技观与培根的〈新工具〉》，《江苏社会科学》1998年第6期。

何金彝：《傅立叶〈新世界〉与康有为〈大同书〉之比较》，《东方论坛·青岛大学学报》1997年第1期。

何金彝：《傅立叶〈新世界〉与康有为〈大同书〉之比较》，《上海师范大学学报》（哲学社会科学版）1996年第1期。

参考文献

胡维革、张昭军：《纳儒入教——康有为对传统儒学的改造与重构》，《长白学刊》1995 年第 2 期。

何金彝：《康有为的重智思想》，《江海学刊》1995 年第 4 期。

何金彝：《康有为的功利主义伦理文化观》，《社会科学》1995 年第 7 期。

何金彝：《康有为的全变思想和创造进化论》，《社会科学战线》1995 年第 6 期。

胡维革、张昭军：《纳儒入教——康有为对传统儒学的改造与重构》，《中国哲学史》1995 年第 5 期。

何金彝：《戊戌后康有为对西方哲学的受容与折射》，《上海师范大学学报》（哲学社会科学版）1994 年第 2 期。

黄小榕：《康有为人道主义哲学体系的完成与终结》，《广东社会科学》1989 年第 4 期。

黄小榕：《简论康有为的中、西文化观》，《岭南文史》1988 年第 1 期。

黄开国：《廖康羊城之会与康有为经学思想的转变》，《社会科学研究》1986 年第 4 期。

金刚：《关于"回儒"和"西儒"比较研究的思考》，《中央社会主义学院学报》2014 年第 5 期。

江中孝：《20 世纪 90 年代初期岭南学术界的一次思想交锋——以朱一新和康有为对新学伪经考的论辩为中心》，《广东社会科学》2006 年第 5 期。

江轶、胡悦晗：《"我注六经"与"援西入儒"——康有为〈论语注〉思想辨析》，《长江论坛》2011 年第 2 期。

孔祥吉、村田雄二郎：《一个日本书记官见到的康有为与戊戌维新——读中岛雄〈随使述作存稿〉与〈往复文信目录〉》，《广东社会科学》2009 年第 1 期。

李强华：《中国近代价值迷失与重建：以康有为孔教运动为视角的考察》，《广西社会科学》2009 年第 11 期。

李可亭：《从重论经今古文学问题看钱玄同与康有为经学思想之异同》，《云南民族大学学报》（哲学社会科学版）2009年第2期。

李可亭：《钱玄同对康有为经学思想的承继与超越》，《北方论丛》2008年第2期。

刘春华：《康有为新学思想与学风述论》，《理论学刊》2008年第2期。

刘春蕊：《康有为教育思想新论》，《山东师范大学学报》（人文社会科学版）2003年第3期。

刘春蕊：《康有为师法西学的历程及其实践》，《中州学刊》2003年第3期。

梁宗华：《论康有为公羊学及对儒学发展的意义》，《宁夏党校学报》2001年第1期。

刘学照：《康有为的孔子观与今文经学的终结》，《江苏社会科学》2000年第2期。

刘学军：《论康有为维新变法思想的形成》，《求是学刊》1995年第3期。

刘星：《从〈名理探〉看西方科学理性思想与儒学的早期会通》，《甘肃社会科学》2014年第5期。

刘星：《康有为进化论思想探析》，《湖北社会科学》2015年第9期。

刘星：《康有为今文经学的"通经致用"思想》，《自然辩证法研究》2016年第2期。

刘星：《东传科学视域下康有为今文经学的重估与反思》，《湖南社会科学》2016年第5期。

刘星：《东传科学视域下康有为今文经学的时代价值》，《关东学刊》2016年第6期。

刘星：《古经新解与康有为"以西化儒"思想》，《人文天下》2017年第10期。

刘星：《康有为"以元统天"论思想探析》，《齐鲁学刊》2017年第5期。

刘伟：《〈学而〉篇意蕴探微》，《孔子研究》2017年第6期。

参考文献

刘子平：《村干部"微权力"腐败治理机制创新研究》，《中州学刊》2018年第7期。

刘子平：《干部为官不为问题的生成机理与治理机制》，《中州学刊》2017年第1期。

刘子平：《中国共产党党内政治生活科学化的历史演进与经验启示》，《当代世界与社会主义》2018年第4期。

梁修琴：《从康有为、孙中山的民权思想看进化论在中国的发展》，《史学月刊》1994年第4期。

刘兴华：《论康有为的中西会通》，《近代史研究》1989年第6期。

李卫红：《文化自信指引下高校图书馆开展经典阅读的若干思考》，《图书馆工作与研究》2018年第7期。

李泽厚：《论康有为的哲学思想》，《哲学研究》1957年第1期。

李泽厚：《论康有为的"托古改制"思想》，《文史哲》1956年第5期。

李泽厚：《论康有为的〈大同书〉》，《文史哲》1955年第2期。

苗润田：《儒学：在基督教与佛教之间——以人类中心主义为中心》，《山东大学学报》2007年第2期。

苗润田：《论儒家的宽容思想》，《东岳论丛》2006年第6期。

苗润田：《儒学宗教论的两种进路》，《孔子研究》2002年第3期。

苗润田：《牟宗三儒学宗教论研究》，《孔子研究》2000年第6期。

苗润田：《儒学：宗教与非宗教之争》，《中国哲学史》1999年第1期。

马来平：《儒学与科学具有广阔的协调发展前景——从西学东渐的角度看》，《山西大学学报》（哲学社会科学版）2009年第2期。

茅海建：《康有为与"真奏议"——读孔祥吉编著〈康有为变法奏章辑考〉》，《近代史研究》2009年第3期。

马永康：《康有为与"公理"》，《中山大学学报》（哲学社会科学版）2009年第3期。

马洪林：《康有为研究百年回顾与展望》，《东方论坛》2008 年第 5 期。

马永康：《〈论语〉注解中的"公羊学"取向——刘逢禄〈论语述何篇〉和康有为〈论语注〉比较》，《孔子研究》2008 年第 3 期。

马洪林：《康有为的文章与诗歌新论》，《中共青岛市委党校青岛行政学院学报》2007 年第 6 期。

马金华：《试论康有为的科学观》，《福建论坛》（人文社会科学版）2004 年第 2 期。

马洪林：《康有为文化观蠡测》，《上海师范大学学报》（哲学社会科学版）2004 年第 2 期。

马洪林：《关于康有为著〈大同书〉"倒填年月"的商榷》，《韶关学院学报》（社会科学版）2004 年第 10 期。

马洪林：《康有为文化观蠡测》，《学术研究》2003 年第 10 期。

马洪林：《康有为对西方教育制度的引进论》，《上海师范大学学报》（哲学社会科学版）1998 年第 1 期。

马洪林、何金彝：《论孙中山康有为建设中国的共识——以〈实业计划〉与〈物质救国论〉为中心》，《上海师范大学学报》（哲学社会科学版）1997 年第 2 期。

马洪林：《康有为与中国近代化学术研讨会综述》，《文史哲》1996 年第 6 期。

马洪林、何金彝：《康有为谭嗣同的新仁学》，《上海师范大学学报》（哲学社会科学版）1995 年第 1 期。

马洪林：《戊戌后康有为对西方世界的观察与思考》，《传统文化与现代化》1994 年第 1 期。

马洪林：《康有为经济近代化的构想及其价值》，《上海师范大学学报》（哲学社会科学版）1991 年第 1 期。

马来平：《严复论束缚中国科学发展的封建文化无"自由"特征》，《哲学研究》1995 年第 3 期。

马来平：《严复论传统认识方法和科学》，《自然辩证法通讯》1995 年第 2 期。

马来平：《中国现代科学主义核心命题刍议》，《文史哲》1998 年第 2 期。

马来平：《与 SSK 对话：中国科技哲学的前沿课题》，《哲学动态》2002 年第 12 期。

马来平：《另眼看默顿科学社会学》，《自然辩证法研究》2005 年第 10 期。

马来平：《试论科学精神的核心与内容》，《文史哲》2001 年第 4 期。

马来平：《科技与社会：哲学抑或其他》，《自然辩证法研究》2002 年第 1 期。

欧阳哲生：《戊戌时期严复与康有为学术思想之歧义述评》，《中州学刊》1995 年第 4 期。

庞广：《近代维新派领袖康有为》，《中州今古》2003 年第 4 期。

齐春晓：《康有为科技思想的再探讨》，《黑龙江教育学院学报》2009 年第 10 期。

秦绪娜：《康有为、严复变革思想之比较》，《黑龙江史志》2009 年第 18 期。

曲洪波：《略论章太炎对近代今文经学者的学术评论——以对康有为、廖平、皮锡瑞的评论为例》，《孔子研究》2009 年第 5 期。

曲洪波：《康有为岭南讲学中的"董氏学"思想探研》，《五邑大学学报》（社会科学版）2009 年第 4 期。

邱若宏：《论康有为的科技思想》，《中南工业大学学报》（社会科学版）2002 年第 4 期。

钱穆：《康有为学术述评》，《清华大学学报》（自然科学版）1936 年第 3 期。

任银睦：《康有为关于中国现代化的选择》，《东方论坛·青岛大学学报》1997 年第 1 期。

苏全有、王申：《〈广艺舟双楫〉与〈孔子改制考〉之比较——论康有为的激变思想》，《大连大学学报》2010 年第 2 期。

申屠炉明：《论魏源"春秋公羊学"及其对康有为"三世说"的影响》，《江苏社会科学》2010 年第 1 期。

孙健：《论康有为的资本主义工业化思想》，《兰州学刊》2008 年第 6 期。

孙德海：《中西方协商民主同构异质的学理分析》，《中州学刊》2018 年第 2 期。

施炎平：《易学现代转化的一个重要环节——析康有为对〈周易〉理念的诠释和阐发》，《周易研究》2008 年第 6 期。

宋德华：《康有为"大同三世"说新探》，《华南师范大学学报》（社会科学版）2003 年第 4 期。

申松欣：《康有为与西学》，《史学月刊》1990 年第 2 期。

宋德华：《从康有为上书看中国知识分子政治意识的觉醒》，《求索》1997 年第 2 期。

宋德华：《论维新时期康有为的西方富强观》，《暨南学报》（哲学社会科学版）1996 年第 4 期。

汤志钧：《蒋贵麟和康有为遗著》，《南京师大学报》（哲学社会科学版）2002 年第 3 期。

汤志钧：《丘菽园与康有为》，《近代史研究》2000 年第 3 期。

汤志钧：《再论康有为与今文经学》，《历史研究》2000 年第 6 期。

汤志钧：《从康有为到孙中山》，《近代史研究》1987 年第 1 期。

汤志钧：《重论康有为与今古文问题》，《近代史研究》1984 年第 5 期。

汤志钧：《关于康有为的"大同书"》，《文史哲》1957 年第 1 期。

唐明贵：《康有为〈论语注〉探微》，《中国哲学史》2009 年第 2 期。

唐明贵：《康有为的新孔子观和新儒学观》，《阴山学刊》2005 年第 2 期。

唐明贵：《康有为对〈论语〉和〈孟子〉的创造性解释》，《阴山学刊》2004 年第 1 期。

唐明贵：《康有为的古经新解与经学的近代转型》，《孔子研究》2003 年第 6 期。

唐明贵：《略论康有为的〈论语〉学》，《山东社会科学》2002 年第 6 期。

唐明贵：《康有为〈论语注〉探微》，《中国哲学史》2009 年第 2 期。

参考文献

唐赤蓉、黄开国：《评康有为考辨新学伪经的"采西汉之说"》，《重庆师范大学学报》（哲学社会科学版）2009年第4期。

陶清：《康有为经学思想的意义阐释》，《中国文化研究》1995年第3期。

王新春：《传统儒家的终极关怀》，《中国文化月刊》1993年第12期。

王新春：《周易时的哲学发微》，《孔子研究》2001年第6期。

王新春：《易学与中国哲学》，《光明日报》2004年1月20日。

王新春：《牟宗三先生新儒家视野下的孔子》，《烟台大学学报》（哲学社会科学版）2005年第4期。

王新春：《易学与文化自信》，《孔学堂》2017年第4期。

王发龙：《全球公域治理的现实困境与中国的战略选择》，《世界经济与政治论坛》2018年第2期。

魏义霞：《平等是一种权利还是一种状态？——论康有为、谭嗣同平等思想的差异》，《燕山大学学报》（哲学社会科学版）2010年第1期。

魏义霞：《以孔释佛还是以佛释孔——康有为、谭嗣同孔教观比较》，《北京大学学报》（哲学社会科学版）2009年第3期。

王龙：《康有为和福泽谕吉不同的启蒙之路》，《传承》2009年第9期。

魏义霞：《康有为、谭嗣同平等思想的相同性及其本质》，《福建论坛》（人文社会科学版）2009年第7期。

吴雪玲：《康有为师法西学的教育观》，《河北师范大学学报》（教育科学版）2004年第4期。

吴乃华：《中西思想融汇与康有为改革观的形成》，《山东师大学报》（社会科学版）1992年第6期。

吴乃华：《试论康有为托古仿洋的维新思想》，《人文杂志》1991年第2期。

吴雁南：《"从洋"·"托古"·"参采中外"——19世纪末康有为的思维逻辑》，《贵州师范大学学报》（哲学社会科学版）1989年第2期。

吴雁南：《"心学"、今文经学与康有为的变法维新》，《近代史研究》1989

年第 2 期。

吴根梁:《论康有为戊戌维新前对中西文化形态的比较》,《复旦学报》(社会科学版) 1986 年第 3 期。

王明德:《试论康有为的学术传承》,《深圳大学学报》(人文社会科学版) 2010 年第 1 期。

王先明:《"参采中西创新知"——康有为与戊戌"新学"的文化特征》,《吉首大学学报》(哲学社会科学版) 2006 年第 6 期。

王先明:《康有为与戊戌"新学"的形成》,《山西大学学报》(哲学社会科学版) 2002 年第 2 期。

汪荣祖:《也论戊戌政变前后的康有为》,《历史研究》1999 年第 2 期。

吴乃华:《中西文化与康有为的变易思想》,《人文杂志》1996 年第 5 期。

吴乃华:《试析康有为的变易思想》,《学术研究》1996 年第 8 期。

王钧林:《康有为对儒学的改造》,《中国哲学史》1996 年第 4 期。

魏义霞、陈章范:《本体之辨:从康有为到谭嗣同》,《北方论丛》1995 年第 6 期。

吴义雄:《重论康有为与"孔子改制论"》,《中山大学学报》(哲学社会科学版) 1995 年第 1 期。

吴乃华:《甲午战争与康有为近代化观的演变》,《山东社会科学》1994 年第 1 期。

吴乃华:《论康有为与孔孟的人格观》,《上海师范大学学报》(哲学社会科学版) 1994 年第 1 期。

王根林:《从日本书目志看康有为的经济思想》,《上海师范大学学报》(哲学社会科学版) 1993 年第 2 期。

吴乃华:《论康有为戊戌时期的人格观》,《西北大学学报》(哲学社会科学版) 1993 年第 3 期。

王翔:《论康有为的历史地位》,《苏州大学学报》1988 年第 4 期。

肖俊：《萧公权眼中的康有为》，《佛山科学技术学院学报》（社会科学版）2002年第4期。

徐光仁、黄明同：《论廖平与康有为的治经》，《广东社会科学》1988年第3期。

徐光仁：《论康有为的"公羊三世"说》，《华南师范大学学报》（社会科学版）1989年第1期。

萧萐父、郑朝波：《"独睨神州有所思"——喜读康有为早期遗稿述评》，《中山大学学报》（哲学社会科学版）1989年第3期。

殷学明：《中国诗学中的事象说初论》，《云南师范大学学报》（哲学社会科学版）2018年第4期。

颜炳罡：《五四与新儒家》，《山东大学学报》1989年第2期。

颜炳罡：《五四、新儒家、现代文化建构》，《文史哲》1989年第5期。

颜炳罡：《中国文化与人类前途》，《浙江学刊》1990年第12期。

颜炳罡：《试论现代新儒家的基本特质及其精神》，《文史哲》1992年第7期。

颜炳罡：《论传统文化的继承与创新》，《哲学研究》1992年第9期。

颜炳罡：《现代新儒家研究的省察与展望》，《文史哲》1994年第7期。

岳清云：《实证的科学方法和科学精神——浅谈康有为科技思想》，《今日科苑》2008年第14期。

喻大华、李孝君：《康有为孔教思想中的民族主义立场与世界主义情怀》，《辽宁师范大学学报》（社会科学版）2007年第5期。

喻大华：《晚清文化保守思想家与近代儒学的新陈代谢》，《烟台大学学报》（哲学社会科学版）2007年第3期。

杨爱东：《17世纪〈穷理学〉对亚里士多德知识论的翻译与传播》，《科学技术哲学研究》2018年第3期。

杨全顺：《康有为学术中的西学》，《宁夏社会科学》2006年第2期。

喻大华:《论康有为的孔教思想及其倡立孔教的活动》,《南开学报》2002年第4期。

于建胜:《康有为、章太炎、王国维师法西学之异同》,《山东师范大学学报》(人文社会科学版)2002年第2期。

俞祖华:《论康有为的"开民智"思想》,《社会科学辑刊》1996年第4期。

张秀丽:《近代自然科学与传统学术的现代转型——以章太炎、康有为、梁启超为例》,《山东社会科学》2009年第3期。

赵立波:《孔子集大成与康有为会通中西》,《中共青岛市委党校青岛行政学院学报》2008年第3期。

张涛光:《论康有为的物质救国思想》,《华南师范大学学报》(社会科学版)2005年第6期。

张昭军:《援西入儒——康有为对传统儒学的改造与重构》,《社会科学辑刊》2005年第1期。

张昭军:《康有为与儒学的近代转换——以仁、礼、智为例》,《理论学刊》2004年第1期。

张锡勤:《论康有为对儒学的改造》,《哲学研究》2004年第5期。

朱义禄:《论康有为的妇女解放思想》,《佛山科学技术学院学报》(社会科学版)2002年第4期。

张兆林、束华娜:《基于文化自觉视角的非物质文化遗产保护与新文化创造》,《美术观察》2017年第6期。

张兆林:《非物质文化遗产保护实践中的商业活动探究——以我国传统木版年画为核心个案》,《艺术百家》2018年第1期。

张少恩:《"存在与时间"的一种儒家批判》,《河北学刊》2014年第1期。

张少恩:《仁爱兼爱与博爱——儒、墨与基督教伦理比较研究》,《贵州社会科学》2014年第5期。

张少恩:《从至善到圆善——牟宗三对康德最高善理论的融摄与超越》,《江苏师范大学学报》（哲学社会科学版）2014年第7期。

张少恩：《人性、直觉与理性——以梁漱溟孟子学诠释为中心》，《江中华文化论坛》2017年第12期。

张少恩、刘星：《论康有为对经学与西学的调融——以〈孟子微〉为中心的思考》，《广西社会科学》2017年第9期。

朱义禄：《康有为晚年在上海》，《民国春秋》2000年第1期。

朱义禄：《西方自然科学与维新思潮——论康有为、严复、谭嗣同的变革思想》，《学习与探索》1999年第2期。

朱玉超：《艾思奇〈大众哲学〉蕴含的思想政治教育方法及启示》，《学校党建与思想教育》2018年第12期。

赵树贵：《评康有为两考的消极作用》，《江西社会科学》1991年第1期。

朱维铮：《康有为和朱一新》，《中国文化》1991年第2期。

左鹏军：《康有为的诗题、诗序和诗注》，《广东社会科学》2009年第5期。

张彩玲：《康有为关于实现国家工业化的思想》，《辽宁师范大学学报》（社会科学版）2007年第3期。

周程、纪秀芳：《究竟谁在中国最先使用了"科学"一词？》，《自然辩证法通讯》2009年第4期。

（二）学位论文

魏义霞：《全球化时代中的儒学创新——杜维明的现代新儒学思想》，博士学位论文，黑龙江大学，2003年。

柴文华：《现代新儒家文化观研究》，博士学位论文，黑龙江大学，2003年。

毛文凤：《近代儒家终极关怀研究——从康有为到熊十力》，博士学位论文，华东师范大学，2004年。

方士忠：《儒家传统与现代性——杜维明新儒学思想研究》，博士学位论文，华东师范大学，2004年。

彭春凌：《儒教转型与文化新命——以康有为、章太炎为中心（1898—1927）》，博士学位论文，北京大学，2011年。

李细成：《中国哲学视域下的耶儒互动研究》，博士学位论文，山东大学，2012年。

李强华：《康有为人道主义思想研究》，博士学位论文，华东师范大学，2006年。

王富：《后殖民翻译研究反思》，博士后出站报告，中山大学，2009年。

刘星：《从名理探看西方科学理性思想与中国传统文化思想的初次会通》，硕士学位论文，西南大学，2010年。

刘星：《东传科学影响下康有为今文经学的嬗变》，博士学位论文，山东大学，2016年。

刘溪：《西方科技与康熙帝"道治合一"圣王形象的塑造》，博士学位论文，山东大学，2017年。

崔宇：《近代孔教思潮研究——康有为孔教思想》，博士学位论文，河北大学，2011年。

解颉理：《〈中庸〉诠释史研究》，博士学位论文，山东大学，2010年。

李虹：《死与重生：汉代墓葬信仰研究》，博士学位论文，山东大学，2011年。

杨爱东：《东传科学与明末清初实学思潮》，博士学位论文，山东大学，2014年。

张庆伟：《东传科学与乾嘉考据学关系研究》，博士学位论文，山东大学，2013年。

（三）外文文献

Diane Collinson, Kathryn Plant, Robert Wilkinson, *Fifty Eastern Thinkers*, London, New York: Routledge, 2000.

Kang You-wei, *Da Tong Shu*, *The One-Word philosophy of Kang You-wei*, London: Allen and UNWIN, 1958.

Kung-chuan Hsiao, *A Modern China and New World: Kang You-wei*, *reformer and Utopian*, 1858—1927, Seattle: University of Washington Press, 1975.

Yu-ning Li, *The Introduction of Socialism into China*, New York: Columbia University Press, 1971.

The Chinese students' monthly 1914, Vol. 9.

Thomas. H. Huxley, *Evolution, ethics and other essays*, London Macmllan and CO. limited; New York: The Macmllan company, 1901.

Warwick Anderson, Introduction: Posconial Technoscience, *Social Studies of Science*, Vol. 32, No. 5/6.

David Wade Chambers, Locality in the History of Science: Colonial Science, Technoscience, and Indigenous Knowledge, *Osiris*, 2nd Series, Vol. 15.

George Basalla, The Spread of Western science, *Science*, New Series, 1967, Vol. 156, No. 3775.

Nathan Sivin, *Why the Scientific Revolution Did Not Take Place in China-Or Didn't It*? The Edward H. Hume Lecture, Yale University, Chinese Science, 1982, 5.

John B Henderson, Ch'ing Scholars' Views of Western Astronomy, *Harvard Journal of Asiatic Studies*, Vol. 46, No. 1 (Jun. 1986), Journal.

后 记

在《东传科学与康有为今文经学的嬗变》即将付梓之际，我感慨万千，本书是在本人博士论文的基础上修改而成，也是我学术生涯的第一本专著，潜心研究多年，虽然问题还有很多，但我终于能够将其以一个成品的形式呈现在读者面前。2017 年对我来说是幸运的一年，这一年我顺利获批教育部青年项目（17YJC72006）和博士后面上资助项目（2017M622227）两项课题。而这本书的出版又给予我莫大的信心和鼓励，这将使我在以后的学术道路上更加努力拼搏，争取在未来的几年里能再添专著，这也是我对自己的期待。

遥想 2012 年，已过而立之年的我，怀揣着探究学问堂奥的欲望，接续与山东大学割舍不断的情缘，历尽十年职场风雨的洗礼后重返校园，我收获的何止是知识？一路走来，老师之恩、同学之谊、朋友之情相伴左右，即使用再华丽的辞藻也不能表达我感激之情之万一。在这物质化甚嚣尘上、空前喧嚣的时代，放弃工作、孤注一掷选择攻读博士学位确实需要很大的勇气。夜深人静之时我曾扪心自问：穷其一生，区区几十载，我对物质财富的追求是否有止境？一意孤行，上有老下有小的年纪重返"象牙塔"去圆一个与时代不太合拍的梦，我是否已做好充分的准备？我毕竟也是凡夫俗子，年迈的双亲期盼我返家的热切眼神常常回现在脑际，当导师

后 记

对我"哀其不幸、怒其不争"之时,我也有过退缩的念头,但一想到考博之初坚定的信念,想到匍匐三年一朝考博过线的喜悦,想到几经周折才拿到录取通知书的甘苦,我该怎样珍惜这来之不易的机会?如果说自己曾经得到过一份满意的工作,一个足以让自己安身立命的所在,是我误打误撞,是命运的垂青;而放弃这些,决绝地离开只为追求博士学位荣光的话,那都源自对大学教师这一神圣职业梦想之贪念。因为,成为一名大学教师是我矢志不渝的追求。对我来说,家庭的重担我无暇顾及,生活的压力时时袭扰,知识的积累尚欠火候,我倍感沉重,可是我一直都在努力。当书稿呈现在我面前的时候,重新细细阅读早已不陌生的文字,字里行间凝集的是我细密的心思和辛勤的汗水……

多年以来,感谢我的家人所给予我的理解与支持:年过七旬仍然坚持接送孩子,依然为我们操劳的岳父母;不辞辛劳的妻子,如果没有她默默地奉献,我也不可能走上今天的学术之路。我还要感谢仍为中学生的儿子刘泉和刚刚入托的女儿刘子菁,正是因为他们,我才有了无限前行的动力。都说"父母是孩子最好的老师",那么我一定要做好他们人生中的第一个老师,正是他们天真无邪的笑容更加坚定了我为学术奋斗终生的决心和信念。"父母在,不远游",我要感谢年届八旬的父母,两位老人在最需要我照顾、需要我陪伴的时候,我却一直奔波在外,没能尽到儿子的责任,"男儿心酸不常有,只是想家时偶发"。两位老人没有文化,却潜移默化地帮助我树立读书、学习的理想;老人家没见过世面,却以自己的践行告诉我诚实守信、宽以待人、勤俭节俭、不畏艰难的人生箴言;老人家虽没有多高的人生境界,但是他们教会了我做人的道理,做一个对社会有用、一个顶天立地的真男儿。《孝经》有云:"身体发肤受之父母,不敢毁伤,孝之始也。立身行道,扬名于后世,以显父母,孝之终也。"此刻我终于明白这句话的真谛。

子曰:"十室之邑,必有忠信如丘者焉,不如丘之好学也。"虽然导师马来平教授没有说过这句话，但吾师"忠信""好学"，一直是我辈学习的楷模。导师对我拨冗指导，既不掩我之所长，亦不护我之所短，以其广博的学识、深厚的学术素养、严谨的治学态度和一丝不苟的工作作风为我未来之路指引了方向，"饮其流者怀其源，学其成时念吾师"。慈爱、善良的师母，在我最困难无助之际，她的一句话、一个眼神都是对我莫大的鼓励。感谢博士后导师王学典教授的悉心指导，以及为本书的完成所提供的建设性意见；感谢中国科学院大学尚智丛教授，山东大学杜泽逊、颜炳罡、黄玉顺以及王新春等教授对本书提出的修改意见及对谬误之处的纠正；感谢同门无私的帮助以及孙保学、外甥赵剑对本书格式的调整；感谢中国社会科学出版社以及出版社戴玉龙、张湉等老师为本书出版付出的心血，在此一并表示感谢。

囿于自身的能力和学识，书中疏漏之处在所难免，尚请方家指正。

作者于泉城济南
2018 年 7 月 14 日